Pioneros puertorriqueños en Nueva York 1917–1947

por

Joaquín Colón López

Recovering the U.S. Hispanic Literary Heritage

Board of Editorial Advisors

Pioneros puertorriqueños en Nueva York 1917–1947

por

Joaquín Colón López

Prólogo por Henry A. J. Ramos
Prefacio por Olimpia Colón-Aponte
Introducción por Edwin Karli Padilla Aponte

Arte Público Press
Houston, Texas

Esta edición ha sido subvencionada por la Ciudad de Houston por medio del Concejo Cultural de Arte de Houston, Harris County, la Fundación Charles Stewart Mott y la Fundación Rockefeller.

Le agradecemos a Nélida Pérez del Centro de Estudios Puertorriqueños, Hunter College, CUNY por toda la ayuda que nos brindó en este proyecto.

Recuperando el pasado, creando el futuro

Arte Público Press
University of Houston
452 Cullen Performance Hall
Houston, Texas 77204-2004

Diseño de la cubierta por Adelaida Mendoza
Las fotos incluidas son cortesía del Centro de Estudios Puertorriqueños, Hunter College, CUNY.

Colón López, Joaquín
    Pioneros puertorriqueños en Nueva York : 1917–1947 / por Joaquín Colón López ; [prefacio de Olympia Colón-Aponte; introducción por Edwin Karli Padilla Aponte].
    p. cm.
    ISBN 1-55885-335-9 (trade pbk. : alk. paper)
    1. Puerto Ricans—New York (State)—New York—History—20th century. 2. Puerto Ricans—New York (State)—New York—Social conditions—20th century. 3. New York (N.Y.)—History—1898–1951. 4. New York (N.Y.)—Social conditions—20th century. 5. New York (N.Y.)—Ethnic relations.
    I. Title.
    F128.9.P85 C66 2001
    974.7'1004687295—dc21

                                                        2001035542
                                                            CIP

♾ El papel utilizado en esta publicación cumple con los requisitos del American National Standard for Information Sciences—Permanence of Paper for Printed Library Materials, ANSI Z39.48-1984.

2 3 4 5 6 7 8 9 0 1   10 9 8 7 6 5 4 3 2 1

Índice

v

Páginas y momentos que caracterizan el período inicial de nuestra colonia

Prólogo

El concepto popular sobre la historia de Puerto Rico en los Estados Unidos conjura nociones de los puertorriqueños como emigrantes a Nueva York y a las zonas alrededor del nordeste y medio oeste después de la Segunda Guerra Mundial. La mayoría de los americanos, ante todo, piensa que los dramas de la era de los cincuenta y sesenta como *West Side Story* son crónicas históricas sobre el origen de la comunidad puertorriqueña en la sociedad estadounidense. Más de un millón de puertorriqueños llegaron al continente en los años durante e inmediatamente después de la gran guerra; estos individuos y sus descendientes han influido profundamente la evolución de la cultura latina en los Estados Unidos desde aquel entonces. Sin embargo, mucho antes de la Segunda Guerra Mundial, existieron importantes concentraciones de puertorriqueños en el continente, datando, por lo menos, desde principios del siglo veinte.

Estos pioneros puertorriqueños en los Estados Unidos también fueron extraordinariamente activos en transformar el medio ambiente social en que tenían que vivir. Por medio de su arduo trabajo, su desarrollo formativo en enclaves habitacionales así como en redes de empleo y apoyo social, y en la creación de sociedades políticas de auto-ayuda, ellos cimentaron las bases para las generaciones de puertorriqueños que siguieron sus pasos en décadas subsiguientes.

Joaquín Colón López, un puertorriqueño negro, fue destacado miembro de esta primera ola de pioneros migratorios a los Estados Unidos. Nació en Cayey en 1896 y llegó a Nueva York de joven en 1917; un poco después le siguió su hermano menor, Jesús, en busca de una oportunidad económica. Por treinta años, los hermanos Colón trazaron nuevo territorio dentro de la sociedad nuevayorquina para sus familias y su gente. Encontraron empleo en el servicio de correo estadounidense, se casaron y tuvieron hijos. Experimentaron el mismo tipo de ascenso desde sus orígenes humildes al éxito como lo hicieron otros inmigrantes a los Estados Unidos. Sin embargo, los hermanos Colón eran únicos. Ambos aspiraron a licenciaturas en leyes, y mientras trabajaban en la casa de correos, estudiaban por la noche para lograr sus metas académicas. Además, se involucraron como líderes laborales y comunitarios. Joaquín finalmente sirvió como secretario de la unión de empleados del correo. Jesús participó en actividades políticas y en protestas (a lado de muchos socialistas y sus simpatizantes). Como resultado de su participación durante 1955 y 1958, bajo la sombra de la era anti-comunista McCarthy y la cazería de brujas, Joaquín estuvo enredado en una persecución política que al final ganó.

Joaquín, por su lealtad a la familia y a sus principios, se negó a denunciar las actividades político-radicales de su hermano Jesús cuando se lo pidió el gobierno estadounidense. Joaquín pasó los últimos años de su vida profesional marginado, y finalmente, autoridades del correo le reasignaron al Viejo San Juan donde vivió el resto de su vida hasta 1964. Después de su jubilación, Joaquín redactó su memoria sobre sus experiencias en Nueva York durante los años 1917-1947. Las páginas que siguen a este trabajo sólo han sido modificadas al agregársele los títulos correspondientes por parte de su hija, Olimpia Colón-Aponte, en septiembre del 2000.

La memoria de Colón, acertadamente titulada *Pioneros puertorriqueños en Nueva York, 1917-1947*, revela documentación en primera persona, así como reflexiones sobre los primeros años de vida puertorriqueña en la sociedad norteamericana, que hasta ahora no se ha impreso. Su historia refleja lo mejor y lo peor de las experiencias de esta primera generación de puertorriqueños que emigraron a los Estados Unidos. Como lo indica su hija Olimpia en el Prólogo a esta edición, la memoria de Colón lleva temas muy variados sobre la esencia continua de la vida puertorriqueña en los Estados Unidos, incluyendo:

> . . . temas de ciudadanía, de indentidad puertorriqueña, de discriminación racial, de patriotismo —temas que aunque fueron escritos hace cuarenta años se pueden aplicar a lo que se podría escribir en los periódicos mañana.

Por lo tanto, la escritura y las observaciones de Colón magistralmente captan el orgullo perseverante de la comunidad puertorriqueña; sus iniciativas impresionantes mantienen su integridad cultural, sus tradiciones en los Estados Unidos y su fortaleza contra un racismo institucional significante y contra la discriminación.

Estos temas son centrales a la serie de Arte Público Press, Hispanic Civil Rights, la cual es subvencionada por donadores privados, incluyendo la Fundación Charles Stewart Mott, la Fundación Rockefeller y la Fundación Ewing Marion Kauffman. La serie tiene como propósito el educar e informar a los lectores en general y a los estudiantes contemporáneos, tanto latinos como no-latinos, sobre las contribuciones a la vida civil y democrática de los Estados Unidos por parte de los hispanoamericanos a través de los años. Su meta en especial es preservar y difundir los cuentos, reflexiones, historias y análisis de la experiencia latina en los Estados Unidos escritos y narrados por los mismos latinos.

La memoria de Joaquín Colón López, que inicia a continuación, es significante. De hecho, es esencial a nuestra serie porque describe los orígenes fundamentales de la identidad puertorriqueña moderna en la cultura cívica estadounidense y porque demuestra la naturaleza de la lucha por la justicia en los Estados Unidos a través de muchas generaciones. Es una lectura importante para mentes intelectuales de todas las edades, sobre todo para lectores que buscan verdad y perspectiva. En suma, representa un aspecto de la historia estadounidense significativo y, hasta ahora, considerablemente menospreciada.

Henry A. J. Ramos
Editor Ejecutivo
Serie Hispanic Civil Rights

Prefacio

Treinta años, treinta años de la vida de Joaquín Colón López en la ciudad de Nueva York. Es su vida, es historia. Notas de nostalgia, patriotismo, labor cívica y social.

Joaquín Colón López escribió con gusto, con sabor de pueblo plenamente identificado con sus problemas, discrimines raciales, hechos políticos o eventos sociales, pero sobre todo con conocimiento de causa.

Es asombroso su bagaje literario. En el transcurso de su narración, pensé, ¿el que lee sus columnas entenderá un vocabulario tan florido? Luego comprendí que ése era el ambiente social, político, económico y literario; así era 1917. Si no hubieran entendido a don Joaquín, no lo hubieran solicitado para colaborar en todo lo que era la vida comunitaria en esa época.

Además quién puede negar que para entender el vocablo de 2000 tanto en Nueva York como en Puerto Rico, en inglés como en español, se necesita otro diccionario completamente diferente.

Don Joaquín Colón López, nació en Cayey el 17 de agosto de 1896. Su padre fue Mauricio Colón Cotto, panadero y dueño del Hotel Colón en la Calle José de Diego (se conoce también como Calle Comercio); su madre Paula López Cedeño fue muy buena cocinera.

Joaquín Colón tuvo cuatro hermanos. Olimpia, la mayor, quien era maestra, estudió en la Universidad de Puerto Rico en los primeros años de la universidad, cuando sus padres tenían el Hotel Colón en el Viejo San Juan en la Calle de la Cruz, según me contó Joaquín Colón. El Hotel Colón estaba en los altos de lo que era el 510 Mirabal. Su hermana Olimpia murió antes de que la familia se fuera para Nueva York.

Le siguió su hermana Marcelina Colón (María) quien vivió en

Nueva York por muchos años alejada de la familia; su apellido de casada era Soto, no tuvo hijos, murió en 1961.

Su hermano menor Jesús Colón llegó a Nueva York en el barco Carolina donde trabajó como mesero el mismo año que Joaquín: 1917. Era costumbre que los hermanos mayores se encargaran de los menores y la familia. Joaquín llega a Nueva York y después de muchas peripecias le escribe a la familia para que Jesús viaje a Nueva York. Ya Joaquín tenía trabajo y un hospedaje o acomodo razonable para los dos. Luego ellos trabajaron y consiguieron el domicilio adecuado para que el resto de la familia se uniera a ellos.

Jesús Colón, de quien todos estuvimos orgullosos aunque no compartiéramos sus ideas, sabíamos que era una persona íntegra y de grandes sueños. Él ayudó y forjó en las artes a muchos puertorriqueños, además de darles albergue en su casa. Jesús se casó con su amor de la infancia y no tuvo hijos. Conoció a Conchita Rufo cuando vivían en San Juan. Recuerdo mis suspiros de adolescente, cuando un día los dos abrazados, él le volvía a leer las cartas que había escrito en ausencia. Eran guardadas con mucho amor en un cofre, un verdadero tesoro, amarradas con una cinta; su lectura iba acompañada de unas miradas de ternuras—así recuerdo el verano de 1956. Jesús murió en 1974 cuando yo me encontraba en España, con mis dos hijos, estudiando. Me escribía mensualmente; me estaba ayudando económicamente, mensuales hasta su muerte. Aún así no pude terminar por falta de dinero, pero sí estoy segura que mi tío Jesús, como mi padre Joaquín, tenían puestas sus esperanzas en mi superación profesional por considerarme una extensión de sus sueños. Cuando viajo me parece tenerlos de compañeros, porque ambos con las revistas o en los museos me inculcaron el gusto a las artes y costumbres de muchos países. ¡Qué suerte tengo de tenerlos de compañeros de viaje!

La nena, como le decían sus hermanos, fue Juanita. Por muchos años sustituyó a mi madre a quien perdí cuando yo tenía catorce años. Juanita murió en 1968. Juanita se casó con su primo Ramón Colón, de quien tuvo siete hijos: Raymond, Pauline, Edward, Dolores, John, Joseph y Gloria. Juanita reprendía a sus hermanos como a sus hijos, pero así fue querida por todos. Heredó las recetas de su madre Paula y una de sus hijas tiene la libreta.

Joaquín Colón López y Jesús Colón López trabajaron y acomodaron a la familia: Mauricio Colón (su padre llegó a Nueva York a la edad de 44 años) y Paulina López de Colón que llegó con sus dos hijos Marcelina y Juana en 1918. Después de muchos trabajos y problemas socio-culturales, encontraron trabajo los dos hermanos en el Correo en Burrogh Hall en Brooklyn, New York. Jesús trabajó en el correo por diecinueve años y Joaquín por treinta y seis años. Ambos hermanos ingresaron en el Brooklyn Law School; mientras trabajaban en el correo postal, estudiaban. Estos dos hermanos fueron como uno solo. En una carta Joaquín le escribió a su hermano Jesús. Jesús era el radical y Joaquín el conservador. Notarán a través de esta narración como se apoyaban en los comités, logias, giras o conciertos que se organizaban. Además, notarán en los retratos como siempre estaban uno al lado del otro. Por estas razones fueron muchas veces confundidos los hermanos J. Colón.

Don Joaquín se casó con María Aponte Vázquez, una cayeyana que conoció en Nueva York; con ella tuvo tres hijos. Ella falleció el 28 de octubre de 1950. Su hijo mayor Joaquín adquirió meningitis a los pocos días de nacer y a consecuencia de esto tuvo problemas auditivos y del habla. Joaquinito fue internado en un colegio militar en White Plains, N.Y. donde obtuvo una profesión; luego en su intento de superación, estudió para linotipista y trabajó en el World Trade Center con el Bank Trust Co. Se casó con Margarita Rodríguez, natural de Vega Baja. Tuvo tres hijos: JoAnn, Jennifer y Joaquín. Los tres viven en Nueva York. Joaquín hijo conoció a tres nietos; él murió en el mes de diciembre de 1993.

Yo fui la hija del medio, Olimpia, llamada así en honor a su hermana mayor. A los once años pasé a vivir a Puerto Rico en 1947 cuando Papi consiguió un traslado al correo central en el Viejo San Juan. Casada con Pedro López Martínez, natural de Cayey, tuve dos hijos, Héctor y Nelson, y tengo un nieto, Héctor Miguel López Reyes.

Mauricio fue el hijo menor; murió el 30 de enero de 1946, a los nueve años, de leucemia. Fue enterrado en Cayey por ser su última voluntad, una de las razones por la cual luego nos mudamos a Puerto Rico.

Durante los años 1955 a 1958 don Joaquín sufrió las injusticias de la persecución del maccarthismo. En julio de 1955 recibe una carta del gobierno federal, donde lo dejan cesante por considerarlo un riesgo de seguridad. Había cumplido treinta y seis años de servicio en el Correo Federal: veinticinco años en el correo de Burrogh Hall,

Brooklyn, New York, y once años en el Correo del Viejo San Juan. En octubre de 1955 salí para Nueva York con dos años y medio de estudios en Ciencias Naturales de la Universidad de Puerto Rico. Fui en busca de mi primer trabajo. De mi primer sueldo le mandé a mi padre diez, ($10.00). Luego de varias semanas pude enviarle el pasaje a él y mi hermano. Joaquín Colón había decidido defenderse ante la corte federal; para su defensa contó con la ayuda de su hermano Jesús Colón.

Los dos analizaron los cargos atribuidos a Joaquín Colón. Jesús se dio cuenta que tenía evidencia de las reuniones, registro en grupos socialistas o comunistas que le atribuían a Joaquín Colón. Él que estaba allí sabía que había sido Jesús Colón. Tenían fotos ante las embajadas en la cual protestó Jesús Colón, no Joaquín Colón. Los dos hermanos siempre fueron muy unidos; los parecidos entre los dos físicamente eran extraordinarios, (lo podrán ver en las fotos). La trayectoria de sus vida fue paralela: los dos eran J. Colón; los dos trabajaron en el Correo de Burrogh Hall, Jesús diecinueve años y Joaquín veinticinco años; los dos estudiaron derecho en The Brooklyn Law School. Las otras trayectorias las verán en estas memorias.

Joaquín Colón ganó el caso con el gobierno federal, condicionado a que no volviera a ver o visitar a su hermano. Les contestó: "Mi hermano es mi hermano". Él no aceptó esta condición y le otorgaron el retiro con treinta y seis años de servicio. En un año a Joaquín Colón se le tornó el pelo blanco; sufrió la deshonra de no haber recibido el retiro acostumbrado con el reloj grabado. Él había sido secretario de la Junta de Empleados Postales y había atendido a varias convenciones en Estados Unidos, pero su retiro después de treinta y seis años no fue decoroso y celebrado. Los dos hermanos siguieron tan inseparables como siempre. Las diferencias ideológicas sólo se limitaron al comunismo, porque ambos siempre fueron independentistas. Por eso don Joaquín tuvo que escribir con pseudónimos: Tello Casiano, Momo y Farallón.

Don Joaquín Colón López murió en Río Piedras el 28 de noviembre de 1964. ¿Por qué en tantos años no se habían publicado sus memorias? Por ser algo personal y penoso prefiero dejárselo a su imaginación . . . Pero sí le aseguro que todo lo publicado aquí es sin adulterar; sólo me tomé la libertad de ponerle títulos a las secciones.

Digo ahora como he dicho tantas veces, "Mi padre era un negro parejero y orgulloso, pero honrado y de grandes principios morales y patrióticos". Gracias, Papi, por inculcarme esos valores; ahora más que nunca comprendo por qué insistías en que leyera con un diccionario a mi lado.

Los temas que más me asombraron fueron los temas sobre la ciudadanía, la puertorriqueñidad, el discrimen racial y el patriotismo, temas escritos hace cuarenta o cincuenta años, y si salieran en cualquier diario mañana, acertarían sus comentarios.

Quiero que ustedes al mirar los retratos y artículos en este libro sientan el orgullo que he sentido al ver que son puertorriqueños de los años 1917 al 1947. Miren sus vestuarios, miren los programas culturales y vivan los artículos y siéntanse orgullosos de ser puertorriqueños. Hay muchos países que aún hasta el año 2000 no han aportado a su pueblo u otro lo que hicieron y siguen haciendo los puertorriqueños.

En esta época de nuestra historia, nuestra desgracia ha sido la carencia de enseñanza sobre nuestros próceres y sus contribuciones históricas. Hay veces que pienso que la omisión no necesariamente haya sido porque estas enseñanzas inculcarían un patriotismo, patriotismo que se ha querido opacar al no iluminar a nuestro pueblo con las ideas de don José de Diego, o de don Eugenio María de Hostos. El desarrollo de nuestra cultura, música y literatura humilla la Gran Nación comparada con la Pequeña Nación, por comparación proporcionada numérica, territorial y poblacionalmente.

Notas de puño y letra de Joaquín Colón López que encontré entre sus pertenencias. Joaquín Colón me había contado que así era que comenzaba su libro. Él quería que conocieran su lugar y época de origen para que pudieran comprender aún más lo difícil que se le hizo a él y su familia trabajar y vivir bajo las condiciones que luego él narra.

Era a mediados del mes de agosto del año 1896. En el pueblo de Cayey, al centro de la isla de Puerto Rico.

El reloj en la torre de la iglesia hacía poco que había sonado las tres de la madrugada. Todo parecía dormir serenamente bajo un cielo tropical inundado de luz por la luna y las estrellas, que a la vez teñían de un color amarillento sus calles y caminos vecinales.

Alguno que otro felino o can realengos husmeaban los rincones y los guardarruedas. El chirrido de alguna chicharra o el monótono canto del coquí rasgaban de cuando en cuando el silencio de la noche.

Pero lo que atrajo intuitivamente la atención al panadero Mauricio Colón, en aquella hora, fue el ruido sordo que producen cuando rozan las ropas almidonadas.

Y efectivamente era el tru, tru, motivada al caminar por una mujer ataviada en falda y enaguas pulcramente planchadas. Se acercaba una silueta de mujer.

Mauricio la presentía y la esperaba con mucha ansiedad. Era "Madrina Petrona", como solíamos llamarla casi todos los mozalbetes de mi época. La comadrona más conocida del pueblo y mi madrina umbilical.

Llegaba hasta la panadería en donde trabajaba mi padre Mauricio Colón, de paso a su hogar, para informarle que hacía poco que yo había nacido, y que tanto mi madre, Paula López de Colón, como yo estábamos sin novedad.

Esto se lo cuento en las mismas palabras más o menos en que me las narró mi tío Pedro López Cedeño, hoy Policía Insular, enlistado en el año 1901 y para la fecha de mi nacimiento aprendiz de mi padre.

Mi tío Pedro pudo haber sido un gran letrado, con un poco más de preparación académica. Así lo ponen en manifiesto sus dotes naturales en la forma fácil, fina y elegante cuando se expresa. En la galería de estampas de mi infancia, que endulza mis recuerdos, están colgadas en sitio prominente las imágenes de mi tío Pedro y Madrina Petrona.

Doña Petra Nogueras era una mulata esbelta de carácter serio pero de un trato muy agradable, toda ternura. Era pobre, mas siempre vestía con esmerada pañuelo de Madras doblado con maestría sobre su cabeza que le daba un aire de ingenua dignidad.

Ya un niño crecido, yo nunca dejé de pedirle la bendición a Madrina Petrona en la calle o cuando ella visitaba la casa de mis progenitores.

En la segunda esquina por la Calle del Comercio, hoy avenida José de Diego, entrando desde San Juan o Guayama estaba la casa de mis padres en donde yo nací.

La estructura levantada allí hoy es completamente distinta. Hay en ella un colmado que fortuitamente lleva por nombre el mismo apellido de mi padre.

La antigua residencia paternal a donde yo derretí los primeros años de mi niñez era un caserón construido sólidamente con madera del país, sobre unos cimientos de mampostería. Consistía de ocho habitaciones, cocina y excusado. Tres puertas y una ventana daban al frente de la Calle del Comercio. Una puerta y dos ventanas a la Calle de Manuel Colchado.

En la primera puerta, en la esquina que formaban las Calles del Comercio y Manuel Colchado tenían mis padres una pequeña tienda de comestibles. Por la puerta del medio se entraba a la sala y a un comedor bastante espaciosos, ya que mis padres tenían entonces una fonda bien concurrida y alquilaban catres. La otra puerta y ventana por la Calle del Comercio correspondían a un cuarto para dormitorio. En este aposento y en los otros dos que le seguían había catres para alquiler. A estos tres cuartos le seguía una larga galería que llegaba hasta la mitad del ancho de esta manzana.

En este corredor habían una habitación en donde dormía parte de mi familia, una amplia cocina con un fogón para varias hornillas y finalmente el excusado.

Detrás de la pequeña tienda por el lado de la Calle de Manuel Colchado estaba la habitación de los autores de mis días. Cómoda y clara. Lujosamente equipada para aquellos tiempos. Una ancha cama de metal con perillas relumbrosas y pintura floreada. Una cortina con su cenefa ondulante cubría la parte superior del mosquitero. Sábanas blancas marcadas con grandes iniciales perfiladas, bordadas en rojo sobre cañaniazo. Rodapiés festoneados con bordados a mano que hacían juego con las fundas de almohadas también ribeteadas con calados y encajes delicados. Un ropero de caoba. Un baúl mondo montado sobre dos banquillos para evitar el doblarse cuando se andaba en él. Este baúl tenía una especie de timbre que sonaba anunciando que lo abrían. Tanto en el ropero como en el baúl nunca faltaba el pacholí para aromatizarlos. Cerca de la cama colgaba una hamaca con dos palitos, uno en cada extremo para darle mayor amplitud. En esta hamaca dormí yo mis primeros años.

Debajo de la cama, pero a la mano, un cómodo bacín de loza con su tapa también de loza, para responder a cualesquiera llamada de natura, en las altas horas de la noche.

Contigua a la habitación de mis padres se extendía una alta palizada. Principiaba esta valla con un ancho portón por donde entraban al patio bestias y carretas.

Entre el patio y el quiosco había una hortaliza, donde además de maíz, tomates, habichuelas tiernas, pimientos, ajíes y otros frutos menores, no faltaban plantas medicinales como malva, sabia, ruda, geranio, hierbabuena, hierba luisa.

La casa perennemente pintada de verde, ya sus diversas manos de pintura unas encima de otras eran más bien un empañetado, de considerable espesor. La estructura principal techada de tejas era de un estilo que en el argot criollo llaman cuatro aguas.

El tejado lucía por el frente cerca de sus dos extremos dos celajes también cubiertos de tejas, por cuyas ventanas yo me asomaba cuando acompañaba a mi padre a los cielos-rasos y sentía entonces una sensación de altura similar a la que siento hoy cuando me asomo desde la terraza del Empire State Building.

Matas de hojas de brujas crecían silvestres y lozanas entre las tejas dándole un colorido típicamente boricua a mi hogar.

Olimpia Colón Aponte
4 de septiembre 2000

Introducción

Pioneros puertorriqueños en Nueva York[1] es un testimonio auto-
biográfico compuesto de anécdotas personales sobre la experiencia
de la inmigración puertorriqueña en Nueva York desde 1917 a 1947.
Joaquín Colón acapara el interés de sus lectores a través del colorido de la narrativa, y sus digresiones humorísticas evitan que el relato desemboque en la monotonía. La inmigración es el personaje
principal de la narración y Joaquín Colón presenta su trasfondo cultural, examina las causas que ocasionaron el éxodo, documenta el
primer encuentro con Nueva York y, como testigo ocular, le va
comentando al lector las peripecias más sobresalientes a lo largo de
treinta años. Propone dejarle a la posteridad una versión de la experiencia inmigrante desde la perspectiva de los que la vivieron:

> Yo fui uno de tantos. Y para narrar con más autenticidad las
> aventuras iniciales de nuestros compatriotas, todas más o
> menos análogas, permitidme relatar mis suceso, como un
> ejemplo, ya que viví, como se verá más adelante, una vida
> activa dentro de nuestra colonia y traje como la gran ma-
> yoría de ellos el mismo equipo cultural, ético que recibimos
> en nuestro suelo natal. (6)

No aspira a privilegiar su testimonio como la única verdad, ya que
reconoce la pluralidad de ésta y, por tal razón, le interesa que todas
las versiones de la experiencia inmigrante abandonen el silencio:

> En honor a la verdad dejo dicho ahora que mis comentarios
> alrededor de los hechos narrados aquí no son, como se diría,
> imparciales, por la sencilla razón de que yo no creo en la

imparcialidad. Se es imparcial cuando se deja de ser consciente. Cuando un juez dice que es imparcial al dispensar la justicia, no hace otra cosa que demostrar su parcialidad por unas leyes hechas por y para una clase de gente de la comunidad. La imparcialidad no existe sino en la nomenclatura de la demagogia. (3–4)

En las primeras páginas afirma además que uno de los propósitos que lo motivan a escribir *Pioneros puertorriqueños* es el de homenajear a aquellos borinqueños que colaboraron para que las inmigraciones futuras no tuvieran que pasar nuevamente por los mismos atropellos. Sus esfuerzos por organizar a los puertorriqueños en Nueva York se convierten en una especie de mesianismo, y Joaquín Colón sólo es uno de los encargados de contarlo a la posteridad:

> Las hazañas de estas personas humildes dentro de nuestra colonia nunca fueron mencionadas en los periódicos y revistas comercializados en Puerto Rico, y menos aún en el diario local *La Prensa,* como no fuera para restarle mérito a sus actuaciones o inspirar en ellos una compasión hueca y contraproducente. (43)

Añade,

> Fuimos nosotros los pioneros, los que teníamos que echar las bases para esta futura colonia, los que teníamos que abrirle el camino y orientar a las generaciones futuras de nuestra raza en esta metrópoli cuajada de expectativas buenas y malas. (46)

En *Pioneros puertorriqueños* salen del anonimato hombres y mujeres ausentes de la historia escrita, que contribuyeron desinteresadamente al desarrollo de la inmigración, tales como Carlos Tapia, conocido en Brooklyn por su protección física y económica del necesitado; Isabel O'Neill, activa mujer dedicada a la enseñanza gratuita del español a la juventud; Doña Antonia Denis, samaritana que llegó a albergar "hasta cuarenta boricuas durmiendo unos encima de otros en el segundo piso de su hogar"; y Doña Ramona, que a pesar de su fuerte temperamento no permitía que nadie se acostara sin comer o sin aposento.

Estructura

En *Pioneros puertorriqueños* aparecen una estructura circular y otra lineal. La estructura circular se inicia con la llegada de Joaquín Colón y la inmigración puertorriqueña a Nueva York (1917), completándose treinta años más tarde con el regreso (1947) del narrador-personaje a Puerto Rico. Esta estructura ha sido una de las tendencias en la literatura de las inmigraciones latinoamericanas en los Estados Unidos[2], las cuales, en sus primeras generaciones, han considerado su presencia en suelo extranjero como provisional, y se han refugiado en un nacionalismo cultural para resistir la amenaza anexionista. Sin embargo, el regreso del narrador a Puerto Rico después de treinta años no tiene la intención de prevenir —característica común de esta literatura— a los nuevos inmigrantes de los infortunios que pueden enfrentar al abandonar la isla; al contrario, se propone rendir tributo a aquéllos que con sus esfuerzos prepararon las condiciones para el éxito de las nuevas generaciones de puertorriqueños en los Estados Unidos.

Por otra parte, la estructura lineal de *Pioneros puertorriqueños* se encuentra dentro de lo que Kanellos (5–16, 2002) denomina como "nativismo"[3] y se inicia cuando el cronista toma parte activa en la política estadounidense. Promueve una participación conjunta junto a otras minorías nacionales en los Estados Unidos y se opone a la política de no intervención practicada por el Partido Nacionalista Puertorriqueño, que consideraba que toda participación en la política estadounidense iba en detrimento de la lucha por la independencia de Puerto Rico. En esta estructura lineal, el regreso del narrador a Puerto Rico sólo finaliza la fase mesiánica iniciada en el mil novecientos diecisiete y, después de haber estado treinta años en Nueva York, confía que las nuevas generaciones de puertorriqueños aprovechen las oportunidades creadas por estos "pioneros".

La narración en primera persona de Joaquín Colón parte de dos planos temporales, los cuales están dirigidos a diferentes destinatarios. El primer plano o cuerpo principal de *Pioneros puertorriqueños* tiene origen en la actualidad del narrador —después de 1947 y en Puerto Rico— desde el cual evoca retrospectivamente sus experiencias como inmigrante en Nueva York. Su lector se vislumbra en una posteridad, y en sus interacciones con éste se percibe una certeza de que su trabajo algún día será publicado. En esta reconstrucción de treinta años anclada en el presente se entrecruzan anécdotas en diferente orden cronológico, surgen personalidades que en el presente del narrador ocupan una posición gubernamental y se recuerdan individuos que para entonces han fallecido.

La necesidad de Joaquín Colón por legitimar sus testimonios en *Pioneros puertorriqueños* lo induce a insertar en la narrativa principal un segundo plano temporal compuesto por recortes de sus columnas periodísticas, editoriales que respaldaban los puntos principales de su narración, manuscritos nunca antes publicados y poemas recitados por terceros en las festividades sociales. Los tiempos verbales predominantes en estos *collages* aparecen en el presente, contrastando con los tiempos pasados que prevalecen en la narrativa principal. En estos cruces de tiempos verbales no sólo toman nuevamente vida sus antiguos seudónimos —Tello Casiano, Nicasio Olmo, Momo y Farallón— sino que reaparece además la silueta del lector para el cual estos trabajos han sido originalmente destinados.

Antecedentes de la primera inmigración

La narración cronológica de *Pioneros puertorriqueños* comienza en el Puerto Rico de las primeras décadas del siglo XX con la descripción de Joaquín Colón del panorama intelectual que había nutrido a gran parte de la emigración. Su crónica suspende momentáneamente el plano de la realidad que gira en torno a las precarias condiciones económicas por las que pasaba Puerto Rico durante estos años para concentrarse en el ambiente cultural que se respiraba en un pequeño círculo social. Probablemente la elección de este plano de la realidad sobre los otros responde a la concepción generalizada dentro de los medios de comunicación neoyorquinos que tachaban de inculto y analfabeto al núcleo constitutivo de esta primera inmigración. Señala (7): "Traigo estos datos a colación porque muchos años más tarde, cuando llegamos en grandes números a Nueva York, éramos mirados y tratados como nativos semi-salvajes de una selva, que arribamos allí en busca de cultura y refinamiento". Por tal motivo, procura exaltar el nivel intelectual que ya se respiraba en la isla durante las primeras décadas del siglo y, como uno de los integrantes de esta diáspora, le ofrece al lector su testimonio como ejemplo.

Estas décadas que precedieron a la inmigración del mil novecientos diecisiete se presentan desde la perspectiva de un narrador que añora nostálgicamente los años de su adolescencia. El amor al conocimiento, a la cultura y a las letras se convierten en uno de los focos principales de su cronicar. Joaquín Colón expresa un orgullo de haber formado parte de una generación que independientemente de su estado económico y social se había mantenido al tanto de las letras contemporáneas. En este empeño de dotar al puertorriqueño de una cultura y un amor por las letras, clasifica el gusto por la lectura en Puerto Rico en términos de libros y escritores. Primero, menciona los autores y las lecturas predilectos de la niñez y la gente sencilla; segundo, alude a los escritores difundidos entre el sector intelectual; tercero, se incluye a sí mismo entre los que poseían un grado de escuela superior. Sobre los dos primeros señala:

> En lugar de pasquines, la niñez y la gente sencilla leían los episodios del coronel Guillermo F. Cody, mejor conocido por Buffalo Bill; de Lord Lister o sea Raffles; Sherlock Homes; Nick Carter; Nap Pickerton; los cuentos y chistes de Saturnino Calleja y los novelones por entregas. El otro paso en la lectura era el padre Balmes, Emilio Salgari, Víctor Hugo, Tolstoi, Gorki, Zola, Los Dumas, los Balzac, Alarcón, José María Vila, Benito Pérez Galdós y Gustavo Adolfo Bécquer. Muchos puertorriqueños leían y estudiaban a Homero, Cervantes, Shakespeare, Dante, Platón, Rosseau, Kant, Descartes, Schopenhauer, Nietzsche, Verlaine, Voltaire, Shelley, Lord Byron, Goethe, Whitman, Emerson, Bernard Shaw, Oscar Wilde, José Asunción Silva, José E. Rodó, José Ingenieros, Jacinto Benavente, Rubén Darío, Amado Nervo, Rabinadra Tagore y los demás clásicos de todas las lenguas y países; ya estos puertorriqueños

pertenecían a la categoría intelectual que también, aunque en un grado mínimo, nos acompañaron en el destierro. (11)

Finalmente hace referencia al grupo del cual él mismo formó parte y, para no pecar de arrogante frente al lector, deja que éste, mediante la lectura de *Pioneros puertorriqueños,* establezca sus propias conclusiones:

> Dije que había entre nosotros varios intelectuales, también abundaban los que teníamos escuela superior. He tocado someramente las moralidades culturales y ambientales de las dos décadas inmediatamente antes de nuestra inmigración hacia Nueva York, lo suficiente para formar una idea razonable de la calidad de los primeros boricuas que asentamos la residencia en esta ciudad. (12)

El deseo de dotar al inmigrante puertorriqueño de una cultura superior a la del estadounidense que diariamente se topaba en las calles de Nueva York lo inclinaba a recrear y ensalzar sus recuerdos de adolescente, aludiendo al ambiente intelectual que vivió durante su arribo a San Juan en la primera década del siglo. Denomina estos tiempos (9) como una "Edad de oro" por la gran actividad cultural que se respiraba junto a figuras de la talla de Lola Rodríguez de Tió, Nemesio Canales, José de Diego y la visita de escritores como José Santos Chocano, entre otros. Se propone enaltecer la cultura del inmigrante puertorriqueño sobre el modo de vida pragmático del norteamericano,[4] y en este proyecto lingüístico no sólo idealiza sus recuerdos de esos años, sino que excluye al campesinado iletrado que más tarde formaría parte de esta emigración. Su narración se concentra en la atmósfera intelectual que se respiraba dentro de la élite sanjuanera y, en alguna medida, reflejaba la influencia de los tabacaleros,[5] considerados desde principios de siglo como el sector mejor educado de la clase obrera.

Joaquín Colón provenía de Cayey, pueblo identificado con la industria del tabaco, y desde pequeño debió haber estado influenciado de alguna manera por las ideas socialistas y la literatura que circulaban en estos centros de trabajo. La otra influencia la adquirió dentro del núcleo familiar a raíz de unos padres adheridos al republicanismo de José Celso Barbosa, que desde su niñez, según él mismo afirma (50–51), lo habían hecho probar el "boloney" norteamericano. Sin embargo, a pesar de la influencia política que Joaquín Colón había respirado desde su infancia, no aparece en *Pioneros puertorriqueños* una afiliación a ningún partido político, y si ésta existió en algún momento, la distancia de la narración principal le permite analizar críticamente la política practicada por sus líderes. En primer lugar, rechaza severamente el socialismo oportunista de Santiago Iglesias Pantín (21–22) —maestro de las primeras organizaciones obreras en Puerto Rico y el que despertó su conciencia de clase— por haber comprometido los fundamentos de su ideología, a cambio de victorias menores.[6] Era una tendencia identificada con las prácticas burocráticas de la Segunda Internacional[7] que al ponerse en contacto al principio del siglo con el líder norteamericano Samuel Gompers y la American Federation of Labor se desvió de su misión revolucionaria. En relación a este socialismo, señala (23): "El socialismo en Puerto Rico ha llegado a su último grado de putrefacción porque su fenómeno se ha llevado a cabo dentro del coloniaje. El coloniaje es el paraíso de la Social-Democracia". En sentido opuesto, reprocha el republicanismo de Don José Celso Barbosa que, según el cronista, no supo reconocer las nuevas estrategias que empleaba el colonialismo estadounidense, permitiendo que se dividieran los regimientos militares por el color de piel durante la Primera Guerra Mundial. Sin embargo, el juicio en torno al prócer puertorriqueño negro no está cargado del mismo resentimiento con el que ataca a Santiago Iglesias Pantín, y más que cómplice o títere del coloniaje, José Celso Barbosa es acusado de haber pecado por su ingenuidad:

La prueba más elocuente de que el Dr. Barbosa no estaba adiestrado en las tácticas del neocolonialismo yanqui la tenemos cuando aceptó orgullosamente la segregación de los soldados negros puertorriqueños de los solados blancos, grifos y lavaditos. Su excusa fue de carácter sentimental: deseaba probar que los miembros de su raza eran, de por sí solos, tan valientes y tan hábiles como los blancos. Pero, ¿cuál fue el resultado económico? Pasó la guerra, la emergencia, y solamente necesitaban un regimiento regular. Licenciaron a los soldados negros honorablemente . . . y honorablemente quedaron sin trabajo: sin la oportunidad de aprender algo, de subir de rango o mejorar su situación en tiempo de paz. [. . .] Aceptando en principio la segregación, por el hombre que pudo levantar su voz de protesta y hacerse oír, pasada la emergencia, quedó establecido el principio. Hoy existe flagrante la discriminación de razas en el Regimiento de Puerto Rico. Fue necesario la emergencia de otra guerra de carácter universal y la lucha perenne del negro norteamericano por sus derechos, que son también los nuestros, y otras muchas presiones categóricas para enmendar en cierto grado aquella segregación. (31)

Joaquín Colón pudo haber expresado una crítica más enérgica contra el doctor Barbosa ante estas acusaciones, y probablemente la veneración a su figura tuvo que ver con la lealtad y el respeto que guardaba a la memoria de sus padres que, durante los años en que habían sido dueños del Hotel Colón, habían mantenido una relación personal con el prócer puertorriqueño. José Celso Barbosa es, dentro de la tesis de *Pioneros puertorriqueños,* no sólo una representación del negro excluido de la política puertorriqueña, sino también un representante excelso de la aportación de la sangre africana al discurso de identidad nacional. El poco respeto a la aportación del negro[8] durante la formación de este discurso pasa a ser el resentimiento más repetitivo de Joaquín Colón en las páginas de *Pioneros puertorriqueños* y, por tal razón, desea informarle al lector la valiosa contribución de su raza:

La raza de color en Puerto Rico tenía una representación digna dentro de aquella intelectualidad. Eran hombres cultos por amor a la cultura, no cultos por oficio, y por ende pensaban con libertad, sin temor, aunque estuviesen a veces equivocados. Las más de las veces su educación la adquirieron por esfuerzos propios; no se debía a nadie, como no fuera a los esfuerzos de sus humildes padres. Recuerdo en este instante los nombres del Doctor José Celso Barbosa,

Don Pedro Carlos Timothee, Don Tomás Carrión Maduro,
Don Enrique Lafebre y Don Luis Felipe Dessus.[9] (29–30)

No aparece en *Pioneros puertorriqueños* una afiliación a partidos
políticos, ideologías o líderes redentores. Los próceres de Joaquín
Colón se habían extinguido en el siglo XIX[10] en las luchas contra el
coloniaje español, y en la nueva relación colonial con los Estados
Unidos había surgido —lo que él llama— "un político profesional",
traidor[11] a su misión patriótica. Joaquín Colón responsabiliza al liderazgo de la isla por haber dejado desamparados a los trabajadores
puertorriqueños, que al no encontrar otra alternativa que una despiadada explotación, recurrieron como escape a la emigración:

> Teníamos que salir de nuestro querido Puerto Rico;
> estábamos acosados ya por todas partes por una fuerza
> económica organizada y dominante que amenazaba extermi-
> narnos o convertirnos en un pueblo de peones [. . .] La
> mayor parte de nuestros intelectuales y políticos se habían
> resignado al coloniaje como las favoritas del sultán se resig-
> nan al concubinato. Habían vendido el civismo, amordazado
> el periodismo y corrompido las letras. También habían pros-
> tituido a nuestra clase media, habían hundido a dos terceras
> partes de los habitantes de la isla en el pauperismo, habían
> dejado sin dirección obrera auténtica al artesanado y a las
> masas campesinas, habían hecho del coloniaje despiadado y
> enervante una virtud. (18)

La conocida tesis[12] en las letras puertorriqueñas que ha respon-
sabilizado a las masas populares por su papel pasivo en su historia
es cuestionada, analizada y rechazada en Pioneros puertorriqueños.

Joaquín Colón y la inmigración puertorriqueña en Nueva York

Joaquín Colón arriba a Nueva York por el condado de Brooklyn
en el viejo vapor Coamo para el mil novecientos diecisiete, y su
primera impresión al desembarcar es un desencanto que se agudiza,
aún más, mediante una comparación idealizada con sus años de estu-

diante en Puerto Rico. La narración en primera persona se torna realista para describir la ciudad, reviviéndole al lector detalles que pudieran recrear nuevamente sus primeras percepciones. Al desembarcar por el East River encuentra:

> Casas antiguas, faltas de pintura reciente. Negocios que en Puerto Rico hubiesen caído en la categoría de bodegones. Lo menos que pensé fue que aquéllas, u otras parecidas, iban a ser nuestras residencias y nuestro medio ambiente por muchos años. Pero fue así. Tuvimos que convivir allí o por sus alrededores con enormes ratas y toda clase de sabandijas. (33)

Las esperanzas que trae de la isla se van desvaneciendo al entrar en contacto con la realidad cotidiana, descubriendo las palabras engañosas que se esconden en la recién recibida ciudadanía americana. En unas de las crónicas periodísticas describe el momento (*El Curioso,* 16 de febrero de 1935):

> En aquella época yo era un niño con pantalones largos. Caminaba por esas famosas aceras de Nueva York. Embriagado de romanticismo, sepultado en sueños. ¡Me sentía tan grande! Era nada menos que ciudadano de los Estados Unidos de América. [. . .] Pronto noté que las oportunidades se alejaban de mí [. . .] Y sentí por primera vez en mi vida miedo a la posibilidad de pasar hambre. Pasar hambre donde había venido a encontrar la abundancia. (312)

Se asombra de que al margen de una ciudad tan majestuosa existan arrabales y letrinas o inodoros cuyas paredes huecas,

> . . . eran un cómodo nido de ratones y cucarachas que de noche jugaban, corrían, peleaban y chillaban a sus anchas. En estas construcciones les era muy fácil a las ratas procurarse orificios, especialmente alrededor de los tubos que unían a los fregaderos e inodoros antiguos con los tubos dentro de la pared. Con frecuencia dejaban sus largas y repugnantes colas fuera y a veces rozaban éstas con los cuerpos distraídos de las personas. No es hiperbólico el decir que

estas ratas eran tan enormes que los gatos les tenían miedo.
Y eran tan frescas que salían a mirar a uno atentas, atendiendo a la conversación como si fuesen de la familia. (40)

Nótese que a pesar de que sus descripciones podrían encasillarse
dentro de la escuela naturalista, el humor de la narración evita que el
lector sienta repugnancia ante tal realidad. Apela a los cinco sentidos
del lector para describir las duchas públicas que proveía la ciudad, las
casas de huéspedes para la gente pobre, los cines baratos de las barriadas, las condiciones de trabajo a que habían estado expuestos, e
inclusive narra el por qué y de dónde salieron los guapos puertorriqueños. En fin, ante el inesperado cuadro social que encuentra en
Nueva York, un Joaquín Colón decepcionado y rencoroso culpa a los
políticos puertorriqueños por haber fracasado en sus gestiones por la
idependencia para Puerto Rico y por haber dejado desamparados a sus
hermanos en el éxodo (53): "En un pueblo civilizado y arrogante
habían sido abandonados al azar. Los derechos humanos, todo ese
aparato de la ley acumulado a través de las edades, no existían para él,
para nosotros".[13]

Una vez que el cronista le transmite al lector el impacto del
primer encuentro, acelera nuevamente su narración mediante la
inserción de coloridas anécdotas en búsqueda de empleo, y entre
otros recuerda el de pico y pala, de lavaplatos, en una fábrica de
municiones, en una fábrica de desinfectantes para cementerios, en la
fundición del bajo Manhattan, o paleando la nieve de las calles
durante el invierno y barriendo las estaciones del tren. Esta búsqueda de empleos se convierte en un continuo peregrinar que se va
agudizando aún más al final de los años veinte. Afirma que este tipo
de colocaciones estaba siempre disponible para negros, puertorriqueños y campesinos analfabetos de las montañas europeas.
Recuerda, por ejemplo, los momentos en que barría las estaciones
del tren durante las frías noches de invierno y se transportaba espiritualmente al mundo de estudiante en Puerto Rico, evocando sus
poemas favoritos de la literatura puertorriqueña, latinoamericana e
hispánica. Su narración nuevamente se detiene y se desvía de su
cronicar e inserta en su testimonio un sinnúmero de versos de los
poetas que habían formado parte de su vida de estudiante, como José

Gautier Benítez, José de Jesús Esteves, Luis Muñoz Rivera, José de Diego, Virgilio Dávila, Luis Llorens Torres, José Santos Chocano, Rubén Darío, Joaquín Álvarez Quintero y José Asunción Silva. Su gusto por la poesía y por la cultura puertorriqueña se convierten en su refugio ante la cruda realidad, y una vez finaliza su faena con la escoba, despierta de sus sueños poéticos:

> Pasando mi mente por estos parnasos y foros heroicos, mientras la escoba seguía barriendo casi sola, hasta que tocaba el fin de su faena, entonces yo aterrizaba de mi viaje por las regiones suprasensibles en que me había enajenado, como si no hubiese estado todo ese tiempo en contacto con el serrín húmedo, con el polvo y con la basura. Sin la facultad de mi fantasía, mi vida hubiese sido tan monótona, tan enclenque que tal vez no hubiera podido resistir su peso. (69–70)

La basura, la miseria y las humillaciones que recibe en Nueva York pueden controlar o aprisionar su cuerpo, pero no su espíritu. Su bagaje cultural le sirve de antídoto para resistir no sólo la asimilación cultural a que diariamente está expuesto, sino también todas las fuerzas sociales que procuran corromper su carácter.[14] *Pioneros puertorriqueños* plantea además que la justicia y la moral que se practican en Nueva York no sólo evitan la formación de un carácter en los individuos, sino que corrompen el que nace entre los más débiles.[15] Vive en una ciudad donde la ley y la protección se compran a un precio y donde les es permitido a unos lo que para otros es ilegal.

Su primera experiencia de discriminación racial en Nueva York ocurrió mientras solicitaba un empleo de lavaplatos. Recuerda como el dueño del establecimiento lo expulsó tan pronto se percató de su presencia e indica que este incidente marcó una ruptura en la manera de apreciar la democracia estadounidense, descubriendo que las palabras que habían expresado los libros de historia durante su niñez perdían su significado al ponerse en contacto con la realidad:

> Por primera vez en mi vida yo no tenía ante mi un camino de rosas, ni de espinas, sino de obstáculos deliberadamente colocados en condición desigual por mi "hermano", el hom-

bre blanco y consciente norteamericano [. . .] ¡Nunca me
sentí tan orgulloso de la sangre negra que corre por mis
venas! [. . .] la estatua de la libertad como que se me transfiguró, y aquellos hombres crueles que había contemplado
contrastaban con aquellos misioneros de semblante místico
y llenos de ternura que dejé en mi suelo natal, no perdí la
confianza en el devenir histórico reservado a la humanidad.
Se vigorizó en mí el ánimo para la lucha cívica. Sentí un
intenso afecto por todas las minorías oprimidas como yo.
También por el feminismo. Y se acentuó en mí el sentimiento anticolonialista, ya despertado en mí por Don José De
Diego. (75)

Estos encontronazos con la democracia norteamericana fueron
el catalítico que movilizó a la comunidad inmigrante a organizarse y
a luchar por los derechos que había adquirido como ciudadanos. La
tesis de la literatura puertorriqueña que culpa a las masas por su
papel pasivo en la historia es refutada en Pioneros puertorriqueños:

Fue una paradoja. Aquella vida agudizó los sentidos de nuestros compueblanos y se fundieron allí hombres y mujeres
aguerridos en las luchas cívicas. Paradas, manifestaciones,
piquetes, hojas sueltas y mítines tuvieron siempre entre
aquella multitud el más cálido respaldo. Y mucha de la legislación progresista que hoy disfrutamos emanó de allí.
Muchos de nuestros compatriotas se hicieron expertos en las
leyes de inquilinato, de sanidad, y sobre la importancia de
los derechos civiles. (43)

Se manifiestan las señales del fenómeno que Kanellos denomina como nativismo, en el sentido de que el puertorriqueño deja de
contemplar el regreso a la isla como su único destino y participa no
sólo en la lucha por los derechos civiles para todas las minorías en
los Estados Unidos sino que también reclama los beneficios que le
corresponden como ciudadano americano. Se establecen periódicos,
revistas, organizaciones sindicales, y el puertorriqueño participa

activamente en la política estadounidense. Señala (*El Curioso*, 15 de septiembre de 1934):

> Progresan en Brooklyn las asociaciones fundadas con programas definidos. Basados en las luchas sinceras y en la protección de los intereses de los puertorriqueños como trabajadores, explotados e indefensos tanto allá en Puerto Rico como aquí en los Estados Unidos. Se nota ya el despertar de la conciencia en nuestro elemento, buscando su nivel, rompiendo los moldes viejos en que se fabricaron todos los prejuicios y vanidades bastardas que hacen de él un mono vestido como un hombre. (314)

En el plano personal, Joaquín Colón sale del "insularismo" de sus primeros años y se identifica aún más, no sólo con sus compromismos con la patria sino con sus deberes como ciudadano de los Estados Unidos. Se hace lector de los escritores progresistas más conocidos de la nación (76) como Thomas Paine, Wheatley, Mencken, Hardeman Julius, Wendell Phillips, Frederick Doglas, Upton Sinclair, Walt Whitman, Mark Twain, Sinclair Lewis, Theodore Dreiser, Eugene Debs y Jack London, percatándose de que el problema político de Puerto Rico está estrechamente relacionado con el de todos los grupos oprimidos.

En fin, los pioneros puertorriqueños en Nueva York sentaron las bases para su desarrollo económico, social y político en una sociedad con escasas oportunidades, bajo una crisis económica y en medio de toda clase de vicios. En este medio ambiente surgieron, según Joaquín Colón, dos tendencias en contraposición. En primer lugar, reaparecieron los políticos oportunistas que desde la isla habían acompañado a la emigración; que amparados en la autoridad de sus apellidos o sus títulos académicos, veían en las organizaciones sociales una escalera para sus ambiciones personales. Estos políticos oportunistas pasaron a ser los antagonistas y los peores enemigos tanto en sus crónicas periodísticas como en la narración de *Pioneros puertorriqueños*. Por ejemplo (*El Curioso*, 23 de junio de 1934):

> Ser un sinvergüenza aquí es una virtud si usted tiene sufiente

dinero para comprar la prensa y todos los medios de publicidad donde usted aparecerá como un mero muchacho juguetón o como un ídolo de la niñez yanquee. En esta escuela se educa la canalla boricua que siguió a nuestra colonia hasta estas playas. En esa fuente beben todos los puertorriqueños que han venido a estas tierras a "salir bien", sin importarle nada ni nadie. (286)

El desprecio de Joaquín Colón por los que consideraba responsables de la prolongación del colonialismo en Puerto Rico lo instó a aprovechar toda oportunidad para reprocharles a los políticos profesionales en Nueva York la práctica de la misma política oportunista que se daba en la isla. Por ejemplo, en una columna (*El Curioso,* 6 de abril de 1935) que denunciaba a *La prensa* por una promoción del juego "legal" conocido como "sweepstakes", aprovechó la ocasión para exhortar a los puertorriqueños de Nueva York a respaldar la lotería de Puerto Rico:

. . . por lo menos sabemos que nuestro dinero va a surtir algún beneficio allí en nuestra isla natal, aunque sea el mantener en la ociosidad a nuestros políticos. Así, por lo menos, evitamos el que vengan aquí con sus resabios viejos a corromper esta nueva entidad puertorriqueña que se desarrolla aquí y donde aún hay esperanzas de alguna redención. (324)

Si la distancia de la narrativa de *Pioneros puertorriqueños* lo motiva a rendir tributo a los que abrieron camino a generaciones futuras, el presente de sus columnas periodísticas[16] no le permite ocultar su decepción. Su desconfianza ante la política practicada por los que supuestamente defienden los intereses de la colectividad llegaba a tales extremos que por momentos el cronista abandona la más remota esperanza. Señala (*El Curioso,* 4 de agosto de 1934):

¡Salve oh, las épocas pasadas que produjeron en Puerto Rico políticos de alta talla moral e intelectual, que llenaron de gloria nuestra historia! ¡Maldito sea este momento triste en nuestra historia política en que la mayoría de nuestros políticos tienen alma de "jóngolo-jóngolo"! Es una desgracia insufrible el que la colonia boricua esté tan dividida, es penoso, es lamentable, es suicida, pero si ha de caer nuestra colonia en manos de esa cosecha de "jóngolo-jóngolos" sin conciencia que tienen en su sangre el virus de la inutilidad y la cobardía que ha sumido a nuestra bella isla en la indigencia, que continúe dividida políticamente nuestra colonia. (267)

Si Joaquín Colón no había aceptado el socialismo adulterado de Santiago Iglesias Pantín ni el republicanismo ingenuo que había promovido José Celso Barbosa, tampoco estaba dispuesto a tolerar, como líderes de la colonia, a individuos sin carácter[17] que no ofrecieran esperanzas de redención.

La segunda tendencia que exalta el cronista durante esos años de crisis ocurrió entre la gente pobre y se relaciona con la propagación de las actividades ilícitas durante finales de los años veinte. Se popularizó en el barrio un tipo conocido como el bolitero, que al encontrar en el juego ilegal una vía para la subsistencia, pasó a ser el blanco preferido de los que practicaban la moral social. Joaquín Colón, desafiaba tales sofismas y cuestionaba los intereses que motivaban estos ataques. La distancia en el tiempo que le ofrecía el relato de *Pioneros puertorriqueños* y el contacto diario con la realidad le permitían definir a estos individuos y darles su lugar en la historia de la inmigración puertorriqueña en Nueva York. Señala (157): "El bolitero puertorriqueño no fue otra cosa que un trabajador boricua, que se cansó de dar bandazos por las calles de la ciudad, rodando por los empleos peores pagados y más detestables que son los que consigue generalmente nuestra raza discriminada". A pesar de que el bolitero era un violador de la ley, el cronista, en cierta medida, justificaba su aparición, basándose en las inestables condiciones a que el capitalismo abandonaba a sus integrantes. Además, el mismo Joaquín Colón admite, dentro de la distancia que le proveía la narración de *Pioneros puertorriqueños,* que gracias al juego ilegal muchas de las organizaciones sociales brindaron servicios a la comunidad puertorriqueña (141): "El primer club controlado por los banqueros de la bolita se fundó a fines del año 1927 en el Condado de Brooklyn, ciudad de Nueva York. Éste se llamó el The Hostos Democratic Club, Inc.". Señala que (142): "Durante la edad de oro de la bolita estos miembros ejecutivos eran más bien una especie de Santa Claus. Yo me siento inclinado a bautizar a todas estas organizaciones, como los clubes de los Santa Claus".[18] Añade que en las primarias de 1927, The Hostos Democratic Club, Inc. hizo posible la primera demostración política puertorriqueña, gracias a la movilización de ochenta y cinco automóviles que pertenecían a los banqueros de la bolita, cuando le declararon la guerra política a Tammany Hall. A partir de este incidente, señala (142): "Dimos un paso hacia la izquierda demócrata a ciencia y paciencia de los banqueros de la bolita. Tal vez los boliteros tendrían sus razones especiales, pero nosotros los dirigentes de The Hostos teníamos y aún tenemos las nuestras en un alto plano ideológico".

El narrador desafiaba la moral y la justicia que se practicaban en Nueva York, que protegían a los verdaderos responsables de los problemas sociales. Vivía en una ciudad donde la ley y la protección policiaca se cotizaban a un precio o donde les era permitido a unos lo que para otros era ilegal. Por ejemplo, en la columna de Tello Casiano (*El Curioso,* 9 de marzo de 1935.), Joaquín Colón alude a una persecución publicitaria que se le hacía a Enrique Miró por supuestamente haberse enriquecido mediante el juego de la bolita y, sin afirmar ni negar tales acusaciones, arremete contra otros crímenes que pasaban desapercibidos por tales moralistas:

> Con frecuencia los periódicos neoyorquinos relatan varios detalles de la vida de Enrique Miró, conocido entre sus paisanos más íntimos por "Padrino". Según la prensa local este boricua, en el corto período de ocho años, amontonó más de un millón de dólares [. . .] Quiero confesar con la franqueza que me caracteriza, que no me caen bien muchos de los comentarios que leo a menudo. Y es sencillamente que difiero de los conceptos de moral de que tanto alardean en este pueblo. (315)

Una vez que el cronista equipara el delito por el cual había sido acusado Miró con otros crímenes sociales —el enriquecimiento del ex gobernador de Puerto Rico Colton y el silencio de la iglesia católica ante los crímenes de Mussolini— le confiesa irónicamente al lector su incapacidad para comprender los valores sociales institucionalizados: "la manera de practicar la moral y la justicia aquí no me entra" (316). Sin embargo, la sincronía de la crónica periodística no le permite hablar más de lo apropiado ante esta peligrosa acusación y prefiere finalizar la columna sin cumplir con las expectativas de sus comienzos:

> Pero mi idea al empezar estos borrones era la de curiosear a Enrique Miró. Si no lo he hecho fue porque después de que comencé, pensé que quizás mi gente no está aún preparada para recibir mis ideas personales sobre este asunto, y el tiempo no lo creo propicio. Esperaré mejores tiempos. (317)

Estos "mejores tiempos" añorados en esta crónica periodística los provee la distancia de la narrativa principal de *Pioneros puertorriqueños*. Joaquín Colón afirma además que la rápida prosperidad que alcanzaron muchos de estos boliteros suscitó envidia y enemistad en aquéllos que en Puerto Rico los habían conocido como simples peones. En fin, ante la escacez de empleos y viviendas, y en medio de una corrupción institucional, el alchohol ilegal, el juego de la bolita y otras actividades ilícitas fueron unos medios viables para la subsistencia. Joaquín Colón reconoce que no está autorizado a emitir juicios críticos porque:

> El juego de azar, el vicio de bebidas alcóholicas y la prostitución tienen su base en la pobreza, y ésta es producto del sistema en que vivimos. Esos hábitos no podrán hacerse desaparecer con leyes fabricadas de la noche a la mañana. Sino con un cambio de raíz en el sistema social en que vivimos, seguido de una intensa educación de las masas. [. . .] Ni el sistema en que vivimos, ni las instituciones respaldadas por él, le conviene el admitir esta verdad axiomática porque alteraría la vida regalada en que viven las plutocracias y las oligarquías tradicionales. De manera que les dan otra interpretación artificial y artificiosa al vicio clandestino, mientras otorgan el vicio "legalizado" del que ellos mismos son parásitos. (129)

Añade que junto a la escasez de empleos no existían leyes sindicales que protegieran al obrero y, frente al incremento en los precios del alquiler y de los productos alimenticios, surgieron otras maneras de sobrellevar la crisis, como la falsificación de joyas o el "fecquero", los "rent parties" o fiestas para poder pagar el alquiler mensual, el "racquet" de las uniones cívicas, la venta de lugares pantanosos, el contrabando de narcóticos y el negocio de bebidas clandestinas. Ante este espectáculo diario, Joaquín Colón se abstuvo de tomar la posición radical que lo caracterizaba por estar consciente de las necesidades económicas a que todos habían estado expuestos (85): "Hubiese sido yo un insensato más que Quijote, si hubiese aconsejado a aquel pequeño conglomerado de compueblanos advenedizos a nadar en contra de aquella corriente arrolladora". El cronista se negaba a censurar estas prácticas que iban en contra del sistema legal, limitándose a denunciar las condiciones económicas, sociales y políticas que las habían suscitado. La justicia y la moral en Nueva York, durante estos años críticos, perdían su credibilidad debido a que se pagaban a un precio; y aquéllos que no tenían acceso a esta protección o no contaban con voces en los medios de comunicación pasaban a ser los chivos expiatorios. Señala (*El Curioso, 14 de julio de 1934.*):

> ¡No tomad! dicen los moralistas al pueblo trabajador, prohibiendo el licor. Sus amos tranquilamente toman licores finos en el extranjero y en sus cómodas mansiones. ¡No os divorciéis! dicen los moralistas a los pobres. Sus amos se divorcian en Reno, en Méjico, donde ellos quieran. ¡El juego es un vicio! dicen los moralistas, y hacen que la policía persiga a los jugadores de centavos; mas la bolsa de Wall Street sigue sus especulaciones atrevidas amparadas por la ley y los usureros hacen su "agosto" explotando la miseria. [. . .] Terminaré diciendo que para moralizar los pueblos hay que arrancar de raíz el mal, empezando por moralizar las clases privilegiadas que pasean su inmoralidad por el mundo y después establecer un sistema de educación y cultura VERDADERAMENTE sano y cristiano donde no se enseñe a la niñez a adorar a la inmoralidad. (291–292)

Fue en este contexto socioeconómico que Joaquín Colón pudo reconocer el valor de estos puertorriqueños quienes, arriesgando su libertad y el bienestar de su familia, pudieron sobrevivir a la crisis de finales de los años veinte:

> Sin la acometividad y el valor arriesgado de estos puertorriqueños, el resto de la colonia, principalmente nuestras madres, hijas y hermanos, los niños y los ancianos no hubieran podido sobrevivir la vida casi selvática de los barrios pobres en donde estábamos obligados a vivir los primeros boricuas que llegamos aquí. (184–85)

La distancia temporal de la narrativa principal de *Pioneros puertorriqueños* le ofrece al cronista una perspeciva más liberal para establecer juicos críticos, sin las restricciones o los peligros en que puede incurrir una columna periodística. Se solidariza con aquéllos que, independientemente de estar violando las leyes, demostraban su fraternidad mediante el patrocinio económico de las actividades culturales y políticas que se organizaban en los clubes puertorriqueños. En cambio, manifiesta una abierta repulsión contra todos los que predicaban en teoría una hermandad mientras que en la práctica repudiaban al obrero puertorriqueño. En una de las crónicas más emotivas bajo el seudónimo Tello Casiano denuncia abiertamente a los enemigos de la inmigración puertorriqueña (*El Curioso,* 30 de marzo de 1935):

> Cuanto más pronto los puertorriqueños en esta ciudad nos demos cuenta de que estamos completamente solos, más pronto nos uniremos y serán resueltos nuestros problemas como raza y como colonia puertorriqueña. [. . .] Además, estamos rodeados de enemigos. Enemigos que diariamente fingen ser nuestros "protectores" y nuestros "hermanos". Nuestros "protectores" los yanquis y nuestros hermanos "los ibéricos". A estos enemigos encapotados unid los traidores de nuestro pueblo, esa manada de mulatos y grifos nacidos en Puerto Rico pero que viven odiándose a sí mismo y renegando en secreto de su propia patria. Viven siempre una especie de "IMITATION OF LIFE". Hablando siempre de su

papá el mallorquín o el catalán, pero nunca hablan de su
mamá la mulata boricua que pegada a una tabla de lavar o de
planchar o vendiendo dulce de coco los hizo gente a ellos y
al mallorquín o catalán. [. . .] Nuestros "hermanos" los ibéricos nos hacen el "favor" de dejar que nosotros los llamemos
nuestros hermanos –pero no delante de la gente— acá aparte
para el negocio y su crecimiento económico. Delante de la
gente ellos fueron, son y serán la única representación de la
raza hispánica. Delante de la gente, Puerto Rico y los demás
pueblos hispanoamericanos son hijos bastardos engendrados
por Iberia en sus noches donjuanescas. Al menos ésta es la
impresión que se desprende del iberismo pedante y paternal
asumido por "La Prensa". Mas se adivina que para ellos
siempre seremos una colonia, donde sometieron a nuestros
indios, donde implantaron la esclavitud y donde fueron
dueños de vidas y de haciendas. Después de más de cuatrocientos años de civilización y de heroico civismo todavía no
han aprendido a respetarnos como hombres. (320–322)

El cronista reproduce en este fragmento una relación de poder
(Edward Said, 24–25) entre el colono y el colonizado, que independientemente de que hubieran desaparecido las viejas estructuras
jerárquicas en 1898, continuaban teniendo vigencia en el trato de
peninsulares y puertorriqueños. Era un sentimiento con bases
raciales que tenía su epicentro en el periódico *La Prensa*
(1913–1963), pero se disimulaba en sus páginas por temor a perder
el respaldo económico de la creciente inmigración puertorriqueña.
La Prensa era el periódico comercial en español con mayor tirada en
Nueva York y el centro principal de un gran número de polémicas
por su trato paternalista[19] hacia la comunidad puertorriqueña. Por tal
razón, muchos de los líderes obreros –Crescencio Gómez, Bernardo
Vega, Conrado Rosario, Jesús Colón, Manuel Ríos Ocaña, Erasmo
Vando, Joaquín Colón, entre otros— habían reconocido, desde su
llegada a Nueva York, la necesidad de un periódico puertorriqueño
que representara los intereses de la colonia. Joaquín Colón documenta los intentos fallidos de estos pioneros para mantener operan-
do permanentemente un vocero de la comunidad puertorriqueña, y

entre otros esfuerzos se encuentra (168) *El Caribe* (1923), *Gráfico* (1927–1929), *Vida Alegre* (1931), *La Información* (1932), *La Nación Puertorriqueña* (1933), *Alma Boricua* (1934–35), *El Curioso* (1934–1935), *Verdad, La Voz* (1937–39), y boletines como *Sociedad Cervantes* y *el Boletín de la Liga Puertorriqueña e Hispana* (1928–1933). Sin embargo, la corta duración de estos proyectos no sólo se debió al poco respaldo del público-lector o al alto costo de la empresa, sino también a la falta del patrocinio económico del comercio latino.[20]

El Curioso, por ejemplo, se había mantenido vigilante y presto a denunciar cualquier comentario malicioso de *La Prensa* que ofendiera a la comunidad puertorriqueña y, al mismo tiempo, desarrollaba una campaña contra aquellos que, negando "los valores ennoblecedores de la patria", excluían al puertorriqueño negro de sus organizaciones.[21] Joaquín Colón fue probablemente la voz en la prensa inmigrante puertorriqueña que con más ahínco, tesón y firmeza combatió el prejuicio racial en Nueva York. Sus columnas aparecieron bajo el seudónimo de Tello Casiano y en ellas combatía las cláusulas "no escritas" de las asociaciones puertorriqueñas que practicaban la misma política de exclusión que había seguido el discurso nacional en Puerto Rico.[22] Su crónica periodística no sólo cuestionaba las bases legitimadoras de toda superioridad étnica, sino que además ponía en tela de juicio la pureza racial de los que practicaban tal discrimen.

El prejuicio racial contra el puertorriqueño negro había sido la razón principal por la cual Joaquín Colón había exaltado, en las primeras páginas, una genealogía prestigiosa del negro en Puerto Rico, y uno de los motivos para ser tan tolerante en su juicio crítico con la figura de José Celso Barbosa. Plantea que el desconocimiento de la aportación y el prestigio de personalidades de herencia africana —Rafael Cordero, Tomás Carrión Maduro, José Celso Barbosa, Pedro Carlos Timothée y Don Luis Felipe Dessus– había predispuesto a muchos inmigrantes puertorriqueños a ocultar su híbrida identidad y a buscar en otras razas o nacionalidades un modelo de identificación. Es decir, el escaso conocimiento de la otra historia de Puerto Rico, junto a la influencia del maniqueo prejuicio racial en Estados Unidos, había entorpecido el desarrollo y la unificación de una identidad nacional que representara sin distinciones a todos los puertorriqueños.[23] Por lo tanto, estas divisiones ocasionaron el surgimiento de los llamados (123) sociedades para "gente escogida" (blancos) que prohibían la entrada a individuos denominados como "gente baja" (no blancos), y de ahí que (119) "se dieron muchos casos en que en una misma familia borinqueña unos eran más claros y otros más oscuros y, por ende, unos podían pertenecer a estas sociedades cívicas y otros no".

El hispanismo "blanco"[23] pasó a ser el paradigma que le otorgaba al puertorriqueño el prestigio social[24] y de ahí que muchos borinqueños intentaban ocultar cualquier característica física que los identificara como parte de la raza de color. Estas tendencias se convirtieron en un fecundo material satírico para la crónica de Tello Casiano, quien no escondía en su columna el desprecio hacia tales impostores (*El Curioso,* 9 de junio de 1934):

> Esta genuina representación de alta sociedad borinqueña la pretende representar aquí en Nueva York una partida de mulatos prostituidos y de peones y sirvientes blancos sin principios. Mulatos y "grifos" con facciones puramente etíopes que persisten en seguir siendo esclavos. Sí, esclavos del "cold cream" y de la peinilla eléctrica que los torna color gris y los va dejando calvos paulatinamente. Muchos de estos mulatos degradados por completo, se han afeminado usando colorete y polvos en cantidad excesiva para probarle a la estupidez yanqui que solamente estaban quemados por el sol de los trópicos. (285)

La adejtivación que empleaba el narrador para describir a estos individuos procuraba dejar claro que no existía el simple binarismo racial —blanco / negro— característico en Estados Unidos;[25] por el contrario, predominaba una compleja hibridez racial que se manifestaba en todo tipo de tonalidades: grifos, grifos rubios, mulatos, trigueños, trigueños lavaditos, prietos, negros, negros cargados, negros retintos, negros empolvados. Es decir, no existían "blancos" ni "negros" en Puerto Rico, y cualquier identificación con el binarismo estadounidense negaba la esencia o las raíces híbridas de la identidad puertorriqueña.

La actitud de muchos puertorriqueños en Nueva York ante el problema racial lleva a Tello Casiano a solidarizarse (*El Curioso*, 6 de octubre de 1934) con un individuo que en una de estas reuniones de "gente escogida" "tuvo la franqueza de decir en voz alta que nosotros los puertorriqueños somos de origen ibero-indio-africano":

> Este boricua, a quien no tengo el honor de conocer personalmente, le dijo una verdad histórica a un conglomerado que ignorando la grandeza de su propia raza, se ha entregado a la adulación del hombre rubio anglo-sajón haciendo de éste un superhombre. Aspiran a ser meramente una imitación de otros hombres que no han podido probar, ni con la ayuda de sus fortunas fabulosas, ninguna superioridad sobre nuestros antepasados.

Ante las polémicas que suscitaron estas declaraciones dentro de este círculo social, Tello Casiano finaliza la columna expresando su opinión personal:

> No crea por un instante el gallardo boricua que fueron sus frases agresivamente patrióticas las que produjeron el mal efecto; lo que cayó allí como una bomba fue aquello de llamarle "prietos", aunque en lenguaje fino, a una gente que vive engañándose a sí misma en la creencia que son nórdicos. (304–305)

En resumen, Joaquín Colón no busca ni en España ni en Estados Unidos ni en el modelo sajón, ni en ningún otro modelo el paradigma que le diera prestigio a la identidad nacional del puertorriqueño, sino que dirige su mirada hacia la misma esencia híbrida de los hijos de Borinquen (El Curioso, 30 de marzo de 1935): "así nos adoró Baldorioty, Betances, Hostos, Gautier y Don Manuel Fernández Juncos" (322). Por esta razón, Tello Casiano no se cansaba de ridiculizar a los impostores que buscaban apropiarse de una identidad ajena cuando a simple vista se percibía la mala imitación de los viejos amos:[26]

El peonaje y la servidumbre puertorriqueña de piel blanca,

aquí han visto el cielo abierto. Ha cambiado la respetuosidad y la sencillez que le dignificaba allá en Puerto Rico, para imitar la manera de sus viejos amos allá en la islita y resultan ser una caricatura. Los oye usted silbando las eses. "Porque yos". "¿Tus mes vistes ayers tardes? (285)

En fin, el tema del puertorriqueño negro y su exclusión de la identidad nacional alcanza un alto grado de resentimiento en un Joaquín Colón, quien durante los treinta años que vivió en Nueva York había sufrido en carne propia este discrimen.

Regreso a Puerto Rico

El regreso de Joaquín Colón y su familia a la isla ocurrió el mil novecientos cuarenta y siete al recibir un traslado como empleado del correo federal de los Estados Unidos. En los treinta años que había vivido en Nueva York, se había mantenido en guardia frente a la amenaza de anexión cultural, promoviendo entre los suyos las tradiciones que legitimaban una esencia puertorriqueña:

Seguí hablando el español en mi hogar a mis hijos que aprendían el inglés en la escuela, en la calle, en los periódicos, en el cine. Y siempre predominaron las danzas, las plenas y los sones de mi tierra en mis fiestas, sin faltar las declamaciones de los mejores poetas de nuestra raza. (78)

Destaca que en las fiestas privadas y públicas de puertorriqueños no se tocaba música americana, predominando siempre (216) los ritmos musicales de la isla, siguiéndole en importancia el danzón, el bolero, el vals; y "cuando bailábamos una danza, tratábamos de imitar respetuosamente a nuestros padres y abuelos en sus momentos más dichosos de sus horas románticas . . .". En los treinta años que Joaquín Colón vive en Nueva York, se refugia en los recuerdos de un paradisíaco Puerto Rico, y probablemente la admiración a la corriente modernista lo inclina a fantasear con unos tiempos sublimes que probablemente sólo existieron en su imaginación:

Mas debo confesar que al colocar sus danzas[27] en mi ortofóni-

ca y reclinarme muellemente a su entero deleite, el panorama
mental criollo que yo anticipaba no se subjetivizó. Salones de
baile en épocas lejanas con liras de lágrimas como luceros.
Cortinaje de encajes blancos en puertas y ventanas. Un salón
con el suelo espermado. Damas encorseladas y en trajes de
cola, con sus carnes en manos enguantadas, sonriendo cortésmente a las galanterías de hombres caballerosamente ataviados en sus cuellos y puños de pasta [. . .] Grandes azafates
llenos de copas de cerveza espumosa repartida entre los
varones. Cornucopias o estuches de cartón en colores, pendientes de cintas y a su vez conteniendo almendras cubiertas,
finos bombones y galleticas de ciento en boca para las damas
y la niñez. El paseo de las danzas, cómplice del coqueteo en
el abanico. El bombardino y el güiro hacían lo demás si usted
estaba en armonía con aquel ambiente gratamente subyugador que prevalecía en el espíritu divertido de nuestros
antepasados. Así nació, vivió y fue tradición la danza puertorriqueña. Así la sintieron y nos la brindaron nuestros más
insignes compositores. (218–219)

Este ambiente aristrocrático de "épocas lejanas" caracterizado por
rituales de bailes de salón se presenta como el fondo que dio cuna y
desarrollo a la danza, la cual según el cronista, brindaba prestigio a
la tradición puertorriqueña. La danza y el bombardino, como su
instrumento acompañante, habían sido en Nueva York unas de las
mesuras (217) para probar las destrezas de los buenos músicos puertorriqueños; sin embargo, a su regreso a Puerto Rico Joaquín Colón
se asombró de que ambos peligraban de ser archivados en el museo
de la tradición.[28]

La música y el lenguaje habían sido en Nueva York agentes para
la preservación de la identidad nacional, transportando a los inmigrantes, mediante la dulce composición de la lírica, al Puerto Rico
que se había dejado atrás. Este empeño por mantener vigentes las
tradiciones puertorriqueñas había inducido a los puertorriqueños a
organizar en Brooklyn en 1943 (192–193) el primer homenaje a los
bailes antiguos[29] —patrocinado por "Luchadores del porvenir
puertorriqueño" —[30], el cual tenía como propósito la preservación

de la cultura y las costumbres de Borinquen: "si perdemos nuestra música y nuestro idioma, nuestras almas habrán perdido su esencia".

La necesidad de mantener vivas las tradiciones y el sentir puertorriqueño encontró en las composiciones musicales de Rafael Hernández un contacto y una continuidad con los maestros del pasado. Rafael Hernández fue el mayor exponente musical del dolor por el que pasó la inmigración puertorriqueña y el que mejor sublimizó el futuro regreso a la patria:

> La labor de Rafael es como la de aquel gran maestro puertorriqueño que también se llamó Rafael.[32] Labor abnegada, intensa, patriótica. Pero pasa desapercibida porque carece del favor político, de la adulación social del tropel patriotero. [. . .] Para los puertorriqueños sensibles y nostálgicos que aún conservan vivo el recuerdo de la terruca, Rafael Hernández es la prolongación del alma de Gautier,[32] y el alma de Gautier fue encarnación del alma sencilla, noble y paradisíaca de Borinquen. (174–75)

Rafael Hernández[33] era un embajador de la cultura puertorriqueña en Nueva York, y Joaquín Colón le reconoce igualmente su aportación en *Pioneros puertorriqueños:*

> Si nuestra colonia, que tiene la debilidad de imitar todo lo malo de las demás razas, no ha sido aún absorbida por el "Jazz" o rumba cubana, se debe exclusivamente a Rafael Hernández. [. . .] Sus canciones muestran la sal de nuestro humorismo netamente puertorriqueño. Cantan al amor como le cantaban nuestros abuelos. [. . .] Si perdemos nuestra música y nuestro idioma, nuestras almas habrán perdido su esencia. (184–185)

La adoración de Joaquín Colón por la música puertorriqueña y sus esfuerzos por preservarla tal y como la había conocido entre las nuevas generaciones sufrieron un desencanto al regresar a la isla y presenciar un Concierto Conferencia (1950) en honor a la danza puertorriqueña. En medio de musicólogos e intelectuales —Ernesto Ramos Antonini, "Rafael Hernández y muchas personalidades de reconocida cultura"— quedó desconcertado al escuchar afrentas e inconsistencias contra todo lo que había creído y defendido durante los años que vivió en Nueva York: "Me extrañó que en aquel extenso programa sobre la danza puertorriqueña no figuraran la Sarah de Mislan, ni la danza Impromptu de Miranda". Agrega,

se ofendió el origen tradicional de nuestra danza y de las costumbres sanas de divertirse nuestros padres y abuelos. Se hizo resaltar que la danza no debió ser lo que fue, que el bombardino fue un estorbo, para evitar que las melodías, la música de la danza, fuera de un refinamiento más elevado, de más creación musical. (219–220)

Joaquín Colón no podía comprender cómo ninguna de las celebridades que hicieron acto de presencia se atrevió a responder a los insultos que se continuaron sumando a los anteriores e interpretó las ideas debatidas en la conferencia como una "usurpación de nuestras tradiciones sanas, artísticas y alegres". Apunta que las palabras del señor Sanroma "Yo odio el bombardino en la danza" quedaron tan grabadas en su memoria que prometió contestarlas tan pronto tuviese la oportunidad (202–221): ". . . una danza sin bombardino es igual que una flor sin fragancia; es como una noche primaveral sin luna y sin estrellas [. . .] Dejad el bombardino quieto. Fue un hijo adoptivo nuestro, muy querido por nuestros padres y abuelos". En fin, la necesidad de preservar entre los puertorriqueños en Nueva York una identidad de pueblo lo llevó a refugiarse en un nacionalismo cultural, y a su regreso a la isla no pudo comprender los síntomas de extinción por los que atravesaba la danza puertorriqueña. Esta resistencia a la anexión cultural había predispuesto al cronista en Nueva York a oponerse a los cambios de nuevos tiempos, lo cual puede extraerse de los argumentos que inician la narración:

En lo que a mí respecta, siempre ha sido para mí un motivo de orgullo haber vivido treinta años en el continente, mayormente entre norteamericanos, y haber regresado a la isla más jíbaro de lo que fui. Llegué allí Joaquín Colón López y regresé Joaquín Colón López. (6)

Palabras finales

Pioneros puertorriqueños en Nueva York completa una trilogía sobre la experiencia de la inmigración puertorriqueña en Nueva York, encabezada por *Las memorias de Bernardo Vega,* de Bernardo Vega y *"Lo que el pueblo me dice..."* de Jesús Colón. En cada una de estas tres publicaciones se ofrecen perspectivas diferentes de la experiencia inmigrante, partiendo de los puntos de vista de aquéllos que "vivieron" la inmigración. Estos obreros ilustrados son pioneros en revelar, mediante la crónica, una historia que apenas comienza a contarse. Nueva York deja de percibirse, en estos testimonios, como el lugar de posada que los primeros inmigrantes habían anticipado en mil novecientos diesiete y se convierte en el hogar desde el cual se añora un regreso al paradisiaco Puerto Rico.

Si la estructura circular de *Pioneros puertorriqueños* –característica de la literatura de inmigración— se completa con el regreso del cronista a la isla, la estructura lineal –identificada con la literatura nativista— se prolonga en Nueva York con el vaticinio de un futuro próspero para las nuevas generaciones de puertorriqueños en Estados Unidos:

> Después de treinta años en esta tierra extraña, puedo mirar con cierto grado de optimismo el futuro de nuestra colonia en esta ciudad de Hudson. El conglomerado boricua adquiere madurez político social. Domina mejor el ambiente ya que le añade al suyo el idioma inglés y ha derramado su sangre junto a la de los continentales defendiendo con heroísmo sus propias instituciones en distintos campos de batalla. [. . .] Yo auguro, en un futuro cercano, un alcalde de origen boricua para beneplácito de todos los ciudadanos de esta gran metrópoli y para honra y prestigio de los pioneros puertorriqueños que tropezando, sudorosos, encallecidos y ensangrentados se abrieron paso hasta llegar a ver una colonia borinqueña en esta ciudad con personalidad cívico-política propia y reconocida para bien o para mal, pero reconocida. (326)

Los temas principales que movilizaron la narración en *Pioneros puertorriqueños* pueden resumirse en cuatro: en primer lugar se encuentra un homenaje a los primeros inmigrantres puertorriqueños que abrieron camino para que las generaciones posteriores no pasaran por los mismos atropellos; segundo, se exaltan los valores y las tradiciones de la cultura puertorriqueña que reafirmaban en Nueva York un ser nacional; tercero, aparece el tema del negro y el mulatismo como ingredientes menospreciados en la identidad puertorriqueña; y cuarto, se ataca la falta de un liderazgo que representara a todos los puertorriqueños sin distinción de raza o clase social. Éstos fueron los móviles de Joaquín Colón en *Pioneros puertorriqueños,* y cada uno de estos temas requiere una profunda investigación.

Notas

[1]Se desea abreviar el título en esta introducción a *Pioneros puertorriqueños.*

[2]Ejemplos de literatura inmigrante se encuentran en *Las aventuras de Don Chipote, o Cuando los pericos mamen* (1928) de Daniel Venegas, *La carreta* (1951) de René Marqués y *Lucas Guevara* (1914) de Alirio Díaz Guerra. Estas obras promueven en los inmigrantes la idea del regreso a la patria como el único camino viable y se pone énfasis en lo difícil de la vida en Estados Unidos. Véase a Kanellos (16–21, 202; XV, Díaz Guerra; 1–10, Venegas) para un completo análisis de este fenómeno.

[3]En la literatura nativista, a diferencia de la literatura de inmigración, aparecen las primeras señales de un "acomodo" a la cultura norteamericana y se desata una lucha en pro de los derechos civiles en los Estados Unidos. Se crea un sentimiento de pertenencia al nuevo suelo y el lenguaje rompe las barreras monolingües de la primera fase inmigrante. El sketch de Jesús Colón (135–137, 1961) titulado *Wanted-Statue,* publicado originalmente en el periódico *The Daily Worker* (1956), constituye un magnífico ejemplo de literatura nativista, al igual que *La Carreta Made a U-Turn* (1992) de Tato Laviera.

[4]Joaquín Colón reiteraba las ideas de José Enrique Rodó, Rubén Darío, José Ortega y Gasset y Antonio S. Pedreira, quienes anteponían los términos cultura y civilización. Señala Pedreira en *Insularismo* (28): "Hoy somos más civilizados, pero ayer éramos más cultos" y "de no aumentarnos culturalmente estaremos condenados a la ingrata condición de peones".

[5]Existe gran similitud entre los autores que Joaquín Colón menciona como parte de la formación intelectual de los puertorriqueños a principios de siglo y los que Bernardo Vega alude para caracterizar el nivel intelectual de

los tabacaleros. Vega señala (40) que el lector de la fábrica de cigarros El Morito "seleccionaba entre las obras de Emilio Zolá, Alejandro Dumas, Víctor Hugo, Gustavo Flaubert, Julio Verne, Pierre Loti, José María Vila, Pérez Galdós, Palacio Valdés, Dostoievsky, Gogol, Gorki, Tolstoi . . . Todos estos autores eran bien conocidos por los tabacaleros de ese tiempo".

[6]Juan Antonio Corretjer (50–53) repudia la tendencia reformista del Partido Socialista bajo el liderazgo de Santiago Iglesias Pantín por perder como objetivo la independencia para Puerto Rico y desviar su lucha hacia mejores salarios y otras conquistas de menor importancia.

[7]La Segunda Internacional fue fundada en París (1889) y quedó desintegrada a inicios de la Primera Guerra Mundial. Se proponía agrupar a los trabajadores de todo el mundo para que defendieran sus intereses y se enfrentaran a la explotación capitalista. Juan Antonio Corretjer opina (52) que el falso "internacionalismo" de Iglesias le arrebató a los obreros la bandera puertorriqueña, intercambiándola por la bandera yanqui de la tiranía y la explotación imperialista.

[8]Entre los trabajos más conocidos sobre la exclusión del negro en la cultura puertorriqueña se encuentra *Narciso descubre su trasero* de Izabelo Zenón, *La mujer negra en la literatura puertorriqueña* de Marie Ramos Rosado, y *El país de cuatro pisos* de José Luis González.

[9]Pedro Carlos Timothée (1864–1949), maestro, farmacéutico, periodista, escritor de cuentos y novelas, traductor y autor de textos pedagógicos; Tomás Carrión Maduro (1870–1920), poeta, político, periodista y orador negro de Juana Díaz; Enrique Lafebre (n/i); Luis Felipe Dessus (1875–1920) autodidacta de Juana Díaz y uno de los primeros poetas que se unió a la escuela modernista.

[10]En una columna titulada "Entre bostezos" de Joaquín Colón en el periódico *Vida Alegre* (1931) y bajo el seudónimo de Farallón establece una de las diferencias entre los próceres del siglo XIX y los políticos de su siglo (357): "La diferencia entre un patriota puertorriqueño moderno y uno viejo consiste en que los patriotas puertorriqueños viejos se sacrifican por la patria y los modernos hacen que la patria se sacrifique por ellos".

[11]Apunta Frantz Fanon (188): "Cada generación, dentro de una relativa opacidad, tiene que descubrir su misión, cumplirla o traicionarla". Esta misión patriótica del líder es la que Joaquín Colón constantemente le reprocha a los políticos de la isla que, al formar parte de esta inmigración, mantuvieron la misma política oportunista en Nueva York.

[12]Vicente Géigel Polanco responsabiliza (33) al campesinado por no haber establecido un frente de resistencia contra los norteamericanos en 1898: "No teníamos pueblo. No había conciencia colectiva. Sólo teníamos muchedumbre sumida en la ignorancia. Un campesinado con la espalda corvada sobre el verdor de los sembrados, sin afanes de mejoramiento, ni

esperanzas ni retención". Luis Muños Rivera mostraba el mismo pesimismo (24): ". . . todavía no hemos logrado sacudir a esas masas, rompiendo el hielo de su indiferencia y encendiendo en su corazón el sacro fuego del patriotismo. Juan Gelpí plantea que (55–71) Antonio S. Pedreira e *Insularismo* institucionalizan la noción del puertorriqueño dócil que se fue repitiendo en las letras puertorriqueñas por varias generaciones. Esta tendencia de caracterizar el papel pasivo del puertorriqueño es refutada por Juan Antonio Corretjer (1–2), Rafael Alonso Torres (345–346) y por Juan Ángel Silén (57–72), quienes responsabilizan al liderazgo político de la isla por haber dejado sin dirección a las masas puertorriqueñas.

[13]En una de las cartas editoriales señala el editorialista (*Gráfico*, 27 de marzo de 1927): "La clase más indefensa de todas las que componen la gran familia hispana e ibero-americana, es la puertorriqueña. Verdad que parece paradoja que siendo los puertorriqueños ciudadanos americanos sean los más indefensos. Mientras los ciudadanos de los otros países tienen sus cónsules y ministros que los representan, los hijos de Borinquen no tienen a nadie".

[14]Joaquín Colón señala (12) que al emigrar a Nueva York "el único tesoro que trajimos con nosotros al arribar en estas playas fue el carácter" y le acredita una gran influencia sobre su generación al libro de Samuel Smiles titulado *El carácter.* Esta cualidad enaltece a los hombres y solamente puede formarse mediante un esfuerzo o una disciplina continua, descansando en las buenas acciones. En la formación del carácter, "habrá vacilaciones, caídas, desfallecimientos momentáneos; se luchará contra numerosas dificultades y tentativas, y será necesario vencerlas, pero si el espíritu es fuerte y el corazón recto, nunca debe desesperarse del éxito". Mediante el desarrollo del carácter se busca alcanzar un grado más alto en la escala moral y "aunque la reputación de los hombres de un carácter sencillo sea lenta para establecerse, jamás quedan completamente ignoradas".

[15]Smiles señala (9) que el carácter sufre un cambio constante hacia el bien o hacia el mal, y Joaquín Colón ilustra una degradación a través de la inmigración irlandesa (42–46) a mediados del siglo XIX, la cual "pasó por los mismos atropellos, desprecios y persecuciones que acosaron y acosan a los puertorriqueños hoy". Señala el cronista que después de que los irlandeses alcanzaron una prosperidad mediante su esfuerzo y después de haber llenado de gloria la historia del movimiento obrero en Estados Unidos, se desviaron hacia una política corrupta y perdieron el espíritu combativo.

[16]La crónica periodística como género está encerrada en el tiempo y el espacio, lo cual la hace impulsiva o pasional frente al tema tratado. Por el

contrario, la narrativa principal de *Pioneros puertorriqueños* se escribió unos años después de que ocurrieron los hechos, y se percibe un juicio crítico o analítico del narrador hacia los mismos eventos. En la introducción a "Lo que el pueblo me dice . . ." establezco —siguiendo el acercamiento de Hayden White— que la crónica se encuentra *en medias res,* careciendo del cierre narrativo característico de la historiografía. Es decir, Joaquín Colón se encontraba atrapado en el tiempo de la columna periodística, y temía revelar información que pudiera afectar no sólo los intereses del periódico o los suyos, sino también la reputación de terceros.

[17]Smiles (9) apunta que el hombre nunca debe tranzar sus ideales a cambio de "pequeñeces". Por lo tanto, el aceptar a individuos sin carácter como representantes de la colonia buscando la anhelada unidad costaría a la larga un alto precio a los intereses de los puertorriqueños: "porque una pequeñez concluirá un día por dominaros prácticamente".

[18]Ramón Colón (43–50) confirma el apoyo financiero de los banqueros de la bolita —apodados como los "Robin Hoods"— "al Betances Democratic Club" y su presidente Carlos Tapia quienes, ante la ausencia de consulados e instituciones que defendieran a los puertorriqueños en Nueva York, no se quedaron con los brazos cruzados.

[19]Albert Memi (134) define el término como sigue: "Paternalista es quien desea ser generoso más allá del racismo y la desigualdad admitidos. Si se quiere, es un racismo caritativo . . .".

[20]En la crónica que finaliza la última edición de *El curioso* (30 de marzo de 1935), Tello Casiano se queja del poco respaldo que ha recibido el semanario y da sus razones: "Los anunciantes que más sangran a nuestra colonia nos dejaron solos al notar nuestra independencia de carácter. Los amigos de la dignidad y el progreso de nuestra colonia y de nuestra patria nos abandonaron cuando no encontraron en nuestras páginas la adulación y el arrodillamiento de los órganos". (284)

[21]*El Curioso* fue también el periódico donde su hermano Jesús Colón —bajo el seudónimo de Miquis Tiquis— atacaba a aquellos puertorriqueños que pretendían ser blancos, aunque sus fisonomías físicas "gritaban" lo contrario. Véase Jesús Colón en "Invitación" (75–79, 2001).

[22]La poca valoración del aporte negro en el discurso de identidad nacional se encuentra sintetizada en *Insularismo* de Antonio S. Pedreria —para el mismo año que nació *El Curioso* (1934–35)—, caracterizando al mulato como "hombre de grupo que colabora y no crea, que sigue y no inicia, que marcha en fila y no es puntero" (11). Las mezclas raciales –según el determinismo biológico de Pedreira— fueron las causas que ocasionaron en el puertorriqueño las vacilaciones en los momentos cruciales de la historia.

[23]José Luis González sostiene (24) la tesis de que el cambio de soberanía en 1898 y el rápido avance de la economía norteamericana ocurrieron en

medio "de dos formaciones nacionales que no habían tenido tiempo de fundirse en una verdadera síntesis nacional". Añade (37) que el puertorriqueño mestizo y proletario es el verdadero representante de la identidad puertorriqueña, por encima del jíbaro a quien considera como un mito creado por la vieja élite conservadora de Puerto Rico.

[24]Irónicamente la propia España carece de una pureza étnica, estando integrada por la mezcla de iberos, célticos, fenicios, romanos, árabes, judíos, etc.

[25]Pedreira señala (15) que "En instantes de trascendencia histórica en que afloran en nuestros gestos los ritmos marciales de la sangre europea, somos capaces de las más altas empresas y de los más esforzados heroísmos. Pero cuando el gesto viene empapado de oleadas de sangre africana quedamos indecisos, como embobados ante la visión cinemática de brujas y fantasmas". Tomás Blanco señala (53): "nuestra cultura general es blanca, occidental, con muy pocas y ligerísimas influencias no españolas". Emilio S. Belaval (55) no disimuló su entusiasmo por la sangre hispánica: "No nos debemos asustar de decir a esta hora, en que ya tenemos pujos de criollismo innato o de proyección estadual norteamericana, de que a pesar de todos los vaivenes de la historia, somos españoles hasta los huesos, y esta vez, nuestro españolismo tiene más espontaneidad, más vigor y más futuridad que en ningún momento anterior de nuestra historia".

[26]En la cultura norteamericana una gota de sangre negra es suficiente para que la persona sea negra, mientras que en Puerto Rico —el Caribe— el color de piel se convierte en el único criterio.

[27]Estos "viejos amos" eran los inmigrantes que habían controlado la economía de Puerto Rico a partir de la segunda mitad del siglo XIX (asturianos, catalanes, corzos, gallegos, mallorquines) que según Luis Ángel Ferrao (33–34), prefirieron conservar su ciudadanía española aún después de 1898: "En Puerto Rico la burguesía fue probablemente la clase social que más tardó en criollizarse y la que más dificultades tuvo para asumir plenamente la puertorriqueñidad".

[28]Se está refiriendo al primer disco de larga duración de danzas puertorriqueñas interpretadas al piano por Jesús María Sanroma.

[29]Tomás Blanco (39–51) apunta que la danza en Puerto Rico había perdido a partir de los años treinta su hegemonía musical frente a la plena, como resultado de la esterilidad en que la habían dejado los compositores y la cursilería de una lírica ajena a la nueva realidad puertorriqueña.

[30]En la carta a los miembros, Joaquín Colón (193) deja claro los propósitos de la actividad: "Nos proponemos revivir parte de la vida social que vivieron nuestros padres y abuelos allá para darle un ejemplo a nuestros hijos acá".

[31]Esta misma entidad patrocinaba concursos de cantadores de décimas

jíbaras. Ver a Jesús Colón (123–124).

[32]Rafael Cordero (1790–1868) nació en San Juan y no fue a la escuela porque no se aceptaban, en esos años, estudiantes negros. Rafael recibió su educación de sus padres y se convirtió en maestro de primera enseñanza, trasladándose a San Germán donde abrió la primera escuela para niños negros y mulatos. Al regresar a San Juan ofreció clases gratuitas a niños pobres sin que importara la raza o la condición social, trascendiendo su fama, y las familias pudientes comenzaron a enviar a sus hijos con el maestro negro. Se sostenía económicamente como zapatero y tabacalero. Entre sus discípulos más conocidos estuvieron José Julián Acosta, Ramón Baldorioty de Castro, Manuel Elzaburu y Vizcarrondo y Alejandro Tapia y Rivera.

[33]José Gautier Benítez (1851–1881) nació en Caguas y se graduó de una escuela militar en Toledo, España. Su obra poética es representativa de la escuela romántica con su tríada temática de amor, Dios y patria. Fue uno de los fundadores del Ateneo Puertorriqueño (1876) y su poema "Canto a Puerto Rico" ganó un premio del Ateneo Puertorriqueño (1879).

[34]La condición mulata del maestro Rafael Hernández sintetiza la armonía que anhelaba Joaquín Colón entre el negro (Rafael Cordero) y el blanco (José Gautier Benítez). Ésta era la esencia mulata de la cultura puertorriqueña.

Obras citadas

Belaval, Emilio S. *Problemas de la cultura puertorriqueña.* Río Piedras: Editorial Cultural, 1977.

Blanco, Tomás. "Elogio de la Plena". *Antología de Ensayos.* México: Editorial Orión, 1967

Colón, Jesús. *Lo que el pueblo me dice.* Introducción de Edwin K. Padilla. Houston: Arte Público Press, 2001.

_____. *A Puerto Rican in New York and Other Sketches.* New York: Mainstream Publishers, 1961.

Colón, Ramón. *Carlos Tapia: A Puero Rican Hero in New York.* New York: Vantage Press, 1976.

Corretjer, Juan Antonio. *La Lucha por la Independencia de Puerto Rico.* Ciales, Puerto Rico: Casa Corretjer, 1995.

Díaz Guerra, Alirio. *Lucas Guevara.* Introducción de Nicolás Kanellos e Imara Hernández. Houston: Arte Público Press, 2001.

El Curioso. Brooklyn, N.Y., 1934-1935, (Newspaper in microfilm), Recovering the U.S. Hispanic Literary Heritage Project, Houston, Texas.

Fanon, Frantz. *Los condenados de la tierra*. México: Fondo de Cultura Económica, 1963.

Ferrao, Luis Ángel. *Pedro Albizu Campos y el nacionalismo puertorriqueño*: Editorial Cultural, 1990.

Gelpí, Juan G. *Literatura y Paternalismo en Puerto Rico*. Río Piedras: Editorial de la Universidad de Puerto Rico, 1993.

González, José Luis. *El país de cuatro pisos y otros ensayos*. Río Piedras: Ediciones el Huracán, 1982.

Gráfico, New York, febrero 1927-enero 1931, (Newspaper in microfilm), Recovering the U.S. Hispanic Literary Heritage Project, Houston, Texas.

Kanellos, Nicolás, Helvetia Martell. *Hispanic Periodicals in the United States*. Houston: Arte Público, 2000.

_____. *Herencia: The Anthology of Hispanic Literature of the United States*. Houston: Arte Público, 2002.

Memmi, Albert. *Retrato del colonizado*. Madrid: Edicusa, 1971.

Pedreira, Antonio S. *Insularismo*. Río Piedras: Editorial Edil, 1973.

Polanco Géigel, Vicente. *El despertar de un pueblo*. San Juan: Biblioteca de Autores Puertorriqueños, 1942.

Ramos Rosado, Marie. *La mujer negra en la literatura puertorriqueña*. Río Piedras: Editorial Cultural, 1999.

Said, Edward W. *Orientalismo*. Madrid: Libertarias, 1990.

Silén, Juan Ángel. *Hacia una visión positiva del puertorriqueño*. Río Piedras: Editorial Edil, 1970.

Smiles, Samuel. *El carácter*. París: Garnier Hermanos, 1905.

Torres, Rafael Alonso. *Cuarenta años de lucha proletaria*. San Juan: Imprenta Baldrich, 1939.

Vega, Bernardo. *Memorias de Bernardo Vega*. Río Piedras: Ediciones el huracán, 1988.

Venegas, Daniel. *Las aventuras de Don Chipote, o, Cuando los pericos mamen*. Introducción de Nicolás Kanellos. Houston: Arte Público Press, 2001.

White, Hayden. *El contenido de la forma*. Barcelona: Ediciones Paidos, 1987.

Vida Alegre. New York, 1930–1931, (Newspaper in microfilm), Recovering the U.S. Hispanic Literary Heritage Project, Houston, Texas.

Zenón Cruz, Isabelo. *Narciso descubre su trasero*. Humacao, Puerto Rico: Editorial Furidi, 1974.

Pioneros puertorriqueños en Nueva York 1917–1947

por

Joaquín Colón López

Dedico estas páginas a todos aquellos puertorriqueños que tienen que levantarse por la mañana o por la noche, a trabajar de una manera o de otra, para procurarse el pan de cada día, o están obligados a depender de la caridad pública para poder subsistir.

El autor

Puerto Rico

Introducción

Escribo esta reseña histórica porque creo que hay muchos asuntos, de interés general, relacionados con los primeros puertorriqueños en la cuidad de Nueva York, que no han sido dichos, o han sido dichos como que no son.

Desde luego, que no pretendo yo ser la última palabra sobre estos asuntos. Ese es un derecho inalienable de la conciencia pública de los pueblos. Esta conciencia pública puede ejercer ese derecho bien o mal, de acuerdo con la información objetiva o subjetiva que le dé orientación a sus razonamientos.

Yo trataré aquí de darle orientación a esos razonamientos, del mismo modo que ya otros lo han hecho a su manera, lo están haciendo hoy y pueden hacerlo mañana . . . si así lo desean.

Lo importante es que todos los puntos de vista estén en posesión del pueblo.

La verdad, o sea aquellas conclusiones que están más en armonía con la naturaleza de los hechos y de las cosas, tarde o temprano prevalecerá.

La verdad puede ser mutilada, puede ser suprimida temporalmente, pero nunca podrá ser exterminada . . . ni por mí, ni por nadie.

Yo aspiro en estas páginas a ser uno de los más humildes súbditos de ese imperio majestuoso de la verdad; por eso todo hecho narrado en este historial, o está documentado debidamente o puede ser verificado con facilidad.

Está sobrentendido que todo comentario de mi parte alrededor de estos hechos están sujetos al veredicto de la opinión pública.

La opinión individual, lanzada desde un plano meramente personal, no me llamará nunca la atención. Pero seguiré de cerca las pulsaciones que emanen del tuétano del pueblo.

En honor a la verdad dejo dicho ahora que mis comentarios

alrededor de los hechos narrados aquí no son, como se diría, imparciales, por la sencilla razón de que yo no creo en la imparcialidad. Se es imparcial cuando se deja de ser consciente. Cuando un juez dice que es imparcial al dispensar la justicia, no hace otra cosa que demostrar su parcialidad por unas leyes hechas por y para una clase de gente de la comunidad. La imparcialidad no existe sino en la nomenclatura de la demagogia.

Cuando un hombre es consciente expresa sus conceptos y sus sentimientos con parcialidad hacia su manera de comprender y de sentir, a menos que por una razón u otra no se deba a la manera de comprender y de sentir de otras personas, en cuyo caso se colocará con fingida solemnidad al servicio de estas otras personas.

Todo este escrito está intercalado de aparentes digresiones, traído a colación intencionalmente porque según mi juicio están íntimamente relacionadas con nuestros problemas como boricuas, no importa lo remotas que estas digresiones parezcan, a simple vista.

No hago reclamo de ningún estilo literario o de dominio de reglas académicas. Estas virtudes las admiro, las respeto y me deleitan mucho. Pero en este escrito, si me he hecho entender por el pueblo, me considero satisfecho. A esto se debe la abundancia que hallará usted en frases pleonásticas, de idiotismos, barbarismos y otras violaciones de la retórica.

Esta es una historia de la vida dentro del populacho. El populacho rara vez es recibido con reverencia por las crónicas sociales y sus semejantes. Sus héroes, por montones, modelando la sociedad, haciendo la historia, son ignorados. Ellos son los que constantemente mueven las ruedas del progreso de la civilización desde recintos inadvertidos.

Alrededor de ese pueblo sudoroso, de esos pioneros, se hizo la verdadera historia de la colonia puertorriqueña.

Deseo dar las gracias a todas aquellas personas en cuyo contacto mis ideas se han clarificado y robustecido. Y ha todas aquellas cuya información ha refrescado mi mente y ha servido de base a esta exposición de hechos

También a las personas que me han ayudado en la parte técnica de la obra.

Deseo recordar con cariño la cooperación aportada por mi primera esposa María Aponte Vázquez, Q.P.D., en la recopilación de datos y en la preparación del original de imprenta.

Con estas encomiendas entrego esta recordación a la opinión pública.

El autor

Antecedentes

Es de vital importancia el conocer y plantear en detalles la verdad histórica del nacimiento y desarrollo de la colonia puertorriqueña en la cuidad de Nueva York, si queremos entender con claridad los aparentes fenómenos que impiden hoy su completa unidad en la solución de todos nuestros problemas como grupo oprimido aquí y como nacionalidad intervenida allá en Borinquen.

No se puede hacer un análisis inteligente de nuestra vida contemporánea si al estudiar el presente no lo hacemos en su relación inseparable con nuestra historia del pasado, so pena de entrar en la auto-negación de nuestra puertorriqueñidad. Es decir, romperíamos el vínculo más fuerte para nuestra unificación como grupo minoritario y quedaríamos aquí permanentemente relegados a la cola en la estructura socio-política imperante, bajo el peso dominante de los otros conglomerados étnicos que se buscan, se protegen entre sí y se solidifican en el poder.

La asimilación absoluta no puede existir en una comunidad esencialmente cosmopolita como lo es la metrópoli neoyorquina. Esta se nutre, progresa y crece más bien al influjo de las aportaciones de todas las razas que la integran. Tratar de asimilarse sin aportar lo propio es parasitismo, renunciamiento, regimentación.

El hombre puede y debe adaptarse a un medio ambiente contrario al suyo, convivir y triunfar en dicho ambiente sin tener que renunciar por completo a su naturaleza autóctona.

En caso de los puertorriqueños en la ciudad de Nueva York, y para los efectos en cualquier parte del continente, es muy peligroso el disociarnos, ya sea por razones de índole religioso, político o de clases; o por atender ciegamente a las prédicas exageradas de los asimilistas institucionales a quienes no les importa un bledo su condición de puertorriqueños ni su patrimonio histórico. Para éstos la retorta de la cultura universal es una mera artesa para amasar pan solamente . . . "vivir para comer únicamente" . . .

Que el pasado histórico de nuestra colonia en Nueva York cuadre o no a nuestras ideologías político-sociales de hoy o de ayer no impide, ya que el pasado se haya hecho y que éste ejerza su influencia sobre nosotros.

Veamos superficialmente cuál fue el equipaje moral, cívico y político que trajimos con nosotros los primeros boricuas que arribamos en gran número a esta urbe a fines de la segunda década de nuestro siglo.

Aunque de diferentes aspectos sociales o antropológicos, sus maneras, ademanes, acento al hablar, sus costumbres y tendencias ponían a todos de algún modo el sello de borincanos.

Nunca se me hizo difícil el distinguir un boricua entre ese oleaje de humanidad heterogénea que se agita incesantemente en esta Babel que lleva el nombre de ciudad de Nueva York.

Aunque sus facciones fuesen nórdicas, mongólicas o etíopes; o se hubiesen abrazado ya al americanismo más "Yankee Doodle", siempre la "vuelta del bejuco"—somewhere—somehow—de algún modo los delataba.

Y es porque la nacionalidad se incrusta en el individuo en su personalidad, al nacer, como parte de su idiosincrasia. Y es por eso también que es un delito en contra Natura el despojar a los individuos o a los pueblos de su inherencia autóctona, ya sea por la fuerza o por medio de un soborno democratizado, demagógico, o encumbrado a un concepto de virtud cívico.

Con muy raras excepciones, todos con más o menos intensidad moral, cívica o política, llegamos como puertorriqueños y seguimos siendo boricuas. En lo que a mí respecta, siempre ha sido para mí un motivo de orgullo el haber vivido treinta años en el continente, mayormente entre norteamericanos, y haber regresado a la isla más jíbaro de lo que fui. Llegué allí Joaquín Colón López y regresé Joaquín Colón López.

Cayey, Puerto Rico

Yo fui uno de tantos. Y para narrar con más autenticidad las aventuras iniciales de nuestros compatriotas, todas más o menos análogas, permitidme relatar mis sucesos, como un ejemplo, ya que viví, como se verá más adelante, una vida activa dentro de nuestra colonia y traje como la gran mayoría de ellos el mismo equipo cultural, ético y cívico que recibimos en nuestro suelo natal.

Yo nací en el corazón de la isla de Puerto Rico, en el pueblo de

Cayey, poco antes de los norteamericanos apoderarse de nuestro país. Todas las corrientes más avanzadas del progreso y de la civilización de principios del siglo ya habían pasado por allí. Ya en la primera década de nuestro siglo podían contarse alrededor de una docena de pianos en los hogares del poblado. Había una banda escolar, dirigida por Don Luis Vázquez, que tocaba retretas en la plaza pública, ubicada como es de costumbre en todas las ciudades de la isla, junto a la iglesia católica. También existía un templo protestante y una logia masónica.

Por allí habían desfilado compañías dramáticas, como "La Compañía Justi"; violinistas de fama internacional, como Américo Salas y Ángel Celestino Morales; transformistas y prestidigitadores como el incomparable Manolo La Presa; y los más renombrados circos acrobáticos y zoológicos, como Tatalí, Tedechea, Lowandí, Los Hermanos Kawamura, Los Hermanos Marcos; y demás Tío-vivos o caballitos; o las giratorias, estrellas y títeres o marionetas. También había dos boleras, una de Cesario Rivera y la otra de Pelegrín Toledo. El equipo de pelota, El Plata, se había declarado campeón de la isla en contra del San Juan, Ponce, Mayagüez, Guayama y el Sabarona de Caguas.

Traigo estos datos a colación porque muchos años más tarde, cuando llegamos en grandes números a Nueva York, éramos mirados y tratados como nativos semi-salvajes de una selva, que arribamos allí en busca de cultura y refinamiento.

Fueron los hermanos "Pathe" de Francia, y no los norteamericanos, los que nos trajeron a Cayey las primeras cintas cinematográficas.

Mientras todo esto ocurría en nuestra los población, las charcas, los ríos y cascadas susurraban alegres, y sus aguas cristalinas circundaban la comunidad en abundancia.

La fauna y la flora eran policromas y pintorescas. Las pomarrosas, los guamás, las grosellas y cerezas, las fresas, las guayabas, los jobos, los tamarindos y las algarrobas, las chinas, los limones dulces y las ciruelas; todas las frutas producidas en el trópico nos eran obsequiadas gratuitamente en las orillas de los caminos y de las quebradas; o proporcionadas al bajo costo de una carrera retozona a través de campiñas y arboledas o de alambradas con púas y mayas espinosas que salvábamos hábilmente como ariscas gacelas. Nunca se nos perseguía con profundo rencor. La civilización industrial como la conocemos hoy no había llegado aún. Se donaban las flores y las frutas, y en muchos casos los alimentos. Existía educación gratuita hasta noveno grado.

Ya el licenciado y poeta Vicentito Rodríguez había sido laureado por su poema "Estudia"; Don Miguel Meléndez Muñoz había recibido medalla de plata y diploma de honor en el certamen del "Cuarto Aniversario de la Civilización Cristiana" (año 1908) por su cuento "Dos Cartas"; y Don Ramón Frades había pintado su famoso cuadro, "El Pan Nuestro".

Dígase de paso que a la progresista biblioteca privada de Don Miguel Meléndez Muñoz siempre tenía acceso la juventud que se aupaba en nuestro poblado. Yo diría que aquella fue la primera biblioteca "pública" de Cayey.

A veintisiete kilómetros de Cayey estaba y está la cabeza de distrito, la hermosa y simétrica ciudad de Guayama, en cuyo viejo Teatro Bernaldine podíamos disfrutar de las mejores zarzuelas y operetas de la época.

Era yo muy niño aún cuando asistía, en compañía de Don Manuel Brenes, a ver en dicho teatro "Las Campanas de Carrión", "Marina" y "La Gatita Blanca". Y después de la función ir al moderno café La Vaquita a saborear un mantecado verdadero de vainilla, sin productos sintéticos, acompañado por deliciosas "plantillas"—delicados bizcochitos en forma de plantillas de zapatos.

Sí, todo esto ya existía en Puerto Rico, durante la primera década de nuestro siglo.

He aquí el porqué la nostalgia por este lar natal se acrecentaba cada día más en nosotros, en lugar de disminuir al contacto de la gran ciudad acerada.

Ya se habían publicado en el pueblo de Cayey los periódicos siguientes: "El Escalpelo", en el año 1889, su director Francisco Trelles; "El Cañón", en el año 1890, director Francisco Trelles; "Cayey News Letter", órgano de la Co. H Reg. 47, en el año 1898; "El Porvenir", en julio del año 1889, su director el Dr. Francisco Trelles; "La Opinión, en el año 1904; "Arco Iris", en el año 1907, su director Narciso Vázquez y "El Ideal", seminario publicado en septiembre del año 1910, su director Miguel Vázquez.

Con los lectores de fábricas, y los centros de cultura y de recreo—El Casino, La Aurora, Luz y Trabajo—organizando veladas lírico-literarias y dictando conferencias en sus salones, vivíamos siempre al margen de la cultura universal.

San Juan, Puerto Rico

Llegué a San Juan en el año mil novecientos diez.

Esta segunda década de este siglo fue para nuestra ciudad capitalina lo que podría llamarse su "Edad de Oro", por el nutrido número de eventos notables acaecidos durante dicho período.

Nuestros eximios poetas—para esta época Luis Llorens Torres, Evaristo Rivera Chevremont, José de Diego, Luis Muñoz Rivera, José de Jesús Esteves, Virgilio Dávila, Ferdinán R. Cesteros, Antonio Pérez Pierret por mencionar algunos solamente—nos brindaron sus mejores poemas.

Se publicaban para estos lustros: "El Puerto Rico Ilustrado", "El Carnaval", "La Vida Alegre", "La Revista de las Antillas", "El Puerto Rico Progress", "El Tiempo", "La Democracia", "La Correspondencia", "El Heraldo Español", "El Boletín Mercantil", "La Voz del Obrero", "Justicia", y otras revistas escolares y boletines de información general. De la madre patria se leían generalmente entre otras, las revistas "La Esfera", el "A.B.C.", "El Nuevo Mundo" e "Ilustración Artística". Y de los Estados Unidos, el "Literary Digest", "Popular Mechanics", "World Geographic" y otras mayormente sobre agricultura, botánica, avicultura y decoración. Nos deleitaban y educaban en nuestros rotarios plumas vibrantes, ingeniosas, floridas, didácticas, flagelantes y épicas, como las de Mariano Abril, Eugenio Astol, Miguel Meléndez Muñoz, Nemesio Canales, Teresa Mangual de Cestero, Concha Meléndez, Lola Rodríguez de Tió, Trinidad Padilla (La Hija del Caribe), Félix Matos Bernier, Eugenio Benítez Castaño, Cayetano Coll y Toste, José Coll y Cuchí, Cayetano Coll y Cuchí, Geraldo Selles, Antonio Sarriera, Emilio del Toro Cuebas, Pedro Sierra o sea Luis Dalta, Tomás Carrión Maduro, Enrique Le Febre, Manuel Quevedo Baez, José Gómez Brioso, Vicente Balbas Capó, Luis Muñoz Rivera, José de Diego, Pérez Losada, Jorge Adsuar y muchos más que lamento no recordar de momento.

Don Manuel Fernández Juncos, aún con brío, organizaba conferencias dominicales en los salones de la Biblioteca Insular, entonces situada en los bajos del Senado de Puerto Rico, por las calles de San Francisco y del Cristo. Entre aquellos conferenciantes siempre recuerdo con mucho agrado a Don Pedro Carlos Timothee, un intelectual de fina dicción y un conversacionalista por excelencia.

Los famosos debates iniciados en la Cámara de Delgados de

Puerto Rico sobre la enseñanza en el idioma español en las escuelas atrajeron tanto el interés del público que fue necesario transferirlos al Teatro Municipal. Tomaron parte magistralmente en estos debates los licenciados José de Diego, Juan Hernández López, Manuel F. Rossy y Juan Bautista Huyke.

Nos visitaron también durante estos años de luz José Santos Chocano, Eduardo Marquina y Francisco Villaespesa en recorrido literario. En torneo artístico nos deleitaron Hipólito Lázaro, en su incomparable "Puritani", Sagi Balba en su inimitable "Conde Danilo", Virginia Fábregas en su "Mujer X", María Guerrero Mendoza, Tito Schippa, Manuel Fleta, La Barrientos, Esperanza Iris y "La Bella Carmela", aquella perspicaz cupletista del trapecio. Los primeros y mejores bufos cubanos: Raúl del Monte, Ramón Espigul y Arquímedes Pou. Con estos llegaron los danzones, puntos guajiros, rumbas, guarachas y boleros cubanos a Puerto Rico. Entre ellos se popularizaron "El Bombín de Barreto", "La Cañandonga", "El Pagaré", "Suelta el Mono Teresa", "Para, Motorista, que Me Vengo Cayendo", y "A la Voz de Fuego Se Va Covadonga".

Estaba de moda para esos días la danza "La Apraguayo". A los danzones y a las danzas a menudo se le intercalaba un trozo de música clásica y ésta se hacía popular, como en el danzón "La Flauta Mágica" y en ésta "La Aparaguayo", un fragmento de la "Princesa del Dolor".

Con la tripulación para un crucero argentino fabricado en Estados Unidos—el Rivadaria—también iba en su busca una banda naval que de paso por San Juan tocó en la Plaza Baldorioty una retreta que introdujo en Puerto Rico, para quedarse el tango argentino, en los bailables "El Choclo" y "El Rivadaria". En esa misma noche la Banda Municipal de la Capital le pagó esta galantería ofreciéndole sus interpretaciones musicales. Don Manolo Tizol, nuestro director, fue calurosamente felicitado por el director argentino cuando este último notó que Manolo Tizol dirigía muy versadamente la música de Ricardo Wagner, sin partitura al frente para guiarse.

La Banda del Regimiento de Puerto Rico, con el compositor utuadeño Luis R. Miranda en la batuta, alternaba en la semana tocando retretas en la Plaza Baldorioty. También todos los domingos en el "Parque Borinquen" la Banda del Instituto para Niños daba conciertos dirigidos por el profesor Juan Viñolo Saez.

Notéis que fueron muchos años más tarde, en que el alcalde

Fiorello La Guardia y la Guggenheim Foundation introdujeron por primera vez las retretas y conciertos en los parques públicos de la ciudad de Nueva York, y éstos obtuvieron una merecida y loable publicidad. En estos años memorables, Rafael Baleseiro Dávila compuso sus más inspirados valses. También Rafael Márquez hijo, Miguel Ángel Duchesne y Rafael Hernández hicieron sus primeras contribuciones musicales.

Se llevó a efecto la primera Feria Insular, con el aviador acrobático Lincoln Vichy y sus rodeos, presentando vaqueros e indios auténticos.

Alejandro Pampez trae a Puerto Rico por primera vez a sus "Cuban Stars", con el versátil Martín Dehigu y otras luminarias del diamante que mucho más tarde fueron aplaudidos con entusiasmo en los parques de pelota en el continente.

En lugar de pasquines, la niñez y la gente sencilla leían los episodios del coronel Guillermo F. Cody, mejor conocido por Buffalo Bill; de Lord Lister o sea Raffles; Sherlock Holmes; Nick Carter; Nap Pickerton; los Cuentos y chistes de Saturnino Calleja y los novelones por entregas. El otro paso en la lectura era el padre Balmes, Emilio Salgari, Victor Hugo, Tolstoi, Gorki, Zola, Los Dumas, los Balzac, Alarcón, José María Vargas Vila, Benito Pérez Galdós y Gustavo Adolfo Bécquer.

Muchos puertorriqueños leían y estudiaban a Homero, Cervantes, Shakespeare, Dante, Platón, Rosseau, Kant, Descartes, Schopenhauer, Nietzsche, Verlaine, Voltaire, Shelley, Lord Byron, Goethe, Whitman, Emerson, Bernard Shaw, Oscar Wilde, José Asunción Silva, José E. Rodó, José Ingenieros, Jacinto Benavente, Rubén Darío, Amado Nervo, Rabindranath Tagore y los demás clásicos de todas las lenguas y países; ya estos puertorriqueños pertenecían a la categoría intelectual que también, aunque en un grado mínimo, nos acompañaron en el destierro.

Las masas trabajadoras ya habían sido despertadas al sindicalismo y la política, y su personalidad obrera se hacía sentir en la vida socio-política.

El Ateneo de Puerto Rico y la Universidad estaban al alcance del pueblo. La enseñanza elemental y superior eran gratuitas.

Allí estaban por todos los lados en nuestra centenaria ciudad capital, sus vetustos murallones con sus troneras y atalayas, testigos incontrastables de las luchas heroicas por poseernos las potencias más arrogantes del pasado. Allí yacían los antiguos edificios de mampostería que habían desafiado la inclemencia de los tiempos, antes y después de la invasión norteamericana. Allí estaban su catedral y demás iglesias y capillas legendarias. Allí estaban enhiestos los castillos y fortificaciones con sus fosas, rampas y almenares; con sus galerías subterráneas, escalinatas y escaleras furtivas. Allí estaban sus calles adoquinadas y sus tranvías eléctricos. Sus "ferry-boats"—barcaza para transportar trenes—el "Encarnación" y el "Pepita", con servicios sanitarios dentro, dos pisos y cabida para vagones y vehículos.

Por esta urdimbre de acontecimientos tangibles, que tenían necesariamente que enriquecer el espíritu y despertar el entendimiento, tuvimos que pasar antes los primeros emigrantes que marchamos hacia el continente en busca de nuevos horizontes.

Dije que habían entre nosotros varios intelectuales, también abundaban los que teníamos alguna escuela superior.

He tocado someramente las modalidades culturales y ambientales de las dos décadas inmediatamente antes de nuestra emigración hacia Nueva York, lo suficiente para formar una idea razonable de la calidad de los primeros boricuas que asentamos la residencia en esta ciudad.

Creo pertinente el extenderme en lo referente a mi último año escolar en Puerto Rico, días antes de partir para la ciudad de Nueva York, porque hubo varios incidentes que influyeron grandemente en la formación de mi carácter, ya que en muchos casos el único tesoro que trajimos con nosotros al arribar en estas playas fue el carácter.

Además de los tesoros del texto por Samuel Smiles y de Wagner, escritos fundamentalmente para la formación del carácter en la juventud, el año mil novecientos diecisiete (1917) en la Escuela Superior Central, en Santurce, estuvo preñado de acontecimientos históricos que me proporcionaron material para afrontar las luchas cívicas y políticas, que más tarde confrontamos en esta inmensa ciudad fabril.

La gran huelga escolar con motivo de eliminar la enseñanza en el idioma español en las escuelas puertorriqueñas atraía diariamente, al frente de la escuela, oradores como Don José de Diego y Don Vicente Balbas Capó, a exaltar al estudiantado. Motivó la apertura del "Instituto De Diego", en el antiguo Hotel Bureka, en la parada quince. Muchos estudiantes desertaron la Escuela Superior Central.

José Santos Chocano, declamó e improvisó algunos poemas en el viejo salón de actos de dicha Escuela Superior Central.

La clase del diecisiete organizó La Fraternidad Escolar, con su insignia de un botoncito verde, símbolo de la esperanza; este movimiento fue de gran ayuda para los condiscípulos más pobres en la compra de libros y boletos del tranvía para su transportación. Fundó la primera biblioteca toda en el idioma español, en un escuela superior. Esta biblioteca fue la precursora de la magnífica biblioteca hoy anexa al moderno edificio que da cabida a este plantel de enseñanza. Utilizamos un cuarto usado para guardar pupitres y muebles viejos, localizado al final de la galería, en el ala derecha del antiguo caserón que en otros tiempos fue el Hotel Las Palmas. En un sábado por la mañana lo limpiamos y colocamos anaqueles comprados por los estudiantes. Organizamos comités para colectar libros por la ciudad. Y los mismos estudiantes representaron una función a beneficio de esta biblioteca en el Teatro Municipal: *El Pollo Brujo* de Miguel Echegaray. Con estos fondos compramos, entre otras, las obras de Gustavo Adolfo Bécquer y las poesías de José Gualberto Padilla *Cantos de Pasión*.

A mí me cupo el honor de ser el primer bibliotecario y entre otras ocupaciones tenía la obligación de leer todos los libros donados antes de ponerlos en circulación. Abría la biblioteca y atendía a los estudiantes en mis períodos vacantes y después de clases.

Fue nuestro mentor en todas estas actividades, el profesor de español y de literatura Don Antonio Sarriera y también el presidente de la clase de mil novecientos diecisiete (1917), Baldomero Moreno Ferrán.

Publicamos la revista *Renacimiento;* fue su director Augusto R. Soltero, a la sazón profesor de Química y Física.

Permitidme que copie textualmente mi crónica deportiva que apareció en el anuario *El Caribe*, correspondiente a ese año 1917, por aparecer en ella peloteros que fueron de renombre más tarde en la historia del atletismo en Puerto Rico, y ella refleja el espíritu deportivo que ya existía en nosotros antes de proceder rumbo a Estados Unidos de Norteamérica.

Anuario "El Caribe" de Base-Ball

Es innegable que el ejercicio del cuerpo es tan necesario al hombre como el ejercicio del intelecto. De acuerdo con la forma en que se desarrollan los diversos acontecimientos cósmicos es que deben prepararse los hombres. El mañana que hoy vislumbramos exige una raza ágil, vigorosa e inteligente, y el conjunto de estas cualidades no puede residir en un cuerpo raquítico y enfermizo. Hay que preparar una juventud que llene todos los requisitos del hoy convaleciente y del mañana progresista. La juventud es el honor y el respeto de los pueblos, porque ella es el soldado; la juventud es la esperanza de la humildad, porque ella es la prolongación de las generaciones. Necesitamos hacer del niño el joven robusto a la vez que consciente. Este principio, al que no se le dio importancia en la pedagogía antigua, es fundamental en la enseñanza moderna.

Esta Alta Escuela Central en su curso de 1917 puede jactarse de haber complementado la educación del niño tanto intelectual como físicamente. Las copas, trofeos y premios que esta escuela ha ganado en los campeonatos escolares de los diferentes ramos de la Atlética celebrados este año han sido triunfos espléndidos alcanzados por nuestros muchachos, lo que demuestra positivamente que se ha prestado la atención debida a los ejercicios corporales.

De los varios campeonatos, el de Base-Ball, organizado este curso entre las novenas escolares—José de Diego, Universidad de Puerto Rico y Alta Escuela Central—fue el que revistió menos interés y entusiasmo debido a resultar muy inferiores las dos novenas primeras mencionadas. Así lo demuestra el "record" de los juegos y así lo afirmó el equipo José de Diego, el más temible de nuestros contrincantes, el cual se vio obligado a abandonar el campo varias veces antes de terminado el juego, acosado por los consecutivos "hits" de nuestro insuperable "line-up". La superioridad de nuestro "team" fue la causa de que los juegos resultasen aburridos y de que las otras novenas contendientes cedieran la Copa de Campeón a nuestra escuela antes de concluir la serie de juegos fijados por el Reglamento de Campeonato.

Nuestro "line-up" en estos juegos fue el siguiente:

Catchers:	William Guzmán
	Florencio Díaz
Pitchers:	Víctor Díaz
	Nicolás Rivero
1st. Base:	Vicente Ruiz
2nd. Base:	Víctor Guadalupe
3rd. Base:	Fernando Marrero

Short Stop:	William Thompson
Outfielders:	Ángel Pujols
	Serafín Estrada
	Enrique Seraballs
Substitutos:	Elías Bou
	Enrique Lompart
Scorer:	Paco López

Demás está decir que todos nuestros muchachos jugaron bien, salvo algunos errores de algunos de ellos, errores admisibles entre novenas escolares, pero necesitan especial mención los jugadores: Seraballs, premiado con medalla de oro por su eficiencia "al bate"; Thompson, premiado también con medalla de oro como mejor corredor de bases; Guzmán, Marrero, Guadalupe y Ruiz.

Es necesario hacer justicia a la espléndida labor realizada por nuestro principal, Sr. Hagberg, y el profesor, Sr. Mitchell, en pro de nuestro equipo, pues la benevolencia y maestría de ambos en disciplinar y preparar a nuestros muchachos contribuyó en gran parte a la gran victoria de nuestra escuela.

RESULTADOS DE LOS JUEGOS DEL CAMPEONATO

enero	13	C.H.S.	vs.	De Diego	8-7
	20	C.H.S.	vs.	U.P.R.	16-2
febrero	3	C.H.S	vs.	De Diego	8-3
	10	C.H.S.	vs.	U.P.R.	6-1
	21	C.H.S.	vs.	De Diego	8-9
	24	C.H.S.	vs.	U.P.R.	10-9
marzo	10	C.H.S.	vs.	De Diego	10-1
	24	C.H.S.	vs.	U.P.R.	10-2
Alta Escuela de Ponce			vs.	Alta Escuela Central	

El más reñido, el más concurrido y el más interesante de los juegos escolares de Base-Ball que recuerda la historia de este deporte se efectuó en la espléndida tarde del domingo 29 de abril del corriente año, en los terrenos de la Liga de la parada 8. Nuestra novena, vencedora de todos los equipos escolares de esta localidad y sus contornos, se encontraba en el campo de honor con los campeones del Sur.

La Alta Escuela de Ponce presentaba la misma batería que rindió a los cubanos obsequiándoles con nueve ceros, mas aquel "pitcher" de renombre de toda la Isla, Pedro Farbellé, no amedrentó a nuestro joven lanzador Liborio, quién dio un récord igual al célebre lanzador del Sur.

Empezó el juego en medio del mayor entusiasmo. En el primer "inning" las dos novenas se anotaron un cero. En el segundo los muchachos de Ponce pisaron el "home-plate" y se anotaron una carrera. La lucha continuó sin haber más anotaciones hasta el cuarto "inning" en que Guzmán dio un "hit" de dos bases, pisando el "home-plate" un momento más tarde. Dos a una carrera era la situación a nuestro favor y así debió terminar el juego, pero en el octavo "inning" uno de nuestros mejores jardineros quiso poner tanto cuidado en coger un "fly" decisivo que lo mofó. Este error le costó dos carreras a nuestro equipo y les dio a ellos el triunfo final. No por superioridad ni por habilidad beisbolera, sino por una de esas casualidades inesperadas que frecuentemente ocurren en los juegos fue que vencieron los vencidos.

Reflexiones sobre la emigración

"La ciudadanía y la Ley Jones—Acta Foraker"

Durante la última mitad de esta segunda década de nuestro siglo murieron don Luis Muñoz Rivera, don José de Diego y el Doctor José Celso Barbosa.

El dos de marzo del año 1917, el Presidente de los Estados Unidos de Norte América, Mr. Woodrow Thomas Wilson, firmó el proyecto de ley Jones, cambiando de este modo el acta Foraker, que servía de constitución al pueblo de Puerto Rico, por el acta Jones. Entre las reformas que trajo consigo esta nueva carta orgánica por la cual se regirían desde entonces los destinos de nuestra isla, la más vital fue la cláusula que otorgaba la ciudadanía americana a todos los puertorriqueños.

Tal vez esto fue otro gesto idealista del presidente de los catorce puntos. Mas el desarrollo de los acontecimientos durante los últimos veinte años después y un conocimiento elemental de la historia del sistema colonial hacen resaltar otros aspectos que es preciso mencionar aquí para abrir las puertas de par en par a todas las interpretaciones.

Es muy probable que el hecho de que los Estados Unidos estaban durante aquella fecha envueltos en una conflagración mundial ejerció una gran influencia en esta decisión del Congreso. Si bien Puerto

Rico no era una potencia militar formidable, en una guerra de carácter universal, como aquélla, podía prestar un servicio incomparable.

Al extender su ciudadanía a los puertorriqueños en aquel momento psicológico, el Congreso hacía público su amor por un pueblo inherentemente hispánico, vinculado históricamente y espiritualmente con la América Latina, cuyo afecto y cooperación los Estados Unidos estaban interesados en conquistar.

La política de "Self Determination", o sea de gobierno propio para los pueblos pequeños y la de "Make the World Safe for Democracy", conque el Presidente Wilson trataba de justificar la entrada de su país en una hecatombe, de la cual él antes de su re-elección pregonó el haber "salvado", no hubiesen lucido bien ante el olvido absoluto del tratado de París y de las declaraciones reinvindicadoras enunciadas por los nuevos gobernantes durante la toma de posesión de la isla en el año 1898.

La zona del Canal de Panamá, que aún no había sido saneada lo suficiente contra mosquitos y reptiles venenosos, necesitaba un ejército aclimatado a las condiciones del trópico. Un ejército bilingüe en la posición de poder convivir fraternalmente con los pueblos de Hispanoamérica suavizaría un tanto la presencia del coloso del Norte en el corazón de Centro América.

También ya los expertos militares yanquis consideraban al Regimiento de Puerto Rico como una de las unidades mejor disciplinadas del ejército nacional; muchas veces había salido triunfante en los torneos nacionales de tiro al blanco y había exhibido destrezas excepcionales en sus maniobras.

En cuanto a la importancia de la isla para la defensa nacional, bastaría apuntar las fabulosas apropiaciones que se habían hecho para la construcción de bases navales y aéreas en esta colonia, y ver la categoría estratégica que se le había asignado por el Departamento de Guerra en sus nuevas zonas para la defensa continental.

Si a estas observaciones sumamos el hecho de que Puerto Rico es el mercado más ventajoso para la industria americana entre los demás pueblos del mundo, en donde los boricuas están obligados a comprar en los Estados Unidos al precio que mejor les convenga a estos últimos, los Estados Unidos pueden comprar en su colonia al precio que a ellos les acomode, porque ellos tienen siempre la última palabra en el manejo de los aranceles o sea de las aduanas; si tomamos estos detalles en cuenta, no podemos menos que llegar a la conclusión de que el amor de Washington para con Borinquen no fue, ni es, del todo platónico.

Pero hay más, la ciudadanía que llevó a Puerto Rico el acta Jones, en el día dos del mes de marzo del año mil novecientos diecisiete, no resolvió el estatus político de los puertorriqueños ni ninguno de sus problemas vitales. Sin embargo, además de cualificarnos para el servicio militar obligatorio, influenció grandemente en su vida civil.

El surplus de la población de la isla sentía ya la necesidad de emigrar. Muchos de esta densa población nos hubiéramos aventurado hacia Centro y Sur América, en donde el clima, las costumbres, el idioma etc. nos hubiesen sido más favorables. Tampoco hubiésemos tenido que sufrir la discriminación de razas y el sin número de prejuicios que carcomen la estructura social aquí en los Estados Unidos de Norteamérica.

Pero al sentirnos revestidos con la ciudadanía de la gran república de Washington, Jefferson y Lincoln, pusimos nuestra vistas en los Estados Unidos. La ciudadanía americana que recibimos los puertorriqueños nos era más completa y más útil en el destierro que en nuestra propia patria.

Esta característica peculiar de esta ciudadanía es digna de estudio porque, como habrá visto usted, surtió el efecto político que cuadraba a los intereses nacionales en aquel momento; nutrió de nuevo las esperanzas ya desilusionadas en un sector entre los políticos insulares y protegió a las fuerzas continentales que explotan a la isla, al no hacer extensiva en su totalidad al pueblo de Puerto Rico la constitución nacional.

Los puertorriqueños tornamos a estas playas en busca de la dignidad ciudadana y de todos los beneficios que aquella ciudadanía nos negaba allá en la isla.

Teníamos que salir de nuestro querido Puerto Rico; estábamos acosados ya por todas partes por una fuerza económica organizada y dominante que amenazaba exterminarnos o convertirnos en un pueblo de peones, de "mammaes", algo así como los estados del Sur de los Estados Unidos, con los señores semi-feudales dictándonos sus términos de vida.

Ya después de dos décadas de canje de moneda, usurpaciones hipotecarias y de pequeños terratenientes y artesanos reducidos a jornaleros, los "trusts" y los monopolios oriundos del continente principiaron a presentársenos de cuerpo entero.

La mayor parte de nuestros intelectuales y políticos se habían resignado al coloniaje como las favoritas del sultán se resignan al concubinato. Habían vendido el civismo, amordazado el periodismo y corrompido las letras. También, habían prostituido a nuestra clase media, habían hundido a dos terceras partes de los habitantes de la isla en el pauperismo, habían dejado sin dirección obrera auténtica al artesanado y a las masas campesinas, habían hecho del coloniaje despiadado y enervante una virtud . . .

Nuestros legisladores y juristas, con pocas excepciones, hipotecaron su decencia cívica a las compañías bancarias de la nueva metrópoli y hundieron a nuestra tierra en el latifundio retrógrado, en el absentismo que es el reconocimiento tácito del sistema colonialista y la claudicación de la igualdad política.

¡Todo por una aparente y efímera felicidad!

Los obreros y Santiago Iglesias Pantín

La isla era un inmenso azucarero con factorías de tabaco y granjas fruteras, todo directa o indirectamente manipulado por las finanzas absentistas.

Ya las compañías absolventes, en abierta violación de la ley de los quinientos acres, habían eliminado a los pequeños industriales. Primero con el canje de la moneda española por la estadounidense, después por medio de hipotecas.

Luego, los boricuas no podían competir con los grandes intereses monopolistas de la metrópoli, estos últimos trabajando en acuerdo con las compañías navieras del continente que estaban y están protegidas por un cabotaje completamente arbitrario para los puertorriqueños.

La isla había sido inundada de productos y artículos hechos a máquina, eliminando de este modo el artesanado en Puerto Rico, a ese elemento que tanto se esmeraba en los artículos hechos con sus propias manos.

Los "champions" tomaron el sitio de las alpargatas y con la publicidad especializada yanqui pasó a ser un calzado deportivo, un calzado para colegiales, para todos los usos rutinarios.

Todos los zapatos de dos o tres modas atrasadas en el continente eran vaciados en el mercado de la isla a precio de quemazón. Las cornisas para las casas, los tejados en madera, las casas mismas llegaban ya hechas.

Quedó eliminado el zapatero, el carpintero ebanista, el talabartero, el sastre, el tabaquero, todos aquellos artesanos que fueron la espina dorsal de nuestra sociedad—los que podían anteriormente educar a sus hijos y mantener bien alto el honor del hogar puertorriqueño. Fueron los hijos de ese artesanado los mejores músicos y los mejores exponentes de nuestro arte y de nuestra cultura. Los hijos de los artesanos y de los pequeños terratenientes, después de graduarse de nuestros colegios, si no recibían una beca saturada de soborno, quedaban vagando por aquellas calles sin poder proseguir sus estudios.

Artesanos expertos y pequeños terratenientes que habían vivido con sus familiares respetuosamente, con la dignidad que produce el trabajo bien compensado, hoy son unos mendigos en la misma comunidad en donde ellos se complacían todos los sábados en darle limosna a los pordioseros.

Los cuerpos de nuestros jornaleros doblados doce horas sobre las cosechas, de sol a sol por sesenta centavos diarios, recibían el fuego candente de aquel sol tropical—tal vez era ese calor solar el único alimento que los mantenía con vida.

Los que no tenían esa fortuna, se alimentaban del aire. El desempleo hace tiempo que había dejado de ser entonces una condición transitoria; la gente se sorprendía cuando encontraba trabajo no cuando se quedaba sin él.

Para engañar el hambre muchos hombres trocaron su vocación, aprendieron a tejer y bordar a mano y, con el sexo femenino, alquilaban también la luz de sus pupilas, encorvados todo el día y gran parte de la noche, dando puntadas a razón de dos centavos por hora.

El ochenta por ciento de la labor de esta llamada industria de la aguja se hacía en los hogares; es fácil notar como se desmoraliza en esta forma el hogar y la organización obrera en los talleres, que solamente existían para ser fotografiados como materia de propaganda para ilustrar al turismo.

Sin duda habrá quién se pregunta, ¿Y en medio de toda esa negación de la justicia, del derecho, de la vida misma, en dónde estaba la voz de los representantes del trabajador, esa voz que cuando es auténtica no ha podido silenciarse nunca?

Asomemos otra vez al borde de nuestra historia, aún fresca en nuestra memoria. Cuando el trabajador puertorriqueño comenzó a manifestar su protesta por medio de huelgas, demostraciones obreras y gremios de artesanos, la democracia burguesa de Wall Street importó a la isla a Samuel Gompers, fundador y presidente de la American Federation of Labor, compatriota de Ramsey McDonald, exponente de la aristocracia obrera. Es decir, líderes obreros con sueldos más jugosos que aquéllos de los directores de corporaciones, y emuladores de las debilidades de éstos. Hijos adoptivos de los monopolios, por su tendencia a transacciones claudicantes.

Samuel Gompers, producto del Fabianismo inglés bautizó a Don Santiago Iglesias Pantín, primer presidente de la American Federation of Labor en Puerto Rico, y le extendió toda su protección de hijo adoptivo de los "trusts" y monopolios continentales, . . . y eso que Mister Iglesias siempre hizo alarde de su apellido de estirpe ultrarevolucionaria allá en España y llegó a nuestras playas envuelto en una leyenda de calvarios y de persecuciones por su amor a la causa de los trabajadores.

En honor a la verdad debemos hacer constar aquí que, en los primeros años de su llegada a la isla, Santiago Iglesias Pantín fue un luchador obrero tenaz; su habilidad de agitador y su perspicacia política pronto fueron el terror de los políticos insulares que mientras recibían un sueldo como abogados de los "trusts" americanos también eran los representantes del pueblo en las cámaras legislativas de Puerto Rico—ejemplos: Herminio Díaz Navarro, José Tous Soto, etc., etc.

La historia tendrá que reconocer en Santiago Iglesia Pantín el maestro de las primeras organizaciones obreras en Puerto Rico y el que despertó en las masas su conciencia de clases. Pero fueron precisamente estas virtudes de los primeros años de su vida obrera puertorriqueña lo que hicieron de Santiago Iglesias Pantín el enemigo más formidable de la redención obrera en Puerto Rico durante sus últimos veinticinco años.

La opresión y el despotismo no pueden subsistir por largo tiempo si sus raíces no están en contacto con algo anti-opresivo o antidespótico, con algo saturado de virtud. Por esta razón todas las opresiones y todos los despotismos siempre están apoyados en *medias verdades,* en aparentes virtudes. Y Santiago Iglesias Pantín fue la media virtud en donde se apoyó el capitalismo yanqui para ahogar la voz de protesta del trabajador puertorriqueño.

Don Santiago Iglesias Pantín, bajo el paternalismo social-demócrata de Samuel Gompers, abandonó su misión sagrada de servir a su clase y se unió a la oligarquía de la "American Federation of Labor" para servirle a la impotencia obrera, a cambio de un parasitaje aristocrático con visos de redentorismo obrero.

Una vez bajo la influencia social-demócrata, Don Santiago Iglesias Pantín fundó el Partido Socialista de Puerto Rico, esa vitrina en donde se exhibían leones sin colmillos, inyectados de impotencia pero ostentando aún sus melenas simbólicas mientras dormían sobre glorias pretéritas.

La historia de la "American Federation of Labor" en Puerto Rico es la historia de William F. Green en los Estados Unidos. Este heredero de Samuel Gompers siguió al pie de la letra las prácticas de su maestro: transacciones claudicantes, ignorar la existencia de la miseria entre las clases sin oficio, pasar desapercibido el problema del desempleo y el de la discriminación racial, política y religiosa. Para William F. Green, los "sharecroppers", o sea, los jornaleros migratorios, el "poll-tax", los colonos explotados en las colonias—toda esta humanidad trabajadora—eran habitantes del Planeta Marte. Sus condiciones de vida son exageraciones de mentes exaltadas, de lenguas viperinas o personas que no entienden los problemas de la vejez y la legislación política; no son asuntos de interés militante para las uniones obreras, bajo pena de ser acusado de sectarismo radical, de influencias extranjeras, y ser estigmatizado de anti-americanismo. ¿Habrá insulto mayor a las tradiciones democráticas y humanitarias norteamericanas, y concepto tan bajo de los descendientes de los padres fundadores de la república?

William F. Green desempeñó su papel de una manera tan anti-americana que el trabajador norteamericano, fiel a sus tradiciones de liberación, lo repudió formando el nuevo organismo obrero que conocemos hoy por Congress for Industrial Organizations, mejor conocido por las iniciales C.I.O.

La C.I.O. pasa hoy de más de cinco millones de trabajadores americanos unionados. Y varias veces se ha probado que aquellos trabajadores que permanecen aún dentro de la American Federation of Labor, es debido a razones ajenas a su voluntad. Cientos de veces sus locales han echado al canasto de los papeles inservibles las órdenes reaccionarias que con tendencia de aniquilar a los gremios más progresistas les enviaba William F. Green.

Esta ha sido en esencia la personalidad obrera de William F. Green, y eso ha sido en esencia la personalidad obrera de la "American Federation of Labor" en Puerto Rico.

La historia del Partido Socialista de Puerto Rico

Ahorremos a la conciencia obrera de Puerto Rico la recordación de tantos actos bochornosos, todos llevados a cabo en nombre de la redención obrera. ¿Acaso no basta con la contemplación hoy mismo de aquel panorama de hambre, de explotación intensa, de muerte paulatina en medio del festín continuo de un literato "obrero" ahíto de corrupción y de mediocridad?

Es un deber mío el intercalar aquí, antes de proseguir, que hubo muchos jóvenes obreros honrados, sinceros en sus nuevas ideologías reivindicadoras, para quienes este socialismo putrefacto fue una amarga desilusión, por no llamarle una cruel traición. A esa pléyade de organizadores obreros incorruptibles les recordaré siempre con profundo respeto, ya que fue su ejemplo de vida abnegada el que sembró en mí la semilla de un nuevo concepto político y económico en las relaciones sociales.

El socialismo en Puerto Rico ha llegado a su último grado de putrefacción porque su fermento se ha llevado a cabo dentro del coloniaje. El coloniaje es el paraíso de la Social-Democracia. La falta de colonos y de esclavos ocasionaría el desempleo en las filas de los social-demócratas.

Santiago Iglesias Pantín había maniatado el movimiento obrero en Puerto Rico y, cimentado en Washington y respaldado por Wall Street comenzaba de nuevo su misión nefasta de obstaculizar el desarrollo obrero en la América Latina.

Nuestro Comisionado Residente en Washington se dedicaba a tratar de revivir la Pan-American Federation of Labor, instrumento organizado en la América Latina por la American Federation of Labor para servir de instrumento a los monopolios en esos países.

Pero dije anteriormente que le ahorraría a la conciencia obrera la recordación de tantos actos bochornosos, todos llevados a cabo en nombre de la redención obrera y no debe seguir . . . Mas, debemos tener siempre en mente, que todo lo que se llama socialismo, o amigo de los intereses de los trabajadores, no puede aceptarse como tal. Y uno de los medios más fáciles para reconocer lo bueno de lo

malo es fijándose bien de dónde emana su acatamiento, su alabanza
. . . su respaldo directo o indirecto.

Debemos sospechar de cualesquier persona que sea aplaudida y
agasajada por nuestros enemigos de todos los tiempos. En los sistemas pseudo-democráticos, los enemigos tradicionales del trabajador nunca dejan ver sus manos sucias y ensangrentadas. Ellos son
la verdadera quinta columna y los hallará usted en los puestos de
más reverencia en la nación, con una pose de exaltados patriotas, llo-
rando siempre su amor conmovedor por su patria. Desde allí ellos
manipulan a los judas y a las ratas que ellos han seleccionado dentro de la clase media, a las ratas "honorables", y a los judas con túni-
cas de apóstoles.

Miremos más de cerca a esta porción de individuos dentro de la
clase media, a esa servidumbre con secretas ambiciones de alcurnia,
que está integrada por la mar de titulados, profesionales de diversas
categorías, comisionados, secretarios, jefes, capataces etc., etc. Ese
es el estiércol en donde florece la vanguardia de la traición obrera y
los detractores de la libertad. En sus debilidades de carácter descansan las fuerzas sobornadoras de los monopolios. Con la lealtad de
este grupo (que no deja de ser lealtad; sí lealtad de colono, no lealtad de ciudadano) los monopolios sumaron a la miseria la prostitución carnal, fruto directo de la miseria y de la prostitución intelectual y política. La prostitución sexual, si no es causada por erotismo
u otra anormalidad psíquica, que en tal caso puede manifestarse en
cualquier parte del mundo o esfera social, es causada por el esplín y
el vicio, como en Hollywood y el bajo Park Avenue, o es involun-
taria, causada por el hambre mortífera o la necesidad imperante,
como en Puerto Rico. Y ya sabemos a que se debe el hambre en
Puerto Rico—me refiero a la era de alrededor de la tercera década de
nuestro siglo.

Pero los "trusts" y los monopolios tienen dentro de la clase
media, moralistas mercenarios muy diestros cuyo oficio es ponderar
al sistema vigente y embaucar a las multitudes. Y hemos pasado por
el dolor de ver acusar a la mujer puertorriqueña de prostitutas, desde
el púlpito y en la prensa, por jesuitas y periodistas que en último
análisis no son sino encubridores enmascarados que se nutren de la
prostitución causada por la miseria que engendra la explotación
despiadada del colonialismo.

La clase media en la sociedad contemporánea pertenece al

género "ambiguo". No quiere pertenecer a la clase asalariada de donde emana y no puede pertenecer a la clase aristocrática por la sencilla razón de que tiene que trabajar para vivir, ya sea trabajo mental o trabajo manual. En su afán por colarse dentro de la clase aristocrática, algunos de sus miembros hacen toda clase de maromas y estratagemas. Afrontan el ridículo y la humillación con una frescura digna de estoicos. En su lascivia por la clase dominante se somete a todos los sacrificios a todas las desvergüenzas.

Los monopolios alimentan en ellos la ilusión de un Horatio Alger, entre otras formas, con sus películas en que el sacrificio súper humano es coronado por el éxito; y el muchacho o la muchacha pobre al final logra casarse con el hijo o la hija del potentado . . . pura película.

Raza de Color—El negro en Puerto Rico

Dentro de la clase media abunda la mediocridad ampulosa, inflada de humo y propicia a ser confundida fácilmente por las apariencias. Su pensar es cobarde pero pedante, prosaico pero altanero, porque su cultura es una cultura superficial, cultura de amo para siervo, aceptada por ellos a priori, como su patrona cambió de la ilusión de llegar algún día, aunque sea arrastrándose, hasta el umbral de las clases aristocráticas.

Algunas veces ocultan su cobardía, su mediocridad, en el silencio o en la "imparcialidad", y otras veces se refugian en la demagogia, en el chauvinismo o en el misticismo.

Esta gente son los enemigos más peligrosos, los más solapados, los enemigos más despiadados que tienen las masas trabajadoras y los derechos civiles en sus luchas en contra de la opresión. Por eso los monopolios en su labor de explotar y aniquilar al pueblo de Puerto Rico escogen entre esta clase media el grupo más capacitado, lo colma de adulaciones y hace de ellos la vanguardia de la traición obrera, los apóstoles de los "trusts" y de los monopolios, los sepultureros de la democracia, los microbios que perturban en Puerto Rico, la plaga de la explotación absentista y del pauperismo.

Merece alusión especial el papel que desempeña dentro de esa clase media la raza de color puertorriqueña. Primero, porque el problema de razas que había sido exterminado galantemente por el Doc-

tor Ramón Emeterio Betances y otros ilustres abolicionistas borinqueños, ha sido importado otra vez muy sutilmente en la isla por los
monopolios y los "trusts" yanquis, como una de las armas más efi-
caces de la reacción para debilitar y someter a los pueblos. Y segundo, porque este problema ha llevado consigo a la isla las mismas características que le son peculiares aquí en los Estados Unidos de
Norte América. La única diferencia consiste en que el prejuicio en
contra de la raza de color allí en Puerto Rico es aún simulado. Y en
los Estados Unidos es flagrante. Es simulado aún este prejuicio en
Puerto Rico, porque la raza de color allí es un factor muy numeroso
y de mucho peso en la comunidad, y no ha sido muy fácil para los
"trusts" y los monopolios el implantar su discriminación de razas al
igual que en el continente.

Pero con una maestría de expertos y con la cooperación de
algunos entre la clase media dentro de la raza de color, los "trusts" y
los monopolios han ido lentamente inyectando la división y sub-
división de razas en la familia puertorriqueña.

Anteriormente no se leía en un periódico puertorriqueño, por
ejemplo, "Se necesita una criada, oficinista o secretaria etc., etc.,
'que sea blanca'"; hoy esto es moneda corriente. Los agentes de
estas corporaciones envenenan de este modo la conciencia puertorriqueña "inocentemente" . . . "distraídamente" . . . En el regimiento
regular de Puerto Rico han ido poco a poco excluyendo a los negros
retintos puertorriqueños. Como por "casualidad" sólo han quedado,
además de los elementos de color blancos, algunos trigueños más
lavaditos, los grifos rubios; los negros cargados reclutados a principios de la invasión han sido retirados "honorablemente". En el cuerpo de la policía insular, encontrará usted alguno que otro indio, pero
el negro de pelo caracolillo no es puertorriqueño para este departamento mantenido por el tesorero del pueblo de todo Puerto Rico.
¿En la Aduana? No pregunte. El boricua negro, negro, astutamente,
criminalmente, es eliminado en todos los puestos representativos.

Las corporaciones han tenido el cuidado de favorecer en la isla
a aquellos americanos procedentes de los estados del Sur, en donde
la esclavitud con toda su psicología bárbara dejó de existir solamente
en teoría.

Los americanos progresistas que consideran a los nativos blancos y negros como a sus semejantes y prefieren convertirlos y luchar
junto a ellos, son considerados como unos renegados de su raza, y su

vida se les hace imposible en Puerto Rico.

Hoy encuentra usted en Borinquen secciones residenciales y sitios de recreo exclusivos en donde el negro puertorriqueño no es persona grata por la sola razón de ser negro.

Desde luego que dentro de aquella clase media hay negros "privilegiados", negros mimados por las clases dominantes que, aunque conozcan estas tácticas bastardas, simulan ignorarlas como diciendo para su fuero interno . . . "amique" . . . "eso no es conmigo . . . yo soy otra clase de negro" . . . En verdad la gran mayoría de la raza de color que integra la clase media en Puerto Rico ha llegado a creerse que en realidad no tiene nada en común con los otros negros que trabajan en los muelles y los que cultivan la caña, o con el negro norteamericano. He aquí otra sub-división dentro de una división de razas. He aquí reducidos a la impotencia los que deberían ser los líderes de su raza y unidos a los líderes blancos progresistas, constituirse en los mentores del pueblo trabajador.

Detrás de toda esta mutilación social está el vampiro de la clase monopolista que chupa la última gota de sangre de todos los trabajadores negros y blancos en aquella colonia.

Los monopolios han creado en Puerto Rico, con mucho esmero, una especie de semi-aristocracia negra, han ido fomentando inteligentemente dentro de nuestra raza de color el "jimcroísmo" voluntario, la segregación "honrable", que es la etapa diplomática de la discriminación y de la persecución de razas.

Solamente lograron su propósito temporalmente, usando etiquetas como Booker T. Washington, un hombre con un pasado que se podía explotar sentimentalmente. "De Esclavo a Catedrático"—he aquí una "biografía" de Booker T. Washington, que hizo su entrada en Puerto Rico con los primeros equipajes de propaganda monopolista. "De Esclavo a Catedrático"—¡Qué bonito suena eso, caballero! ¡Que inspiración tan profunda para almas ingenuas y crédulas; como aquéllas de los primeros años de la dominación!

Pronto empezó la "filantropía" monopolista a trabajar en Puerto Rico. Los jóvenes negros que más prometían en nuestras escuelas eran enviados con becas a estudiar a la Universidad de Tuskegee, en el estado de Alabama. La Universidad de Tuskegee fue fundada por Booker T. Washington, con la cooperación de la reacción en los Estados Unidos de Norteamérica, a quien él les sirvió tan admirablemente.

Huelga decir que los negros graduados de esta universidad

habían comido Booker T. Washington por boca y nariz y regresaban a Puerto Rico como el producto acabado del tipo de negro que los monopolios americanos deseaban generalizar en la isla.

Negros aristocráticamente serviles, castrados de rebeldía y del espíritu de protesta ante la injusticia y la violación de sus más sagrados derechos de HOMBRE. Negros amantes de la verdadera libertad como Toussaint Louverture, Antonio Maceo, Quintín Bandera, Frederick Douglas, Juan Vilar y José Celso Barbosa no hubieran podido florecer jamás en esta incubadora de ciervos. Nuestros estudiantes negros eran transfigurados. Tornaban a la isla con una afectación empalagosa. Hablaban el inglés con preferencia al español. Un inglés fluente y rico en expresiones idiomáticas, cargado de retórica y de un clasicismo pedante modulado con una fonética anglosajona tirando a Dixie. Su cariño, sus modalidades, no eran espontáneas e ingenuas; eran un cariño y unas modalidades estudiadas. Habían aprendido a comer en mesa con exactitud y a ser metódicos en todo . . . sí, en todo . . . hasta en el pensar . . . . Todo en ellos era puro formulismo. Los conceptos de libertad, del derecho, sus emociones, todo había sido reducido a fórmulas prescritas. Eran unos especie de eco del nuevo sistema colonialista, que se avecinaba. Eran unos autómatas yanquimaniáticos. Como era de esperarse, tenían la preferencia de los agentes de los "trusts" y de los monopolios en Puerto Rico. Pronto inundaron el magisterio y los puestos más propicios para hacer reflejar su cultura importada. Empezaban a pagar inconscientemente su deuda para con el colonialismo. Ellos entraban en el vacuo de la clase media y sus hermanos, los trabajadores negros y blancos de nuestra isla, entraban en el calvario del pauperismo, de la explotación absentista.

Tuskegee dentro de la raza de color en Puerto Rico complementaba la labor de los seminarios y otras instituciones educativas establecidas por Rockefeller, Andrew Carnegie y otros "filántropos" y benefactores "cristianos".

A muchos elementos blancos de nuestra pobreza les abrieron las puertas de estos seminarios, "gratuitamente", "cristianamente".

Estas instituciones fundadas y modeladas por los príncipes del monopolio nacional le devolvieron a la isla sus hijos hechos unos teólogos, flotando en las nubes de la metafísica, mas, habiendo emanado de la pobreza, ignoraban completamente la causa de ésta, y como única solución de este problema básico, de este problema económico, invitaban a orar con más resignación.

Para cada problema de higiene social, de hambre, de calamidad, de injusticia, estos teólogos tenían un himno, una invocación que salvaría teológicamente los cuerpos y las almas . . . en el otro mundo, por supuesto.

Como nuestros graduados de Tuskegee, estos hijos de la pobreza puertorriqueña recibían el endoso de los agentes del colonialismo en Puerto Rico, y después de un período de prueba en los cultos y doctrinas en donde ejercitaban su elocuencia, su habilidad oratoria al contacto con el pueblo, o seguían su profesión de misioneros o pasaban a ocupar altos puestos en nuestro sistema educativo, o en la legislatura, en el ejecutivo o en nuestro Departamento de Justicia. Siempre siguiendo las enseñanzas de su "alma-mater", siempre infinitamente agradecidos a sus "benefactores". Así fue que en la escuela, en la legislatura, en el ejecutivo, en el Departamento de Justicia, la voluntad de Wall Street se imponía paulatinamente, rapazmente, filantrópicamente.

Los más inteligentes hijos del pueblos eran convertidos de este modo en clase media, en clase desahogada para que rindieran a la impotencia a sus propios hermanos.

Y el oportunismo desalojaba el civismo en la vida pública y, como consecuencia natural, en todos los órdenes.

Pero las clases monopolistas de la metrópoli sabían que esta cultura sintética, artificial y artificiosa era solamente los cimientos de una educación para preparar las generaciones venideras, los cimientos de una educación para colonos.

Don José Celso Barbosa

Las clases monopolistas de la metrópoli sabían que a principio de la invasión americana existía en Puerto Rico una intelectualidad que había bebido en civilizaciones de más alcance de la de ellos. Su pluma y su verbo orientando a las masas podrían por lo menos retardar el avance del colonialismo. La raza de color en Puerto Rico tenía una representación digna dentro de aquella intelectualidad. Eran hombres cultos por amor a la cultura, no cultos por oficio, y por ende pensaban con libertad, sin temor, aunque estuviesen a veces equivocados. Las más de las veces su educación la adquirieron por esfuerzos propios; no se debían a nadie, como no fuera a los esfuerzos de sus humildes padres. Recuerdo en este instante los nombres del Doctor José Celso Barbosa, Don Pedro Carlos Timothée, Don Tomás Carrión Maduro, Don Enrique Lefebre y Don Luis Felipe Dassus.

Las fuerzas colonialistas del continente sabían que tenían que controlar estas corrientes intelectuales de una manera u otra. Ya habían sobornado a una gran parte de la intelectualidad dentro de la raza blanca por medio de altos cargos en sus corporaciones y en el gobierno, por medio de sinecuras y empleos académicos. Necesitaban un Booker T. Washington en Puerto Rico, un miembro de la raza de color con un pasado ilustre. Necesitaban escoger al más agresivo dentro de aquella intelectualidad negra. Este sería adulado, sin ninguna clase de escrúpulos, como saben adular los encopetados cuando necesitan algo de los humildes.

Las clases monopolistas de la metrópoli pusieron su vista astuta en el Dr. José Celso Barbosa. Le extendieron a él todos los privilegios y todos los derechos que pensaban, más tarde, negárselos a los demás miembros de su raza en Puerto Rico. El Dr. Barbosa, aquel fogoso y sincero paladín de los tiempos de Práxedes M. Sagasta, pasaría a ser un mero símbolo, una momia política, una tradición.

El Dr. Barbosa si mordió la carnada que le tendiera el colonialismo yanqui, no fue por falta de sinceridad cívica. NO, mil veces NO. Es preciso tener esto en mente. El Dr. Barbosa, como la gran mayoría de los intelectuales de Puerto Rico y del resto del mundo, en aquella época no se había detenido a estudiar concienzudamente las nuevas fases del colonialismo moderno, con sus diferencias esenciales del imperialismo romano de la edad feudal.

El Dr. Barbosa había estado embebido en el rigor de su política local. Para él la estadidad bajo una misma bandera era un paso bastante radical, un gesto lo suficientemente progresista para satisfacer las ansias de su espíritu amante de la libertad y de la confraternidad universal. Pero su inquietud por solucionar el estado colonial de su patria, el final estatus político, lo distrajo del factor monopolista. No se percató del hecho de que los industriales de la metrópoli, los dueños de las máquinas y de los medios de producción, ya tenían sus planes para con su nueva colonia.

El Dr. Barbosa creyó honradamente que las clases dominantes de la república norteamericana eran distintas a las clases dominantes de la monarquía ibérica. Creyó que el nombre "República" o "Democracia" era en verdad lo que debieron ser.

En su honestidad política no se imaginaba que las mismas

fuerzas que a él le abrieron el paso se lo cerrarían más tarde cuando hubiesen conseguido sus primeros objetivos de apaciguar, dividir, corromper y de confundir a las masas puertorriqueñas.

También, cuando el vio la oportunidad de ser el precursor en Puerto Rico de lo que el creyó ser el mismo partido en donde militó el gran emancipador Abraham Lincoln, sin detenerse a pensar que había una diferencia como del cielo a la tierra entre los sentimientos humanitarios de McKinley y aquellos de Abraham Lincoln—sin analizar el aspecto económico de aquella guerra civil que hizo accidentalmente del Partido Republicano Nacional un partido abolicionista—se acogió al Partido Republicano Nacional con la pasión de un náufrago que se topa con un madero flotando en medio de las tinieblas de la noche.

No fue solamente el Dr. Barbosa el que siguió esta línea de razonamiento. Muchos intelectuales abolicionistas, blancos y negros en el continente, estuvieron atados al poste de la tradición republicana desde Lincoln hasta el Presidente Hoover.

Fue el Presidente Roosevelt y su "Nuevo Trato" el que agrietó y derrumbó por completo la tradición republicana entre una gran mayoría de la raza negra y sus simpatizadores.

La prueba más elocuente de que el Dr. Barbosa no estaba adiestrado en las tácticas del neocolonialismo yanqui la tenemos cuando aceptó orgullosamente la segregación de los soldados negros puertorriqueños de los soldados blancos, grifos y lavaditos. Su excusa fue de carácter sentimental: deseaba probar que los miembros de su raza eran de por sí solos tan valientes y tan hábiles como los blancos. Pero, ¿cuál fue el resultado económico? Pasó la guerra, la emergencia, y solamente necesitaban un regimiento regular. Licenciaron a los soldados negros honorablemente . . . y honorablemente quedaron sin trabajo: sin la oportunidad de aprender algo, de subir de rango o mejorar su situación en tiempo de paz. Quedó en pie el regimiento blanco con todas las oportunidades abiertas exclusivamente para ellos. Aceptado en principio la segregación, por el hombre que pudo levantar su voz de protesta y hacerse oír, pasada la emergencia, quedó establecido el principio. Hoy existe flagrante la discriminación de razas en el Regimiento de Puerto Rico. Fue necesario la emergencia de otra guerra de carácter universal y la lucha perenne del negro norteamericano por sus derechos, que son también los nuestros, y otras muchas presiones categóricas para enmendar en cierto grado aquella segregación.

La segregación es el umbral de la discriminación, y la discriminación es la antesala de la persecución de razas y más tarde de otras persecuciones tendientes a restringir todos los derechos constitucionales de los ciudadanos negros y blancos.

Tal vez el discernimiento de las nuevas fases del colonialismo con todas sus maquinaciones diabólicas llevó al Dr. Barbosa en su ocaso político, en el ocaso de su vida, cuando su alma fatigada por sus luchas, entraba ya en la incertidumbre de su vida. José Celso Barbosa murió poco después que los puertorriqueños recibimos la ciudadanía americana, antes de contemplar el desarrollo de los acontecimientos en los últimos veinte años de ciudadanía americana en Puerto Rico—como Cristóbal Colón murió en la creencia de que había descubierto lo que salió a descubrir.

El Dr. José Celso Barbosa fue la más alta personalidad política de su raza en Puerto Rico y uno de los caracteres más íntegros que produjera aquel medio ambiente político. Al apuntar aquí lo que creo hayan sido sus errores políticos, deseo desligar su personalidad de toda esa gentuza dentro de la clase media e intelectual en Puerto Rico, que ni antes ni ahora sintió en su espíritu genuinas vibraciones de redención porque tienen en su sangre el virus de la sumisión.

Afortunadamente a pesar del entregamiento pusilánime, del soborno a manos llenas y de la adulación encumbrante que han generado más de cuatrocientos cincuenta años de colonialismo enervante, nunca se ha conseguido apocar en todos los boricuas el deseo de libertad y de dignidad ciudadana. Al contrario, han florecido más hombres abnegados y más patriotas que tanto en Borinquen como desde el exilio han mantenido y mantienen en alto la pureza y el derecho de la puertorriqueñidad.

Los primeros boricuas que llegamos a estas playas trajimos como legado cívico la prueba más positiva del espíritu elevado y puro en el enfoque de la política moderna, y también de nuestro advenimiento inequívoco al civismo más avanzado, que nos daría el derecho inalienable a votar inteligentemente en cualquier lid política, sintetizado este legado cívico en la hermosa dualidad política integrada para la historia, por el doctor José Celso Barbosa y Don Luis Muñoz Rivera. Estos dos puertorriqueños ilustres, los líderes máximos de los partidos sobresalientes de oposición en Puerto Rico, diametralmente opuestos en ideologías políticas y en razas, se abrazan como un solo hombre dentro del fraternalismo francomasónico y siempre estuvieron prestos a derramar su sangre el uno por el otro.

Cuando Don Luis Muñoz Rivera murió, en su cabecera, con su sabiduría médica y con su profunda amargura, estuvo el Dr. Barbosa hasta el último momento.

Y aunque entre ambos poseyeron los destinos del pueblo de Puerto Rico en las palmas de sus manos durante más de dos décadas antes de sus muertes, las que se sucedieron en un corto tiempo, cuando Don Luis Muñoz Rivera enfermó y murió, lo hizo en el hogar de un amigo, Don Eduardo Georgetti. Lo enterraron sus amigos. Y cuando el Dr. Barbosa murió, apenas había logrado educar a sus hijos o dejado capital para tal efecto.

Puerto Rico vs. Estados Unidos de América

A manera de complementar estos menudos antecedentes históricos y para disipar posibles complejos en las sucesivas generaciones de puertorriqueños nacidos y criados en el continente, y en muchos boricuas que han vivido sin la oportunidad de conocer algo de sus antepasados, dejadme insistir sobre datos, que por más que se repitan, nunca igualarán en lo más mínimo el caudal de propaganda colonialista que diariamente nos abruma.

Cuando los indios andaban aún con taparabo por los matorrales en donde es hoy Broadway y la Quinta Avenida, en la ciudad de Nueva York, y el holandés Peter Minuit, le compró a la tribu Manhattan aquellas tierras por veinticuatro dólares ($24.00) en el año 1626, ya hacía más de un siglo que la Cuidad de San Juan Bautista, hoy capital de Puerto Rico, había sido oficialmente instalada en su nuevo asiento en el año 1521.

Juan Ponce de León partió desde Puerto Rico y descubrió la Florida, hoy parte importante de los Estados Unidos. Conquistó a los indios seminolas y llevó allí la civilización en el año 1512.

Cuando la primera planta del pie de un hombre blanco pisó tierra norteamericana, en Jamestown, en el año 1607, en lo que es hoy el estado de Virginia, ya hacían más de cien años que el gran Almirante Cristóbal Colón había descubierto a Puerto Rico, en el año 1493. Ya esta isla bañada por el Océano Atlántico y por el Mar Caribe había sido testigo ocular de la epopeya del descubrimiento de un Nuevo Mundo, y todas las corrientes civilizadas que venían de occidente dejaban allí sus huellas, debido a su posición topográfica en medio de estos dos codiciados continentes.

Dígase de paso que Puerto Rico es hoy la única tierra bajo el pabellón de los Estados Unidos, en donde estuvo personalmente el más insigne de los navegantes, Cristóforo Colombo.

Mientras la mayor parte de la nación estadounidense sentaba y sienta aún su jurisprudencia en el "Common Law", influenciada dicha jurisprudencia mayormente por Guillermo Blackstone datando desde los años 1765–1769, Puerto Rico derivaba su ciencia del derecho, de raíces mucho más profundas y antiguas, en el Derecho Romano, bases en las doce tablas, *Lex duodecim tabularum*, y en la codificación por el Emperador Justiniano.

Cuando llegaron los norteamericanos a Puerto Rico en el año 1898, ya la isla disfrutaba de un gobierno completamente autonómico. Ya hacía rato que los ilustres paladines borinqueños, tales como Ramón Power, Baldorioty de Castro, José María Quiñones etc., habían defendido brillantemente los derechos civiles, desde el mismo recinto de las Cortes de Cádiz, que era en aquella época el eje económico, intelectual y forense del mundo civilizado.

Ramón Power, llegó a ser vicepresidente de las Cortes de Cádiz, aunque murió en la temprana edad de treinta y ocho años.

De modo que no siempre la civilización se manifiesta con altos y grandes edificios o luengos trenes subterráneos; es en el espíritu abnegado del hombre, viviendo de una manera progresiva a través de las edades, en donde tiene su asiento la verdadera civilización.

Durante la tercera década de nuestro siglo, la presión económica había llegado al punto de la desesperación en Puerto Rico.

¡Nueva York!

La ciudadanía americana había sido una especie de válvula de escape en el inicio del éxodo de puertorriqueños hacia Nueva York, entonces movidos por un espíritu de superación, de rosadas esperanzas; ahora la emigración daba la ilusión de una estampida, de la furia de un río que se desborda.

Las compañías navieras hicieron su agosto, duplicaron y triplicaron el precio de los fletes sin aumentar los salarios de sus empleados o mejorar las condiciones del pasaje. Su misión parecía la de extraerle el último centavo que habían escarbado aquellos seres cuyos semblantes llenos de ansiedad en las oficinas de pasaje eran de unas ánimas tratando de salir de un purgatorio.

Esto sucedía mucho antes de la invasión lamentable de los llamados "Marine Tigers".

Cuando yo zarpé, el día siete del mes de mayo del año mil novecientos diecisiete, en el viejo vapor Coamo, de la New York and Porto Rico Line, estábamos en plena guerra mundial. Viajábamos a obscuras durante toda la noche. Estaba prohibido encender ni un fósforo.

La tripulación, particularmente la oficialidad nos parecía correr de un sitio para otro más precipitadamente que de costumbre. Nuestros ojos, la mayor parte del tiempo, estaban fijos en el horizonte y cualquier objeto flotante nos parecía ser el periscopio de algún submarino teutón o la silueta del Karlsruhe, aquel crucero alemán ya famoso por sus múltiples encuentros. Huelga decir que el viaje fue de cinco días de vigilia y de simulacros agotadores con sonar de campanas y movimientos de salvavidas y botes de rescate.

Llegamos a la ciudad de Nueva York por el condado de Brooklyn o sea Kings County. Brooklyn fue el único punto donde desembarcaban los primeros miles de puertorriqueños.

Usando los vapores San Juan, Carolina, Coamo (el viejo y el nuevo) y el Brazos, como se llamaba entonces el San Lorenzo, todos estos barcos pertenecientes a la New York and Porto Rico Line atracaban en el muelle número treinta y cinco, cerca del Hamilton Ferry, que a su vez estaba al principio de Hamilton Avenue. El vapor Ponce, también de la N.Y. & P.R. Line, viajaba para Nueva Orleáns. Los barcos Filadelfia, Caracas, Carabobo y Maracaibo, todos propiedad de la Red D. Line, en segunda clase, costaban solamente veinte dólares con cincuenta centavos; esto fue al principio del éxodo. Los viajes tomaban alrededor de cinco días.

Los "ferryboats" barcaza para transbordar trenes y pasajeros conectaban este frente portuario de Brooklyn con White Hall en la parte baja de Manhattan. Por ese sector la mayoría de los hispanos que entraban eran peninsulares y de las Islas Canarias, en donde había importadores de aceite, aceitunas, buches de bacalao, vinos y otros productos españoles. También habitaban marineros y obreros españoles por aquella barriada de Cherry Street. Por lo regular hablaban el dialecto de sus provincias. Tenían su consulado a donde recurrir en casos necesarios y existían muy pocas cosas en común entre nuestros problemas y los suyos.

Los puertorriqueños que se alejaban de Brooklyn para esta época fueron muy pocos y nunca en conglomerado. Como es el caso en casi todos los inmigrantes en masa, estos obedecen al espíritu gregario, o sea, se buscan los unos a los otros en lo que cogen el piso. No se alejan mucho del puerto por donde desembarcan, por si el ambiente nuevo les es completamente hostil, para estar más fácil en contacto con su país de origen.

Los primeros boricuas se extendían por Hamilton Avenue por las calles Presidente, Sackett, Union, Degraw, Van Brunt, Carroll, pero sin alejarse mucho de la calle Columbia.

Conozcamos mejor el contorno cerca de y alrededor de nuestro desembarque.

La primera impresión antes y después de entrar en la bahía: las cúspides de los rascacielos fragmentados por nubes que matizaban el sol de la madrugada daban la ilusión de castillos en el aire; la Estatua de la Libertad, con su antorcha simbólica, llenaba los pechos de esperanza; gran número de embarcaciones de todos los tamaños y clases, chimeneas grandes y chicas, humo blanco, negro, pálido y violáceo; múltiples sirenas cuyas connotaciones eran más bien el

lenguaje del tránsito marítimo . . . luego mar y río y más río . . .
muelles y más muelles . . .

Atracamos en el muelle treinta y cinco, en el East River que separa a Brooklyn de la Isla de Manhattan.

Mi primera impresión al desembarcar fue de desencanto.

El muelle treinta y cinco era una estructura vieja. El pavimento en Hamilton Avenue por donde salimos estaba lleno de baches malolientes. La carga y descarga de mercancía era aún conducida mayormente por carros tirados por grandes y robustos percherones que llamaron mi atención por sus grandes dimensiones, extrañas para mí. Estos carros esperaban su turno en largas líneas para entrar al Hamilton Ferry, que estaba inmediatamente a la izquierda del muelle. Y mientras esperaban los caballos, hacían sus necesidades en plena calle y de ahí los baches pestilentes en aquel ahoyado y abandonado camino.

Lo único que alteró mi impresión antiestética en aquel recinto fue una antigua fuente de dos platillos, una grande en la parte baja y una pequeña en la parte superior. Allí abrevaban las bestias y los gorriones que seguían el rastro de las cabalgaduras.

Casas antiguas, faltas de pintura reciente. Negocios que en Puerto Rico hubiesen caído en la categoría de bodegones. Lo menos que pensé fue que aquéllas, u otras parecidas, iban a ser nuestras residencias y nuestro medio ambiente por muchos años. Pero fue así. Tuvimos que convivir allí o por sus alrededores con enormes ratas y toda clase de sabandijas.

Creo pertinente notar aquí que mi primera impresión al desembarcar por el muelle número treinta y cinco, y otros datos relacionados con nuestras vidas de advenedizos, están completamente desligados de la importancia urbana, que en todos los órdenes tiene el condado de Brooklyn, o sea Kings County, dentro de la nación estadounidense.

Breukelen, como le llamaron originalmente los holandeses a Brooklyn, recordando el nombre de un viejo pueblo holandés, es el segundo más grande en área y el primero en habitantes entre los cinco condados que integran la inmensa ciudad de Nueva York: ochenta y ocho, punto, de millas cuadradas de extensión.

Aunque era más bien conocido como poblado residencial—la ciudad de las iglesias la denominaban—era también ya muy notorio en la nación por sus actividades mercantiles, de transportación, de distribución y por sus famosos artilleros. Por sus muchas fábricas de zapatos, pinturas y barnices, fabricación de maquinarias, de medicina y productos químicos. Factorías de jabón, muebles, ropa, papel y productos de alimentación. Graneros, almacenaje, refinerías de azúcar etc., etc.

En Brooklyn, en el también hermoso Prospect Park y en el Gowanus Canal, se peleó la famosa batalla de Long Island durante la revolución. En Brooklyn Heights durmió Jorge Washington durante estas operaciones.

Cuando nosotros principiamos a llegar por los viejos muelles cerca de Erie Basin, y por Forman Street, había tiempo que estaban construidos el Brooklyn Bridge (1883), el Williamsburg Bridge (1903) y el Manhattan Bridge (1909), todos estos puentes sobre el Río del Este uniendo a Brooklyn con Manhattan.

Allí estaban el jardín botánico con su ornato japonés, Coney Island y numerosos puntos de interés artístico, educativo, arquitectónico y de cultura en general. Era pintoresco el ver frente a las tiendas de tabacos, picadura y cigarrillos, un indio de madera de tamaño natural, con su plumaje y vestimenta de vivos colores y un "tomahawk" o una larga pipa "de la paz" en sus manos. También frente a las residencias respetables, había un bloque de cemento para ser usada como escalón al subir y bajar de los carruajes.

Las bombas y maquinarias de incendio eran tiradas por fogosos corceles que al responder a una llamada urgente eran seguidos en su veloz carrera por canes daneses, moteados de blanco en un gris oscuro, mascotas que ladraban incesantemente como azuzando el correr de los briosos caballos.

Ebbets Field, fundado en el año 1912, y con el jovial Robin Robinson como director de los Dodgers de Brooklyn o los "Esquivadores" de tranvías—recuérdese que Brooklyn era también famoso por los numerosos "trolly" que había que *esquivar* constantemente—formó el conjunto de peloteros más popular en toda la nación por sus excentricidades o distracciones jocosas durante los juegos en el campo de pelota.

Todos estos incidentes y muchos más siempre me serán de una grata recordación.

Yo conseguí un cuarto en el ciento uno de Atlantic Avenue, esta dirección que está ubicada aproximadamente a seis cuadras de Borough Hall, o sea del municipio de Brooklyn, no tenía luz eléctrica aunque el gas fluido para alumbrar se había usado en Brooklyn desde marzo del año 1848 y la luz eléctrica desde diciembre del año 1878. El gas lo usaban para calentarse. Preferían que usásemos quinqués para alumbrarnos.

Cuando me dieron un quinqué y fósforos para alumbrarme y noté un pedacito de papel de lija en la pared para encender los fósforos, pensé en los suburbios de San Juan, en donde ya había corriente eléctrica para esta fecha (1917). Antes de llegar la luz eléctrica a estos sectores de Brooklyn, vino el alumbrado por medio de gas fluido. Usando unas camisillas que se tornaban en ceniza tan pronto se encendían al impregnarse por el gas fluido, era más peligroso y ahumaba las paredes. Una vez convertidas en cenizas estas camisillas, eran muy delicadas y se desmoronaban fácilmente. Sin las camisillas, la flama del gas fluido era más peligrosa. Las camisillas eran más caras pero más adecuadas.

Más tarde en el año 1922, cuando yo vivía frente por frente al Departamento de Sanidad de Brooklyn, en el número uno de Debevois Place, aún tenía que usar estas camisillas en todas las habitaciones.

El primer reglamento para la primera organización puertorriqueña incorporada, de acuerdo con las leyes del estado de Nueva York, fue escrito bajo esta clase de luz, en el número uno de Debevois Place, por Joaquín Barreras y este servidor. Usamos una vieja maquinilla Oliver. El manuscrito está aún en mi poder.

Estas viejas construcciones, ya abandonadas a las ratas y demás sabandijas, eran las únicas casas que podíamos alquilar para formar nuestros primeros hogares. No tenían calefacción. Nos calentábamos y cocinábamos en estufas con carbón de piedra que, dígase de paso, estaba racionado cuando llegamos en plena guerra. Estas estufas con carbón de piedra, estaban localizadas en los "cellars" o "basements", dígase mejor sótanos. En las salas y habitaciones de dormitorio, usábamos unas estufas con carbón de piedra, pero más pequeñas, que llamábamos "estufas de barriguita". También tenían una hornilla y una puertecita en la parte inferior para remover la ceniza. No siempre los novatos podíamos manipular la ventilación en la chimenea de manera apropiada para producir la combustión deseada.

También usábamos para calentarnos estufas con kerosén, que aunque colocábamos una cacerola con agua sobre ellas para evaporar el humo, por las mañanas los agujeros de la nariz amanecían llenos de hollín, negros como una chimenea.

Cuando existían conexiones de gas fluido en las casas, se colocaban un ancho platillo de metal en el lugar usado para alumbrar, y este platillo rojo al calentarse servia de calorífero. También se unía un radiador por medio de un tubo de goma largo a la tubería del gas fluido, y el radiador se calentaba por medio de varios escapes de gas que se encendían al contacto de una flama o al contacto de las flamas entre sí. La maldad de estos platillos y radiadores consistía en que el gas se helaba durante la noche mientras se dormía y apagaba la flama, y cuando el gas volvía, al no encontrar la flama, seguía fluyendo libremente y asfixiaba a los que dormían inconscientemente.

Para el mil novecientos diecisiete aún se veía al farolero con un mechón en una vara encendiendo los faroles al anochecer por el sector de Columbia Street.

En muchos de los hogares existían aún letrinas en los patios para el uso diario, o inodoros muy primitivos.

Las paredes interiores de estas casas centenarias estaban formadas por delgadas varillas de tabla, como de una pulgada por un octavo, cruzadas sobre unos largueros colocados verticalmente desde el techo al piso. Encima de este armazón endeble colocaban unas planchas, o con más frecuencia empapelaban. Esta pared quedaba hueca y era un cómodo nido de ratones y cucarachas que de noche jugaban, corrían, peleaban y chillaban a sus anchas. En estas construcciones les era muy fácil a las ratas procurarse orificios, especialmente alrededor de los tubos que unían los fregaderos e inodoros antiguos con los tubos dentro de la pared. Con frecuencia dejaban sus largas y repugnantes colas fuera y a veces rozaban éstas con los cuerpos distraídos de las personas. No es hiperbólico el decir que estas ratas eran tan enormes que los gatos les tenían miedo. Y eran tan frescas que salían a mirar a uno atentas, atendiendo a la conversación como si fuesen de la familia.

En la Calle Columbia existía el Cine Luna, entre las calles Sackett y Union. Al frente entre las calles Union y Presidente estaban el cine Happy Hour. El cine Luna costaba cinco centavos la entrada y lo abrían a la una de la tarde. No cobraban por las pulgas y chinches.

Estos cines baratos existían en todos los barrios pobres de la ciudad. Eran apestosos, tirando al amoníaco. Cuando se llenaban de gente, el calor y los malos olores eran insoportables y los dueños usando un pulverizador rociaban el aire con un perfume muy ordinario, poco menos que nocivo. Los boricuas prontamente les quitaron los nombres a estos locales y los bautizaron "Meaítos" y "Meaítos" se quedaron.

No muy distante de Columbia Street estaba el Teatro Olimpic, últimamente reformado con el nombre Tiboli. Entonces su única entrada era por la Calle Adams. Era el más frecuentado por los boricuas a medida que prosperaba nuestra colonia. Era bastante bueno y los precios módicos. Al dar principio la función tocaban su tema, que era "Memory Lane", y después una obertura antes de principiar unas variedades de segunda categoría. Terminaban con noticias y películas en cine silencioso. Nosotros veíamos la función varias veces, ya que asistíamos también para calentarnos mejor que en nuestros hogares, en donde se filtraba el frío por distintas partes.

Antes de traer al resto de nuestros familiares, vivíamos en cuartos sólo con las cuatro paredes por compañía. Se nos permitía ir a la sala de la casa el sábado a pagar la renta, y esto desde el pasillo. Teníamos que pagar veinticinco centavos de depósito por la llave, y si se nos perdía, teníamos que pagar otra peseta.

Nuestros cuartos sin calefacción—101 Atlantic Avenue—y con las ventanas desajustadas y sus cristales rotos cuajaban en hielo todo lo líquido que había dentro de ellos. Para dormir muchas veces al acostarnos lo hacíamos con los zapatos puestos y la gorra calada sobre las orejas. Luego nos introducíamos debajo de un montón de colchonetas, frazadas y sábanas viejas, y a desear que amaneciera pronto para calentarnos en la factoría o en el restaurante en donde trabajábamos.

Cuando trabajábamos a la intemperie, era distinto; entonces parecíamos cebollas cuando comenzábamos a quitarnos trapos y más trapos: el abrigo, el suéter, la chaqueta, el chaleco, la camisa, la camiseta y la bufanda cruzada al cuello de ñapa.

Con ninguno de estos cuartos que alquilábamos por el frente portuario y sus alrededores se incluía el baño, o éste era muy deficiente. Para darnos un baño completo, sin temor a pescar una pulmonía, teníamos que informarnos en donde quedaban los baños públicos que la ciudad había construido en cada distrito. Estos baños estaban abiertos para su uso en ciertos días y a ciertas horas solamente. Los sábados había que hacer líneas desde temprano. Por tres centavos nos daban un jaboncito, que más bien parecía una muestra, y una toallita como un paño para secar platos. Y no estaba del todo mal para el precio. Eso sí, el agua era caliente y fría y en abundancia. También eran duchas individuales, privadas. Había un lado para las mujeres y otro para los hombres.

Pero esta vida que acabo de narrar no fue la peor que confrontamos los primeros boricuas que llegamos a Nueva York. Había algo peor, y eran las casas de huéspedes por noche, para gente pobre, y años más tarde los arrabales, conocidos mejor por el nombre de Hooverville.

Si usted no conseguía una habitación por semana como las descritas anteriormente y le cogía la noche en la calle, tenía que refugiarse en una de estas casas de huéspedes. En las más decentes y respetables, para esta época, los primeros inmigrantes no éramos personas gratas y, además, aún no estábamos familiarizados con ellas. También nuestra economía era bien limitada. Teníamos que acudir a las pocilgas cerca de nuestro vecindario y en donde no les importaba un bledo el libro de registro ni los ocupantes. Usted pagaba diez centavos y le señalaban un armatoste de madera cubierto con hule negro. Y una simple sabanita tendida, que tan pronto usted se acostaba se rodaba hacia el medio en donde ya había un hoyo permanente en el hule de aquel tablado. Suplían también una pequeña frazada muy rala, de las más baratas que se encuentran en el mercado. Estaría de más decir que aquel hule era frío por demás, y sin almohada y con los camastros llenos de toda clase de sabandijas, resultaba un suplicio. ¿Quién dijo que la noche se hizo para descansar?

Por la mañana todos usábamos para lavarnos un chorro de agua en común. Las caras de aquella gente desamparada eran iguales a las de esos caracteres que vemos en las películas del bajo mundo.

Una de estas casas dormitorios existió para aquel entonces en la esquina formada por Atlantic Avenue y Court Street. Más tarde pasó a ser otro "Meaíto", en donde se exhibieron por primera vez en Brooklyn películas hispanas. Lo llamaron "El Flora".

Fue también increíble ver como vivieron muchos de nuestros compueblanos durante el fuete del desempleo, primero en la leve crisis económica del mil novecientos veinte y luego antes y durante la peor depresión industrial y financiera del mil novecientos veintinueve. Se generalizaron los arrabales paupérrimos en las grandes ciudades. En Brooklyn continuaba uno de estos vecindarios más famosos, había surgido cerca de Columbia Street, en la sección de Red-Hook: Hooverville, famoso por su indigencia horripilante—por su afrenta nacional, ya que existía al margen de la ciudad más opulenta del mundo. Este suburbio se formó junto a la zona pantanosa de Red-Hook, en donde se incineraba la basura de esta gran ciudad, en forma de relleno. Construido con cajas vacías de vitrolas, latas, cartones y todo aquello que de algún modo tapara un boquete hostil, vivir allí era inhumano.

En aquel ambiente arduo, insólito, anticívico, tenía que florecer la efervescencia, la agitación en las emociones vivas del hombre civilizado. Fue una paradoja. Aquella vida agudizó los sentidos de nuestros compueblanos y se fundieron allí hombres y mujeres aguerridos en las luchas cívicas. Paradas, manifestaciones, piquetes, hojas sueltas y mítines tuvieron siempre entre aquella multitud el más cálido respaldo. Y mucha de la legislación progresista que hoy disfrutamos emanó de allí. Muchos de nuestros compatriotas se hicieron expertos en las leyes de inquilinato, de sanidad, y sobre la importancia de los derechos civiles.

Hoy existe en aquel lugar una moderna urbanización en donde conviven muchos antiguos Hoovervillanos.

Las hazañas de estas personas humildes dentro de nuestra colonia nunca fueron mencionadas en los periódicos y revistas comercializados en Puerto Rico, y menos aún en el diario local *La Prensa,* como no fuera para restarle mérito a sus actuaciones o inspirar en ellos una compasión hueca y contraproducente.

Por la barriada de la Calle Columbia existieron desde nuestros primeros años allí muchos personajes pertenecientes al montón anónimo pero que jugaron un importante papel en cimentar las bases de la colonia puertorriqueña en la ciudad de Nueva York. Las primeras posadas que dieron albergue a los boricuas, con o sin dinero, y les resolvían muchos de sus primeros problemas, fueron las de "Jimmy el Embarcador", que está en el número uno de President Street, y la de "La Paisana", localizada en el número cincuenta y seis de Union Street. Jimmy el Embarcador era un italiano casado con una puertorriqueña que les proporcionaba embargue a los boricuas que así lo desearan, trabajando en los barcos para Puerto Rico, o para otros puntos del urbe. También les resolvía todos esos problemas inesperados que se les presentan al neófito en un nuevo ambiente. "La Paisana", también la llamaban Doña Ramona, decían que llegó a Union Street procedente del Hawaii, a principios del siglo. "La Paisana" era de mediana estatura, trigueña clara, como de cuarenta y cinco años de edad para esta época. Era muy varonil, hablaba mucho, gritaba, renegaba de los vagos, pero nadie en absoluto se acostaba sin comer o sin albergue. Ella era un gran corazón de mujer puertorriqueña.

En el año 1917, el invierno bajó su temperatura a 16 grados bajo cero y generalmente estaba en dos y tres grados bajo cero. Primero las pulmonías y luego la influenza hicieron estragos entre nuestra gente que deambulaba por aquellas calles, muchas veces agotados ya sus recursos.

He aquí el valor de estas posadas hospitalarias para la supervivencia de muchos de aquellos pioneros.

El primer borinqueño que en el año 1917 montó un negocio de carbón y de hielo, en un sótano, estableciendo así un negocio que era hasta entonces controlado por los italianos, fue Rufino Pastrana del pueblo de Río Grande, hijo de Doña Francisca. Tenía también un caballo y un carro. Rufino Pastrana y Francisco el venezolano abrieron la primera bodega latina, en la misma esquina de Van Brunt y De Graw Street.

Pero en el terreno cívico los verdaderos luchadores por nuestra causa, es decir por la causa boricua, aparecieron en Columbia Street y sus alrededores, un poco más tarde. Los conoceremos oportunamente, pero tengamos siempre en mente a Carlos Tapia, con su fonda billar y salón para reuniones cívicas en el 40 Union Street. Y a esa incansable heroína vegabajeña doña Antonia Denis. También a Plácido de Arce, a Zenón Vélez, a José Morales y su esposa Pura y a Mariano Cuetto.

Fuimos mudándonos a este distrito a medida que fuimos conociendo el terreno y progresábamos en la búsqueda de empleos. La mayor parte de las industrias y del comercio se hallaban en el primer distrito asambleísta, que incluía a Borough Hall, en donde estaban y están ubicados el municipio, las cortes, el registro de la propiedad y el expedido de licencias, así como el Navy Yard, el correo general y un gran número de fábricas en las inmediaciones de los puentes Brooklyn y Manhattan, con bases también en el primer distrito. Habitamos las pocilgas que conseguíamos, siempre cerca del río o en los vecindarios más pobres de este distrito.

Había cerca de Columbia Street viviendas sin calefacción en

donde teníamos que convivir con grandes ratas y toda clase de sabandijas. Nos alumbrábamos con quinqués o con gas fluido y cocinábamos con carbón de piedra cuando éste se encontraba porque estaba racionado. De modo que el mismo patrón de vida que vivimos al principio por Columbia Street nos seguía a medida que nos íbamos extendiendo.

Los que se sienten amargados, y con justicia, por los abusos en contra de nuestra raza hoy en Nueva York, y esto después del "Nuevo Trato", deberían reflexionar un instante sobre cómo serían las cosas para nuestra gente hace más de cuarenta años. Durante la primera guerra europea, confrontados todos con un mismo peligro y viviendo una economía bélica de gastos gubernamentales abundantes, los primeros boricuas que llegamos pasábamos ignorados y hasta éramos detenidos en las calles para ofrecernos trabajo.

Una vez pasada la guerra, con el retorno de los soldados y marinos a la vida civil, en una economía de tiempos de paz, muchos de estos ex-soldados y ex-marinos de apartadas regiones optaron por quedarse en la maravillosa ciudad. En esta transición económica, los puertorriqueños fuimos los primeros en ser despedidos de los trabajos y los últimos en ser colocados de nuevo, y esto cuando ocurría era en las ocupaciones pésimas y antisanitarias.

Los continentales, y me refiero a las altas esferas públicas y universitarias, no sabían quiénes éramos, ni de dónde habíamos salido. Y les molestaba oírnos hablar lo que ellos llamaban "lingo", o sea jerga o algarabía. Nos ponían toda clase de nombres como "Cubans", "Filipinos", "Españoles", y más tarde "Pororicans" y "Spicks".

Estaba muy lejos aún el Nuevo Trato y toda esta legislación social que hoy disfrutamos. Las pocas leyes obreras que existían en los códigos, eran violadas flagrantemente, sin ninguna clase de escrúpulos, sin vigencia por parte de las autoridades, que estaban libres de presión alguna en su crasa negligencia.

Aquella gente pobre, honrada y laboriosa no tenía a donde ir con sus quejas justificadas. Los hispanos extranjeros tenían más protección que los nuestros a través de sus consulados, mientras los puertorriqueños, aunque ciudadanos americanos, estaban a merced de las autoridades locales, éstas llenas de toda clase de perjuicios y de recelos en contra de nosotros.

No había oficinas del gobierno de Puerto Rico, como en el presente, ni un comercio boricua próspero, ni un gran número de profesionales o artistas de cartel que insinuaran nuestra verdadera personalidad de pueblo culto. No existían familiares ya acomodados que nos esperasen con los brazos abiertos y nos orientasen o nos tendiesen una mano fraternal. Fuimos nosotros los pioneros, los que teníamos que echar las bases para esta futura colonia, los que teníamos que abrirle el camino y orientar a las generaciones futuras de nuestra raza en esta metrópoli cuajada de expectativas buenas y malas.

Tammany Hall, con su maquinaria política bien engrasada, ganaba sus elecciones de la ciudad por más de medio millón de votos. ¿Qué les importaba entonces un puñado más o menos de nuestros votos? Cada distrito asambleísta tenía un club demócrata regular en donde había que acudir para conseguir algo de cualquier índole que esto fuese. Los boricuas, colectivamente hablando, desconocían la mayor y mejor parte de sus derechos cívicos, y los puertorriqueños que tenían algún conocimiento no contaban para nada en aquel festín político para algunos continentales solamente.

Los irlandeses dominaban la ciudad de Nueva York, especialmente Brooklyn, cuando llegábamos nosotros. Estos hijos de Eire y de Ulster habían desplazado a los holandeses del control público de la ciudad. Pero antes de conquistar la hegemonía de la ciudad de Nueva York, pasaron por los mismos atropellos, desprecios y persecuciones que acosaron y acosan a los puertorriqueños hoy.

No olvidamos que la Inglaterra protestante de Oliverio Cromwell persiguió fanáticamente a la Irlanda intensamente católica, y que esa persecución religiosa se unió a la persecución política. Irlanda era una colonia indómita de Inglaterra, junto a los antagonismos de las colonias holandesa y alemana, también en pugna por sobrevivir; todo ese regateo fue fuente de rencores, prejuicios, apodos y de luchas cuerpo a cuerpo.

La colonia irlandesa se impuso peleando y quedó bien unida y endurecida.

Al vecindario que rodeaba al Club Seawanhaka, la organización política democrática que representaba al primer distrito asambleísta de Kings County, o sea Brooklyn, lo llamaban como sobrenombre "Little Ireland", es decir "la Pequeña Irlanda", porque era habitado generalmente por irlandeses, y sus costumbres e influencia predominaban en este distrito.

El irlandés, como todos los habitantes de colonias oprimidas que viven en una constante efervescencia política, posee una inclinación política altamente desarrollada; es muy diestro en el ardid político; es orador por naturaleza, cuando habla para persuadir, pone en su lenguaje la sal y la labia de los gitanos.

Los irlandeses fueron arrojados aquí en grandes muchedumbres por la opresión del imperialismo británico. Llegaron aquí mucho antes que los puertorriqueños.

Aquellos que al arribo a estas playas optaron por usar sus dotes políticos para emancipar a las masas trabajadoras, porque profirieron el no abandonar los ímpetus sublimes, visionarios y edificantes de su potestad de hombres amantes de la libertad en todos los órdenes y de la justicia social, llenaron de gloria y martirologio las páginas de la historia del movimiento obrero en los Estados Unidos. Sus nombres están ligados con las luchas más heroicas de los trabajadores, especialmente en las minas de antracita en Pennsylvania y en las grandes huelgas de los muelles, tanto en la costa del Atlántico como en la del Pacífico. También en las jornadas sangrientas de la conquista de la ley de ocho horas que originó el Labor Day o Día del Trabajo.

Muchas de estas personalidades de estirpe irlandesa tomaron lo que a primera vista parece ser la senda más escabrosa. Algunos de ellos fueron y son perseguidos, encarcelados hasta aproximarse lo más posible a la sombra de la silla eléctrica. Fueron vilipendiados, su patriotismo puesto en duda y acusados de traidores por los más ensangrentados opresores de su propia patria. Nada pudo perturbar su serenidad de redentores; nada pudo acobardar a estas almas que se nutren de la inmortalidad.

Desgraciadamente, una gran mayoría de aquellos irlandeses que arribaron a estas playas, olvidándose por completo de las fuerzas que los obligaron a dejar su lar natal, al igual que una mayoría de los puertorriqueños que llegamos aquí, siguieron lo que a primera vista les pareció la línea de menor resistencia, la senda más fácil. Estos irlandeses engrosaron las filas de la política comercializada hasta la degradación y el "ganguismo". Esa política que hace de la ciencia de administrar a los pueblos un instrumento de corrupción y de soborno en donde se comercia con la salud, la seguridad y la felicidad de los pueblos para enriquecer a hombres sin conciencia y sin escrúpulos que más tarde se nos presentan como capitalistas honrados que acumularon sus fortunas fabulosas con el sudor de sus frentes o con el producto de su jugo cerebral. Estos irlandeses, usando sus dotes naturales de políticos y su temperamento soberbio, pronto arrancaron el poder a los holandeses y alemanes que controlaban la ciudad de Nueva York. Fomentaron la organización política que hoy conocemos aún por el nombre de Tammany Hall, la maquinaria política más formidable y terrible que han conocido los Estados Unidos de Norteamérica, sin exceptuar la maquinaria de Huey Long en el estado de Louisiana, ni la de Frank Hague en Nueva Jersey.

La historia del poder y de la influencia de Tammany Hall parece más bien una leyenda en un reinado milenario, una aventura miliunanochesca. Todos los departamentos de la administración de la ciudad estaban bajo su control directo: los hospitales, las cortes de "justicia", las iglesias, el cuerpo de la policía y el de bomberos, los barrenderos de la ciudad. Sus tentáculos venenosos lo mancillaban todo. El crimen, organizado con su ley del talión, "ojo por ojo, diente por diente", también estaban bajo su cetro.

En las "elecciones" votaban los muertos y tenían un sistema de "floaters", o sea, sufragistas profesionales que votaban varias veces "flotando" de un distrito a otro. También tenían un cuerpo de "gorilas", o sea, de hombres fuertes que "persuadían" a cualquiera sin ninguna argumentación . . . Huelga decir que estos guapos de barrio estaban respaldados por las autoridades.

¿Y la policía de entonces? ¡Pero, hombre, no sea usted bobo!

De este modo un candidato de Tammany estaba prácticamente electo antes de las elecciones, como en la mayor parte de los estados del sur. Los alcaldes de Nueva York eran electos por más de medio millón de votos. Había tanto fango en esta política que amenazaba salpicar todo el gobierno del estado de Nueva York y de la nación.

En una investigación del Boss Tweed, apareció en un contrato que la ciudad había comprado unos escupideros a diez mil pesos ($10,000.00) cada uno. Más tarde, en la investigación del fiscal especial Samuel Sibury, en la que para juzgar al alcalde de la ciudad Jimmie Walker, el entonces gobernador del estado de Nueva York, Franklin Delano Roosvelt sirvió de juez, salieron a la luz pública diversas corrupciones en que estaban envueltos jueces, comisionados y altas personalidades aparentemente respetables. Se descubrieron prominentes comisionados en cargos de una gran responsabilidad que no sabían leer ni escribir—funcionarios públicos cuyos salarios eran cinco o diez mil dólares al año, con cientos de miles de dólares guardados en "tin-boxes", o sea, cajitas de hojalata. Muchos de estos políticos de maquinaria, presintiendo que estos "milagrosos ahorros" en los bancos algún día descubrirían su corrupción política, tenían en sus casas cajas de lata en donde guardaban su tesoro. Estos "tin-boxes" jugaron un papel importante en aquélla y otras investigaciones.

Ser irlandés era una carrera durante esta época. Se daba el caso de que un irlandés al desembarcar encontraba su uniforme de policía o de bombero, como quién dice, esperándolo en el muelle. Como el dinero les entraba fácil, fácilmente lo despilfarraban en las barras y en orgías que atrofiaban su cerebro y lentamente los hundían en la vulgaridad.

Cuando les pasaba un trastorno, con una tarjetita de "Mike" o de "Johnny" todo quedaba arreglado.

Eliminando el espíritu de competencia en sus vidas y viviendo una vida a galope por la pendiente de la fácil resistencia, por la senda que ellos creyeron más fácil, era lógico que al fin y al cabo se les embotaran las habilidades que habían traído consigo.

Mientras tanto, otras razas en minoría, obligadas a la lucha diaria para procurarse el dólar, obligados a estudiar constantemente y a vivir una vida sobria para mejorar su situación, vigorizaban sus cuerpos y sus mentes y se organizaban para protegerse mutuamente.

Medidas como el Servicio Civil les abrieron las puertas a los elementos que estaban preparados y se la cerraron a los que no lo estaban.

Los primeros irlandeses que habían acumulado sus fortunas en aquellos primeros años de corrupción política abandonaban el campo político de la ciudad de Nueva York y se transportaron a otras ciudades en otros estados para evitar las investigaciones federales y desde Albany. Otros tenían lo suficiente para educar a sus hijos y disfrutar de una vejez descansada, y se mudaron para secciones más aristocráticas que empezaban a construirse en los suburbios de la ciudad. Algunos de estos últimos mantenían una residencia política en el distrito en donde habían adquirido su poder político, aunque vivían bien lejos del distrito. De este modo seguían siendo los "líderes" del distrito original, seguían siendo "bosses" o "jefes" en la ausencia.

A esta categoría pertenecía el líder del primer distrito electoral de Brooklyn, Jim Brown, cuando los puertorriqueños organizaron el Porto Rican Democratic Club Inc., el primer club boricua, en el continente, incorporado de acuerdo con las leyes del estado de Nueva York. Jim Brown, de tabernero en una "barra" en la esquina de

Adams Street y Myrtle Avenue, había brincado a Comisionado del Alcantarillado de la ciudad y después a Comisionado de Parques. El caso fue que con su inteligencia ahorró una millonada de pesos en pocos años. Terminó por retirarse del liderazgo del distrito voluntariamente—también fue investigada su carrera política. Este era el andamiaje político en donde estábamos parados los primeros boricuas que arribamos a estas playas. En este terreno viciado, amañado, antagónico pretendían—algunos bien intencionados—los puristas dentro de nuestra moral política en Nueva York sembrar la semilla del ya entregado socialismo de Don Santiago Iglesias Pantín; o del unionismo de Don Luis Muñoz Rivera, que ya le había dado la espalda a Don José de Diego, y al ideal de la independencia para Puerto Rico, en la nefasta asamblea de Miramar; otros deseaban revivir el germen del anexionismo del doctor José Celso Barbosa, ya reducido a una pantomina política por el servilismo incondicional, siempre en la defensiva de una burocracia insular en la misma capital de nuestra isla, en Puerto Arturo. Y por el "Ministro de la Guerra", como apodaban al tribuno licenciado Ramón Falcón, llamando a la lucha, con "La Changa" y José Mauleón disparando petardos desde cañones de madera.

Yo estaba en pleno desarrollo físico y moral, políticamente desorientado, confuso. Mis inquietudes cívicas me perturbaban; eran en mí más sensitivas a medida que el medio ambiente se tornaba cada día más deprimente. Mis padres allá en Cayey, más que republicanos, habían sido Barbosistas. Cuando el doctor Barbosa en sus campañas electorales visitaba al pueblo de Cayey, se hospedaba en mi casa, en el "Hotel Colón"; desde el balcón le dirigió las primeras palabras al pueblo. El balcón lucía una banda tricolor de extremo a extremo. El borde de los manteles y de las servilletas era rojo, blanco y azul. Y una moña de papel de seda en el orificio del pavo relleno también ostentaba estos tres colores del republicanismo. Mi madre lucía un gran lazo de cintas en el pecho, de hombro a hombro, rojo, blanco y azul.

Cayey, el segundo y único pueblo militar en toda la isla después de Puerto Rico, llenó mi niñez de pabellones de las franjas y las estrellas; de paradas marciales y cambios de guardia; de cañones; de toques de cornetas, de tambores y de redoblantes; de comisarías con productos puramente norteamericanos.

Mucho antes de yo llegar a Nueva York, ya había probado el

"boloney" norteamericano.

Mis progenitores después de tanta lealtad doctrinaria, de tantos trabajos laboriosos, de tanta honradez ciudadana, llegaron también a esta ciudad fatigados, gastados y empobrecidos. Todas sus esperanzas puestas en sus hijos, sus últimos esfuerzos en esta gran urbe fueron pasivos.

Los autores de mis días, entre sus muchas buenas cualidades, tuvieron una gran virtud: insistían en que leyéramos todo, sin imponernos sus creencias o ideologías. Solamente nos las insinuaron durante nuestros primeros años. Por esta razón en nuestra casa cada uno piensa a su manera y nos respetamos mutuamente en nuestras maneras de pensar. Nunca hubo regimentación del pensamiento en nuestras adolescencias.

De aquí que yo pude adoptar una posición política en Nueva York por encima de todas las banderías de partidos de allá o de acá, y que creo aún fuera la más correcta a seguir para la naciente colonia. Colocamos la unidad de todos los puertorriqueños en el continente sobre toda militancia de partido político, creencia religiosa o diferencia de razas que tendiera a dividirnos cívicamente.

Este principio cardinal lo hicimos constar de una manera enfática e inequívoca en el primer reglamento de la primera organización enteramente boricua incorporada de acuerdo con las leyes del estado de Nueva York, siendo yo el vice-presidente de ésta. Predicamos este principio por todos los rincones de Brooklyn, Manhattan y del Bronx. En dondequiera que había un núcleo de boricuas.

Como era de esperarse, nos salieron al paso los satélites de los partidos políticos de allá en Puerto Rico que trataban de echar raíces en el continente de importar nuestros antagonismos de allá en Borinquen y hacernos fácil presa de la reacción política y social— paraíso de la explotación de las masas sufridas. También oportunistas sonoros que ocultaban malamente sus deseos de usar como instrumento para su interés meramente personal a nuestra floreciente colonia. Y puertorriqueños sinceros, pero confundidos, sin experiencia en las tácticas de lucha en contra de un enemigo demasiado fuerte, bien atrincherado y avezado en la lucha sin cuartel, maestros en el embauque, como lo era Tammany Hall.

Nuestra tarea era difícil frente a los demagogos, a los patrioteros y redentores fanatizados. Frente a los puristas políticos que rayaban con el egotismo, e inconscientemente se colocaban a la sombra de la complicidad reaccionaria, evitando nuestra unidad boricua por una minoría obrerizada que estaba entonces de moda, pero desequilibrada.

No era fácil entender como un movimiento bien intencionado y patriótico podía fructificar el calor sectario del Partido Demócrata, que era también el partido del todopodereroso y corrupto Tammany Hall. Pretendían estos malos y buenos compueblanos nuestros que, en aquella temprana edad de nuestra colonia, nadáramos con éxito en contra de una corriente arrolladora que las mismas fuerzas liberales y progresistas oriundas de la ciudad de Nueva York no podían controlar y destruir para esa misma época. Nuestra formula más razonable consistía en usar las facilidades en los salones para reuniones y oficinas que nos ofrecían en todos los distritos electorales los clubes regulares demócratas, fomentar sin descanso, apasionadamente nuestra asociación, nuestra puertorriqueñidad, manteniendo viva, fresca, palpitante de manera fraternal nuestra cultura, nuestra idiosincrasia y la defensa de nuestros derechos humanos y nuestra dignidad ciudadana.

Esta fue precisamente la obra que hicimos en aquellos clubes aparentemente políticos, como se verá más adelante.

¿Acaso es falta de honestidad luchar por la propia supervivencia dentro de una cofradía integrada por personas deshonestas pero influyentes?

¿Acaso nos invitaban ellos a tomar parte en sus "caucus" o participar en el bizcocho del presupuesto que ellos se dividían a su antojo y exclusiva conveniencia?

¿Qué disciplina de partido o lealtad electoral podían ellos exigirnos en el plano de la honradez cívica?

¿Acaso no se sentían demócratas, aunque por razones negativas, la gran mayoría de nuestros paisanos que llegaban de la isla, agradecidos al presidente demócrata Woodrow Wilson por haberles otorgado la ciudadanía que les daba el derecho a votar en el continente?

¿Cuánto tiempo, cuántas energías hubieran bastado para disuadir a todos aquellos isleños, producto de los numerosos *copos unionistas* en las elecciones de Puerto Rico, a desistir de seguir la estrella del Partido Federal de Puerto Rico, más tarde Partido Unionista, que también era la insignia del Partido Demócrata Nacional?

Había que ser prácticos, sin ser desvergonzados o mercenarios, sin traicionar a la causa puertorriqueña, ya que estábamos viviendo en un país predominantemente práctico.

Era difícil reconocer estas dos posiciones pero no imposible. Siempre la tentación oportunista estaba en acecho. Y siempre en todas las épocas y en todos los pueblos ha habido hombres débiles. Los ha habido, para desgracia de la humanidad, en el corazón de las causas más nobles.

Ese riesgo tuvimos que correrlo nosotros también, y lo corrimos a despecho de los puristas, de los castos que encerrados en su torre de marfil ignoraban aún las ventajas, en un momento dado, de un frente popular o de pactos completamente antitéticos.

Por seguir rigurosamente esta línea de razonamiento cívico, sin diferencias de clase o de razas, ni de credos políticos o religiosos, fuimos insultados, vejados, ridiculizados, estigmatizados.

Nosotros logramos defendernos y salir victoriosos.

El tiempo ha probado que fue más eficaz para la unidad puertorriqueña aquel movimiento plebeyo, heterogéneo, durante la indigencia de los primeros años de nuestra colonia, que todas las sociedades divisionistas que les siguieron después, ya en camino de la prosperidad nuestro creciente conglomerado.

Pero antes de entrar de lleno en nuestras luchas cívicas, veamos algunas de las ocupaciones que tuvimos que sufrir en los albores de nuestra colonia, ya que la lucha por el pan de cada día juega un papel determinante en nuestro comportamiento cívico-social.

Y sigo poniéndome como un ejemplo más o menos de lo que soportaron mis compueblanos, ya que durante mis primeros años aquí me las tuve que bandear como ellos para poder subsistir.

Trabajé como ellos en las faenas más crueles de los empleos más bajos e inhumanos. Estos trabajos eran bajos e inhumanos no por su condición intrínseca, ya que alguien tenía que hacerlos, sino por las condiciones bárbaras en las cuales había que hacerse—y la absoluta despreocupación de la ley, de las autoridades, de la sociedad por esos ciudadanos más pobres pero honrados y deseosos de dignificarse.

En un pueblo civilizado y arrogante habían sido abandonados al azar.

Los derechos humanos, todo ese aparato de la ley, acumulado a través de las edades, no existía para él, para nosotros.

Afortunadamente las cosas han cambiado mucho, comparativamente hablando, y seguirán cambiando hasta que sea el trabajador honrado, ya sea manual o intelectual el que lleve la voz cantante, el que dicte las relaciones sociales dentro de la cosa pública y no una minoría dominante en una democracia simulada, cautivada por oligarquías, plutocracias o sistemas monopolistas.

Mis padres me dieron diez dólares para pasar el viaje y desembarcar, pero un buen amigo nuestro me recibiría al llegar y me entregaría un dinero adicional; también me orientaría durante los primeros días. Este había llegado meses antes que yo. Este magnífico amigo, el venezolano Juan Forwaider, me esperó, pero lo hizo enfermo y sin trabajo.

Juan Forwaider, un caballero en toda la extensión de la palabra, dominaba el idioma alemán además del español, pero no conocía el inglés lo suficiente para entenderse en su oficio de relojero. Su educación lo inclinaba hacía la timidez, que es un obstáculo en la lucha por la vida.

Le aconsejé que aceptara un empleo de relojero aunque con poca remuneración en lo que aprendía los nombres de las herramientas en inglés y la rutina del oficio. Así lo hizo y llegó a ser jefe en una gran fábrica de relojes.

Mientras tanto yo traté de trabajar de carpintero en una fábrica de municiones, "La Duponte", en el estado de Pennsylvania.

Yo había cursado cuatro años de "manual training", o sea, adiestramiento manual en carpintería y dibujo mecánico. Conocía en el idioma inglés la terminología del oficio. Pagaban bien a los carpinteros, aunque haciendo trabajo rústico solamente.

Juan Forwaider tenía un amigo paisano de él que trabajaba allá, y con su recomendación me ayudaría en todo lo que pudiera.

Con un diagrama explicativo llegué a esta fábrica y al Hotel New York en donde estaba hospedado el paisano de mi amigo Juan. El Hotel New York era una pequeña casa de madera sin pintar, a la vera del camino en dirección de la planta de municiones.

No había hospedaje, pero por gestiones del amigo venezolano me acomodaron en un "coucho" viejo en el cuarto de los suministros. Un "coucho" es una cama sencilla que se puede cerrar y arrinconarse cuando no está en uso. Este "coucho" estaba desencajado de un lado y había que dormir en él haciendo un equilibrio para evitar rodar al piso.

Me presenté bien temprano a trabajar de carpintero. Me preguntaron que en dónde estaban mis herramientas y, como no las tenía, no me cogieron. Pregunté qué otro trabajo tenían y me dijeron que solamente de pico y pala. Como apenas tenía dinero para regresar a

Brooklyn, lo acepté.

Cuando me eché sobre los hombros aquel pico y la pala, como si hubiera sido en verdad un peón consumado, sentí un escalofrío que me recorrió todo el cuerpo, como dirían allá en la islita, "Me pasó la muerte chiquita por encima".

Yo usaba una camisa blanca con alforcitas verticales al pecho y unos zapatos corte salón—indumentaria puramente escolar de aquella época, ridículamente fuera de lugar, y yo lo sabía, que era lo peor.

Los peones que me acompañaban eran en su mayoría españoles fornidos y bonachones, vestidos en perfecta ropa de faena, gañanes zapatudos cuyo calzado de cuero áspero tenían hebillas de metal en lugar de cabetes.

Se reían amigablemente de mí cuando empezamos a trabajar y veían que yo llenaba la pala con la mano. Ellos manipulaban la pala como un hábil escribiente maneja un lápiz o una pluma.

Mayormente eran analfabetas y cuando supieron que yo podía escribirles cartas a sus familiares y servirles de intérprete con los capataces, me llamaban cariñosamente Puerto Rico, para aquí y Puerto Rico para allá.

Yo con mis ciento veinte libras de peso de entonces y de constitución enfermiza, pude llegar a ser por lo menos listero cuando los jefes se hubiesen dado cuenta de que yo me entendía con ellos y les servía de intérprete.

Ellos eran muy trabajadores y los necesitaban con apuro. Pero el segundo día no fue asunto de recoger basura o leña por un predio de terreno. Tendieron un cordón a lo largo, y de frente al cordón teníamos que abrir una carretera sacando los matojos con la hierba de raíz. Mis compañeros tiraban la pala con tal fuerza que esta penetraba parcialmente en el matojo y luego bastaban varios golpes con sus poderosos zapatos para que esta penetrara hasta la tierra firme, extrayendo una considerable porción del pasto y de la tierra de una sola palada.

Como estábamos en línea, la labor de cada uno era visible. Mi orgullo de hombre trabajador me traicionó . . . Tratando de mantenerme a igual nivel con los trabajadores que tenía en ambos lados, multiplicaba mis esfuerzos en vano. Los dedos de mis pies se me salieron por las puntas de mis zapatitos corte salón. Se me hincharon las palmas de las manos. Estaba descaderado de tanto golpear la pala con los pies para que penetrara al igual que lo hacían mis compañeros.

Cuando terminó aquel día angustiado, yo arrastré mi cuerpo agobiado hasta el Hotel New York. Ya hacía rato que había pasado la hora de comida, y los trabajadores se entretenían jugando alegremente cartas o dominós.

Esa noche me dieron calenturas de frío, pesadilla; evocaba a mi madre, a mis tías Belén, Mercedes y Marta, tan bondadosas, a las que yo les pedía la bendición una por una al acostarse, y ellas me mimaban hasta dormirme sosegadamente.

El otro día traté de trabajar, pero las manos ampolladas y todo el cuerpo doloroso me lo impedían. En la tarde *pedí mi tiempo*, en la oficina—"Give me my time"—el primer provincialismo que aprendí en el continente; esto quiere decir, quiero irme y dejar el trabajo, págueme el tiempo que he trabajado.

Entregué el pico y la pala y me pagaron dos días y medio, con la que pagué el hospedaje y mi retorno a Brooklyn. Al llegar de nuevo a Brooklyn, esa noche dormí en la casa de huéspedes que les hablé antes. Diez centavos por noche en un camastro forrado con hule negro.

Mi maleta estaba guardada temporalmente en la habitación de mi amigo Juan Forwaider, en Clinton Street; para aquel entonces no vivían por esa calle gente trigueña. Juan Forwaider descendía de alemanes y, a decir verdad, ya dormía en su misma habitación otro venezolano y no había más acomodo.

Mi amigo inolvidable, compañero de travesía en el viejo Coamo y de mis primeros sinsabores, fue José Melot. Melot había vendido su zapatería en Cataño y decidió correr fortuna en el continente. Contrario a la mayoría de los inmigrantes, Melot llegó con buenos y numerosos trajes y dinero en monedas de oro y buenos pares de zapatos. José Melot no sabía ni papa de inglés. Hablaba por señas, pero era mayor que yo de edad; además tenía mucha más experiencia de la vida. Yo le ayudaba con el inglés y él me daba su experiencia de hombre serio y de muy buenas costumbres.

La primera noche en Brooklyn tuvimos que dormir en los altos de una taberna, a media cuadra del frente portuario, en la Calle Forman. Para subir al dormitorio teníamos que pasar por entre los parroquianos que libaban allí sus licores, y aunque probablemente era gente honrada y trabajadora, su porte y sus modales nos parecieron sospechosos. Dormimos toda la noche con un ojo abierto y otro cerrado.

El otro día Melot consiguió una habitación por semanas en Warren Street y yo partí para la fábrica de municiones en Pennsylvania;

ya conocen mis experiencias allí.

De regreso de Pennsylvania y de mi penosa noche en el hospedaje para derelictos, conseguí un cuarto bien barato en el 101 de Atlantic Avenue: un dólar semanal.

Como me era urgente tener dinero para cubrir mis primeras necesidades, y el respeto a mí mismo no me permitió nunca el pedirle ni un centavo prestado a mi amigo íntimo José Melot, me hice de un mapa de Brooklyn y de la zona metropolitana. Compré el diario *The World* (El Mundo), que era el periódico que más anuncios para trabajos inexpertos o corrientes ofrecía. Y me di a la búsqueda de un trabajo cualquiera, preferiblemente de restaurante para asegurar la comida.

Marqué tres direcciones: una en el bajo Manhattan por la calle Lafayette y dos restaurantes en Brooklyn.

Frustrado, en la calle Lafayette crucé por primera vez el puente Brooklyn, a pie, primero para economizar vellones y segundo para admirar esta gran obra de ingeniería y el magnífico panorama a su alrededor. Me detuve en medio del pasaje pedestre de dicho puente y, sentado en un banco, distraje un rato la vista en la extensión poliforme y policroma del paisaje, y luego estudié mi mapa de nuevo para continuar mi caminata que me conduciría primero por todo Fulton Street en Brooklyn hasta cerca de Franklyn Avenue.

Más deseo detenerme en Borough Hall, en donde desembocaba Myrtle Avenue en Fulton Street; todo esto hoy ha desaparecido. En medio de la primera cuadra en Myrtle Avenue había un "Busy-Bee"; no sé si éste era el nombre propio de este negocio o si era un nombre colectivo para todos los negocios de esta índole. Estos bodegones tenían muchas cosas peculiares, como el serrín regado por todo el piso para disimular o absorber los derrames feos en él. Los marchantes de aspectos humildes, consumiendo sus golosinas mayormente de pie, y los precios bien bajos en los comestibles abundantes pero de pacotilla.

Allí me tomé un "café" o agua caliente coloreada, en una taza grande a manera de las jaboneras individuales que usaban en las antiguas barberías—el precio fue de tres centavos—y dos "coffee-cakes", panecillos suizos o de Mallorca, a dos por cinco centavos.

En estos lugares se vendía "root-beer" a tres centavos el vaso o la copa de espuma y "frankfurther", conocidos por "hot-dog" como le llaman a las salchichas estilo alemán, con "Sour-kraut", fibras de repollo envinagrados o con "catsup", o sea salsa de tomates, todo por cinco centavos.

Allí me engañé el estómago por ocho centavos, con café y dos suizos. También me llamaron mucho la atención cerca de este "Busy-Bee", en la próxima cuadra en Myrtle Avenue, varias tiendas de zapatos de segunda mano, muy bien remendados, lustrados y con polvo talcum dentro para ocultar sus previos malos olores. Estas tiendas estaban en sótanos casi al nivel de la acera, con uno o dos escalones para llegar hasta los armarios y el mostrador en donde estaban exhibidos estos calzados de segunda y tercera mano.

Principiaba a conocer de cerca al otro americano promedio, el que nunca aparece en las elaboradas ilustraciones anarcisadas que contemplamos a menudo en los anuncios y por todas partes.

Continué mi ruta directa por Fulton Street, hasta llegar a una fonda cerca de Franklyn Avenue que se llamaba Osmund Restaurant. Penetré sin ser visto hasta cerca de la parte de atrás. Cuando me vio alguien que aparentemente era el propietario, antes de yo pronunciar una sola palabra, levantó las manos en alto y, como si hubiera visto un monstruo, ordenó excitado que me sacaran para fuera lo más rápido posible. Era un tipo de pelo y bigote bien negros, como si fueran pintados. Parecía un inmigrante próspero que ahora trataba de convertirse en un americano "ciento por ciento". El empleo, anunciado en el periódico, era para "dish-washer", lavador de platos y vasijas. Este sector de la ciudad era habitado por gente pobre, blancos y negros. Dicha fonda era, como mucho, inferior en tamaño y apariencia a la vieja fonda La Cañandonga en San Juan de Puerto Rico.

A decir verdad en lugar de disgusto, sentí una profunda compasión por aquel bárbaro vestido como un cristiano. ¿Qué clase de materia encefálica tendría? La estrechez de sus horizontes subjetivos lo hacían prisionero de sí mismo. La más tenebrosa de todas la prisiones. Solamente sentí horror cuando medité que aquello mismo pudo sucederle a un alma noble como la del maestro Rafael Cordero, al heroico Antonio Maceo, al místico Rabindranath Tagore, o al honorable doctor José Celso Barbosa, si hubieran honrado aquella pocilga no ya en busca de empleo sino peor aún, como parroquianos.

Aquélla fue mi primera experiencia de discriminación brutal en el continente.

En Puerto Rico, no son tan rudas las casas bancarias, la alta finanza, los grupos semi-públicos pero exclusivos, en donde está realmente la plata grande o el viaducto para llegar a ella; aceptan a los negros retintos como sirvientes de confianza. Les otorgan medallas y diplomas de honor por su lealtad ¡Ah! y hasta lanzan una proclama en su nombre. Ese día, solemnemente todo es para él . . . excepto la verdadera masa, o como llegar hacia ella.

Y esto me recuerda aquél que decía: "Yo no quiero que me den nada en absoluto, solamente deseo que me pongan en donde hay".

La oportunidad económica en grande está aún reservada en Puerto Rico para los de tez clara o para los que logran pasar por tales . . . que es otro insulto más añadido al agravio.

En Borinquen, personas responsables y hasta en cantares épicos y románticos aseveran que no hay discriminación de razas. Esta es la más grande contribución del negro puertorriqueño a la hipocresía insular: hacerle creer al mundo exterior que en Puerto Rico no hay discriminación de razas. En Puerto Rico, se usa la diplomacia, o sea, la hipocresía refinada, palaciega . . .

¿Cuál de los dos métodos es más eficaz para los enemigos de la raza negra, el que usan en Puerto Rico o el de Norteamérica?

Este sería un tema interesante para un conferenciante tipo Voltaire o Jacinto Benavente. Pero primero sigamos mi rumbo en busca del pan de cada día, base prosaica de la espiritualidad humana.

Mi próxima parada fue en una "cafetería" que existía en la Avenida Atlantic, frente por frente del Long Island Depot o terminal de los trenes procedentes de Long Island. Aquí conseguí trabajo de lavador de platos, en limpieza general y también en mondar papas y sacar a la acera los zafacones de basura y de ceniza. Me pagaban once dólares semanales por doce horas de trabajo nocturno, de seis de la tarde hasta las seis y media de la mañana. Media hora para comer por la casa.

Se suponía que yo tendría un día libre durante la semana, pero nunca me lo dieron y no me lo pagaron extra en las tres semanas que trabajé en dicho sitio.

Las leyes obreras si existían, eran para adornar los códices: eran violadas e ignoradas sin escrúpulos por todas las agencias públicas y privadas.

Mi amigo José Melot me visitaba todas las tardes; deseaba salir conmigo en busca de trabajo.

Como yo pagaba solamente un dólar semanal de habitación, tenía la comida gratis y trabajaba toda la noche, economicé veintitrés dólares en las tres semanas que laboré allí. Tenía ya para comprar un trabajo mejor en las agencias para colocaciones.

Así lo hicimos Melot y yo. Al primer trabajo que nos enviaron fue a una fábrica de adoquines de madera. Eran metidos en creosota o alquitrán caliente para endurecerlos. Teníamos que ponerlos, aún calientes, en la palma de la mano, de cinco en cinco al cargar los carretones, para que fuese fácil para el listero contar cada tirada en los camiones.

Primero, teníamos que alimentar una sierra eléctrica con tablones, los más largos y anchos disponibles, como para hacer grandes adoquines para pavimentar calles. La sierra eléctrica se tragaba aquellos tablones como un dragón se hubiese absorbido una mariposa. Melot en un extremo del largo tablón y yo en el otro teníamos que mantener el ritmo con aquella máquina insaciable.

En una ocasión, el tablón se le zafó a Melot y le rasgó el costado. Cuando el jefe le vio las manos delicadas y sin callos a Melot, le preguntó que si él era pianista allá en su pueblo.

Estaría de más el decir que nos "rajamos"; dejamos aquel trabajo fuerte, sucio, barato, peligroso y despoblado. Nos reportamos de nuevo a la agencia que nos vendió dicho trabajo y nos mandaron a una fábrica de estopa en el pueblo de Rahway, estado de Nueva Jersey. Aquí nos quedamos por buen tiempo.

Fuimos los primeros latinos que vivimos en dicha aldea en 1917. No había plaza pública. Tomábamos fresco en la estación del tren, viendo pasar los vagones. Había un solo cine dos veces por semana.

En nuestros viajes de paseo a Brooklyn regresábamos con varios venezolanos para trabajar en esta fábrica.

Se unió a nosotros el famoso jugador de pelota boricua el "toletero", conocido por el zurdo "Yumet"—muy buena gente. También un mejicano que venía trabajando en la vía y se tropezó con nosotros, quedándose en Rahway. Me han dicho que hoy existe una nutrida y próspera colonia hispana en dicha localidad.

Teníamos baños de ducha en el trabajo y éramos bien considerados; aunque el trabajo era un poco incómodo, no era fuerte. Yo lo dejé en contra de la voluntad de los dueños porque deseaba seguir estudiando, y en aquella simpática aldea de entonces no había facilidades para estudios superiores. También tenía que encontrarme con mi hermano Jesús, que llegaba en esos días.

De nuevo en Brooklyn, trabajé en una fábrica de tipos para

maquinilla. Otro trabajo era llenando latas de un desinfectante para cementerios o sitios por el estilo. De un tonel de metal había que llenar pequeñas latas de una sustancia volátil que tan pronto se tocaba con una pala larga se levantaba un polvo que envolvía a uno, irritándole la vista y provocando las membranas mucosas a chorrear mucosidad. En vano como enmascarados nos poníamos grandes pañuelos sobre la nariz y tocábamos blandamente aquel polvo a manera de caliza, blanco y apestoso. El resultado era el mismo, un malestar irresistible; el hedor penetraba la indumentaria y el efecto era nauseabundo. Pagaban todos los días, lo que denotaba que nadie terminaba el día o se aguantaba más de un día. Era en un solar a las afueras de la ciudad y el anuncio de empleo en los periódicos estaba permanentemente.

Otro trabajo de parecida clase en donde yo me empleé fue en la ciudad de Hoboken, estado de Nueva Jersey. Laborábamos con un ácido—posiblemente con ácido clorhídrico—que mantenía una densa niebla amarillenta suspendida en la atmósfera sobre el recinto en donde trabajábamos, vestidos de goma de pies a cabeza, ya que esta sustancia perforaba la ropa y quemaba.

A los que trabajábamos allí nos decían los "canarios", porque se nos ponían amarillas las cejas y la piel. Salíamos principalmente de noche para que se notase menos nuestra amarillez.

Los caballos que usaban allí también tenían sus crines, cernejas y cascos amarillos. Aquel ácido penetraba en el pan y demás alimentos que servían en la "cafetería", dándole un sabor desagradable. Había que trabajar al aire libre a las orillas del río, que tenía la desventaja de ser congelantemente frío en invierno, cuando yo trabajé allí. Resultado que por poco me hielo tratando de ser más hombre que los demás. Me salvó un gran tubo caliente forrado con asbesto que estaba cerca y me tiré sobre él hasta que la sangre me circuló de nuevo. Una lágrima fría, para mí enigmática, corrió por mi mejilla.

Trabajos como el de una fundición en el bajo Manhattan en donde daban media hora para almorzar y en esa media hora había que bajar y subir sin ascensor como siete pisos, y trabajar en unas condiciones inhumanas. Y otros en que tenían que sacárseles las etiquetas viejas a las botellas vacías con las uñas y no con otro instrumento que pudiera guayarlas, y esta operación tenía que hacerse con agua fría—agua fría en Nueva York, es agua fría en verdad. El resultado fue que se le esponjaban a uno las yemas de los dedos y se le congelaban, despegándose las uñas, produciendo un dolor insoportable. ¡Cómo sufrirían durante la inquisición aquellos seres a los que se les arrancaban las uñas!

Estas colocaciones y otras por este estilo siempre estaban abiertas para los negros, para los puertorriqueños y para los campesinos iliteratos que acababan de arribar de las montañas europeas.

Para barrer las estaciones de los trenes subterráneos, "subways", tomé un examen visual para determinar los diferentes colores y las letras. Me tocó barrer todas las noches las estaciones: "Brooklyn Bridge", "Fulton" y "Wall Street".

El barrer no era tan penoso como las zarandajas que iban por añadidura. Por ejemplo, en las noches largas y frías, cuando el viento borrascoso se tornaba cortante, el cuarto sanitario de la estación era ocupado por una que otra vieja alcohólica. Recuerdo una envuelta en trapos pero de actitud aristocrática—manía, supongo yo, para disimular su caída—con un sombrero reñido con las últimas cien y pico de modas, aún en él una pluma estilo Robin Hood que había perdido toda su gracia hacía años. Su rostro bien blanco, ojos azules y cabellos rubios. Pero su cara mofletuda, llena de verdugones y las ventanas de su nariz y sus labios ligeramente hinchados. Ésta se sentó en la pileta del inodoro por horas y horas, semi-dormida, balbuciendo palabras incoherentes y con una botella de "hooch", bebida espirituosa barata, a su lado en el piso. Como nadie más podía usar la pileta, al quejarse al agente de la estación, éste me llamó a mí para que la sacara de allí. Por más delicadeza que yo usé, llamándola "Miss", "Miss", algo escamado, su lenguaje autoritario . . . sentada en su trono imaginario . . . Era humillante, testarudo. Opté por llamar a un policía blanco como ella, para que se encargara de sacarla. Estos casos y otros análogos se repetían con frecuencia.

El barrido de los largos andenes en las estaciones no fue problema para mí, ya que a estas alturas se habían desvanecido en mí los "pruritos" e ilusiones forjados allá en mi patria, al calor de las alabanzas generosas de mis mayores.

Regaban primero el serrín húmedo y después manipulaban aquel cepillo de tres pies de largo en un asta como si fuera automático. Mi mente no hacía falta para guiar aquella tarea fácil que culminaba en las horas de quietud, transcurridas entre cuando languidece la vida nocturna y comienza la actividad diurna.

En aquel lapso de sosiego, parecido a la hora vesperal de

Longfellow, mis pupilas coqueteaban con el sueño, pero yo las dominaba, transportándome a otro mundo, a mi mundo feliz de estudiante allá en Borinquen, y evocaba fragmentos de toda aquella poesía y prosa puertorriqueña, latinoamericana e hispánica de la que he vivido siempre enamorado.

Siempre llegaba primero en alas de mi pensamiento el poeta boricua de mi alma, el que me enseñó a amar apasionadamente a mi patria, José Gautier Benítez:

> ¡Borinquen! nombre al pensamiento grato
> como el recuerdo de un amor profundo,
> bello jardín de América el ornato,
> siendo el jardín América del mundo.

> Perla que el mar de entre su concha arranca,
> al agitar sus ondas placenteras,
> garza dormida entre la espuma blanca
> del níveo cinturón de tus riberas.

>   ﷽ ﷽ ﷽

> ¡Qué hermosa estás en las brumas
> del mar que tu playa azota,
> como una blanca gaviota
> dormida entre las espumas!

> En vano, patria, sin calma,
> muy lejos de ti, suspiro;
> yo siempre, siempre te miro
> con los ojos de mi alma;

No faltaba nunca mi poeta lírico por excelencia, aquel aguadillano, autor de "Crisálidas". José de Jesús Esteves, en su *Sinfonía Helénica;*

> El amor es la alegría;
> la ilusión de arcoirisada florescencia . . .
> Es el canto de las ninfas-esperanzas,
> en los lagos celestiales coronándose de perla.

>   ﷽ ﷽ ﷽

¡Infelices los que nunca,
por los campos que enguirnalda la Quimera,
despuntaron una lanza en holocausto
de una real o presentida Dulcinea!

❈ ❈ ❈

¡Sol eterno! ¡sol de oro!
Padre de la Primavera,
melodía de los Cielos;
halo de la Gracia Eterna . . .
¡oh amor, amor! nunca, nunca
dejes mi alma soñadora de poeta!

. . . Y aquellos dos poetas secuestrados del parnaso puertorriqueño por la política. . . voces de aliento y de combate eran aquéllas de Luis Muñoz Rivera y de José de Diego.

Luis Muñoz Rivera:

¡Ah! deja que mi espíritu repose
en la suprema soledad nocturna,
como reposa el pobre peregrino
para seguir su interminable ruta.

❈ ❈ ❈

No caeré; mas si caigo entre el estruendo
rodaré bendiciendo
la causa en que fundí mi vida entera;
vuelta siempre la faz a mi pasado.
Y, como buen soldado,
envuelto en un jirón de mi bandera.

José de Diego:

¡Ah desdichado si el dolor te abate,
si el cansancio tus miembros entumece!
Haz como el árbol seco: reverdece:
y como el germen enterrado late.

❦ ❦ ❦

Sentada y triste habrá una Quimera
sobre mi túmulo funerario . . .
Será un espíritu solitario
en larga espera, en larga espera, en larga espera . . .

Llegará un día tumultuario
y la Quimera, en el silenciario
sepulcro, erguida, lanzará un grito . . .

. . . Y aquel inspirado contemporáneo a quien la madre patria se
ha apropiado, nuestro Evaristo Ribera Chevremont:

Las hierbas florecían a su paso . . .
miel y divinidad nos dio en su vaso
pulido por sutil filosofía . . .

A todos nos curó dolores viejos.
Eran maravillosos sus consejos.
¡Y se murió de santidad un día!

También me mantenía despierto aquel jíbaro sublime, Virgilio
Dávila:

Son de fáciles pendientes sus colinas
y en sus valles de riquísimo verdor,
van cantando bellas fuentes cristalinas
como flautas que bendicen al Creador.
Primavera sus mejores atributos . . .

. . . Y el más grande de nuestros poetas por la euritmia en su
poética poligenérica, Luis Llorens Torres:

¡Somos islas! Islas verdes. Esmeraldas
en el pecho azul del mar.
Verdes islas, Archipiélago de frondas
en el mar que nos arrulla con sus ondas
y nos lame en las raíces del palmar.

❧ ❧ ❧

¡Somos viejas! O fragmentos del Atlante de Platón,
o las crestas de madrépora gigante,
o tal vez las hijas somos de un ciclón.
¡Viejas, viejas! Presenciamos la epopeya resonante de Colón.

❧ ❧ ❧

Cuando salí de Collores,
fue en una jaquita baya,
por un sendero entre mayas
arropadas de cundeamores.
Adiós, malezas y flores
de la barranca del río,
y mis noches del bohío,
y aquella apacible calma,
y los viejos de mi alma,
y los hermanitos míos.

Como una ensoñación la figura patriótica de Ramón Baldorioty
de Castro se levantaba . . . en las Cortes de Cádiz, con un criollísimo
solemne:
"Es innegable que Puerto Rico está en plena paz y no hay razón
para confiscarle sus derechos. Estas confiscaciones son contrarias a
la justicia, como lo son siempre las confiscaciones arbitrarias hechas
en nombre de la fuerza.
Andando el tiempo . . .
¡Ah! entonces yo no creo en las ventajas de un pugilato desigual
e imposible. Pero temo su desgracia, porque los pueblos son como
los individuos cuando pierden el último rayo de luz de la esperanza
o se degradan o se suicidan".
No dejaba de meditar sobre las orientaciones que nos dio el más
ilustre de nuestros exiliados, el más profundo pensador boricua, el
padre en Puerto Rico de la Confederación Antillana, Don Eugenio
María de Hostos. Yo leía y releía sus escritos sobre "El Propósito
Político de la Liga de Patriotas". Concentraba mi mente, para apli-
carla a mi vida política en Nueva York, en los párrafos siguientes:
"Por muy partidario que sea yo de la absoluta independencia de
mi patria, yo no puedo serlo más; y por muy partidarios que sean de

la anexión algunos de los que me acompañaron en la fundación de la
Liga en Nueva York, ni los que me acompañaron en la fundación de
la Liga en Nueva York, ni los anexionistas ni los independientes de
la Liga de Patriotas subordinábamos a las opiniones nuestras el porvenir de nuestra Isla.

Queríamos, como queremos, que se respetara como entidad
viviente, consciente y responsable a la sociedad viva, efectiva y positiva de que formamos parte; queríamos, como queremos, que fuese
respetada en ella la libre voluntad, que nadie puede, en la Unión
Americana, violentar sin mengua de los antecedentes históricos, de
las tradiciones políticas, de las doctrinas de gobierno y de las bases
mismas de la constitución en que descansa . . ."

Obras completas de Hostos

Pasaba ligeramente en mi recorrido mental por la América Hispana y acudía a ese vigoroso símbolo del continente, el cantor de "El
Salto del Tequendama" y de "Momotombo": José Santos Chocano:

Suena el órgano,
Suena el órgano en la iglesia solitaria,
Suena el órgano en el fondo de la noche;
y hay un chorro de sonidos melodiosos en sus flautas,
Que comienzan blandamente . . . blandamente . . .
Como pasos en alfombras, como dedos que acarician,
como sedas que arrastran.

⚜ ⚜ ⚜

¡Los caballos eran fuertes!
¡Los caballos eran ágiles!
Sus pescuezos eran finos y sus ancas
relucientes y sus cascos musicales . . .
¡Los caballos eran fuertes!
¡Los caballos eran ágiles!

No podía faltar el "Príncipe de la poesía": Rubén Darío:

¡Ay! la pobre princesa de la boca de rosa,
quiere ser golondrina, quiere ser mariposa,

tener alas ligeras, bajo el cielo volar,
ir al sol por la escala luminosa de un rayo,
saludar a los lirios con los versos de mayo,
o perderse en el viento sobre el trueno del mar.

☙ ☙ ☙

¡Oh quién fuera hipsipila que dejó la crisálida!
(La princesa está triste. La princesa está pálida.)
¡Oh visión adorada de oro, rosa y marfil!

Llegaba el poeta fino y trágico, precursor del modernismo en la
América Latina: José Asunción Silva:

Una noche, una noche
toda llena de murmullos,
de perfumes y de música de alas;
Una noche en que ardían
en la sombra nupcial y húmeda,
las luciérnagas, fantásticas.

☙ ☙ ☙

Y tu sombra,
esbelta y ágil
fina y lánguida
y mi sombra
por los rayos de la luna proyectadas,
sobre las arenas tristes
de la senda se juntaban,
y eran una,
y eran una sola sombra
y eran una sola sombra larga . . .

☙ ☙ ☙

¡Oh, las sombras enlazadas!
¡Oh, las sombras de los cuerpos
que se juntan con las sombras de las almas!
¡Oh, las sombras que se buscan
en las noches de tristeza y de lágrimas! . . .

Hasta aquel rebelde inofensivo que tanto me deleitó con su torrente de imágenes literarias y "su prosa rítmica" venía también a solazarme: José María Vargas Vila:

Un gran cisne, cisne negro, silencioso,
prisionero, en la nieve inmaculada
de algún lago limpio y terso,
semejaba en la almohada tu cabeza escultural . . .

❦ ❦ ❦

Un pichón de garza, blanca, con el pico rojo y suave,
tembloroso y agitado, como el pecho de alguna ave,
de esas aves que semejan bellas flores de la escarcha . . .

En Iberia mi pensamiento en un piélago inmenso de poemas diversos y conceptuosos, me agradaba repetir de los hermanos Serafín y Joaquín Álvarez Quintero:

Era un jardín sonriente;
era una tranquila fuente de cristal;
era, a su borde asomada,
una rosa inmaculada de un rosal.

Era un viejo jardinero
que cuidaba con esmero del vergel,
y era la rosa un tesoro
de más aquilates que el oro para él.

❦ ❦ ❦

¿A quién tu tesoro diste virginal?

❦ ❦ ❦

¿Quién te llevo de la rama,
que ni estás en tu rosal?

Pasando mi mente por estos parnasos y foros heroicos, mientras la escoba seguía barriendo casi sola, hasta que tocaba el fin de su faena, entonces yo aterrizaba de mi viaje por las regiones suprasensibles en que me había enajenado, como si no hubiese estado todo ese tiempo en contacto con el serrín húmedo, con el polvo y con la basura. Sin la facultad de la fantasía, mi vida hubiese sido tan monótona, tan enclenque que tal vez no hubiera podido resistir su peso.

¡Cómo me he burlado de la reacción, de la estrechez y estupidez social modelada en moldes viejos . . . apelando a mi imaginación . . . a mis halados sueños . . . !

La imaginación es la poesía del pensamiento . . . y ya se ha dicho más de una vez que los poetas son los profetas de todos los tiempos. Por eso en mis horas estériles, en mis contratiempos, endulzó mi ánima evocándolos.

Trabajé en un gran taller de costura como "porter", o sea, empleado para todos los usos desde limpiar, servir, cargar, etc. Pronto me familiaricé con todo el surtido de telas, cintas, botones, hilos y demás artículos para la fabricación de ropa. Aprendí a empacar, que es un oficio como otro cualquiera en las grandes industrias, también a conocer las zonas y reglas postales para llevar el correo ya todo preparado con el franqueo puesto y no tener que hacer fila en las ventanillas.

Ajustaba la correa de trasmisión en las máquinas de coser y pegaban botones de lata en los "overalls" (sobrerropa que se usa en el trabajo) para entretenerme durante la noche cuando hacía de sereno. Pero siempre seguía siendo un "porter", muy querido y de confianza, ya que tenía las llaves de la fábrica y la abría y la cerraba, pero siempre el "porter".

Me recordaba del empleado muy eficiente y honrado que fue a pedirle aumento a su jefe y éste le dijo, —No te podemos aumentar el salario, pero toma esta llave. De ahora en adelante podrás usar el mismo inodoro que los jefes—y él se fue muy agradecido; la vanidad pudo más que la razón.

Cuando renunciaba un "stock-clerk", o encargado del almacén, ponían un anuncio en el periódico y tomaban uno nuevo de la misma raza que la de los dueños y a éste tenía yo que instruirlo en el manejo apropiado de dicho almacén. Él cobraba y clasificaba como "stock-clerk" y yo seguía clasificado como "porter". Lo mismo sucedía con el "shipping-clerk" (encargado del empaque y despacho de la mercancía).

Si hubiese estado allí veinte años, cada día más hábil en el empleo, más útil, hubiese sido siempre "porter".

Decidí abandonar aquel lugar sin porvenir alguno para mí. Ya el resto de mi familia había llegado y estábamos instalados. Y a fuerza de "linimento" que me friccionaban todas las noches al acostarme, me hice un peón fornido. Opté por irme a trabajar a los muelles en donde se ganaba más dinero que de "porter" muy querido y de confianza. Deseaba seguir estudiando y tendría más gastos. Me dieron chapa para trabajar en la New York Dock Co. en Brooklyn, por la sección de Erie Basin, cubriendo los terminales de Fulton, Baltic y Atlantic Avenue. También toda la orilla del Buttermilk Channel, que se extendía 2.5 millas de largo. Esto estaba lleno de viejos muelles y grandes almacenes de ladrillo, de arquitectura holandesa.

Antes de principiar a trabajar, teníamos que limpiar la nieve de los alrededores, después de una nevada. Mientras la ciudad pagaba un dólar la hora por limpiar las calles de nieve, nosotros paleábamos la nieve a razón de cincuenta centavos la hora. Hacíamos esto porque el trabajo de nosotros era más permanente que el de limpiar las calles, que era temporero y no tenía nada que ver con los barrenderos permanentes.

Yo noté que para esta época no había unión de trabajadores para nosotros. Al menos yo nunca la vi.

Siempre había empleo allí para negros, puertorriqueños y europeos rústicos.

Por este sector que le dieron por llamar "Los Collas", se limpiaban las caderas de los barcos y se pintaban éstos.

Los pisos de los almacenes eran de tierra y cuando se humedecían con el ir y venir de los carretones, eran igual que el fango.

Las carretillas eran de un estilo bien viejo, grandotas y muy pesadas. Movíamos de adentro de estos depósitos enormes pacas de lana, que por el tiempo que tenían almacenadas estaban pegadas unas a otras hasta el extremo que había que usar una barra de hierro para despegarlas; luego era muy peligroso el mantenerlas en balance en las carretillas por su desmedido espesor y altura.

También movíamos cueros de ganado vacuno, antes de éstos ser curtidos, y los fragmentos de carne dejados en ellos, ya podridos, nos impregnaban la ropa, y como no teníamos cuartos sanitarios, ni ningún armario para cambiarnos la ropa, nos marchábamos con aquella peste encima, para disgusto de los demás pasajeros en los tranvías o "troles" como los llamamos.

Como único servicio sanitario había una casucha sobre el ángulo formado por la calle interna y el muelle. Dentro de esta casucha destartalada había una tabla puesta de filo, en forma hipotenusa, en donde había que responder a cualquier llamada de Natura, mientras a muy poca distancia los témpanos de hielo flotando chocaban y el viento frío se arremolinaba silbante y amenazador.

Un día mis zapatos estaban un poco débiles por la planta y tuvimos que remover unos barriles de "melao" que yacían almacenados por largo tiempo, y el liquido se les había filtrado. El suelo estaba tapizado de melaza, a su vez ésta estaba cubierta de polvo que la ocultaba en la penumbra del almacén, a manera de camuflaje. Pronto se formó una mercocha por todo aquel lugar y el "melao" penetró la planta de mi zapato y comenzó a extraer mi media. Ya la mitad de mi calcetín fuera del zapato, al andar, me obligaba a ir tirando hacia adelante aquel pedazo de trapo acaramelado durante el resto del día.

Allí almacenaban sacos de café de Brasil, cacao, y cachispa de coco. Algunos boricuas los enviaban a trabajar a una gran pila de carbón de piedra. No sé cómo en esa pila de carbón un puertorriqueño le dio con una pala por la cabeza a otro empleado, y nos echaron a todos los hispanos del trabajo. Con culpa y sin culpa, botaron a todos los latinos. Este resultó ser el primer "break" afortunado (oportunidad afortunada) que yo recibí en la ciudad de Nueva York, como veremos inmediatamente.

Nos fuimos todos los puertorriqueños muy contentos, cantando y pitando por todo Erie Basin hasta que salimos al Bush Terminal y al Fleet Supply Base. Este Fleet Supply Base era una extensión del Brooklyn Navy Yard. Desde esta base se equipaban la escuadra americana y las estaciones navales de los Estados Unidos de cuantos pertrechos no bélicos necesitaban.

En este día tenía un rótulo que decía, "Labor Wanted" (Se necesitan trabajadores). Aplicamos por el trabajo y todo lo que tuvimos que hacer fue pasar un examen físico que consistía en leer unas letras a larga distancia y levantar un "saco" de arena de cien libras y colocárselo al hombro. Este saco de arena era sin orejas, pelón en las extremidades. Su forro era como la tela para casas de campaña, pintada de gris. Y estaba suave, hasta resbaloso, ya que cientos de miles de trabajadores lo habían manoseado.

Podía uno irse para atrás al colocarlo en el hombro, como si dentro de él había arena corrediza. Para nosotros que veníamos de estibar, entre otras cosas sacos de café, por miles, en los muelles de la New York Dock Co., aquélla fue una operación fácil.

Mi primera labor fue con una cuadrilla, moviendo cajas de libros en el octavo piso, en donde estaba el suministro de libros. Como había escasez secretarial, la encargada de este departamento, llamada Miss O'Neill, tenía una orden de "blue-books", o guías oficiales para la marinería, atrasada por falta de quien le pusiera las direcciones para distintos barcos de guerra. Miss O'Neill se acercó a nuestro grupo de peones y preguntó quién sabía leer y escribir lo suficiente para poner dichas direcciones. Solamente yo levanté la mano.

Ella era una señora alta de pelo plateado, peinado con un moño en lo alto, a manera de una corona de argento. De un vestir y porte elegante, diríase más bien aristocrático. Lucía un "gold-badge" (placa de oro) muy apropiadamente.

Tomó su impertinente que le colgaba de una cinta negra al cuello y me miró de arriba abajo escrutadoramente, como quién dice, "Y de dónde ha salido este tipo".

Yo no amilané. Me señaló a que la siguiera y me mostró una larga mesa con los "blue-books" ya empaquetados pero faltos de la dirección. Me facilitó un crayón azul y la lista de direcciones.

Yo dominaba ya la letra de imprenta manuscrita y esmeradamente terminé la tarea. A ella le gustó tanto mi trabajo que fue a donde el jefe de mi "ganga" y le instruyó a que hiciera traer mi tarjeta de entrada y salida a su departamento y a mí que me reportara allí permanentemente.

Mi trabajo era cubrir órdenes de libros de las numerosas vitrinas organizadas en aquel gran salón, ponerle el sello de la nación a los libros nuevos y separarles las hojas. Todo muy cómodo y limpio. Había cuatro jóvenes más escogidos entre los peones para hacer todo el trabajo en esta bien surtida librería. Como había buena calefacción y todo muy nítido, vestíamos de acuerdo con el lugar, con corbata y sin traje de fatiga. Éramos peones privilegiados.

Mientras el resto de mis compañeros continuaron haciendo trabajos pesados, muchas veces pintando anclas y largas cadenas a la intemperie, ellos aparentemente se sentían complacidos con mi reconocimiento. Pero mi más grata satisfacción la sentí cuando mi padre, que había conseguido un trabajo de conserje allí, asignado al mismo piso, me descubrió sentado muy cómodamente rodeado de libros y cosas de escritorio.

De vez en cuando se acercaba con otros empleados y me señalaba con ingenuo orgullo, como quién dice, "Ése es mi hijo". El murió poco tiempo después, pero sabiendo que ya yo había principiado mis estudios de leyes en la Brooklyn Law School, sueño que el abrigó desde el momento en que yo nací. Falleció en la creencia de que su hijo llegaría a ser un gran abogado.

Mis compañeros de trabajo, todos de complexión blanca y de distintas extracciones étnicas, se encariñaron mucho conmigo hasta el punto en que un día pude sobreoír a uno de ellos, el irlandés, decirle en voz baja a los otros: "He deserves a white man's chance" (Él merece la oportunidad de un hombre blanco).

Esta frase me impresionó mucho y ha influenciado en gran manera en mi evaluación de la democracia teórica y la democracia práctica en Estados Unidos, especialmente en su aplicación al ciudadano negro, tanto en el sur como en el norte de esta nación.

A propósito de esta evaluación de los conceptos cívicos y democráticos que empezaban a barajarse en mi criterio, ya en plena adolescencia, os narraré un incidente en esta gran nación durante mi estadía aquí. Tan pronto montamos nuestra casa, un caserón viejo de madera de tres pisos en unión con toda la familia, me matriculé en la sección nocturna de Brooklyn Boys High School en Putman y Marcy Avenue. Aquí me destrozaron los créditos académicos que yo traje de Puerto Rico. La "Geografía Comercial", asignatura que yo había aprobado en Puerto Rico, no valía aquí, tampoco los cuatro años de "Manual Training y Mechanical Drawing". De mis cuatro años en español certificados por Don Enrique Bustamante, sólo me acreditaron dos años. El "Gobierno Civil" no se enseñaba conjuntamente con la "Historia de los Estados Unidos", como en Puerto Rico.

Yo acepté repetir el "Civil Government" como asignatura sola entre otras para acumular los puntos suficientes para los regentes (comisión que determina los puntos académico necesarios para continuar los estudios de una profesión, en mi caso la de abogado).

Saqué ciento por ciento en el examen; yo vi mi papel ya corregido. Pero aquí viene el acontecimiento funesto. No aparece mi nota el día de entregarlas. El maestro me dice que fuera a ver al principal de la escuela. El principal me dice que vuelva a ver a mi maestro. De este modo me tuvieron yendo y viniendo hasta que ya la mofa y el cinismo se hacían palpables, innegables, profundamente punzantes. Defraudar deliberadamente a un joven trabajador en sus anhelos por superarse y burlarse con desvergüenza crasa del esfuerzo de un estudiante nocturno en la flor de su pubertad es sadismo, la más completa depravación del espíritu.

Yo no pude llegar a ninguna otra conclusión sino a la que había visto de cuerpo entero. Por primera vez en mi vida yo no tenía ante mí un camino de rosas, ni de espinas, sino de obstáculos deliberadamente colocados en condición desigual por mi "hermano", el hombre blanco y consciente norteamericano.

Ahora no se trataba de un inmigrante pusilánime y confundido como aquél de la fonda Osmund en Fulton Street. En esta ocasión contemplaba a un maestro—sagrada misión—y a un principal de escuela superior *in fraganti*, escupiendo a su propia conciencia. ¿Tenían conciencia, mancillando la sagrada misión del magisterio, de llevar luz y esperanza a las tinieblas?

¡Nunca me sentí tan orgulloso de la sangre negra que corre por mis venas! Lo más inspirador, lo más simbólico que existe en la historia bíblica del Nazareno fue su vía crucis.

Si queréis que un hombre—dije un hombre, no un eunuco—sienta emancipación, erigir ante él un calvario—y hablo en el sentido cívico aunque la locución sea religiosa.

Me di exacta cuenta en dónde estaba yo parado y qué camino cívico debía yo seguir. Yo estaba seguro de que en la cuna de Tomás Jefferson y de Abraham Lincoln tenía que haber muchos más hombres de buenos sentimientos.

Yo tenía y tengo fe en la especie humana.

Aunque en el sagrario que lleva toda persona es su pecho, en donde guardamos nuestras ideas y cosas dignas de veneración, la estatua de la libertad como que se me transfiguró, y aquellos hombres crueles que había contemplado contrastaban con aquellos misioneros de semblante místico y lleno de ternura que dejé en mi suelo natal, no perdí la confianza en el devenir histórico reservado a la humanidad. Se vigorizó en mí el ánimo para la lucha cívica. Sentí un intenso afecto por todas las minorías oprimidas como yo. También por el feminismo. Y se acentuó en mí el sentimiento anticolonialista, ya despertado en mi por Don José de Diego.

Ya en el periódico "The World" (El Mundo) que usé en la búsqueda de empleo, me había familiarizado con el liberal "Heywood Broun" en su columna diaria, "It Seems To Me" (Me parece a mí). Traté de leer a los escritores progresistas más conocidos en la

nación, entre ellos, a Thomas Paine, Wheatley, Mencken, Hardeman
Julious, Wendell Phillips, Frederick Douglas, Upton Sinclair, Walt
Whitman, Mark Twain, Sinclair Lewis, Theodore Dreiser, Eugene
Debs y Jack London.

Políticamente me decidí por la posición más difícil de mantener
en la estructura socio-política de la nación. Opté por ser un liberal
auténtico. Un liberal auténtico es como el jamón dentro de un
emparedado, "sandwich"; está presionado por los dos lados. Las
derechas le temen, lo persiguen, lo anatematizan. Tratan de anularlo
por todos los medios, incluyendo la calumnia y la intolerancia como
armas mortíferas. Las izquierdas no confían en él, por la sencilla
razón de que los traidores más persistentes y tiránicos son por regla
reclutados en el campo del liberalismo.

El liberal siempre está en dos aguas y es difícil saber qué rumbo
lleva. En las derechas hay mucho dinero, poder latente, influencia.
Las izquierdas tienen su respaldo monolítico, fraternal. El liberal
tiene que hacerse su propio ambiente. No tiene programa definido.
Cambia de acuerdo con las circunstancias. Pero si el liberal es auténtico, genuino, nunca puede ser oportunista ni pancista. Sus cambios
serán siempre honorables, tácticos, dialécticos.

Yo creí y sigo creyendo que en nuestro medio ambiente la lucha
más eficaz para la emancipación en todos los órdenes se ejerce prac-
ticando, sin debilidades sobornarias y siempre inclinado hacia la
izquierda, que es en donde está la evolución progresiva, el futuro
innovador, albas . . . creación . . .

En el centro está el *status quo*, el conformismo enervante y cómplice: en los tiempos del Imperio Romano conforme con el débil
Luis XVI y la caprichosa María Antonieta; durante la Revolución
Americana conforme con los "Tories", con los "witch hunters"
(perseguidores de brujas) y siempre con los esclavistas.

En las extremas derechas están petrificados la reacción, la
intolerancia, la persecución, el chauvinismo, o sea, la corrupción del
patriotismo, el oportunismo opíparo, el patriotismo a sueldo, ocioso,
pervertido, parasitario.

El liberal camina casi siempre antagonizado por sus propios
amigos, sin gloria, sin admiradores que lo inspiren, pero con la satisfacción de ver cada día triunfar sus tácticas, sus razonamientos,
sus anticipadas conclusiones.

La reacción política-social por su naturaleza atávica, sentimental, atada al poste de tradiciones cursis, sofisticadas, confusionistas, amamantada y defendida por todos los medios por los usurpadores del poder público, tiene que ser conquistada y transformada, usando sus mismas tácticas aparentemente moderadas, atractivas, persistentes, si es que vamos a actuar fuera de la violencia, que en tal caso es otra fase de la política.

Por eso el liberalismo sincero—eso sí, tiene que ser sincero—es el arma más apropiada, la carta de triunfos dentro de la simulación de la democracia que vivimos hoy.

Por mis compañeros de trabajo en el Fleet Supply Base conocí el seminario "The Chief" (el jefe, el mayor, el principal, la primera) publicación dedicada a dar toda la información sobre los exámenes municipales, estatales y federales. En este periódico vi la fecha para los próximos exámenes para trabajar en el correo.

Invité a un ex-profesor del Colegio de Agricultura de Mayagüez, para ese entonces estudiando para perito mercantil, que vivía en mi casa, de nombre José Gallart, a tomar dicho examen. Fuimos y por poco no damos la talla requerida de cinco pies con cinco pulgadas. Los demás eran unos grandotes.

Entregamos los papeles más de media hora antes del tiempo asignado y los americanos continentales creyeron que nosotros los "Cubans", habíamos encontrado el examen tan fuerte que lo habíamos abandonado.

Con mil perdones por mi falta de modestia, tengo que hacer unas manifestaciones que aunque se me tilde de pedantería, trae a colación un punto de vital importancia en la insistencia de algunos renegados al efecto de que debemos olvidar el español y concentrarnos en el inglés si queremos triunfar en este país.

Pues bien, yo siempre fui un mal estudiante del inglés en Puerto Rico. Viví, y aún vivo, loco enamorado de mi lenguaje autóctono.

Me atrevía a pregonar en plena escuela que aprendía el inglés como un oficio para vivir de él, pero que el idioma de mi alma era el español, con todo el respeto y agradecimiento que me merecen Shakespeare, Dickens, Coleridge, Tennyson, Kipling, Longfellow, Emerson, Washington Irving, Whitman, Mark Twain, el macabro Edgar Allan Poe y muchos otros geniales escritores del idioma inglés que me han deleitado grandemente.

Pues este mal bilingüista, en aquel examen para "clerk" del correo-oficial, secretario, dependiente-tomado en Brooklyn, obtuvo una nota más alta que el ex-profesor de Colegio de Agricultura de Mayagüez y que muchos de los continentales que tomaron el mismo examen, según la lista expuesta después de la prueba.

Seguí hablando el español en mi hogar a mis hijos que aprendían el inglés en la escuela, en la calle, en los periódicos, en el cine. Y siempre predominaron las danzas, las plenas y los sones de mi tierra en mis fiestas, sin faltar las declamaciones de los mejores poetas de nuestra raza.

Así conviví allí treinta años, bailando también mi juventud con americanas a las que les deleitaba oír mi inglés con acento extranjero. Cultivé numerosas amistades continentales que aún conservo y regresé a mi suelo natal con un record brillante como empleado federal.

Ya trabajando permanentemente en el correo de Brooklyn, me dediqué a organizar políticamente la colonia puertorriqueña. Todavía no había pasado la ley Hatch, que le prohíbe a los empleados federales hacer política activa, amordazado de este modo un gran número de ciudadanos americanos que por su preparación mayor y mejor que la del hombre promedio puede sacar a las masas dentro de la opinión pública de su embabiamiento político y derramarle el caldo a las fuerzas plutócratas y oligárquicas que se nutren de su ignorancia sensible e impresionable.

Pero antes de entrar en la narración de mi política activa, deseo hacer mención de algunas características que le daban colorido a la vida de nuestro conglomerado.

El carácter peculiar de nuestra emigración hacia "los neuyores" hacía que los hombres precederíamos a las mujeres hasta abrirnos campo aquí.

Durante los primeros años habíamos muchos más hombres que mujeres, y en las primeras fiestas sabatinas o dominicales, muchas veces teníamos que bailar hombre con hombre. A mí me enseñó a bailar un mayagüezano, que era mi "pareja" favorita, y no era lo que usted está pensando.

Una mujer de cuarenta y ocho o cincuenta años era porfiada para bailar por adolescentes alrededor de los veinte años. A menudo se oían diálogos por el estilo: anoche se casó Pedrito. ¿Con quién? Con Doña Josefa.

Muchas mujeres que por circunstancias adversas fueron lanzadas al lupanar allá en la isla, se casaron aquí y formaron hogares honrados y respetuosos. Por cierto, conocí a algunas que además de ser muy respetuosas fueron muy patriotas y se destacaron por su desprendimiento y nobles inquietudes por todo lo boricua.

En nuestros primeros círculos cívicos desligados de toda mojigatería, estas mujeres eran miradas con orgullo y hasta homenajeadas. ¡Había que verlas haciendo una colecta, vendiendo boletos o frente a una cantina a beneficio de una causa altruista o patriótica!

Durante la primera guerra mundial, nosotros para darle rienda suelta a la juventud asistíamos a los bailes públicos que se efectuaban por las instituciones religiosas y benéficas en Dexter Park, Olma Park y en las calles cerradas con sogas ("block-party").

También había muchos "rent parties": a los negros y a los puertorriqueños, cuando deseaban vivir en una casa en un vecindario un poco decente les subían la renta al doble de lo que pagaba un blanco y éstos se veían obligados a dar todos los meses un "rent-party", o sea, un bailecito para ayudar a pagar la renta. Invitaban amigas, buenas y tomadoras que hiciera gastar a uno el dinero.

En todos estos bailes—en las aceras de los "block-parties"— vendían "pig-feet" (patas de cerdo) con ensalada de papas y ron cañita "corn-whisky" (whisky de maíz) o "gin" (ginebra). Para esta época se bailaba con una pianola, o sea, piano a pedal o con un pianista de música popular. Los licores se servían por la izquierda, ya que estábamos en plena prohibición, y como era natural, de muy mala calidad. El vulgo les llamaba "moonshine", porque se elaboraban clandestinamente a la luz de la luna, "home brew" a la cerveza fermentada en la casa. A las tabernas clandestinas les llamaban "speak easy", o sea, "hable-suave".

Los Estados Unidos es el país de las prohibiciones y en donde todo se hace impunemente. Las prohibiciones en nuestras cacareadas democracias, que en gran parte se nutren del vicio, lo que logran hacer es aumentar el precio de la prostitución y de toda la mercancía, para mayor lucro y protección de los magnates del vicio que por lo general lucen como personas honorables en nuestra comunidad.

Mientras corría la sangre de nuestros hermanos por las campiñas de Europa, en defensa de la democracia, la cerveza y el licor corría por las calles y cunetas de las grandes ciudades.

Nosotros en plena juventud buscamos también la atracción misteriosa de lo prohibido y estuvimos a punto de convertirnos en borrachones consuetudinarios halagados por la frivolidad del "Shimmy" (baile temblando en particular las caderas) del "black-botton" y del

Charleston, todos bailes con figuras y contorciones de aquella época. En estos contactos con el ciudadano promedio aprendía yo a hablar "americano". Por ejemplo: Después de una pieza de baile, una chica con quien yo bailé me dijo esta: "Ain't you going to blow me up?", yo le dije, "What?" Yo no podía creer que esta muchacha deseaba que yo la "soplara", ya que ninguno de los dos teníamos abanico ni nada que se pareciera. Llamé a uno de los compañeros americanos que me habían llevado al baile y él me explicó que eso quería decir que si yo no le iba a obsequiar algo; también me extrañó su manera de pedir.

Después oí la frase: "Stop chewing the rag here", y yo no veía a nadie masticando ningún trapo allí. Aprendí que eso quería decir que no querrían tertulias allí. También para evitar vagos en su lugar decía un rótulo: "If you got nothing to do, don't do it here" (Si no tiene nada que hacer, no lo haga aquí).

De este modo me fui entendiendo mejor con el americano común tanto en la calle como en mi trabajo. Conocí sus maneras y modales, sus chistes y temperamento. Descubrí que había muchas personas buenas, educadas, comprensivas, heroicas y hospitalarias entre ellos, pero que en las grandes ciudades de la humanidad, tienen por obligación mucha cautela y prejuicios. Colectivamente hablando, no son rencorosos. Son unos grandes niños: "big boys". Son buena gente cuando no están bajo la influencia de la prensa amarilla y de los fanáticos y patriotas profesionales que los embaucan y encienden en ellos el fuego de su arrogancia.

Huelga decir que en el corazón de las grandes universidades y en los círculos intelectuales existen muchos hombres y mujeres de pensar profundo, libre, magnánimo, antorchas del progreso, de la civilización y de la justicia social para todos los hombres y para todos los pueblos.

Lástima que estas nobles criaturas no estén siempre a la vuelta de la esquina en donde prevalece el "americano feo" ("The Ugly American"). Y era aquí en la calle, en el trabajo, en los sitios públicos en donde yo tenía que estar en continuo contacto con el americano promedio. Así conocí mejor sus verdaderos sentimientos de acuerdo con el origen de su raza, por sus nombres y peculiaridades.

Pronto me di cuenta de que su preparación académica—y hablo del hombre promedio—era muy superficial con muy raras excepciones. Eran muy buenos mecánicos y artesanos. Los oficios los manejaban con maestría y también eran muy laboriosos y muy buenos atletas.

Habían aprendido bien lo suficiente para ganarse el pan de cada día y vivir holgadamente, deportivamente con sus familiares. Hábiles operarios o mecanógrafos, pero no estaban interesados en ahondar en la historia topográfica o socio-política de los pueblos, ni de su mismo pueblo. Defienden con tesón su derecho a trabajar tranquilos y a vivir bien con su familia; son muy celosos de sus derechos civiles. Pero desconocen dónde y cómo viven los otros pueblos del orbe; se conforman con conocer bien los deportes y los personajes de las cintas cómicas en los periódicos, revistas y pasquines.

En pleno correo, entre los clericales, yo les decía que yo hablaba más de veinte idiomas—el mejicano, el venezolano, el argentino, el peruano, etc.—y para sorpresa mía lo creían, al menos en aquella época.

Cívicamente el ciudadano americano por su tradición profundamente democrática y por el origen político y religioso de sus antecesores está muy adelanto e intuitivamente defiende sus derechos cuando se los oprimen. Pero muchas veces son un instrumento de una prensa amarilla en manos de fascistas con gorros frigios, que monopolizan el patriotismo y lo tornan en un pregón empalagoso e inquisitorial, base de la intolerancia y de la persecución en contra de todo lo foráneo, de todo lo que no marque el paso con su *status quo*.

Esta corrupción del patriotismo degenera en el vicio de un chauvinismo arrogante idiota y fantoche. De aquí que cuando uno hablaba con nostalgia de su suelo natal y elogiaba su belleza con entusiasmo, solía oír el exabrupto de alguien que en broma y en serio le insinuaba, "Y porque no se va usted para allá de donde vino". En mi caso muchas veces yo les contestaba también en broma y en serio, "Tan pronto se vengan para acá sus paisanos que tienen en mi país las mejores colocaciones, las oportunidades predilectas y los más frescos y pintorescos sitios residenciales, inmediatamente yo me marcharé para allá". Se quedaban sin habla.

La raza con que más ligero convivimos los boricuas en la formación original de nuestra colonia, por la naturaleza de sus múltiples negocios y por ser un conglomerado también perseguido y discriminado como nosotros, fue con los hebreos o judíos. Se ha dicho antes que ahora que, "Detrás de cada judío prominente en los Estados Unidos, hay unas tijeras". Quiere decir esto que a fuerza de trabajar en costuras, el mayor número de los hebreos han educado bien a sus hijos hasta hacerlos descollar en sus profesiones. Desde el pequeño chinchal de ropa, hasta en las altas esferas de la industria de la aguja, el judío en la ciudad de Nueva York predomina. De aquí que el contacto de nuestra raza con el hebreo ha sido muy frecuente. Naturalmente que ha habido otras muchas corrientes de atracción.

Los primeros hebreos que conocimos fueron los que pedían o compraban ropa vieja y de casa en casa, así muchos llegaron a ser ricos. A un traje viejo le sacaban los hilos del ruedo o de las costuras y lo calaban perfectamente. Si tenía algún roto o quemadura de cigarrillo, le ponían un nuevo juego de botones y un forro de seda tornasol, lo planchaban magistralmente y no tenía nada de particular el que se lo vendieran a usted mismo de nuevo.

El primer hebreo que se adentró en la vida boricua por su carácter bonachón, tanto en él como en toda su familia, fue Himan Makosky. Desde todos los puntos de la gran urbe íbamos a su pequeña tienda de ropa, en la Ciento Dos y Segunda Avenida. Nos fiaba ropa con o sin pronto pago. Todo lo que teníamos que hacer era establecer con él nuestro buen crédito.

Pero deseo seguir interesado en la vida del puertorriqueño del montón anónimo que sin pretensiones de clase alguna le dio personalidad y cimentó la colonia boricua en Nueva York, contra viento y marea.

Comienza la formación de la colonia puertorriqueña

La primera parte de mi larga familia llegaba de un momento a otro; la fianza para el piso y la compra de algunos muebles en sabe Dios qué mano nos dejó a mi hermano Jesús y a mí sin el dinero para los depósitos de la luz y del gas. Fuimos a donde Makosky y mi hermano y yo nos medíamos dos de los mejores trajes, y sin pago pronto salíamos de allí con ellos, y sin quitarles siquiera los sellos de fábrica, los metíamos en la casa de empeño. De este modo pusimos los depósitos para la luz y el agua.

Años después, pagando los intereses cada año, cuando por fin pudimos "estrenar" los trajes, no sabíamos ni de qué color eran para comprar las corbatas y los calcetines que hicieran juego—hasta que no los vimos bien de nuevo.

Éramos todavía pocos, pero estábamos bien unidos. Casi siempre nos reunimos las mismas caras en los velorios, en las veladas lírico-literarias y en las fiestecitas familiares, por cierto aún muy ordenadas y cultas.

Esta vez la fiesta fue en el hogar de la señora Anita Manzano, una buena puertorriqueña casada con un curazaleño, también un caballero. Anita Manzano como toda su familia se sentía siempre muy orgullosa de todo lo que le diera lustre y realce a Puerto Rico. En sus celebraciones familiares se recitaban buenas poesías y se ejecutaban piezas semi-clásicas primero y después sin azoro o idea única bailábamos alegremente.

Pero como la gran mayoría nos surtimos de Makosky. En esta ocasión había llegado un gran lote de unos trajes atabacados, muy bonitos, y todos fuimos atraídos por ellos. Cuando fuimos llegando a la fiesta, parecía que estábamos uniformados, casi todos luciendo los trajes del mismo lote de la tienda del bueno de Makosky.

Todos nos recortábamos en la misma barbería. La primera barbería fue la del maestro Armando en Prince Street, y luego la de Pepito Candelario, el cuñado de Juanito Sanabria, nuestro gran guitarrista y director de orquesta.

La primera fonda en Brooklyn fue la de Yayo, también en Prince Street, y la fonda del Chino en Harlem.

Casi siempre que asistía a la barbería de Pepito Candelario por las mañanas sentía golpes en metal en su patio. Un día la curiosidad me movió a preguntarle en qué consistía dicho martilleo. Pepito me contestó que eso eran los "fequeros". Insistí en que me explicara mejor. Yo conocía ya algunos "fequeros", pero desconocía como en realidad manipulaban. "Fequero" viene de la palabra en inglés "fake", que en español uno de sus significados quiere decir inventar falsedades. Exactamente esto era lo que hacían los "fequeros". Compraban en el Bowery unos anillos de cobre a montón por un dólar. Ellos tenían un marcador de acero que leía catorce quilates, y esto era lo que hacían en el patio de la barbería: marcar los anillos de cobre catorce quilates (14 K).

Después se disfrazaban de marinos mercantes, con ropa de fatiga y grasosos, fingían que el barco los había dejado en tierra sin más recursos que su anillo de bodas y tenían que pasar por el enorme dolor de desprenderse de él. Como eran anillos gruesos, marcados (14K), que ellos mantenían bien lustrados con un pañito de bayeta impregnado en alguna substancia, llenaban el ojo. Pedían por uno de ellos una cantidad alta y lo rebajan de precio dos y tres veces hasta dejarlo en varios dólares. "Una ganga" diría para su capote la víctima. En la tarde, estos farsantes se cambiaban de traje, y usted podía verlos todos unos caballeros sentados en las mejores butacas en los deportes y en toda clase de espectáculos de diversión.

Sujetos con diversas tendencias

La gran mayoría de los primeros boricuas que llegamos a Nueva York vinimos con la idea de superarnos por medio del trabajo honrado y del estudio. Pero también vinieron algunos cuyo solo pensamiento era vivir a la brava, trabajar lo menos posible, si trabajaban, y familiarizarse con los "rackets" (forma de conseguir algo ilegalmente) en la gran ciudad. Que dígase de paso había muchos "rackets" y cada conglomerado étnico tenía un control absoluto sobre uno o varios de ellos. El "racket" de las uniones patronales, el "racket" de la venta de aves o gallinas ("poultry racket"), el "racket" de la venta de solares pantanosos, el "racket" de la trata de blancas ("white slavery"), de contrabando, de narcóticos, de bebidas clandestinas, etc., etc., etc., y otros muchos vimos de menor cuantía perpetrados de una manera organizada.

Algunos de nuestros paisanos que nos acompañaron eran personas que no debían nada ni a nadie o que les importaba un comino su reputación o el "qué dirán". Vinieron a los "newyores" a salir bien. Entre éstos había algunos semi-intelectuales, los más cobardes y peligrosos porque eran el "enemigo querido" entre nosotros. Alababan nuestro propio idioma, conocían nuestras costumbres y debilidades y explotaban cínicamente el patriotismo y las tradiciones de nuestra raza. Hablaremos más de ellos próximamente.

Pero también había entre ellos hombres de almas tomadas, que estuvieron siempre dispuestos a jugarse la vida y plantaron bandera entre los más temibles caracteres de esta gran ciudad. Estas personas, de vida indeseable, tuvieron siempre algo muy peculiar, para mi concepto una gran virtud; sin importarles de qué color, creado político o religioso que aquello fuese. Adoraban a Puerto Rico apasionadamente, con reverencia. Contribuían liberalmente con todo lo que fuese puertorriqueño y veneraban a los hombres ilustres de nuestra tierra natal.

Sin la acometividad y el valor arriesgado de estos puertorriqueños, el resto de la colonia, principalmente nuestras madres, hijas y hermanos, los niños y los ancianos no hubieran podido sobrevivir la vida casi selvática de los barrios pobres en donde estábamos obligados a vivir los primeros boricuas que llegamos aquí.

Hicieron respetar nuestras primeras instituciones que ya principiaban a invadir la vida política, social y económica de la comunidad, y como era natural, surgió la rivalidad.

He aquí el por qué nuestros primeros profesionales y hombres prominentes que buscaban mayor agarre, tanto en esta ciudad como allá en Puerto Rico, se apoyaban en esta gente que con su dinero ilegal, con el puño y muchas veces con sus pistolas conseguían favores y distinciones que eran difíciles de conseguir honradamente.

Tenga siempre en cuenta que para esta época Tammany Hall dominaba todos los departamentos de la ciudad y dejaba sentir su peso e influencia en la nación. Hubiese sido yo un insensato más que Quijote, si hubiese aconsejado a aquel pequeño conglomerado de compueblanos advenedizos a nadar en contra de aquella corriente arrolladora. Al mismo tiempo tenía ya conciencia absoluta del mal prevaleciente y de sus repercusiones en la sociedad y en todos nosotros los puertorriqueños.

Ya he tratado este aspecto político-social antes y abundaré sobre él más adelante.

Todavía nuestro inmenso Rafael Hernández no había compuesto "Canta Pajarito", ni "Capullito de Alelí"; no había integrado su famoso "Trío Borinquen" con Ithier y Mesa. Tampoco había presentado a Davilita.

El gran clarinetista boricua Eligió y los prominentes músicos puertorriqueños Paco Tizol, Manolo Tizol Jr., Augusto Cohen y Simón Madera ambulaban por las calles de Washington y Nueva York. Aún Broadway no había descubierto a Yeyo Lagua. Pedro Flores no había compuesto "Sin Bandera". Ni Manolo Jiménez, el Canario había impreso sus primeras plenas y sones con José Vilar, Angelito y el acordeón de Mateo, el de Sands Street.

Rafael Hernández andaba con un violín viejo debajo del brazo por las calles de Brooklyn, por Union, Degraw etc. y con algunos aspirantes a músicos, entre los cuales estaba mi hermano Jesús Colón, con su mandolina bohemia. Tocaban hasta por cinco pesos o muchas veces transaban por un asopao de bacalao y medio galón de pitorro.

Comenzamos a invadir el primer distrito electoral de Brooklyn;

habíamos conseguido trabajo en las fábricas y establecimientos ubicados allí. En el Navy Yard, la American Safety Razor que principiaba su negocio con los boricuas en un caserón viejo en la esquina de Jey y Johnson Street, y hoy que ha progresado por toda una cuadra y modernizada, apenas colocaba nuevos puertorriqueños; más bien existen los antiguos que no se han muerto aún: la Refinería de Azúcar, "La Kirkman Soap", la fábrica de chocolate un poco más abajo por Flushing Ave., el Hotel San George, el Laundry de Pearl Street, el correo y más tarde El Brillo. En todos estos sitios ya se habían colocado nuestros paisanos y habíamos conseguido algunas casas aunque viejas también, pero un poco más desahogadas.

Centros de entretenimientos

Todavía no existían en el primer distrito los teatros Metropolitan, Albee, Fox, ni el Paramount. Cuando queríamos conocer mejor el talento artístico sin ir a Broadway, asistíamos al Orpheum o el Strand y a la Academia de Música, que estaban por Fulton Street y La Fayette Ave., cerca de Raymond y Nevins Street. La Academia de Música, donde vi yo al tenor ponceño Antonio Paoli en "Otelo", ya estaba en decadencia.

En el Orpheum y en el Strand se podían ver a Eddy Cantor, Al Johnson en su "Mammy", a Bill "Buyangas" Robinson, el as del zapateo; a George Jersey; Sophie Tucker y al famoso mímico Berg Williams, autor de "Everybody Wants the Key to my Cellar" (Todos quieren la llave para mi sótano). Allí en el sótano se escondían las bebidas durante la Prohibición; también compuso "When I Get to No Man's Land, I Don't Want to Bother with No Mule" (Cuando llegue a la tierra de nadie, yo no quiero molestarme con ninguna mula).

También vimos al pianista Vicente López y a Paul Whiteman, en el Leows Bijou, localizado en la esquina de las Calles Smith y Livingston. Se podían disfrutar de operetas y opera baratas, a estilo de las que se representan en el viejo Hippodrome en Manhattan.

Existían el Leows Melba, antes Keeneys, el Duffield y varios "meaítos" regados por Myrtle y DeKalb Avenues y Willoughby y Sand Streets. Había un teatro burlesco en Jay Street, el Star, perseguido por sus inmoralidades. A sus desnudos vulgares, sin arte ni estética, añadía ademanes demasiado realistas. Durante los intermedios vendían postales obscenas, literatura y figuritas pornográficas.

Este primer distrito electoral en Brooklyn era el mayor emporio comercial, el centro teatral de más auge, el foco de mayor incremento cívico y político en todo el Condado de Kings. En Borough-Hall estaba la encrucijada más importante del tránsito y orientación en esta complicada y extensa comunidad. También estaba ubicado el Jefferson Hall, o sea, los cuarteles generales del Partido Demócrata en Brooklyn que para este período era el baluarte demócrata que más votos emitía en el norte de la nación. Había solamente quince republicanos en todo el primer distrito electoral cuando los puertorriqueños principiamos a tener personalidad sólida como colonia. Constituíamos los primeros hogares, trayendo el resto de nuestros familiares desde la isla. Aumentaban los pequeños negocios y chinchales de cigarros. Se multiplicaban las casas para hospedajes. Y hasta teníamos ya la primera imprenta, la que jugó, como veremos más adelante, un papel muy importante en nuestra vida político-social.

Los primeros centros sociales

Desde los tiempos de España, exilados borinqueños se reunían en grupos de ilustres boricuas en la ciudad de Nueva York para tratar de asuntos concernientes a su suelo natal. En reunión verificada el 2 de agosto de 1898 en aquella ciudad, quedó disuelta la Sección de Puerto Rico del Partido Revolucionario Cubano. Entre los concurrentes estaba Eugenio María de Hostos. Y en el acta que se levantó constan manifestaciones suyas, encareciéndoles que se unieran para obtener de los poderes de Washington, por todos los medios pacíficos a su alcance, el mejor partido posible para Puerto Rico. En ese acto quedó constituido el primer núcleo de la Liga de Patriotas, con Eugenio María de Hostos como presidente y Roberto H. Todd como secretario.

El doctor Henna, residente en Nueva York, redactó en inglés un mensaje al presidente de los Estados Unidos, enmendado por sus compañeros Hostos y Zeno Gandía, con la petición de derechos y de gobierno civil, de concesiones económicas y de reformas y de establecimientos de enseñanzas. (Del artículo "Hostos y La Liga de Patriotas" por Eugenio Astol en *Puerto Rico Ilustrado*, San Juan de Puerto Rico, 14 de enero de 1939).

Y más tarde durante la dominación de los Estados Unidos, se reunían en las primeras barberías hispanas, en sus hogares, en los chinchales de tabaqueros, principalmente en la parte alta del este de Manhattan, en la primera redacción de *La Prensa*, cuando ésta estaba en el segundo piso de la casa número veinticuatro de la Calle Stone y se publicaba mitad español y mitad portugués, de estas últimas reuniones nos hablaba con autoridad el antiguo residente de Nueva York y muy buen compatriota Don Domingo Collazo. Existió hasta un club social para jugar cartas, dominó, etc., formado por puertorriqueños humildes, vecinos de "La Avenida", como le llamaban a "Myrtle Avenue" en las cercanías de Flatbush Extension, Gold, Prince, Fleet Place y Hudson Avenue hasta Sand Street. Yo diría, el antiguo territorio de Candelario Andino, arias "El Sullivan" o "Charles Brown". Carlos Tapia era el brazo fuerte por la zona de Columbia Street.

También se fundaron varias sociedades fraternales que preferían estar alejadas del fragor político o de las luchas cívicas. La más vieja y estable es La Razón Inc., organizada en el año mil novecientos uno (1901) e incorporada en el año mil novecientos ocho (1908). No eran todos puertorriqueños; predominaban los hispanos no boricuas.

The Porto Rican Democratic Club Inc. y "El Caribe"

Pero, la primera organización genuinamente boricua con personalidad jurídica, o sea, incorporada de acuerdo con las leyes del estado de Nueva York, fue el Porto Rican Democratic Club Inc. (PRDCI). Esta institución, a pesar de su nombre, por todo y sobre todo fue más bien una organización cívica, netamente puertorriqueña, de un carácter cultural y combativo. Llegó a tener más de mil quinientos miembros y más de mil quinientos dólares en el banco. Pagaba sus obligaciones por medio de cheques y pagó ciento quince dólares de renta, en aquellos tiempos, por dos amplios pisos en la esquina de Washington y Sand Street, en donde además de cantina tenía un cómodo escenario y salón para asambleas y veladas lírico-literarias en uno de los pisos, y en el otro dos mesas de billares, una para carambolas y la otra para "pool".

Envió comisiones a Washington, D.C., al entonces Comité de Asuntos Insulares, en demanda de la solución a problemas de interés colectivo para Puerto Rico. Mantenía correspondencia con nuestros paisanos en California y en el Hawaii y editó el primer semanario en el idioma español fundado en Brooklyn, "El Caribe".

También salvó de la silla eléctrica al puertorriqueño Julio Rodríguez, quien mató al dueño de una barbería en un caso por prejuicios de raza. Tuve la experiencia inolvidable de hablar por primera vez con este puertorriqueño a través de una tela metálica en la antigua prisión de "Las Tumbas" en el bajo Manhattan, en calidad de reportero para "El Caribe".

El Porto Rican Democratic Club Inc. fue iniciado el día cuatro del mes de junio del año mil novecientos veintidós (1922) en una reunión en la barbería del maestro Armando Ramírez, de Mayagüez. A esta reunión asistieron alrededor de veinticinco puertorriqueños. Entre los fundadores más activos de esta organización estaban Bonifacio Avilés, Armando Ramírez, Ricardo Portela, José Meléndez, Alfredo Ferrer, Hipólito Pérez, Carlos Cabrera, Angel el Gallego, José Peña y su primer presidente Luis Magín de Castro.

Para esta época también se unieron a los puertorriqueños ya residentes en Brooklyn muchos "soldados industriales", como le llamaron a los expedicionarios de la Primera Guerra Mundial que habían salido de Puerto Rico en transportes de guerra hacia la parte sur de la nación en los años 1917 y 1918, respondiendo a una llamada del gobierno de los Estados Unidos para trabajar en las industrias de guerra.

Ningún conglomerado de ciudadanos americanos ha sido tan mal compensado, tan ignorado, tan sufrido y abandonado a su suerte como aquellos héroes anónimos, muchos de ellos se enfermaron y murieron lejos de sus seres queridos. ¡Ah! Les faltó cabilderos bien organizados e influyentes. Éstas son ironías en nuestra democracia.

Trampeando o quién sabe cómo, llegaron a Brooklyn, muchos de ellos maltrechos, macilentos, desamparados. En el Porto Rican Democratic Club Inc., encontraron manos amigas que los acogieron fraternalmente.

El Porto Rican Democratic Club Inc. fue incorporado en el año mil novecientos veintitrés (1923), usando como su primer local para asambleas los salones del Seawanhaka Club, organización regular demócrata del primer distrito asambleísta, ubicado en el número ciento tres de la Calle Concord, gracias al compueblano Carlos Cabrera Canales, quién vivía al frente y se comunicaba por señas, porque no hablaba ni papa de inglés. Consiguió que nos dejaran reunir en dicho local.

El reglamento de El Porto Rican Democratic Club Inc., cuyo manuscrito original está aún en mi poder, fue redactado en el número uno de Debevois Place, por el taquígrafo puertorriqueño y secretario del club Joaquín Barreras, y el entonces estudiante de leyes en la Brooklyn Law School y vice-presidente del club Joaquín Colón. El presidente original de esta organización lo fue Luis Magín de Castro, pero pronto asumió ese cargo José V. Alonso. El tesorero lo fue Armando Ramírez, sub-secretario Bonifacio Avilés, sub-tesorero José J. Meléndez. Vocales y miembros de los distintos comités fueron Carlos Cabrera Canales, Alfredo Ferrer, Juan Negrón, Manuel Chávez, Juan Torres, Francisco Tejada, Julio Rosado, Hipólito Pérez, Carlos Muñoz, M. Galarza y R. Rentas.

Los representantes en el tercer distrito del PRDCI y de la revista "El Caribe" eran Plácido de Arce, José Morales y su esposa Pura, Zenón Vélez y Mariano Cuetto. Quedó radicado este ramal en el número doscientos ochenta y seis de la Calle Columbia y se reunía primeramente en el establecimiento de Carlos Tapia los domingos y en pequeños locales que alquilaban.

Luego se llevó a efecto sus grandes asambleas en el número trescientos catorce de Clinton Street, en donde era el club regular democrático del tercer distrito asambleísta. Fue la primera organización boricua en llamar a una asamblea en este local.

Debo aseverar de manera enfática aquí que este primer club incorporado en Nueva York por los puertorriqueños, el Porto Rican Democratic Club Inc. fue desde su origen creado por trabajadores honrados, tanto trabajadores manuales como de oficio o académicos. En él no predominó, ni mandó el "racket" de ninguna especie, aunque más tarde ya principiaban a florecer dentro de su organismo los oportunistas solapados, los prejuicios bastardos, los ególatras cívicos. "Yo, mis ideas o nadie"—se quedaron con nadie.

Muchos de estos fundadores apenas sabían hablar el inglés; algunos de ellos no sabían ni una palabra bien dicha. Eran trabajadores sin ninguna preparación universitaria, con la excepción de Luis Magín de Castro. Pero tan pronto llamaron a sus primeras asambleas, acudieron a su seno un gran número de jóvenes que habían cursado estudios superiores allá en Puerto Rico y que continuaban estudiando aquí en Nueva York.

Luis Magín de Castro

Luis Magín de Castro fue electo primer presidente de esta organización. Luis Magín de Castro era entonces un mancebo de estatura esbelta, blanco y con bastante personalidad. Dominaba el inglés y el español. Era un orador natural, de palabra fácil y fogosa—un gran admirador de don José de Diego. Tenía una buena colocación, y lo mejor que tenía era una sencillez criolla sin afectación, que inspiraba el respeto y el cariño de la gente más humilde.

Luis Magín de Castro pudo haber hecho una gran labor cívica dentro de nuestra colonia en aquella época. Pero estaba en plena juventud y su temperamento era más bien romántico que político. Padecía de la debilidad, o mejor diría de la virilidad, que llevó a la lona a nuestro simpático Pedro Montañez y que ha noqueado las más soñadas ambiciones de nuestra mejor juventud. Era un Don Juan insaciable. Aceptó la presidencia de esta organización más por complacer la insistencia de sus innumerables amigos. El prefería cooperar en todo lo posible sin tener las responsabilidades de la presidencia.

Luis Magín de Castro, en la madurez de sus años, dedicó gran parte de sus actividades a las doctrinas de Allan Kaldec. Murió hace ya varios años. Que en paz descanse.

Si bien Magín de Castro no ambicionaba el ser presidente de Porto Rican Democratic Club Inc., había otro puertorriqueño que había puesto su alma y todas sus energías en ser presidente de este club. Se le metió en la "testa" el ser líder político y no hubo manera de pararlo.

José V. Alonso

Este puertorriqueño José V. Alonso fue el segundo y el último presidente del Porto Rican Democratic Club Inc. Alonso había tenido muy poca escuela, pero tenía una ambición inquebrantable. De conductor de "trolleys" en San Juan de Puerto Rico había llegado a ser inspector de esta línea de tránsito capitalino. Aquí corría ascensor en una fábrica de calzado durante esta época. Era grueso y de buena estatura; tenía un bigote abultado y un abdomen que empezaba ya a señalarse. Su personalidad era dignificante y producía buena impresión. Alonso era sencillo y de un carácter ameno y bonachón. Tenía una gran virtud, que fue la de reconocerse de que no sabía nada. Por esta razón siempre estuvo presto a recibir enseñanza de aquéllos que sabían más que él y aprendió con rapidez el inglés y toda esa jeringonza política que no dice nada pero que es una especie de "hay-le-le-lé, duérmete nene", que duerme a las masas una y otra vez como a las inocentes criaturas.

Los otros boricuas que anhelaban la presidencia trataban de explotar los primeros disparates oratóricos de Alonso y lo acusaban de no ser puertorriqueño; decían que Alonso era argentino. Pero Alonso tenía la paciencia de Job y además era muy activo en la sociedad. También se hizo masón y no faltaba nunca a sus tenidas, con todos los ornamentos de la liturgia masónica.

Alonso se rodeó de un secretario que era graduado de comercio y dominaba la maquinilla y la taquigrafía en inglés y en español. Este joven estudiaba para perito mercantil y tenía un dinamismo incesante y sincero que puso por completo al servicio de esta organización. Era un secretario como yo no he conocido otro en nuestra historia organizativa, con la posible excepción de la secretaría de La Liga Puertorriqueña e Hispana Inc., Srta. Isabel O'Neil. Escribía cartas por vicio: no quedaba resorte que él no tratara de mover. Siempre tenía una idea nueva que aportar. Él sabía muy bien que le ocasionaría a él mucho más trabajo pero, para él, amanecerse escribiendo maquinilla, consumiendo cigarrillos toda la noche, era un placer que se reflejaba en su semblante con una devoción que contagiaba.

José V. Alonso, vivía en Johnson St. y al edificio le llamaban humorísticamente "La Casa Blanca", así de tanto se identificó él con la presidencia del Porto Rican Democratic Club Inc. Alrededor de Alonso se agruparon casi todos los fundadores de este club y muchos de los elementos activos e inteligentes que lo integraban más tarde, formando un bloque lo bastante fuerte para combatir la ola de divisionismo que comenzaban a invadir la organización a medida que ésta progresaba.

Joaquín Barreras

Este boricua se llamaba Joaquín Barreras. Era un joven blanco, delgado, de estatura más bien alta que baja. Sus ojos de mirar penetrante centelleaban a través de los cristales de sus espejuelos. Tenía una nariz aguileña que, con el acento castizo de su español, diríase que era algo así como un judío andaluz. Estaba colocado en una firma comercial de esta ciudad. Su ideal era el unificar a toda la colonia puertorriqueña en una confederación de clubes boricuas, formando un club en cada uno de los distritos en que viviesen borinqueños. Como este ideal en él estaba por encima de cualquier otra ambición política de carácter personal, vio en José V. Alonso un hombre que le podía ayudar en esta empresa. Sintió cariño por él y lo ayudaba y le instruía en sus funciones de presidente. Alonso vio en Barreras un amigo y una garantía para mantener su cargo de presidente, que era su sueño y su pesadilla. Así fue que su asociación con Barreras era más bien una alianza, aunque con propósitos diagonalmente opuestos.

Barreras era un idealista; Alonso era un hombre en busca de una posición política. Y la consiguió.

Joaquín Colón

Alonso se rodeó también de otro joven puertorriqueño que ya había hecho sentir su presencia en El Porto Rican Democratic Club Inc. y había llegado a ocupar la vicepresidencia de esta organización. Éste se llamaba Joaquín Colón López. Joaquín Colón era un mozo trigueño, delgado y no muy alto. En aquella época estudiaba derecho en la Brooklyn Law School. Había cursado sus estudios elementales en la escuela superior de Santurce, Puerto Rico, y en la Universidad de Río Piedras. Como otros tantos jóvenes de aquel período, Joaquín Colón tenía la cabeza llena de humo; buscaba orientación política en este nuevo ambiente.

Tenía una tendencia americanista acentuada que dejaba ver claramente que había padecido de un Barbosismo agudo. Aún estaba bajo la influencia de "Puerto Arturo", aquel baluarte republicano en donde se atrincheraba la "vieja guardia" republicana en San Juan en los tiempos de borrasca política.

Colón era medio gago, pero rara vez perdía un debate en las asambleas. Su argumentación casi siempre recibía el asentimiento de la mayoría de los miembros.

Colón en la vice-presidencia, como Joaquín Barreras en la secretaría, también aguantaba a Alonso cuando éste "tropezaba" y se "bamboleaba" en la presidencia. De este modo, Alonso y Colón estrecharon su intimidad y Alonso, Barreras y Colón formaron un triunvirato inexpugnable al que le llamaban cariñosamente los compañeros A–B–C: Alonso, Barreras y Colón.

❦ ❦ ❦

El Porto Rican Democratic Club Inc. estrenó el auditórium de la escuela pública número veintinueve (29), situado en Henry Street esquina Harrison, con una velada lírico-literaria que llenó todo el local, que aún no había sido abierto ni para el estudiante de dicha escuela. Para dar una idea a la colonia de hoy de las clases de actividades que se llevaron a cabo a principios de la tercera década de nuestro siglo, dentro de nuestra vida organizativa, cuando muchos de los que hoy alegan ser fundadores y líderes de la colonia y que no pensaban siquiera venir a estas playas, insertaré aquí la copia exacta de una crónica literaria sobre esta velada llevada a efecto en el tercer distrito de Brooklyn por Joaquín Colón.

Festival Artístico del Porto Rican Democratic Club Inc. Año I número 2 del semanario "El Caribe"

La velada lírico-literaria que anunciara el Porto Rican Democratic Club Inc. para el sábado primero de septiembre, con el propósito de dar a conocer sus principios, fue una hermosa manifestación de cultura y de arte. La fraternidad, la música, la poesía y la belleza "puertorriqueña" con toda su fragancia y todo su candor se dieron cita en aquel poético auditórium de la escuela pública. No. 29 y abrieron sus corazones al amor, al encanto, a la devoción por los ideales sacrosantos que llevarán la redención al pueblo de "Porto Rico" y a todos los "Puertorriqueños".

Después de iniciarse la velada con el himno nacional, ejecutado por una banda compuesta por jóvenes puertorriqueños, el Sr. José V. Alonso presidente del club, con la sinceridad que siempre lo caracteriza, expresó cuál era el objetivo de la velada y procedió después a presentar los distintos números del programa con leves alteraciones.

"La Estudiantina" compuesta por un número de gentiles señoritas que a iniciativa de la virtuosa y simpática Srta. Josefina Meléndez y un grupo de jóvenes artistas, ejecutó tan dulcemente "La Borinqueña" que nos hacía entregar a una añoranza divina en que por nuestras mentes pasaban panoramas lejanos en las alas nostálgicas del recuerdo. Aún el ambiente estaba saturado por aquella música olorosa. . . a perfumes de claveles y de rosas tropicales; aún el eco de aquella música abuela se alejaba en el lomo de las cuerdas de un violín que hacía rezar el ingenioso niño puertorriqueño José Baerga, cuando como dos princesitas encantadas que emergieran de la región del ensueño aparecieron en escena las Srtas. Margarita Ramírez y Angelita Gerónimo, dialogando la expresiva composición poética escrita por el conocido puertorriqueño Sr. Gonzálo O'Neil, "La Indiana Borinqueña". Las virginales Srtas. Margarita y Angelita en una dicción diáfana y melodiosa interpretaron con toda perfección y detalles este admirable diálogo. Los aplausos que hasta entonces cosquilleaban en las palmas de las manos de aquella selecta concurrencia se desataron en una ovación prolongada que fue como un beso casto en la frente de aquéllas filantrópicas de la espiritualidad.

Pero nuestra comunión con la pequeña islita a través del tiempo y la distancia no terminó allí. Después que nuestros compañeros de "El Caribe", los Srs. José Meléndez y Joaquín Colón, en lenguaje llano y familiar explicaron los principios fundamentales que sirven de base al Porto Rican Democratic Club Inc., los jóvenes "portorriqueños" Ángel Menéndez y Manolo Jiménez entonaron canciones típicas que fueron muy aplaudidas por la entusiasta concurrencia. Angelito y Canario, como son conocidos entre sus numerosos amigos estos dos trovadores "portorriqueños", acaban de obtener un gran éxito al ser contratados por una compañía americana de "records" para fonógrafo. El Sr. Jesús Colón le dio tanto colorido y realismo a la "Serenata", poesía por el Sr. Manuel Fernández Juncos, que varias veces le interrumpieron los aplausos en el curso de su recitación.

Pueden considerarse como verdaderos artistas el grupo de aficionados que con tanto acierto representaron el drama "Una Limosna por Dios" escrito por el Sr. Jackson Ceyan. Me faltaría espacio para escribir la perfecta naturalidad con que la Srta. Laura Ramírez representó su papel. Regino López se hubiera sentido celoso si ve al compañero Joaquín Barrera actuando como gallego. El Sr. Selles, estaba muy excitado a veces, pero yo si fuese empresario le contrataría como actor porque reúne todas las aptitudes necesarias para coronarse de gloria en el arte de Shakespeare y de los hermanos Quintero. El Sr. Cabrera en su difícil papel de abuelito seguramente que se conquistó el cariño de mil nietecitos que le admiramos allí. El compañero Avilés y el Sr. Aparicio estuvieron a la altura del papel que les fue asignado.

Todo tan perfecto, todo tan sublime, ¿por qué no felicitar a los entusiastas obreros del tercer distrito Sres. Plácido de Arce, Zenón Vélez, José Morales y Mariano Cuetto, miembros del Comité de Propaganda, y también a los demás socios que presentaron su cooperación para la brillantez del acto?

"El Caribe" les felicita calurosamente

Año I número 2 "El Caribe", sábado, septiembre 8, 1923

Sí, amigo lector, ¿por qué no felicitar a los entusiastas obreros del Tercer Distrito, Sres. Plácido de Arce, Zenón Vélez, José Morales y Mariano Cuetto? Me place infinitamente revivir estos datos históricos para que el pasado se levante en alas del recuerdo y haga justicia a estos verdaderos luchadores y fundadores de la vida organizativa puertorriqueña en el Tercer Distrito. De este modo aquel elemento nuevo en nuestra colonia no podrá decir que no lo sabía.

El Porto Rican Democratic Club Inc. quedó organizado, con su oficina en el 286 de Columbia Street y siguió entonces dando asambleas en el 314 de Clinton Street.

Luego pasó a organizar a los boricuas residentes en Harlem y habiéndose puesto en contacto con el líder del Distrito Asambleísta No.21, el Sr. F.Q. Morton, se llamó a una asamblea en Tammany Hall, No. 2350, nombre dado al club regular demócrata de la séptima avenida.

Esta asamblea fue dirigida por la directiva de El Porto Rican Democratic Club Inc. de Brooklyn.

Tiene mucho material informativo de interés una crónica que tengo en mi poder, escrita a la sazón de este mitin. Copio exactamente esta crónica escrita en el año 1923.

El mitin de Harlem

Copia de "El Caribe", año 1 No. 6, sábado octubre 13 de 1923.

Con una buena asistencia de portorriqueños, el Club Democrático de Brooklyn celebró un mitin de propaganda en el Tamany Hall No. 2350 de la Séptima Avenida, bajo la presidencia del Sr. Alonso y la directiva de dicha organización.

En esta campaña federativa que lleva este Club Demócrata de Brooklyn, el gran número de portorriqueños diseminados se formará en un solo grupo, y como reza bien su constitución *en esta federación caben todos los hijos de Borinquen sin distinción política ni religiosa* para que estas ideas no conflicten con los múltiples sentimentalismos que tiene en gestación ese pueblo que todos deseamos ver tranquila y feliz.

Próximamente se celebrará un mitin en el Distrito de Harlem y quedará constituido definitivamente El Porto Rican Democratic Club of Harlem donde tenemos un gran número de portorriqueños deseosos de la unión.

El siguiente Comité de Propaganda fue nombrado: los Sres. Luis Torres Colón (chairman), Jacinto Arrufat, Julio Colón, José Ocasio, Enrique Acuña, René Descartes, Rafael Suárez, Antonio Morales, Félix Manuel Carrión.

El Porto Rican Democratic Club Inc. pasó a organizar al Distrito de Chelsea, o sea, la sección oeste de la Calle Catorce. Quedó encargado el Sr. Luis Lange, de este ramal. El Sr. Lange era un mayagüezano muy activo y sincero que tenía una fonda entre la Octava y la Novena Avenida, en el número 348 W 26th Street.

También El Porto Rican Democratic Club Inc. había empezado a organizar ya a los puertorriqueños de la parte este de Harlem, llevando a efecto sus asambleas en el Miami Democratic Club situado en el 1451 de Lexington Avenue, entre las Calles 94 y 95. Este era el club regular demócrata en este sector.

Las bases para esta confederación de clubes puertorriqueños fueron hechas tras largas noches de trabajo. Hago énfasis sobre este dato porque recientemente se trató de explotar ante nuestra opinión pública el asunto de confederación de sociedades puertorriqueñas en esta ciudad como una cosa completamente nueva. Como se puede ver por la última crónica antes mencionada aquí, sobre el mitin en Harlem, y subrayada por mí esta parte dice así: "Como reza bien su constitución en esta federación caben todos los hijos de Borinquen, sin distinción política, ni religiosa, para que estas ideas no conflicten con los múltiples sentimentalismos que tiene en gestación ese pueblo que todos deseamos ver tranquilo y feliz".

Como se puede ver, a pesar de la influencia predominante del Partido Demócrata Nacional sobre este primer movimiento organizativo y federativo puertorriqueño en esta ciudad; fundamentalmente lo que atraía a los boricuas a la unificación fueron el mismo idioma, las mismas costumbres, los mismos contratiempos, el mismo dolor.

Los clubes demócratas nacionales que le abrieron sus puertas a esta organización—Tammany Hall y todas aquellas circunstancias que prevalecían en aquella época—fueron incidentes transitorios que dominaban solamente un período de nuestra historia como colonia en esta metrópoli.

Esto lo sabían perfectamente nuestros enemigos gratuitos, porque así lo predicábamos nosotros y se lo demostraban elocuentemente el carácter cultural y solamente patriótico de todos nuestros actos.

Nuestra contribución política durante las elecciones era más bien convencional y la dictaban nuestras circunstancias ambientales y no los "issues" partidistas locales que aún no entendíamos en su esencia, ni éramos copartícipes en sus resultados económicos. ¿Ud. es idealista en Tammany Hall? ¿Qué edad tiene? Diga poniéndole yerba a los camellos de los Tres Reyes Magos.

Quiénes fueron los enemigos gratuitos de nuestra unión como boricuas y el por qué de su actitud lo sabrán más adelante de manera específica.

El Porto Rican Democratic Club Inc. y su confederación de clubes boricuas pudo haber unido a todos los puertorriqueños y haber evolucionado hacia una gran fuerza progresista de trabajadores, profesionales y comerciantes unidos, porque fue burguesa por accidente; en su estructura no lo era, ya que había muchos independentistas dentro de él en sus comienzos, como también había republicanos y socialistas—todos primordialmente trabajadores de oficio, intelectuales o dueños de pequeños negocios. Tanto así que insistió en respetar la manera de pensar de estos miembros activos que tenía dentro de su seno.

La tendencia era la de unificar a todos los puertorriqueños dentro de aquel ambiente preponderantemente demócrata y después de adquirir cierta independencia económica, constituirse en sus propios locales y seguir la política que mejor acomodase a los intereses propios de la colonia puertorriqueña y de Puerto Rico.

Por esta razón El Porto Rican Democratic Club Inc. tan pronto se vio con tesoro bastante crecido en el banco, sus miembros insistieron en que tomase su propio local y dejara al Seawanhaka Democratic Club; ya se habían cansado de las promesas y de la oratoria política de los líderes demócratas.

Debo hacer constar aquí que muchos independentistas puertorriqueños de aquella época, así como muchos socialistas y luchadores obreros, cooperaban siempre en los actos culturales que llevaba a efecto El Porto Rican Democratic Club Inc., aunque miraban con repelillo sus actividades políticas. Quiérese decir que existía, como existe hoy a pesar de todo, el instinto de confraternidad entre todos los elementos sinceros que se consagraban y se consagran a las luchas cívicas sin ningún motivo ulterior de carácter personal.

Pero entre los miembros fundadores de El Porto Rican Democratic Club Inc. existían como existen todavía hoy en todas las organizaciones nuestras, trabajadores que, por ignorancia de las leyes económicas en que se basa el sistema en que vivimos, tienen aspiraciones burguesas. Prefieren el desahogo económico temporal y aparente al desahogo permanente y colectivo de la sociedad en que viven.

Apóstoles de la cultura, de la civilización y de la filantropía

La tentación de tener lo que el otro no tiene es tan fascinante en ellos que no les deja ver el hecho palpable de que esta manera de ser produce a otro elemento que desea tener también lo que él tiene y que este elemento puede que sea más fuerte o esté colocado en condiciones más ventajosas, y tarde o temprano si no lo absorbe a él, absorberá en sus hijos más tarde el fruto de su trabajo que amasó con tanto celo y con tantos sacrificios.

La A. & P. o la Bojak, cuando les venga en gana, absorbe al bodeguero puertorriqueño que vive en la creencia de que algún día será igual que ellos. Ante el monopolio organizado, el comerciante boricua vivirá y economizará siempre que se esclavice dieciocho horas diarias detrás de un mostrador, pero su independencia económica, su descanso en la vejez y la seguridad económica de sus hijos estará regularizada siempre por los grandes monopolios que controlan la maquinaria gubernativa y las fuentes básicas de la producción.

El comerciante puertorriqueño, el profesional, así como los obreros, toda esa multitud que tiene que trabajar de un modo u otro para vivir, estarán amenazados constantemente por la inseguridad social y económica de ellos y de sus familiares en esta sociedad inestable, sujeta al capricho de manipulaciones de altas finanzas en manos de una pequeña minoría que puede ser decente o indecente, humana o inhumana.

Ha salvado al pueblo estadounidense de caer en desgracia ante sí mismo y ante la humanidad que siempre ha puesto en él su mirada y su fe, porque desde su fundación han habido en los períodos más críticos de su historia hombres de visión clara, seres predestinados que han tomado el timón de la nave del estado en sus manos y capeado los temporales de la reacción y del despotismo siempre latentes en sus entrañas. Estos estadistas de voluntad de acero, insobornables, impertérritos hicieron prevalecer los derechos humanos, fuente vigorizante de la estabilidad en los pueblos y de su progreso continuamente ascendente.

He aquí el porqué los más fieles y geniales dirigentes en el pueblo norteamericano, los que crearon y dieron fortaleza y verdadero significado al "American Way of Life" (modo de vida americano), como Thomas Jefferson, Abraham Lincoln y Franklin Delano Roosevelt, fueron grandes reformistas sociales, grandes revolucionarios de izquierda, y han hecho época en la historia económica, social y política de los Estados Unidos y del mundo.

La bandera de las franjas y de las estrellas ha brillado con más fulgor, con más esperanza para los hombres oprimidos e indigentes de todo el universo cuando ésta ha estado en las manos humanitarias de estos seres inmortales . . . inmortales a pesar de haber sido furiosamente . . . abusivamente . . . criminalmente . . . atacados y estigmatizados por un hamiltonismo putrefacto, por los intereses creados sin conciencia ideológica sublime.

Pero los parásitos sociales que viven holgadamente sin estar obligados a trabajar, cuya inseguridad económica del mañana no les preocupa porque no existe mientras esté garantizada por el "status quo", o sea, por el estado de cosas existentes, alimentan diariamente la ilusión de grandezas y salvaciones futuras tanto en la tierra como en el cielo, en la mente descarriada de esos trabajadores con aspiraciones burguesas.

Los grandes señores que gastan la mayor parte de su tiempo viajando y entregados al deporte en puntos distantes del universo, tienen ya bien entregados una maquinaria compuesta de clubes políticos, instituciones caritativas y filantrópicas, logias fraternales, empresas periodísticas y centros culturales en donde emplean a sus sirvientes con salarios más o menos tentativos de acuerdo con su habilidad y "lealtad" para engañar y mantener sometido al pueblo.

Estos sirvientes de las clases monopolísticas os dirán continuamente en todos los sitios cosas muy dulces y fascinantes al oído. Os dirán que el mundo no hay quién lo cambié, que siempre fue así—confunden inteligentemente el mundo físico con el mundo social. Os dirán fraternalmente, paternalmente que aquellos que os hablan de cambiar el mundo al revés son unos sacrílegos, unos ateos, unos renegados que están locos. Os dirán cristianamente, discretamente, "Toma una canasta de frutas, o de compra, o una talega de carbón; toma un boleto, un ticket para que mandes para tus hijos de vacaciones al campo por varias semanas y tú, descansa tu mente para que se alejen de ti las malas influencias y los pensamientos malignos".

. . . Y el pueblo tomaba agradecido y satisfecho lo que él cree que no le ha costado nada y hasta sentía un orgullo sincero en cooperar con estos apóstoles de la cultura, de la civilización y de la filantropía.

Tammany Hall—Roosevelt, Farley, Walker, Dewey

Se dispone a hacer mayores sacrificios que al fin y al cabo redundan en opíparas ganancias para los grandes señores que gastan la mayor parte de su tiempo viajando y entregados al deporte en puntos distantes del universo. Así funcionaban los clubes que Tammany tenía en cada distrito dominado todos los departamentos de la ciudad antes del Nuevo Trato y del "Home Relief" (beneficencia pública) hacer su advenimiento y extender ayuda sin una cuerda atada como recompensa.

El "Home Relief" anuló la influencia de las maquinarias políticas sobre la vida de los ciudadanos. Los clubes, en otros tiempos con largas líneas en espera de pequeños favores, quedaron solitarios, apagados. Esta es la razón del odio irreconciliable de Tammany en contra de todo lo de Franklyn Delano Roosevelt.

He aquí la base del rompimiento de la amistad política entre Roosevelt y el tammanista James A. Farley. Franklyn Delano Roosevelt destruyó al alcalde títere de Tammany Hall, James John Walker—Jimmy Walker—y debilitó el origen de las fuerzas de esta maquinaria política. Cuando llegó Thomas Edmund Dewey, "the racket bustler", batallador de planes ilegales, ya la raíz de los "rackets" y de la corrupción administrativa estaba maltrecha, sin sostén. Tammany Hall había dejado de ser omnipotente.

James A. Farley, chairman nacional y estatal del Partido Demócrata en Nueva York, se vengaba de los nuevotratistas apoyando un candidato flojo para la gobernación en Albany, y así dividía a los demócratas en la ciudad de Nueva York, entre progresistas que eran los más y conservadores que eran los menos, pero lo suficiente para hacer posible el triunfo republicano en el estado con la avalancha del "up-state", o sea, la región de Nueva York.

Así se colaba el inflado cachorro político, " the racket bustler" Thomas E. Dewey, que para los intereses del conservador Farley daba lo mismo.

Esto solamente sucedía cuando no estaban disponibles candidatos de la estatura política de Franklin Delano Roosevelt, Herbert Henry Lehman o del Senador Mead.

La ciudad de Nueva York, unidad detrás de un candidato progresista conocido, arrojaba suficientes votos para contrarrestar el "up-state" republicano. La oposición de Farley a un cuarto término para presidente por Roosevelt no fue tanto por el principio democrático envuelto sino porque él no podía controlar al nuevotratista Roosevelt, en su revolución social, política y económica, ni en su liberalismo en la política internacional.

Roosevelt hizo a Farley, no Farley a Roosevelt.

Los intereses de la colonia puertorriqueña: Los politiqueros

Pero me estoy alejando de mi gente y de su formación embrionaria en la vida política, económica y social de esta gran urbe, aunque ellos necesariamente están afectados directamente e indirectamente por estos forcejeos políticos en esta gran ciudad.

Muchos comerciantes puertorriqueños que hoy trabajan alrededor de dieciocho horas detrás de un mostrador, muchos dueños de fondas, cafetines u otros establecimientos, muchos jóvenes que trabajan de día y estudian de noche con el fin de hacerse de una profesión, muchos boricuas que por circunstancias del acaso consiguieron buenos empleos y supieron conservarlos y economizar lo suficiente para vivir hoy más o menos bien, muchos de estos puertorriqueños honrados que luchan hoy incansablemente en esta ciudad para mejorar su situación fueron los hijos de padres que vivían acomodados allá en Puerto Rico, a principio de nuestro siglo. La niñez de muchos de ellos fue feliz, porque sus padres tenían fincas, ganado o alguna otra propiedad; eran ricos. Hoy ellos, sus hijos, se afanan despreocupados y confiados aquí en Nueva York de no obtener la misma inseguridad económica de sus padres, pero se olvidan que las fuerzas que arruinaron a sus padres ayer también son más inhumanas, porque ayer eran hombres y hoy son corporaciones sin alma, un monstruo gigantesco que se mueve mecánicamente. . . matemáticamente. . . despiadadamente, un Frankenstein de acero que terminará por estrangular a su propio inventor si no se toman medidas humanitarias para detenerlo.

Las aspiraciones burguesas en el trabajador son una especie de droga, un hábito inoculado en él, por los siglos de los siglos; esta esperanza de llegar algún día a ser también grande y de poder mandar ha sido incrustada en su corazón y en su cerebro por los mejores expertos en psicología y en el arte de manejar las emociones humanas.

Hoy en la escuela que usted mismo mantiene, en el cinematógrafo en donde usted paga por distraerse, en la prensa diaria o el *magazine* atractivo que explota hasta el temperamento sexual, en la radio, en toda percepción objetiva o subjetiva percibimos inconscientemente esta droga que hace de un gran número de trabajadores, robustos y buenos, seres distintos en manera de ver y de pensar, y por lo tanto secretamente alejados de sus mejores y únicos amigos: los otros trabajadores.

Sin sabérselo explicar, obedeciendo a un impulso extraño, obstaculizan como pueden toda organización obrera auténtica. Ellos saben que los trabajadores les mantienen sus negocios y ellos saben que tienen que trabajar también para poder vivir. Ellos saben que si fracasan en su negocio, los otros trabajadores seguirán siendo sus mejores amigos. Ellos saben que cuando una casa bancaria les facilita ayuda financiera, les cobra un interés de usura, con la ley siempre a favor del usurero.

Pero esa fiebre de algún día ellos ser burgueses, poder mirar desde arriba para abajo con desdén, ha sido inyectada en ellos por los siglos de los siglos, y su estado morboso, o sea enfermo, no los deja razonar con la lógica incontrovertible que le salta diariamente ante su vista. Su pensar viene filtrado a través de un sin número de vanidades, orgullos huecos y esperanzas fantásticas almacenadas en su conciencia y en la conciencia de sus antepasados por las plutocracias y oligarquías dominantes que unas veces les adulan y otras veces les atropellan.

Ya dije antes que El Porto Rican Democratic Club Inc. al igual que la gran mayoría de las organizaciones puertorriqueñas que le sucedieron, tenía en su seno hombres afectados de este mal y por ende llevaban consigo esta variación del divisionismo, una de las causas porque se hizo y se hace difícil la armonía permanente entre elementos que, quiérase o no, pertenecen a una misma clase de seres que tienen que trabajar para poder vivir honradamente.

Esta pobre gente, impotente ante la realidad, faltos de argumentos sólidos para justificar su actitud de misántropos, terminan por aspirar a fundar casinos sociales "exclusivos"—lo menos que tienen es de ser exclusivos—carcomidos de prejuicios, y de varios, pruritos, engendro de la fiebre de pequeños burgueses que los empuja en su delirio a buscar su felicidad en la ansiedad . . . en la desesperación . . . en la infelicidad.

También entre los fundadores de El Porto Rican Democratic Club Inc. y sus primeros organizadores había boricuas que lo menos que tenían en mente era el salvar a la colonia, sino el salvarse ellos . . . Ayer al igual que hoy cuando a una "pantera" o a un grupo de "panteras" se le ocurrió un golpe de "panterismo" organizativo, lanzaba un manifiesto a la calle llamando a la colonia patrióticamente, con un grito redentor. ¡Ha llegado el momento Compatriotas! ¡Ha sido mancillado el honor de la mujer puertorriqueña! . . . etc., etc.

Cuando las masas puertorriqueñas han respondido a la llamada y han puesto manos a la obra para tratar de salvar eficazmente a toda la colonia, los autores del manifiesto a reunirse, después de las dos o tres primeras reuniones, se desaparecen si no quedan ellos nombrados presidente o tesorero, o si no queda nombrado un presidente dominado por ellos para su fin previamente tramado.

Tres o cuatro meses antes de todas las elecciones surge esta ola "patriótica" y "emancipadora" entre un grupo de oportunistas que tiene nuestra colonia. Este grupo de oportunistas ha permanecido insensible y ciego ante el dolor y la opresión que sufren los boricuas los otros ocho o nueve meses del año. Y es que tres o cuatro meses antes de todas las elecciones empieza a circular el dinero que tienen en presupuesto los partidos dominantes para comprar a la opinión pública. Esta es la única temporada en que los politicastros de profesión beben de marca, fuman tabacos buenos y comen sólido por lo menos una vez al día.

Como ésta es la época de las promesas políticas, nuestros politiqueros creen que es también la época de la pesca política y tiran su masa en forma de manifestaciones, pregonando un deseo de emancipación que ellos en sus almas mercenarias nunca han sentido. Nunca firman los manifiestos porque la colonia ya los conoce, y ellos dependen del elemento nuevo y desprevenido.

En El Porto Rican Democratic Club Inc. estas tintoreras tuvieron éxito al principio porque los miembros éramos de distintos puntos de la isla y no se sabía todavía de la pata que cojeaba cada uno allá en su pueblo. Pero pronto, como allí nos conocimos los unos a los otros, tan pronto empezaron a sobresalir las personalidades también empezaron a sobresalir sus defectos y su reputación allí en la islita.

No tardó mucho en "aguzarse" la asamblea y cayeron en desgracia estos políticos fracasados allá en Puerto Rico, que pensaban plantar bandera aquí sobre los hombres de nuestra naciente colonia. Este tipo de puertorriqueño es un germen muy dañino porque por lo general tiene alguna experiencia política, conoce las debilidades de las masas, es astuto y trabaja solapadamente. ¡Qué dice el hombre! . . . con un abrazo efusivo para usted, pero con el deseo de meterle a usted un puñal, porque usted siempre está de "metío" cuando él se va a ganar un par de pesos a cambio de vender, degradar y esclavizar perpetuamente a su propia colonia.

Como era de esperarse, tan pronto su presencia fue descubierta en El Porto Rican Democratic Club Inc. y fue anulado, se convirtió en un germen de desunión puertorriqueño, como es hoy también un germen de desunión dentro y fuera de nuestras organizaciones cuando éstas no toleran sus vidas de parásitos.

Pero el más dañino de todos los microbios que infectaron ayer a El Porto Rican Democratic Club Inc. e infestan hoy a nuestra colonia es el boricua con ínfulas de intelectual. Este es un tipo con dos años de alta escuela y un "embotellao" de literatura emotiva que despierta con pose de pensador profundo en dondequiera que él cree que la gente sabe menos que él, especialmente en las fiestas familiares en donde hay comida en abundancia.

Hay familias humildes que dan un ojo de la cara por contar entre sus "amistades" al elemento intelectual. Y estos intelectuales a la violeta conocen estas debilidades y le beben el café y le comen la gallinita del domingo a esta pobre gente. Así viven de casa en casa cuando no tienen una extra de lavar platos o doblar toallas o servilletas en un hotel; es decir, cuando tiene su día de descanso el empleado permanente, ellos cubren ese día. Este día comen lo suficiente para pasar los días entre medio de las "extras", durante los cuales subsisten a puro café y "pie" (pastel dulce).

Como es natural, tienen siempre un aspecto lívido, y como casi siempre están ovejos porque no tienen ni para recortarse, achacan su apariencia escuálida a su amor exagerado por el estudio, cuando es más bien el resultado de una vagancia pedante que ha depravado su espíritu. Para tratar de justificar ante la sociedad en que vivan, algunas veces pretenden pasar por bohemios, pero como para ser bohemio de verdad es indispensable el tener un talento excepcional; a ellos no les queda otra alternativa que dedicarse a ponderar, o para ser más claro, a "lamer el ojo" a la gente rica que los pesetea y de cuando en cuando los invita a comer.

En sus ayunos prolongados para distraer el estómago se extasían sacando versos cursis, que dedican a las señoritas de la alta sociedad. Ensimismados en este platonismo, sentados todo el día en los parques y en las bibliotecas públicas, los largos días les parecen cortos.

Consiguen colarse de cuando en cuando en los actos de la alta sociedad, unas veces pasando por reporteros o pegados del rabo de la levita de la última "eminencia" a quien ellos le pelaron las pestañas.

Aborrecen al trabajador no como el pequeño acomodado que lo hace por ignorancia o por lo que él cree que es proteger el fruto de su esfuerzo; no, este escarabajo social lo hace por degradación de su espíritu que colinda con la chulería, ya que no es otra cosa que el alcahuete de la semiaristocracia. Tan Pronto llegó hasta los oídos de la semiaristocracia puertorriqueña residente en Nueva York la existencia en esta ciudad de una organización boricua de la magnitud de El Porto Rican Democratic Club Inc., empezaron ciertos elementos dentro de esa semi-aristocracia a tramar los medios para controlar o destruir este movimiento. Estos elementos engreídos no podían tolerar la existencia de una organización del empuje y de la influencia que cada día adquiría nuestra sociedad. Especialmente cuando esta organización había sido fundada y estaba aún dirigida por personas humildes, por trabajadores honrados.

Entre esta semiaristocracia puertorriqueña ya existían, como abundan hoy, personalidades que ambicionaban ser gobernadores de Puerto Rico, procurador general o comisionados de algo. No dejaron ellos de ver inmediatamente en nuestro club la escalera para llegar hasta su fin meramente personal, sin importarles un bledo los problemas que confrontaba nuestra colonia.

Club Puerto Rico

Nuestros intelectualistas peseteros vieron abierta las puertas de una era de prosperidad para ellos. Las asambleas dominicales de nuestra institución se vieron inundadas de estos intelectualistas que venían como una especie de vanguardia a catarle a las virtudes de sus jefes. Pretendían que los trabajadores honestos que pertenecían a este club se sintiesen honrados con su presencia. Ostentaban un patriotismo que se derretía de tanta sensibilidad. Poesías y más poesías, oratoria y más oratoria. Pronto su peroración se hizo empalagosa y las asambleas los ajustaron, los llamaron al grano. ¡¿Para qué fue esto, señores?! Se reveló en ellos todo el pus que está siempre latente en su constitución ulcerada.

Trataron ellos de formar una organización que para hacerla más patriótica que ninguna habida ni por haber, la llamaron "Club Puerto Rico".

Se cansaron de hacer contorsiones patrióticas para atraer la atención de los boricuas. Pero El Porto Rican Democratic Club, Inc. ya los había bautizado y los llamó "buscones sonoros", y "buscones sonoros" se quedaron.

Trataron de ocultar su lepra detrás de la figura inmortal de Don José de Diego, llamando a una pantomima patriótica para "celebrar" según ellos, en lugar de conmemorar la muerte de don José de Diego.

El periódico "Puerto Rico"

Sin pedirle consentimiento a nuestro club, insertaron en el periódico "La Prensa" una nota diciendo que nuestra organización estaba unida a su movimiento. Cuando nuestro club mandó una rectificación negando su asociación con estos mercaderes de emociones, en un periódico que ellos publicaban por aquel entonces, llamado "Puerto Rico", con grandes caracteres en la primera página insertaron "Los Descamisados de Brooklyn se Niegan a Celebrar la Muerte de Don José de Diego".

El periódico "Puerto Rico", dígase de paso, fue la primera publicación genuinamente puertorriqueña editada en Nueva York en la sección de Chelsea, o sea, los alrededores de la parte oeste de la Calle Catorce. Se dedicaba a encumbrar a cualquiera que pagase por ello y a darse bombo mutuamente aquella pandilla de meadores de tinta que se habían erigido ellos mismos en los mentores de la colonia. El chantagismo y el engaño eran su divisa, siempre escudados detrás de un patriotismo rancio cuyo fermento los deleitaba fácilmente. Pero no pudieron amedrentar a El Porto Rican Democratic Club Inc. Este lanzó un manifiesto en tres mil hojas sueltas en papel satinado—una gran cantidad para aquella época, ya que se distribuirían personalmente. Lo repartimos por todas las barberías boricuas, que eran pocas, por fondas, cafetines, chinchales y en los buzones con nombres latinos en la barriadas hispanas.

Me cupo a mí el honor de escribirlo, y dice así:

**El Porto Rican Democratic Club Inc. de Brooklyn
contra
La Simulación del Patriotismo ¿Nuestra Actitud?**

Lea y juzgue el tribunal de la Conciencia Pública.

A medida que la superstición y la espada se debilitan ante el avance impetuoso de la civilización y del progreso, los políticos profesionales, o sean, los parásitos sociales, sienten la necesidad imperiosa de crear otro sistema, que de acuerdo con la época reemplace a la superstición y a la espada, que fueron los frenos con que en otros tiempos los hábiles corifeos amasaban y reprimían al brioso potro del pensamiento humano. El nuevo sistema que se ha venido usando con más o menos éxito se denomina La Simulación del Patriotismo.

Muere un libertador; se asesina a un mártir; cae un defensor de los más sagrados derechos humanos. Apenas desaparece de la escena del sacrificio abnegado ese apóstol de la verdad, los mismo tiranos que durante su vida le dieron la espalda mezquinamente, los que le asesinaron, los que aceleraron su caída, inmediatamente le levantan monumentos y con pompa artificiosa simulan llorar la muerte del libertador, la desgracia del mártir, la caída del apóstol. Como si pudieran con las extravagantes comprar el asentimiento de aquel hombre ilustre que durante la vida les abominó y hoy muerto les perdona. ¡Oh la religiosidad de los usureros! ¡Oh la santidad de los vampiros sociales! ¡Oh el patriotismo de los "politicians"!

Hoy se estudia el arte del patriotismo como una profesión fructífera que siempre encuentra plaza vacante en el seno de las modernas oligarquías. Ya no se usan los ejércitos monárquicos de ayer ni las supersticiones del obscurantismo de antes de ayer. Hoy un grupo de cincuenta patriotas, graduados en la nueva profesión de patriota, con diplomas vitalicios, sufragados por las burocracias, les reemplazan. Como consecuencia del nuevo sistema, tenemos los portorriqueños en Nueva York un grupo de licenciados en patriotismo que orondamente pasean sus títulos de patriotas por las calles de la ciudad y hasta acusan de traidores a los portorriqueños que viven honradamente de su trabajo en esta metrópoli porque no aplauden su condición ridícula de parásitos engreídos. "He aquí el tinglado de la antigua farsa". "Y he aquí convertidos en energúmenos a esos pseudo-patriotas al encontrar una masa compacta de portorriqueños que laboran desinteresadamente por la felicidad de Puerto Rico y de todos los portorriqueños, sin atender a los cantos de sirena farsantes, han tratado de amedrentar la conciencia pura y emancipada de los portorriqueños residentes en Nueva York. Afortunadamente, la colonia portorriqueña sabe "QUIÉN ES QUIEN" aquí y allá en la pequeña islita donde todos nos conocemos.

El Porto Rican Democratic Club Inc., la organización más numerosa, la más poderosa y la más PATRIÓTICA que para orgullo y alivio de todos los portorriqueños existe hoy en el continente norteamericano, decretó su constitución hace un año. Los numerosos fracasos o la inconsistencia de otras sociedades portorriqueñas en Nueva York, la corrupción política en la isla de Puerto Rico donde Tirios y Troyones enturbian el pantano político en continuo fermento, la disparidad de ideas que en materia política tiende a dividir y subdividir la familia portorriqueña, las favorables circunstancias en que estamos colocados en este país para hacer NUEVA POLÍTICA, todos estos elementos conocidos por todos los portorriqueños al igual que por nosotros, nos señalaron el único método para conseguir la unión más perfecta entre todos los portorriqueños en los Estados Unidos. Unionistas, republicanos, independentistas y socialistas moderados y radicales, juramos sacrificar nuestras individuales ideas políticas y todos como un solo hombre usar todas nuestras energías, todo nuestro vigor para fomentar el progreso material y espiritual de la entidad portorriqueña. Con ese propósito el artículo dos de nuestra constitución dice en parte de esta manera: ". . . Este club estará completamente desligado de los distintos partidos políticos de la isla de Puerto Rico: excluirá a dichos partidos de sus actuaciones . . ." Hemos sido fieles a ese principio y hemos triunfado; aunque domando a políticos crónicos y egotistas políticos que creen aún que cien portorriqueños pueden y deben dictarles fórmulas de patriotismo a cincuenta mil portorriqueños que integran nuestra próspera colonia. El Porto Rican Democratic Club Inc. tácitamente prohíbe la imposición del criterio político de un grupo determinado sobre el resto de los portorriqueños, eliminando completamente de sus actuaciones a todas las ideas saturadas de política portorriqueña y creando una aspiración propia, que es sin duda la aspiración de todos los portorriqueños residentes en los Estados Unidos. Aspiramos pues a cultivar un franco espíritu de unión y de armonía entre todos los portorriqueños, enaltecer la personalidad portorriqueña ante el pueblo americano y ante el mundo, defender nuestros derechos políticos como una entidad civilizada, y hacernos merecedores de la veneración de nuestra posteridad y del respeto de nuestros hijos.

Nada más aspiramos. Para realizar nuestras aspiraciones no necesitamos hacer política portorriqueña en este país. Por eso lo que fuimos hace un año, eso somos hoy, y eso seremos mañana: portorriqueños netos. No haremos política portorriqueña, ni pública ni solapadamente. . . Defenderemos a Puerto Rico y a todos los portorriqueños usando los senadores y representantes que llevemos al poder en este país con nuestro sufragio, exigiéndoles oportunamente, paulatinamente, algo en pro de nuestra causa. Honraremos a todos los portorriqueños ilustres pero para hacernos responsables de nuestros actos, les honraremos a nuestra manera y de acuerdo con nuestros principios. Siempre celosos de los políticos crónicos, de los egotistas políticos, de los licenciados en patriotismo que pretenden con las empalagosas comprar el asentimiento de aquel hombre ilustre que durante la vida les abonimó y hoy muerto les perdona. Mercaderes de ideales, fariseos execrables, escondan vuestras caras horribles; la colonia portorriqueña os conoce y os señala.

Salve, Oh José de Diego, que fue portorriqueño ilustre y noble y murió para hoy ser vejado en una artística y resonante pantomima política . . .

Salve, Oh José de Diego, que fue patriota y genio y murió para hoy servir su nombre mancillado en labios de saltimbanquis políticos . . .

Salve, Oh José de Diego, el poeta épico, el agresivo, el defensor de las libertades patrias, que murió para hoy servir de instrumento a los lacayos, de los caciques políticos portorriqueños . . .

Salve, Oh José de Diego, que dio todas sus energías y todo su vigor al pueblo de Puerto Rico, y murió para hoy servir de biombo encubridor a la mezquina política portorriqueña . . .

Salve mil veces el glorioso caudillo . . . Bendito sea.

El Porto Rican Democratic Club Inc. le hará justicia a él, al igual que a otros portorriqueños que los patriotas profesionales de hoy voluntariamente olvidan, obedeciendo a una ignorancia estudiada . . . a un olvido universitario . . .

Nulla pactione effici potest ut dolus praestetur. (No permitiremos el fraude aunque parezca de antemano autorizado.)

GRAN MITIN   **GRAN MITIN**
EL DOMINGO 17 DEL CORRIENTE A LAS 3:00 PM.
EN EL MIAMI DEMOCRATIC CLUB
1451 LEXINGTON AVENUE (ENTRE LAS CALLES 94 Y 95)
NEW YORK CITY
                                              LA DIRECTIVA

Personas cerca del periódico "Puerto Rico", comentando sobre este manifiesto dijeron, "eso está incontestable". Pero El Porto Rico Democratic Club Inc. no se conformó con este triunfo polémico y fundó un periódico en Brooklyn, el primer periódico en el idioma español editado en este condado.

Este semanario se llamó "El Caribe", y fue un látigo que flagelaba mordazmente, especialmente a los ídolos falsos. "El Caribe" se imprimía en el número 156 Fulton St., Brooklyn, N.Y. primera imprenta genuinamente boricua en Brooklyn, propiedad del patriota y caballeroso puertorriqueño José J. Meléndez, administrador y editor de "El Caribe" y sub-tesorero de El Porto Rican Democratic Club Inc. Publicamos a continuación también, sin comentarios, como apareció en la revista "El Caribe", editada en Brooklyn, con fecha de octubre 13 del año 1923, una carta de José Ortiz Lecodet, relacionada con este asunto.

Sin Comentarios

Sr. Secretario del Porto Rican Democratic Club.
Brooklyn, N.Y.

Mi estimado amigo:

Quiero por conducto de Ud. decirles adiós a mis queridos amigos y compañeros del Porto Rican Democratic Club.

Me marcho para Washington con el propósito de continuar mis estudios de leyes en una universidad de aquella capital. Siento profundamente no haber tenido tiempo suficiente para despedirme de cada uno de nuestros compañeros del club.

En mi opinión, el club de Brooklyn es el que más armónicamente viene luchando por la personalidad del pueblo de Puerto Rico. Las demás asociaciones luchan con idénticos propósitos, pero en ninguna existe tanta hermandad. Por eso es que yo creo que Puerto Rico tiene en vosotros su más asiduo colaborador en defensa de los derechos de nuestra madre Isla. Es necesario que esos mismos entusiasmos no decaigan jamás.

Yo, desde la distancia que me separa de ustedes, les enviaré a través de las ondas del espacio todo el calor de mi patriotismo.

Y ahora lo único que les pido es que la frialdad de mi ausencia no sea razón suficiente para que Uds. me olviden.

Si alguna vez, mientras fui director del semanario "Puerto Rico", surgió en el curso de nuestras luchas alguna frase mortificante, yo deseo sostenerle una vez más, que yo lamenté la situación tanto como Uds. Un director de periódico muchas veces tiene que sufrir situaciones que aunque no hayan sido provocadas por él, tiene que hacerse responsable. Así es, que esto es todo cuanto deseo manifestarles ahora cuando parto.

Un abrazo para todos, un recuerdo muy sincero y una estimación muy honda les deja su amigo y compañero.

José Ortiz Lecodel

Se calló el periódico "Puerto Rico" y se desbandó aquel nido de oportunistas, pero no desapareció por completo, y su bla, bla, bla ha seguido filtrándose en toda la vida organizativa de nuestra colonia disfrazada en almíbar de distintos sabores.

La caída del Porto Rican Democratic Club Inc.

El prejuicio de razas también estaba latente ya en El Porto Rican Democratic Club Inc., como lo comprueba el hecho que después de su caída algunos miembros de la directiva tomaron el "charter" (certificado de incorporación), le taparon en donde decía "El Porto Rican Democratic Club Inc." y le pusieron "Reflejo Antillano", una organización recreativa en donde no permitían a gente de color, digo gente negra, porque de color eran casi todos.

En la noche en que El Porto Rican Democratic Club Inc. inauguraba su nuevo local con un regio baile que llenó de concurrencia y esplendor sus salones, un puertorriqueño que no pesaba noventa libras, llamado por sobre nombre "el cubanito"—buen muchacho cuando no tomaba alcohol—formó la de San Quintín. Como era querido en la barriada, se toleró más de la cuenta, y cuando quiso aplacarse, todo ya fue demasiado tarde.

Me limito a narrar que el presidente José V. Alonso durmió en la cárcel esa noche—Alonso, tal vez el temperamento más pacífico de toda la organización.

Después de este incidente, el club se dedicó más al juego del azar que a ninguna otra actividad.

Ya no era el cargo de presidente sino la plaza de coime la más ambicionada. El barato de las mesas de juego y la cantina era el orden del día; ya no había interés en ningún ideal ennoblecedor para Puerto Rico, ni para la colonia. Todo ideal, todo principio altruista pasó a ser lo que son hoy en la mayoría de las sociedades boricuas en esta ciudad: un antifaz para engañar a la gente buena y encubrir el motivo pervertido y puramente mercenario que anima a los directores sin escrúpulos que se han dedicado en Nueva York al "racket" de las sociedades. Sociedades con tal o cual ideal indefinido, pero que no son otra cosa que tabernas, "cabarets" sin licencia en donde una o dos veces en el año se llevan a efecto actos "patrióticos" o "culturales" para distraer la atención de las autoridades—el policía de la esquina recibe su propina de cuando en cuando—y de la gente honrada de la comunidad.

Como el negocio es su fin principal, insisten en cooperar directa o indirectamente con la maquinaria política más fuerte en su barrio. Esta controla la más alta corrupción y explotación del distrito y permite que estos pequeños clubes recojan las colillas de esta corrupción a cambio de su cooperación. Por estas colillas en las que está envuelta muchas veces la felicidad de un sin número de hogares puertorriqueños, estos degenerados disfrazados de apóstoles traicionan, venden y matan la fe de redención en su propia colonia, que al fin y al cabo será la redención de ellos mismos y de sus familiares.

Aquella masa heterogénea que había acudido a El Porto Rican Democratic Club Inc. con el corazón rebosando de sentimientos elevados y dignos de la especie humana se fue disgregando.

Los independentistas, nacionalistas y Vito Marcantonio

El independentista de esta época no pensaba como el nacionalista de años más tarde en cuanto a sus tácticas para combatir a los grandes monopolios yanquis. Seguían el ejemplo de su primer maestro contemporáneo, Don José de Diego, quien se negó a renunciar la ciudadanía americana en la famosa Convención del Teatro Miramar para así poder continuar como "speaker" (presidente) de la Cámara de Representantes en Puerto Rico y seguir combatiendo libremente la dominación americana en Puerto Rico. La alternativa era la de ser paria en su propia patria. También de ese modo podía continuar sus luchas pro-independencia por España e Hispanoamérica.

Según mi manera de ver, el nacionalismo puertorriqueño en sus primeros años, si bien fue un poco más agresivo que el independentismo de don José de Diego, ha sido mucho menos eficaz. Ya sabemos en donde están, sometidos a la impotencia, aunque sea temporal, sus mejores exponentes.

Aquí en Nueva York, sus tácticas de renunciar voluntariamente al derecho del sufragio por no considerarse ciudadanos de los Estados Unidos sino de la nación puertorriqueña, su deslindamiento voluntario de los problemas que tiene que confrontar diariamente nuestra colonia en su lucha por su existencia, por los problemas exclusivos de la isla de Puerto Rico, les hizo perder su contacto con las masas trabajadoras puertorriqueñas y americanas, que ellos odian también los monopolios que les oprimen por igual.

En la contienda electoral del año 1936, en la que el triunfo del Congresista Vito Marcantonio sobre James J. Lanzetta era de vital importancia para su causa de libertad política puertorriqueña, se encontraron que les hacía falta su contacto político con las masas borinqueñas en Nueva York; muchos de ellos no eran conocidos dentro del electorado en cuyas manos estaba la balanza política.

Hubo mucho entusiasmo momentáneo, tropel de energías, muchos mítines, pero faltó la coordinación entre todos aquellos esfuerzos antimonopolistas. Faltó el estudio de los pequeños detalles como, por ejemplo, el detalle de que James J. Lanzetta corría en el mismo "ticket" (papeleta) y con la misma insignia de un candidato presidencial muy popular en aquella época y que si no se instruía específicamente al electorado sobre este detalle James J. Lanzetta, se colaría dentro de la ola popular de Franklin D. Roosevelt. En la repetición de este descuido cifra toda su esperanza James J. Lanzetta en las próximas elecciones del 1940.

Pero afortunadamente hoy existe en Harlem un mejor entendimiento entre las fuerzas anti-monopolistas.

El Congresista Vito Marcantonio les ha demostrado a muchos nacionalistas puertorriqueños que aquí en los Estados Unidos hay americanos continentales que están dispuestos a luchar al lado de ellos por su libertad, cosa que era difícil hacerle comprender a un nacionalista puertorriqueño antes.

Tan pronto como el nacionalista puertorriqueño acabe de comprender el hecho básico de que la absoluta independencia de Puerto Rico depende principalmente de la clase de gobierno que exista en Washington, D.C. y que su garantía como nación independiente no estará asegurada jamás mientras existan potencias imperialistas que tienen por necesidad vivir de la rapiña de pueblos para explotarlos y mantener en la opulencia sus clases ociosas, viciosas e inhumanas, será mejor para la causa libertadora de nuestra isla.

Tan pronto como el nacionalista sincero de Puerto Rico, ante el ejemplo aún fresco en nuestras mentes de soberanías y fuertes, como Francia, Bélgica, Hungría, Checoslovaquia, Noruega etc., movidas del mapa como fichas de ajedrez por las fuerzas imperialistas que no respetan tratados internacionales ni ninguna clase de ética, se convenza de que la libertad, la paz y la felicidad de Puerto Rico y de todos los puertorriqueños está ligada íntimamente con la libertad, la paz y la felicidad del resto del mundo, entonces será más estrecho, tanto en Harlem como en Puerto Rico, el lazo entre los anti-imperialistas de corazón.

Creer en la honorabilidad de los gobiernos imperialistas hoy, cuando la barbarie mecanizada ha violado los más sagrados derechos de los hombres y de las nacionalidades, no deja de ser la más penosa de todas las locuras.

Hoy mismo está amenazada la integridad nacional de las repúblicas de Hispanoamérica por la glotonería imperialista. Si el nacionalista puertorriqueño espera alguna ayuda de estos pueblos para conquistar la libertad de Puerto Rico, me parece a mí que debe colocarse hombro con hombro con las fuerzas progresistas aquí en los Estados Unidos, que luchan por evitar que este pueblo entre en ninguna de estas guerras de conquista, y al mismo tiempo cooperar porque haya en Washington D.C. un gobierno progresista, un gobierno del pueblo que respete los derechos de las otras nacionalidades.

Entonces nada más . . . así como así . . . Puerto Rico recibirá su independencia porque los gobiernos del pueblo, no del pueblo teóricamente hablando como en las pseudo-democracias, sino del verdadero pueblo, en estos gobiernos las colonias no tienen razón de ser. Entre estas nacionalidades solamente estará garantizada la paz y la felicidad de las comunidades. Las colonias bajo las pseudo-democracias como Inglaterra y Francia representan una tragedia de humanidad explotada peor que en los tiempos de la esclavitud en donde el amo por lo menos tenía que cuidar su propiedad, manteniendo al esclavo en salud y fuerte para que produjera más. Las colonias bajo estas "democracias" son más bien un torrente de sudor y sangre, de hombres, mujeres y niños por el cauce desolador de la crueldad, hacia el océano de la holganza, la prostitución y el crimen, que son las metrópolis de los cortesanos.

Del mismo modo que los independentistas de ayer dejaron El

Porto Rican Democratic Club Inc. porque perdieron toda su esperanza en este club como instrumento para conquistar la libertad de Puerto Rico, también se alejaron de él muchos obreros con experiencia organizativa y activos propagandistas que vinieron a él a trabajar sin ninguna ambición personal. El Club se internaba cada día más y más en la política de maquinaria demócrata, la política del peseteo pre-eleccionario y del favorcito político. Los problemas sociales, las necesidades urgentes de las clases desheredadas no se mencionaban ya en el club.

Muchos de los fundadores creían que tenían ya a la colonia entre sus garras y empezaron a sacar las uñas. ¡Pero qué uñas, amigo mío! Se les cruzaban las navajas.

Jesús Colón y la Alianza Obrera

La primera organización obrera preponderantemente boricua que se formó en la ciudad de Nueva York se llamó "La Alianza Obrera Puertorriqueña".

Fue fundada en el año 1923 por Jesús Colón con la cooperación de Valentín Flores, Lupercio Arroyo, Eduvigis Cabán y más tarde Bernardo Vega, Juan Bermúdez, Gabriel Blanco y otros trabajadores, en su mayoría tabaqueros.

La Alianza Obrera Puertorriqueña llevaba a efecto sus actividades mayormente en la parte Este del bajo Harlem. Daba sus asambleas y fiestas en los salones de alquiler de aquella barriada y sus reuniones de directiva los domingos por la tarde en las residencias de Valentín Flores, Lupercio Arroyo o Eduvigis Cabán.

Llevó a efecto una asamblea en la Calle Sands, en Brooklyn, en la que habló Luis Muñoz Marín, cuando éste era líder socialista.

Jesús Colón y Bernardo Vega

Los boricuas que habían leído más sólido sobre los problemas obreros en aquella época eran, según mi rústico entender, Jesús Colón y Bernardo Vega. Estos dos cayeyanos trataron de orientar el movimiento obrero puertorriqueño en esta ciudad.

Bernardo Vega pudo haber escalado la posición política que él hubiese deseado allí en Puerto Rico, porque ya era lo suficientemente conocido entre todas las masas de trabajadores en la isla y su verbo fácil y sincero ya lo hacía destacar entre los pro-hombres del movimiento obrero en el período en que este movimiento empezaba a adquirir poderío en Puerto Rico. Pero la política de estómago nunca llamó la atención a Vega. El también pudo haber sido la figura política más popular en Harlem, porque llegó a contar con el respeto y el cariño de todas las esferas sociales dentro de nuestra colonia.

Bernardo Vega, como Jesús Colón, ha vivido siempre más adelante que su época. Este adelanto ha sido la causa de su atraso.

Jesús Colón en aquella época terminaba sus estudios de colegio en preparación para sus estudios de derecho más tarde en la Universidad de St. Johns, aunque en Jesús Colón el estudio es más bien un "hobby", o sea, una manía. Probablemente su biblioteca privada es la más completa y mejor documentada dentro de nuestra colonia.

Pero Jesús Colón y Bernardo Vega encontraron el terreno minado dentro de la misma Alianza Obrera. Había una de parlamentarismo entre aquellos obreros acabados de pulir, que las más de las veces por una "cuestión de privilegio" o "cuestión de orden" se estaba discutiendo toda la tarde y bien entrada en la noche. Aquel bizantinismo agobiaba a la asamblea, enfriaba la cena y el calor de la familia. Diríase que aquello era un sabotaje por obreros confundidos o pedantes.

También había dentro de ellos muchos obreros que estaban completamente bajo la influencia anarquista del Príncipe Kropokin, de Baukanine y Ferrer. Estos trabajadores se jactaban de ser más revolucionarios que nadie, y para probarlo no entraban en ningún arreglo que no fuese exactamente de acuerdo con la opinión de ellos.

Pero el elemento más disociador dentro de la Alianza Obrera Puertorriqueña eran aquellos ex-luchadores obreros que habían tenido la suerte de haber recibido un garrotazo de la policía allá en alguna huelga, aquellos que tenían algún "record" huelgario de allá en los cañaverales de Puerto Rico, pero que ya estaban bajo la influencia oportunista de Don Santiago Iglesias Pantín. Parados sobre su viejo prestigio, su personalidad se hacía inviolable. ¡Cuántas veces jóvenes entusiastas y honestos en la defensa de las clases trabajadoras, aunque sin experiencia política, se vieron obligados a bajar su frente en las asambleas ante las diatribas de estos desertores obreros que seguían usando su pasado para apoyar su presente vacilante . . . claudicante . . . !

Instruidos por los líderes pancistas del socialismo puerto-rriqueño, sabotearon toda tentativa inteligente y honesta de organi-zación obrera en esta ciudad.

Jesús Colón y Bernardo Vega, sacrificando sus propios bolsillos, compraron madera y, sin ser carpinteros ni mucho menos, hicieron bancos y establecieron la primera escuela obrera dentro de nuestra colonia; también esta escuela fue saboteada.

Bernardo Vega editó la revista "Gráfico", un semanario satírico-cómico-literario que era bastante progresista en su época, pero que revela claramente que todavía en el año 1927 el socialismo no era temido como una doctrina radical y avanzada entre elementos enten-didos en los problemas de la clase trabajadora.

La última actividad cívica dentro de la colonia de Bernardo Vega fue cuando un grupo de amigos lo sonsacaron para ver si con su integridad de carácter y popularidad podía revivir a La Liga Puerto-rriqueña e Hispana, pero ya era tarde. La Liga Puertorriqueña e His-pana hacía rato que estaba en manos del "undertaker".

¿Por qué don Abelardo Hernández no acababa de enterrar a aquella momia cívica? Ah, ya sé: estaba esperando que el diario "La Prensa" llamara a otro Congreso de Sociedades Hispanas, para sacarla a coger sol de nuevo, mandando sus delegados de ultra-tumba para que hablaran a nombre de la colonia puertorriqueña.

Bernardo Vega vive hoy una vida de anacoreta en su residencia en Long Island . . . más, por cuánto tiempo continuará cívicamente inactivo . . .

Jesús Colón ha seguido sus actividades organizativas dentro de las clases trabajadoras y por fin ha logrado con éxito fundar la primera escuela obrera de nuestra raza en esta ciudad. Con la coo-peración de la Orden Internacional de Trabajadores, todos los años su escuela gradúa de veinte a treinta trabajadores que pasan a tomar parte activa e inteligente en el movimiento obrero.

Jesús Colón es hoy el presidente de la Sección Hispana de la International Workers Order, Inc,. con mil ochocientos miembros hispanos, y Vice-Presidente del Comité de la Ciudad, de esta Orden

Fraternal de Trabajadores que tiene un total de miembros de todas las razas en los Estados Unidos que asciende a 163,240. Además, Jesús Colón es Presidente de la Vanguardia Puertorriqueña Inc. de Brooklyn, N.Y.

La Liga Puertorriqueña e Hispana Inc.

Como hemos visto, la importancia de El Porto Rican Democratic Club Inc., no consistió solamente en el hecho de que fuera la primera organización cívico-política puertorriqueña debidamente incorporada bajo las leyes del estado de Nueva York. Su importancia radica en que esta organización fue más bien la retorta en donde se dilucidaron las tendencias divisionistas que pasaron más tarde a ser "la no escrita" en las plataformas y los reglamentos de todas las sociedades que se han venido formando dentro de nuestra colonia.

No habido destino, debilidad o corrupción en estas sociedades subsiguientes que no fueron manifestadas en alto relieve en aquel primer intento de unificación puertorriqueña en esta ciudad. El Porto Rican Democratic Club Inc. fue el "kindergarden" político de los futuros líderes de la colonia; allí fue en donde se quitaron la máscara por primera vez los fariseos que más tarde una y cien veces han tratado de vender a nuestra colonia.

Después que desapareció este club, empezaron a formarse innumerables sociedades puertorriqueñas de distintas características, pero todas llevaban en sí la semilla de la división porque en su esencia siempre estaba la no-escrita en sus plataformas o reglamentos: la que nunca se le da publicidad, pero que está incrustada profundamente siempre en el corazón de uno o más de los miembros fundadores de estos engendros de sociedades cívicas, patrióticas, recreativas, fraternales o culturales.

La primera sociedad cívica de importancia y de gran renombre fue la Liga Puertorriqueña e Hispana, Inc. Ésta fue fundada en el año 1926 a raíz de una "cruzada heroica" de los puertorriqueños en contra de la raza más pacífica que convive en esta metrópoli, con la excepción tal vez de los chinos.

Hasta mi querido amigo Rafael Hernández compuso una plena

titulada "El Boricua se Fajó" para aprovechar toda aquella publicidad barata y emotiva que pusieron en juego los más hábiles demagogos de nuestra colonia con el fin de estremecer nuestras fibras más sensibles. Huelga decir que la avalancha de "borinqueños marchando hacia adelante" fue verdaderamente sorprendente. De Brooklyn salieron nuestros guapos con tubos envueltos en periódicos a buscar el lugar de los atropellos en contra de los nuestros. No encontraron nada.

Yo que siempre estaba metido en todo lo boricua, aunque en estos casos de lejitos, porque opino que los palos como la buena pintura y la música de lejos se aprecian mejor, tampoco vi ni oí nada. Pero por lo menos descubrimos para nuestra satisfacción personal que en caso de una verdadera necesidad, los puertorriqueños responderían en masa como gallardos varones por los fueros de su dignidad patria.

La Liga Puertorriqueña e Hispana Inc. atrajo a su seno lo mejorcito que había en oratoria, periodismo, administración y clase media en aquel entonces. Su oficina estaba bien organizada y amueblada. Tenía su biblioteca y salón de lectura y asambleas. Abundaba en periódicos y revistas. Su galería de hombres ilustres inspiraba respeto y devoción por las causas nobles.

Más tarde esta institución publicaba su "Boletín Oficial", que reflejaba sus actividades cívicas que fueron en esplendor y cultura la mejor de la época.

La Liga pagaba beneficios especificados en caso de muerte y dieta de enfermedad a sus miembros activos y tenía un servicio de clínica infantil para la barriada, que había conseguido de la municipalidad.

Pero sus cláusulas no escritas pronto se pusieron en vigor. Algunos de sus fundadores de antemano tenían la idea de vivir holgadamente a costa de esta clase de sociedades cívicas. Pronto se entendieron los elementos malignos dentro de su seno y formaron un eje dominador. Se nombraron jugosos salarios semanales.

Aquellos elementos de más influencia alrededor de esta clase podían "enfermarse" todos los años en la misma época y cobrar de la sociedad todas sus dietas por enfermedad. Los trabajadores y trabajadoras boricuas enfermos de verdad se les hacía difícil cobrar su dieta. Había "enfermos" que compartían sus dietas con el colector de las cuotas.

En otras palabras el sistema de seguros y dietas de esta organización era antiguo, ineficaz e inseguro. Estaba montado a base de amistad de compay y comay en lugar de cálculo matemático basado en tablas de mortandad y riesgo de salud y métodos científicos. No tenía un fondo bien calculado que lo respaldara; no era legal.

La corrupción latente en el corazón de algunos de estos miembros fundadores se hizo sentir en los desfalcos del tesoro de la institución.

También muchos de los oportunistas que simularon luchar abnegadamente en la formación de La Liga, lo que tenían en mente desde un principio era usarla como resorte para brincar hacia una sinecura o cualesquiera otra posición política. Desde allí Blas Olivera brincó a ser alcalde de la ciudad de Ponce, José N. Vivaldi a ocupar una sinecura aquí en Nueva York, pagada por el gobierno de Puerto Rico, una agencia que nadie sabía exactamente de lo que era, como no fuera la embajada política del Partido Socialista Puertorriqueño en Nueva York.

Estos "milagros políticos" acaecieron después de haber sido agasajado en el seno de La Liga Puertorriqueña e Hispana al entonces senador en Puerto Rico, don Santiago Iglesias Pantín, pero esto no era política. La Liga era una institución "cívica"; la política era otra de las cláusulas no escritas de esta sociedad.

Allí como en todas las sociedades puertorriqueñas; las cláusulas tácitas son las más fulminantes, las que perforan fatalmente el corazón de nuestras sociedades.

Ya dije anteriormente que La Liga Puertorriqueña e Hispana, Inc. era ya una momia cívica en manos de un agente fúnebre. Lo que yo deseaba saber exactamente era quién le debía más a quién, si la Liga al bueno de don Abelardo Hernández, que en paz descanse, o el tampeño don Abelardo a La Liga.

A La Liga Puertorriqueña e Hispana, Inc. (deseo hacer constar aquí que yo siempre me opuse a ese rabito de "e Hispana" que llevaba La Liga Puertorriqueña, por considerarlo superfluo) le siguieron un tipo de sociedades cívicas cuyas cláusulas no escritas eran de índole más peligrosa e inmoral que ninguna de las hasta ahora aquí descritas.

Sociedades cívicas

El anzuelo de estas sociedades era: "Esta es una sociedad para gente escogida solamente". Esto lo pasaban de oído en oído como un pase secreto. Naturalmente que este "misterio" despertaba la curiosidad entre nuestra gente ingenua. Una de las tentaciones que más esclaviza al escarabajo social "newly rich" (nuevo rico), al advenedizo, es la de pertenecer a la "gente escogida".

Pero lo peligroso, lo inmoral de estas sociedades era lo que ellos querrían decir por "gente escogida": puertorriqueños de piel blanca, piel que pudiesen pasar por indios, latinos o quemados del sol, por todo menos que africanos, la cuna de la civilización.

Tenían entrada en estas sociedades los grifos y los trigueños lavaditos, los "negros empolvados", como les llamó mi distinguido amigo, el blanco de verdad Manuel Ríos Ocaña.

Ni la decencia, ni el carácter, ni la mentalidad del individuo era un factor importante en este mercado de todas las prostituciones. Las rameras anglosajonas, que ya habían rodado por todos los lupanares de la ciudad, eran aduladas con más reverencia que a nuestras propias mujeres en estos santuarios erigidos por mestizos y "españoles de Nuvia", para adorar a la piel blanca . . . todo porque un grupo de puertorriqueños renegados querían hacer un contacto más íntimo con los grandes políticos yanquis, deseaban divertirlos y arrodillarse ante ellos en sus propias asociaciones.

Pretendían hacerse los representantes de la aristocracia puertorriqueña en Nueva York. Llegaron hasta a pretender engañar a la misma aristocracia de Puerto Rico.

Esta bajeza del espíritu inyectó el prejuicio de razas de una manera cruel dentro de la familia boricua. Se dieron muchos casos en que en una misma familia borinqueña unos eran más claros y otros más obscuros y, por ende, unos podían pertenecer a estas sociedades "cívicas" y otros no. Hogares que habían vivido felices por muchos años, de pronto el esposo o la esposa descubría que él o ella era negra y abandonaba a su hogar y a sus hijos. Si la madre de estos impostores era cargada de color, podía estar segura que nunca la mandarían a buscar a Puerto Rico. Si ya estaba aquí y, como por lo regular no entendía el inglés perfectamente, la hacían pasar como la criada de la casa. Muchas veces le decían a estas buenas viejecitas que era todo por su bien . . . y ustedes saben muy bien como son las madres . . . un sacrificio más.

Lo más bochornoso del caso es que los americanos blancos ya sabían como éramos nosotros, y era nuestra manera de ser diferentes a ellos lo que precisamente les despertaba su interés y respeto a nuestra raza y a nuestras instituciones—mientras estos mutiladores de razas insistían en presentarnos a ellos artificialmente, como no éramos nosotros en la vida cívica allá en Borinquen.

Debo hacer notar también que estas sociedades no eran casinos sociales, como existen en Puerto Rico tradicionalmente. Allá siempre ha habido casinos con el fin exclusivo de contacto social y actividades recreativas.

Aquí detrás de cada una de estas sociedades de "gente escogida" siempre hay un "racket", personas sin escrúpulos con el fin de explotar al elemento sano y trabajador y usarlo engañadamente como frente político. "Sin hacer política", los personajes de influencia política en Puerto Rico, y aquí en los Estados Unidos, son agasajados y adulados en el seno de estas "sociedades cívicas". Al magnate político se le llena el ojo con el número presente en los festivales "cívicos"; su imaginación comercializada no ve sino electores en toda aquella "gente escogida".

No se ha dicho nada directamente sobre política, pero el magnate político tácitamente reconoce al presidente de esta sociedad "cívica" como el hombre de peso en el barrio, como el líder de los puertorriqueños. Mientras tanto, él no se debe a nadie, no está sujeto a promesas realmente cívicas. Lo que consigue en pequeños favores es exclusivamente para él y sus familiares: protección para las actividades ilegales de su club, de su sociedad para gente escogida.

Estas "sociedades cívicas" no están obligadas a declararse abiertamente por ningún ideal político especificado; de este modo no importa quién triunfe, ellas invitan "socialmente" a su seno al candidato triunfante.

Por esta razón cuando hablan de libertad y de derechos ciudadanos lo hacen con mucha precaución. La igualdad y la democracia la discuten en sentido abstracto. Sus constituciones son pura retórica, mera teoría, abarcan todas las necesidades y las aspiraciones de toda la humanidad, pero sin hacer hincapié en ninguna; todo esto es para un futuro problemático.

Son como los patentados curalotodo que se anuncian para curar la jaqueca, el corazón, el estómago, el hígado, los riñones, los callos y la calvicie y al fin y al cabo son una agüita amarga con mera etiqueta. De manera que el pancismo político guía a los directores de estas sociedades.

Mientras ellas "sin hacer política" reciben el reconocimiento de los magnates políticos de allá y de acá y los favores que trae consigo este reconocimiento, los miembros gastan todo el fruto de su trabajo esclavizados en "laundries", hoteles y factorías en ostentar su categoría de "gente escogida". Sus actividades secretas de "alta sociedad", o sean, sus actividades de sonsacar a más gente honrada de sus hogares para que tengan el "privilegio" de pertenecer a esta "gente escogida", no les deja tiempo ni entusiasmo para pensar en sus propios problemas económicos en su inseguridad social.

Hablarles de los problemas del trabajador cuando están bajo la droga de la "alta sociedad" es insultarles, herirles en su amor propio.

¿Ha sido usted alguna vez despertado bruscamente en el momento en que usted soñaba que era el hombre o la mujer más feliz del mundo? Pues, su estado malhumorado no se puede comparar aún con el estado bilioso de esta pobre gente cuya ignorancia ha sido encaminada por el callejón del odio contra sus propios compañeros de faena.

Los directores de estas sociedades de grifos y mulatos, cuyas facciones negroides están gritando lo que son, eliminan de su seno al negro retinto boricua por más decente e inteligente que éste sea, primero porque ambicionan explotar también a la ignorancia prejuiciada blanca de este país, a la que le venden nuestra rumba y nuestra conga envasada por ellos, y segundo porque de este modo eliminan de su seno la competencia intelectual e ideológica, ya que según eliminan al negro también eliminan al blanco progresista a quién le repugnan todos estos prejuicios y puede desenvolverle su pastel. Al blanco le dan bola negra por cualquier otra razón que se les antoje.

De modo que estas sociedades no solamente son un insulto constante para el elemento decente de la raza negra, sino que también son una amenaza permanente para el elemento blanco digno y de ideas progresistas. También son una mofa y ponen en ridículo a la verdadera clase aristocrática de Puerto Rico, que dígase lo que se diga, es fina, culta, sencilla, sin ser arrogante, jactanciosa y vulgar.

Estas sociedades en Nueva York trabajan solapadamente en su injuria mercenaria en contra de sus compatriotas; por esta razón siempre llevan un nombre patriótico, un nombre que implique confraternidad.

La primera de este tipo de sociedades se llamó "Porto Rican Brotherhood of America Inc.", o sea "Hermandad Puertorriqueña de America Inc.", fundada el 3 de noviembre de 1923 e incorporada en febrero del año 1927. Después, a ésta le han sucedido muchas más, todas calcadas con más o menos analogía.

Hoy son una plaga que infectan el movimiento de liberación puertorriqueña y neutralizan toda manifestación de progreso auténtico dentro de nuestra colonia.

La organización fraternal y consciente de las masas trabajadoras en completa unión con nuestros profesionales progresistas y demás miembros clasificados de la clase media es el mejor antídoto en contra de esta llaga social.

En Brooklyn, la primera sociedad de esta índole se llamó "Reflejo Antillano", fundada con el "charter" robado y falsificado de "El Porto Rican Democratic Club Inc." El robo y el fraude como base fue "natimuerto".

Más tarde en el año 1934 trató de levantarse en Brooklyn otra con bombos y platillos, en cuya fiesta de inauguración estaba presente "sin hacer política" el Congresista del distrito Hon. John J. Delaney. Esta tenía por nombre "Unión Cívica Puertorriqueña". El desprecio y la protesta de las familias puertorriqueñas de Brooklyn, después que se dieron cuenta de sus tendencias bastardas y antipatrióticas, le obligó a cerrar sus puertas.

Naturalmente que durante estos primeros años de nuestra historia organizativa existían personas bien intencionadas en nuestra colonia que trataban de resolver el problema de su inseguridad económica y social con equidad y sin prejuicios mezquinos.

Entre las sociedades más conocidas, de auxilio mutuo y de carácter fraternal formados entonces y que aún existen, están La Razón, La Aurora y Amparo Latino. Estas sociedades en sus primeros años de existencia sirvieron a la colonia adecuadamente, como mejor pudieron hacerlo. Hoy se han estancado, unas veces por conservativismo y otras porque se han desviado de su misión original de tratar de resolver el problema de inseguridad económica y social que agobia diariamente a los miembros que fueron a ellas en busca de la solución de estos problemas. Era lógico que esta indiferencia por estos problemas vitales para aquellos miembros que tienen que trabajar como única fuente de subsistencia crearía también la misma indiferencia en sus asociados para con estas organizaciones.

Dentro del movimiento fraternal existieron también muchas logias clandestinas que desde su principio se dedicaron a explotar a nuestra colonia, que creía que estas logias tenían por lo menos el grado de fraternalismo o integridad existente en las logias reconocidas allá en Puerto Rico.

Comercializaban con los grados y títulos rituales. Se usaba el misterio y el ritualismo para explotar las emociones de pobres trabajadores a los que surtían de insignias y regalía por precios exorbitantes. Perdía allí el trabajador su tiempo y su dinero, cargado de grados, títulos e insignias que en la logia tenían un gran valor simbólico, abstracto, pero que en la factoría el otro día o en la bodega no tenían ningún valor práctico. Él era superior en grados a su jefe y hasta podía darle órdenes, con más espada que Napoleón, por la noche en las teñidas. El otro día en la fábrica o negocio, el jefe era el que mandaba. . . muchas veces la escoba tomaba el sitio de la espada simbólica. Seguía esclavizado siendo "noble", y habiendo visto la "luz" vivía en las tinieblas de las causas fundamentales que causaban su miseria. Había sido sometido a la impotencia para defender sus derechos como trabajador, y como ciudadano. La causa de la unificación puertorriqueña, sobre una base progresista para dignificarlo como trabajador, le había perdido, tal vez para siempre.

Sin embargo, hoy el fraternalismo dentro de nuestra colonia está tomando otro rumbo. Esto es camino hacia su origen, hacia su causa, hacia su motivo básico, que fue siempre, desde las primeras sociedades fraternales que existieron en Grecia y en Roma, el deseo de resolver la inseguridad económica y social entre aquellos miembros de la comunidad cuyos jornales o salarios no eran suficientes para ahorrar lo bastante para el caso de enfermedad, desempleo o muerte, de ellos o de algún familiar.

Claro está que la seguridad económica y social del individuo envuelve el desarrollo de la humanidad, problemas de higiene, de horas y condiciones de trabajo, de vivencias sanitarias, de alimentos puros, de educación, etc., y que estos problemas muchas veces están en conflicto con los interés de las plutocracias o de las oligarquías. Estos conflictos están íntimamente ligados a través de su historia al movimiento fraternal. Las persecuciones de los masones, de los gremios de trabajadores, de las sociedades de amigos en Inglaterra y de las innumerables logias en América, que estuvieron identificadas con el ardor de la independencia de las trece colonias y despúes en la emancipación de la esclavitud y en las luchas obreras especiales en las minas de Pensilvana, han sido la verdadera tradición y la gloria del fraternalismo.

Masón quiere decir albañil. Los albañiles eran los artesanos más adelantados y progresistas en los albores del fraternalismo porque estos fabricantes de catedrales, palacios, museos, mausoleos, etc. visitaban todas las grandes capitales y ciudades más importantes del mundo civilizado y estaban en constante contacto con las últimas corrientes progresistas.

Al principio no tenían oposición alguna sus sociedades florales, o para comprar coronas y ayudar en casos de enfermedad o muerte; eran toleradas por las clases nobles y las oligarquías porque así pagaban ellos menos contribuciones y no tenían ellos que enterrar o ayudar a enterrar a los pobres. Pero los masones o albañiles no pararon allí. Pronto principiaron a organizarse a base de gremios obreros en donde discutían también sus problemas económicos y sociales en conflicto con la nobleza y las oligarquías. Y llegó la persecución de los masones, teniendo éstos que reunirse clandestinamente en las catacumbas, ruinas, lugares secretos y usar palabras y toques de pase de verdad. Se trataba de vida o muerte.

Hoy todas esas ceremonias y esos misterios son pura filfa, pantomima, negocio, escalera trasera para subir a oportunidades, ineptos pero "obedientes", prestos a toda genuflexión. Las logias fraternales que son una excepción a esta regla son perseguidas, estigmatizadas, miradas con recelo.

Verdaderamente las plutocracias y las oligarquías invadieron el fraternalismo para ponerlo a su servicio, cambiando su fin básico por un fin de simbolismo inofensivo para sus intereses, ya que ellos no necesitaban unirse a las logias de los trabajadores para procurarse una dieta de seis o diez dólares en caso de enfermedad.

Pero tan pronto como los trabajadores se han dado cuenta de esta adulteración, les han abandonado estas logias aburguesadas a las plutocracias y oligarquías o a sus agentes "amamantados" y protegidos, y forman gremios o movimientos fraternales que sirven exclusivamente a sus intereses como trabajadores.

La bolita y los boliteros boricuas

La campaña presidencial del año 1928 trajo un nuevo factor dentro de los puertorriqueños que jugó un papel importante por un lapso de tiempo. Este nuevo factor fue "la bolita". La bolita, o sea, la lotería clandestina de los números, como le llaman generalmente (policy game), había favorecido a un número de puertorriqueños e hispanos, que tornaron su vista hacia la política en la creencia de que su negocio prohibido tendría mayor protección policíaca de este modo.

El bolitero boricua en la política es un tema escabroso para analizar, porque ha sido el gastado tema de los moralistas profesionales y de los reformistas que se niegan a reconocer el factor económico como la única causa detrás de todo mal social. El juego de azar, el vicio de bebidas alcohólicas y la prostitución tienen su base en la pobreza, y ésta es producto del sistema en que vivimos. Estos hábitos no podrán hacerse desaparecer con leyes fabricadas de la noche a la mañana. Sino con un cambio de raíz en el sistema social en que vivimos, seguido de una intensa educación de las masas. Queda esto probado, sin dejar lugar a dudas, por toda la legislación inútil que se ha puesto en práctica en este respecto por años y siglos. Ni el sistema en que vivimos, ni las instituciones respaldadas por él, les conviene el admitir esta verdad axiomática porque alteraría la vida regalada en que viven las plutocracias y las oligarquías tradicionales. De manera que les dan otra interpretación artificial y artificiosa al vicio clandestino, mientras otorgan el vicio "legalizado" del que ellos mismos son parásitos.

No se oponen al vicio por principio moral sino por principio comercial, como lo demuestra hoy el negocio del "bingo" y el de las rifas en los templos religiosos, que nunca atacan tampoco, nada más que en sentido teórico. Ni tampoco especulaciones de la bolsa en Wall Street, ni el juego trágico de los monopolios con la salud y la vida de los que viven honradamente de su trabajo.

El moralista profesional combatió al bolitero puertorriqueño no por principio moral sino porque el centavo o el peso que enriquecía al bolitero faltaba en el cepillo, en la colecta "religiosa" o "fraternal". El reformista a sueldo lo atacó para evitarse de este modo el tener que atacar al "racket" gigantesco para quién él trabajaba, directa o indirectamente, ya que el camino hacia el infierno tiene muchas veredas.

Algunos puertorriqueños los atacaron con sinceridad, porque desconocían la estructura económica de los grandes monopolios y de las compañías industriales que son unos "rackets" más poderosos y mucho más peligroso que el "racket" de la bolita. La bolita no es ni "chicken feed" (comida de pollitos) comparada con las monstruosas especulaciones de las altas finanzas.

Otros borinqueños odiaban al bolitero puertorriqueño más por envidia personal que por principio de ética. Solamente les molestaba que un "banquero de bolita", a quien allá en Puerto Rico conoció como una persona humilde, aquí aparece con un automóvil de último modelo a su frente y su nombre figura en sitios prominentes dentro de esta sociedad, que después de todo, está montada a base de "rackets" con más o menos ceremonias.

Estos "enemigos" nominales de los boliteros boricuas tenían que atacar a alguien para guardar las apariencias, por razones múltiples, y el más fácil de atacar era su compueblano a quien conocían personalmente y en cuyas casas comían muchas veces y hasta les debían un sin número de favores. A estos nacidos en Puerto Rico, tan puros, usted los llamaba a cooperar con una causa noble y nunca los encontraba: se evadían por la tangente; se volvían, todo excusas.

La equivocación más grande que cometió el bolitero puertorriqueño fue la de meterse en política. Todos aquellos boliteros puertorriqueños e hispanos que figuraron prominentemente en las campañas electorales fueron a parar a una prisión federal, o del estado, son hoy fugitivos de la justicia o han vuelto a parar a las filas de las masas trabajadoras y del desempleo, con muy raras excepciones. Aquellos que siguieron en la oscuridad, pagando su protección directamente a la policía, aún continúan con más o menos libertad y prosperidad.

En último análisis, el bolitero puertorriqueño no fue otra cosa que un trabajador boricua que se cansaba de dar bandazos por las calles de la ciudad, rodando por los empleos peor pagados y más detestables, que son los que consigue generalmente nuestra raza discriminada. Este extrabajador terminó por rebelarse en contra de la ley y prefirió exponer su propia libertad y su propia vida a cambio de cierto grado de prosperidad que disfrutaban "legalmente" otros violadores de la ley con más influencias y más "honorabilidad" que ellos. Pero como eran mayormente personas sin preparación escolar avanzada, cuando se encontraron más o menos ricos, no supieron usar su dinero con inteligencia y se dejaron adular por los intelectualistas y la pseudoaristocracia que en su fuero interno los despreciaban y los explotaban llenándole la cabeza de humos y de vanidades. También usaban el arma poderosa del sexo.

No tenían ellos la visión de ver que al entrar en la política, atraerían sobre sí, tarde o temprano, toda la furia de sus adversarios políticos y que ellos estaban parados en falso. Creyeron que Tammany era inexpugnable. La historia de todos los poderes entronizados por efectos negativos les hubiera enseñado lo contrario. Confiaron mucho en sus "amigos políticos" del continente. Ignoraban que estos amigos políticos de maquinaria, cuando vieran malas y no buenas, les abandonarían, les negarían como San Pedro, porque la moral del político de maquinaria es aquélla de "quítate tú para sentarme yo" y la de "sálvese el que pueda".

Mientras la maquinaria demócrata de la ciudad marchaba bien y había abundancia, los políticos continentales con ambiciones, que vivían pegados del rabo del tigre de Tammany, se asociaron con nuestros boliteros. Les hicieron creer que estarían siempre seguros en su "racket" y hasta les hicieron acariciar sueños de poder y de prestigio político, cuando el poder y el prestigio político lo querían conquistar ellos para sí mismos, con el dinero de nuestros boliteros y con los votos que estos "banqueros" de bolita pusieron a su disposición para llenarle el ojo al "boss" (jefe) político.

Vinieron las investigaciones de esta maquinaria política "que ya había tocado fondo". Después cesó la prohibición, los "racketeers", los "gangsters", los pistoleros; quedaron sin empleo y se vieron obligados a buscar nuevos "rackets".

Siempre la soga rompe por lo más delgado. El juego de la bolita que estaba dominado por los boricuas y los hispanos pasó a manos de otras razas con más dinero y mayor influencia política, y que eran inmigrantes más viejos y estaban más arraigados que los puertorriqueños aquí. Para conseguirlo, metieron a los "banqueros puertorriqueños" a la cárcel; fueron metidos en la prisión por fiscales que les debían su elección a estos mismos banqueros de bolita puertorriqueños.

Ahora estos políticos que explotaron y después traicionaron a los boliteros tienen el nervio de decirles que la culpa de que ellos fueran a la cárcel la tienen sus compatriotas los puertorriqueños porque estos están abandonando la maquinaria demócrata. Pretenden de este modo todavía usar a esta gente que ellos han explotado y traicionado para que riñen entre sí, se dividan y obstaculicen la unificación puertorriqueña sobre una base boricua.

Al invadir la política, el "bolitero" se echó encima a otro antagonista muy peligroso; éste era cobarde, hipócrita y traicionero. Este "buscón sonoro" fue el intelectualista al servicio de la semiaristocracia boricua en esta ciudad, que tenía ambición política, pero no podía alternar con el "bolitero" porque éste contaba con la plata. Es decir, aquél trataba de anular al bolitero usando el anónimo en contra del mismo bolitero que lo "peseteaba" de cuando en cuando, también usando la demagogia barata de predicar la moral en B.V.D.

En el año 1927 ya había algunos boliteros puertorriqueños e hispanos ricos, que si se hubiesen retirado entonces, hoy estuvieran viviendo cómodamente allá en su país natal. Pero "se dejaron correr la máquina"—se dejaron engañar por la rabiza del tigre de Tammany Hall—y entraron en la política de maquinaria que no era su "racket", y con los dados siempre cargados en contra de ellos, implacablemente llevaban la de perder.

Ya las masas trabajadoras habían perdido la fe en los clubes políticos. No creían que valía la pena pagar una cuota para mantenerlos, ya que no representaban para ellos ningún beneficio práctico. Por la misma cuota una compañía de seguro o una sociedad benéfica les prestaba beneficios tangibles.

El único favor político que prestaba Tammany a los puertorriqueños era sacarlos de la cárcel cuando los necesitaba fuera de ella. De modo que aquel boricua pacífico que nunca iba a la cárcel no tenía que esperar ningún favor político.

Tammany no creía en proporcionarle trabajo estable y digno a los borinqueños, porque esta estabilidad crea hogares constituidos permanentemente en una barriada que más tarde puede ser la balanza que decida unas primarias en unas elecciones reñidas. Prefería darle estabilidad a su gente que ya tenía segura de su parte y lidiar con electores en continuo asecho, con electores delincuentes, siempre agradecidos a ellos, y a quienes podían meter de cabeza en la cárcel cuando había que dar una demostración pública de "saneamiento social" o de "reforma cívica", especialmente si éstos ya no tenían grandes cantidades de dinero que aportar, o su uso para la maquinaria ya cumplió su misión.

La maquinaria política controlada por Tammany Hall nunca reconoció durante esta época pionera política de nuestros paisanos a ningún líder de los puertorriqueños, como mucho más tarde fue obligada a reconocerlo en el distrito 17 de Harlem en Tony Méndez.

Durante el período que nos ocupa, los dirigentes políticos más prominentes le decían astutamente a nuestra gente, "Para demostrarles nuestros puros sentimientos democráticos hacia ustedes, cualesquiera de ustedes a cualesquiera hora, las puertas de mis oficinas estarán siempre abiertas para servirles". Esto quería decir que el puertorriqueño no necesitaba quien lo representara, ya que él mismo iba y era atendido. ¿Para qué la unión bajo un solo representante, con personalidad política, reconocido y en posición de reclamar los derechos de nuestra colonia a la par con los demás conglomerados?

Otra debilidad que teníamos para unirnos era y es que el boricua puede retornar a Puerto Rico, cuando y como le venga en gana si las cosas no le van del todo bien de momento. No está obligado como los otros inmigrantes a permanecer en este país so pena de negárseles de nuevo la entrada. ¿Para qué clubes políticos? Casi todos pensábamos regresar tarde o temprano a nuestra patria.

También, aún no habíamos derramado nuestra sangre en grandes cantidades como en la Segunda Guerra Mundial y en Corea, para poderle hablar de tú a tú a los conciudadanos del Norte.

Pero miremos más de cerca este complicado andamiaje sociopolítico.

El "banquero de bolita", al igual que el profesional y el hombre acomodado puertorriqueño que se había dejado picar por la mosca, cantaría de Tammany; si quería adquirir prestigio político, tenía que comprarlo. Y así fue: alquilaban toda una casa y la amueblaban en forma de club. Después llamaban a la colonia y le decían filantrópicamente, "Ahí está eso muchacho, es suyo y mío. Yo no quiero nada, ustedes no tienen que pagar renta, ni luz, ni gas, y de cuando en cuando si necesitan dar alguna que otra fiesta, resérvenme veinticinco o cincuenta "tickets" (boletos) o hasta cien, que yo me hago responsable de ellos. Si ustedes quieren poner una pequeña cuota mensual o al año para gastos de correspondencia etc., allá ustedes. Ustedes pueden elegir su propia directiva entre ustedes, a su gusto . . ."

¿Queréis proposiciones más ventajosas para aquellos que estaban ansiosos de organizarse . . . ? Pero, sí, existían muchos peros. El primero y más importante era que este club aparentemente inofensivo y patriótico no era otra cosa que una casa de juego con su barato correspondiente, o un baile continuo de negocio. Su fundador o fundadores en realidad lo que buscaban era un frente de buena reputación, para ocultar detrás de él sus desiguales meramente mercenarios.

Pero sucedió lo que tenía que suceder: los rivales políticos de éstos mandaban la policía con frecuencia al club, y éstos arrestaban a los que jugaban, y a los que no jugaban, aunque fuera un arresto temporal con el solo propósito de amedrentarlos. De este modo muchos miembros se alejaban del club. La policía muchas veces la mandaban desde el mismo club que fingía ser amigo de los puertorriqueños, para así debilitarlo. No veían con buenos ojos el crecimiento de otro club en el mismo distrito.

Sin embargo, estas sociedades políticas en el apogeo de su gloria agasajaron en su seno lo más ganado de la intelectualidad puertorriqueña. Fueron la Meca de doctores y juristas ilustres, autores y periodistas de fama bien sentada en nuestra isla. Dictaron en ellos conferencias y debatieron puntos de interés colectivo. Los más notables artistas borinqueños en todos los ramos visitaron y expusieron su arte en estos salones.

Cuando las directivas de estos clubes fueron progresistas, astutas y desinteresadas, le buscaban el lado flaco a estos prósperos boliteros e hicieron de estas organizaciones instrumentos de cultura, beneficencia y combate cívico. Durante los huracanes que azotaron a Puerto Rico, durante el predominio en la colonia de estas instituciones políticas, nadie contribuyó con más rapidez y abundancia que los comités organizados en cooperación con estas organizaciones.

En la primera visita de los hermanos Figueroa a esta metrópoli, cuando fueron casi ignorados totalmente por la semiaristocracia puertorriqueña, estos clubes les brindaron toda clase de atenciones. . . . Sí, estos clubes de gente baja, como le llamaban por atavismo otras clases infelices nuestras que no hacen nada por enardecerlos, como no sea el despreciarlos con pedantería e ignorancia de causa.

Pero la deuda mayor que tenemos contraída con estos clubes de apariencia política fue el que evitaran el crecimiento dentro de nuestra colonia de aquellas sociedades, "de gente escogida", anteriormente descritas, que decían ser apolíticas y practicaban una política solapada en sus círculos, que eran más bien una cloaca de prejuicios y de prostitución aristocratizada. Eran fundadas por listos brujos y tenían todos los vicios de los clubes políticos fundados por los "banqueros de bolita" sin ninguna de las virtudes, del arrojo y el puertorriqueño de los "boliteros". De este modo, se usó la maldad para combatir una maldad más peligrosa que era el comercio del prejuicio de razas, por un mulatismo sin escrúpulos en confabulación con el semiintelectualismo dentro de una pseudoaristocracia que hubiesen hundido para siempre a nuestra colonia en un odio fratricida, para felicidad de todas las fuerzas reaccionarias.

En aquella época la colonia estaba al garete, a merced de toda clase de oportunistas boricuas y extranjeros; era pasto de los intelectualistas que con su demagogia trataban de embaucarla y venderla. Los patriotas se confundían con los traidores. No estábamos acostumbrados todavía a ver a los ladrones con levita, vestidos como personas decentes—fuera de las novelas, por supuesto. La lucha era de emboscada. Había que atrincherarse como quiera y en dondequiera.

El enemigo más grande de la colonia puertorriqueña nunca fue el bolitero boricua, como insisten en hacerlo creer a la colonia los más crueles moralistas y patrioteros que la traicionaban y la envilecían a cada instante. Estos últimos fueron fuertes de inteligencia malsana y débiles de corazón; aquellos, los boliteros, fueron fuertes de corazón y débiles de inteligencia. Por falta de inteligencia, y de estudiada malicia, el bolitero se dejó y se deja aún usar de instrumento por las fuerzas reaccionarias.

Joaquín y Jesús Colón,
1918.

Postal enviada por
Joaquín Colón a su
madre en 1918.

Joaquín Colón con sus compañeros en la estación de correos, Borough Hall.

Despedida de Joaquín y familia en 1947 por amigo venezolano.

El congresista Vito Marcantonio con Joaquín y Jesús Colón, 1944.

Joaquín Colón y la Liga Puertorriqueña e Hispana de Brooklyn.

Banquete en honor de Joaquín Colón, 1946.

Organizaciones cívicas y clubs puertorriqueños

El De Hostos Democratic Club Inc.

El primer club controlado por "banqueros de bolita" se fundó a fines del año 1927 en el Condado de Brooklyn, ciudad de Nueva York. Este se llamó el "De Hostos Democratic Club, Inc." Se organizó en la barbería del maestro Armando, entonces situada en el número ochenta de la Calle Nassau. La mayoría de los miembros fundadores fueron miembros del viejo Porto Rican Democratic Club Inc.

Los "banqueros de bolita", que más tarde lo respaldaron y le montaron un local en el número noventa y tres de la Calle Nassau, fueron Octavio Jordán, mejor conocido por "el cubano loco", y Candelario Andino, conocido por el Sullivan y Charles Brown.

Este club más tarde fue trasladado al número ciento quince de la Calle Johnson y fue la primera organización puertorriqueña que le declaró la guerra a un club regular de Tammany Hall en unas primarias. Entonces la candidatura más cerca del electorado en los distritos era la del "alderman", o sea, la del concejal municipal, quien atendía por las noches en su club las peticiones del electorado.

El alderman de la maquinaria política, o sea, del club regular demócrata "Seawanhaka", era Patrick MaCann. Nosotros ya estábamos cansados de sus evasivas e incumplidas promesas. También se rumoraba que sus casas en el distrito no se las alquilaba a los puertorriqueños.

Había otro irlandés de nombre George Donavan que tenía su propio club "social" y contaba con un grupo de seguidores. Él trabajaba en los muelles y era un agitador y un peleador de verdad. Estaba disgustado con el club regular del distrito, al igual que nosotros, y se presentó como candidato en unas primarias en contra de Patrick McCann.

El De Hostos Democratic Club, Inc. respaldó a George Donavan. Solamente dos miembros de la directiva se negaron a seguirnos: la señora Dolores Chico y Bonifacio Avilés.

Organizamos una magna parada de ochenta y cinco automóviles con antorchas y recorrimos las principales calles del primer distrito. Por primera vez, los puertorriqueños hacíamos públicamente una demostración de fuerza política. Esta impresionante manifestación de automóviles no hubiera sido posible sin la cooperación directa de los "banqueros de bolita", que movilizaron todos sus carros y los de sus agentes o "runners" y les llenaban completamente gratis los tanques de gasolina a los demás carros que participaban. También unieron sus automóviles muchos profesionales y comerciantes prósperos.

George Donavan perdió las primarias, pero hizo temblar al club regular Seawanhaka. A él lo hicieron "deputy" (diputado o vicario) del Departamento de Incendio, con su oficina en el ayuntamiento de Brooklyn. Un día yo fui a verle y me preguntó como se escribía "municipal building", teniendo su oficina allí mismo.

¿Qué sacamos nosotros los puertorriqueños? Pues, le perdimos el respeto al tigre de Tammany. Le demostramos que no les pertenecíamos a ellos como un rebaño sin conciencia propia. Y principiamos a inclinarnos hacia las fuerzas liberales demócratas que más tarde pasaron a hacer el Nuevo Trato, la cocora de Tammany Hall.

Dimos un paso hacia la izquierda demócrata a ciencia y paciencia de los "banqueros de bolita". Tal vez los boliteros tendrían sus razones especiales, pero nosotros los dirigentes del De Hostos teníamos y aún tenemos las nuestras en un alto plano ideológico.

Fue el primer presidente del De Hostos Democratic Club, Inc., Joaquín Colón López.

El título que le daba notoriedad a los "benefactores" del club, como también una autoridad tácita ilimitada, era el de "Miembros Ejecutivos". Este título aparecía en sitio prominente del membrete—algunas veces en inglés, "Executive Members". En realidad, lo que esto quería decir era que los que llevaban este título tenían que pagar la renta, la luz, el gas y demás recibos y exigencias financieras.

Durante la edad de oro de la bolita, estos Miembros Ejecutivos eran más bien una especie de Santa Claus. Yo me siento inclinado a bautizar a todas estas organizaciones como clubes de los Santa Claus. Estos Miembros Ejecutivos no tenían que ser todas las veces "banqueros de bolita"; en muchas ocasiones eran profesionales o personas acomodadas puertorriqueñas, hispanas o sajonas; lo esencial, era que fueran una especie de Santa Claus. Y éstos tenían sus secretas ambiciones políticas o de otra índole.

Para conocer de manera objetiva la estructura y el alcance sociopolítico de éste y otros clubes creados más tarde por este estilo, veamos una fotografía y leamos una crónica descriptiva de dicha foto.

Esta crónica aparece en el número veintitrés, año dos de la revista semanal "Vida Alegre", publicada en Nueva York, el día dieciséis de agosto del año 1931.

Banquete celebrado por el De Hostos Democratic Club Inc. de Brooklyn En Honor al Dr. Leopoldo Figueroa

El viernes se llevó a efecto un espléndido banquete en honor al Dr. Leopoldo Figueroa quien se encuentra en esta ciudad de paso para Puerto Rico después de haber asistido al Congreso Médico Pan Americano que se celebró en la ciudad de Méjico.

El banquete tuvo lugar en el De Hostos Democratic Club de Brooklyn ofrecido por el Sr. Candelario Andino, leader del distrito.

Abrió el acto el Sr. Abelardo Hernández, presidente del De Hostos. Hizo la presentación del Dr. Figueroa y al mismo tiempo diciendo del Sr. Andino que no desperdiciaba ocasión de presentar ante los puertorriqueños de esta ciudad a todas las figuras de relieve de nuestra isla. Dijo del Sr. Andino que es uno de los puertorriqueños en Nueva York que hace honor a la tierra que nos dio vida y a él se debía el honor de tener entre nosotros al ilustre Dr. Figueroa.

Tocóle el turno al Sr. Luis Torres Colón. Dijo que hace diez años la personalidad puertorriqueña era desconocida en esta ciudad; hizo historia de la causa de la emigración de puertorriqueños de la isla a Nueva York; el atropello de los caciques, la eterna política mezquina, la miseria, y muchas otras causas. Conviene en que la enorme mayoría de nuestros hermanos no tenían necesidad de salir de su suelo. Presenta al Dr. Figueroa como un embajador y representante de la cultura puertorriqueña y que era el honor más grande para todos tenerlo entre nosotros.

Habló el Dr. Bocanegra, hizo historia de los tiempos pretéritos en que ya el Dr. Figueroa dejaba vislumbrar su fama, sus cosas, viejo aún siendo un niño, su historia política, su peregrinación por el ideal de Independencia que siempre lleva consigo, y su éxito en el Congreso Médico Pan Americano en Méjico.

Y habló el Dr. Cesteros. Ensalzó el patriotismo del Sr. Andino, su esfuerzo porque el mundo americano conozca nuestras figuras prominentes, y . . . quién era el Dr. Figueroa, su gloria, su amor al terruño, su amor a sus hermanos en la patria.

Y nos habló el Dr. Figueroa, hondamente emocionado al ver a tanto compatriota unido por los lazos del amor. Se remontó a la isla y en una oración emotiva invocó a los manes de la patria y les pidió que nos tuvieran siempre unidos en el pensamiento y en la acción. Invocó a Muñoz, de Diego, a De Hostos y pidió porque un día nuestra patria sea libre u obtenga lo que tiene derecho a merecer. Y abogó porque estemos todos unidos, que olvidemos los vicios políticos que poseíamos allá. Un discurso todo lleno de consejo del cual se puede sacar buen provecho.

Y fuimos al banquete. Aquello no tiene nombre. El salón decorado con un gusto exquisito. A la cabecera de la mesa el Dr. Figueroa y a los pies el Sr. Candelario Andino. A la derecha del Dr. Figueroa estaban sentados los siguientes: Dr. Bocanegra, Don Marcial Flores, Don Carlos E. Fernández, Don Thomas Gares, Don J.V. Alonso, Don E. Miró, y Mr. Mark. A la derecha del Sr. Andino estaban: Don Luis Torres Colón, Don Abelardo R. Hernández, representación de "La Prensa", Don Joaquín Colón, Don Jesús Colón, y Dr. José N. Cesteros. En otra mesa: Mr. Colmenares, Mr. Jackson, Mr. Soto, Mr. Muñoz, Mr. Chas. Alvarez, Mr. Conrado Rosario, en representación de Vida Alegre, Mr. J. Sanjurjo, Mr. Martínez, Mrs. Wilson, Mr. Rivera. Otra mesa: Mr. Guillermo Silva, en representación del "Boletín" de Brooklyn, Mrs. Méndez, Mr. Reyes, Mrs. Brown, Mrs. Townsend, Mr. M.A. Figueroa.

Otros presentes eran D. José Vilar, Don Pascasio A. Figueroa, Don Emilio Williams, Don Ricardo Catalá, Don Rafael Villanueva y otros muchos que deploramos grandemente no recordar.

Fueron confeccionados nueve diferentes platos a cargo del muy conocido experto en cocina El Federal. Todos conocemos al Federal, y no hay que hacer comentarios. Alguien le llamó Dr. en Arte Culinario, y nosotros decimos que merece el título.

El Sr. Carlos S. Figueroa, alma mater del De Hostos, hizo honor a su cargo, ganándose el aplauso de todos por su esfuerzo y haciendo todo lo que estuvo a su alcance para dejar a todos satisfechos.

A la hora de los brindis hicieron uso de la palabra el Sr. Hernández, Don Joaquín Colón, Don L. Torres Colón, Sr. Torres Mazorana y el Dr. Figueroa.

Ahora, no podemos dejar de hacer mención del famoso Sexteto Flores, quién preparó para el acto una composición titulada "Borinquen", canto patriótico que llenó de emoción a todos recibiendo aplausos múltiples habiendo tenido que repetirla. La canción "Borinquen" emocionó de tal manera al Dr. Figueroa que sugirió que todos los hogares debieran tenerla a fin de sentir la patria más de cerca.

El acto terminó a las dos y media de la madrugada saliendo todos satisfechos y habiendo reinado un ambiente patriótico durante todo el curso de la fiesta.

Una vez más, felicitamos al Sr. Candelario Andino por el acto patriótico tan divinamente preparado, a todos los miembros del De Hostos, especialmente a todos los presentes que pusieron muy alta la cultura de nuestro pueblo.

Después del De Hostos Democratic Club Inc., se fundaron otros clubes en que los miembros pagaban la renta, aunque con la cooperación siempre de los Miembros Ejecutivos o del barato que producía la jugadita, que era una de las cláusulas no escritas de estas organizaciones.

El Betances Democratic Club Inc. y Carlos Tapia

Tras el asesinato de dos inofensivos puertorriqueños que hablaban tranquilamente en una esquina de la Calle Sackett, cerca de la Calle Vant Brunt, cuyos atacantes nunca fueron aprendidos, surgió en su mismo velorio la idea de fundar el Betances Democratic Club, Inc. en el año mil novecientos veintiocho (1928). Firmaron sus papeles de incorporación los compueblanos Carlos Tapia, Carlos Cabrera Canales, Liborio Ventura, Teodoro Estévez y Gustavo Vélez. Fue su primer presidente Carlos Cabrera Canales; también fue su presidente mientras estudiaba derecho en la ciudad de Nueva York el hoy prestigioso abogado en la capital de Puerto Rico, el licenciado Guillermo Silva; así como el distinguido periodista y últimamente desempeñado un alto cargo en Washington D.C. Manuel Ríos Ocaña. Durante la incumbencia como presidente de este último, actuó de secretario Miguel Castro, hoy jubilado del servicio postal y primeramente muy activo en el distrito de Chelsea en los comienzos organizativos allí por el año 1923.

Pudiera parecer paradójico decir que el símbolo de los sentimientos nobles e intensamente patrióticos y hospitalarios; de todo el respeto y la armonía que reflejaba en la comunidad puertorriqueña el Betances Democratic Club, Inc. estaban sintetizados en un extrabajador de los muelles de Puerto Rico, aquel buen puertorriqueño y mejor amigo de toda nuestra colonia que se llamó Carlos Tapia. Sus hazañas se llevaron a efecto en una zona completamente hostil, particularmente para el que pertenecía a la raza negra. Sus ejecutarías en una zona de las más peligrosas en Brooklyn, en aquella época en que se abrían paso nuestros paisanos, parecerían legendarias si no las hubiese visto y palpado aquella colonia.

En el frente portuario por Columbia Street e Erie Basin predominaban los italianos que solamente peleaban en "gangas", o pandillas, y era un nido de pistoleros. Aquí Carlos Tapia, prácticamente solo, hizo respetar a los boricuas, principalmente a la mujer puertorriqueña, sin importarle color o creencia religiosa o política.

Carlos Tapia, en esta naciente colonia, tenía una fonda y billar en el número cuarenta de Union Street, y allí se dieron las primeras reuniones organizativas en aquel sector de Brooklyn. Estas reuniones se llevaban a efecto los domingos por la mañana, cuando el negocio estaba lento. Él no cobraba por este uso de su local y era un propagandista en pro de la unión de todos los boricuas.

Carlos Tapia pesaba alrededor de 250 libras. Era alto y ancho de hombros y de cogote. Su presencia imponía respeto; mas no era abusador y hablaba en voz baja y suave. Gustaba de darle consejos a la juventud y cooperaba con todo lo patriótico. Pero con su voz casi afeminada y queda, solía decirme, "Mira, Joaquín, a los guapos hay que hacerles sentir el rigor de la mano para que respeten", y yo sabía exactamente lo que él quería decir.

Un día supe que lo habían estropeado malamente varios policías cuando él se batía con una pandilla de italianos. Cometieron un abuso cobarde y después lo arrestaron. Yo fui a verlo al cuartel. Con toda su cabeza vendada, se parecía al "hombre invisible". Pero me recibió de pie y serenamente.

Fue absuelto de los cargos y los policías fueron castigados. En las ocasiones arriesgadas, tenía su pistola y sabía usarla, siempre en defensa del débil y de la razón.

Había otro personaje por el tercer distrito que no faltaba a los mítines, sin decir nunca una sola palabra. Era delgado y alto, negro; su pelo totalmente blanco inspiraba respeto. Andaba favoreciendo sus callos y juanetes, pero si alguien se equivocaba con él y trataba de abusar, levantaba el pie y se lo pegaba de galleta en la cara con la gracia de una bailarina de ballet. Todos lo respetábamos porque era muy afable. Era conocido cariñosamente por "Pancho Familia", Q.P.D.

James A. Kelly

Con el Betances Democratic Club, Inc., se identificó un buen amigo de los puertorriqueños entre los políticos continentales: James A. Kelly, hoy el historiador oficial del condado de Brooklyn y "Chief County Clerk", para aquellos años diputado del registro de "records". Su oficina en Borough Hall era también nuestra oficina para todos los usos.

"Jaime" Kelly, como le llamábamos amigablemente, arriesgó más de una vez su carrera política por nuestra causa, y fue el factor preponderante en salvar de la silla eléctrica al puertorriqueño del pueblo de Aibonito, Julio Santiago, ya que el procurador general en esta fecha era Mr. John J. Bennett, oriundo de Brooklyn, muy amigo de Mr. Kelly y respaldado en la elección para su cargo en Albany por todas nuestras organizaciones políticas, las más unidas y mejor cimentadas en toda la ciudad de Nueva York. Este muy significativo detalle pasaba inadvertido en aquella intensa publicidad y esfuerzos que rodearon el caso de Julio Santiago.

Yo vivía en el número 257 de Washington Street, a tres casas del correo general en donde yo trabajaba. A la hora del almuerzo, cuando llegué a mi casa, encontré a la señora madre de Julio Santiago con su hija. Las habían mandado a donde mí como último recurso. Yo era a la sazón presidente del Guaybaná Democratic Club, Inc. del primer distrito y "chairman" de la confederación de organizaciones demócratas, de las cuales era el líder máximo Luis Weber. Pero más importante en lo que respecta a este caso Santiago era que yo dirigía entre los hispanos la campaña de Mr. Kelly para gobernador de Puerto Rico.

Llevé a la señora madre de Julio Santiago a ver a Mr. Kelly y le pedí que fuera a ver a su amigo el procurador general en Albany. Este señor, como estaba tan lejos de Brooklyn, nunca nos había hecho un favor a nosotros y estaba endeudado. También eran las fiestas religiosas de los judíos y sabíamos que Herbert Henry Lehman, el gobernador incumbente, era hebreo y estaría propicio a la clemencia.

Mr. Kelly fue a Albany y habló en privado con un amigo Bennett, y Julio Santiago fue salvado. Y yo fui acusado de mal puertorriqueño porque respaldé a Mr. Kelly para gobernador y no al persistente Martín Travieso.

Yo estaba seguro que el gobernador para Puerto Rico en aquel entonces sería un americano, y lo fue para desgracia de Puerto Rico Mr. Robert Hayes Gore.

Pero tocaremos este otro ángulo político más adelante.

Veamos, aunque brevemente parte de las aportaciones de James A. Kelly a nuestra dignidad como raza, a nuestra seguridad como ciudadanos y a nuestra economía como trabajadores honrados. Mr. James A. Kelly persiguió y encarceló una organización de "white slavery" (trata de blancas) que se dedicaba a engañar niñas inocentes de Puerto Rico con promesas falsas de colocaciones en este país. Fue un factor importante en destruir en Brooklyn el "racket" de habla española. Él educó a los altos funcionarios gubernamentales de manera que se diesen cuenta de que todos los criminales que hablan español no son puertorriqueños. Consiguió el que no se abusara en las cortes del puertorriqueño que no podía defenderse o no entendía el inglés. Cuando el "Bureau of Charities" acusó a la colonia puertorriqueña de ser la carga más grande de la caridad pública, Mr. James A. Kelly hizo que ese departamento echase atrás su dicho públicamente en la prensa americana. Infinidad de veces los boricuas recibieron la caridad en distintas formas en el propio club de Mr. James A. Kelly.

Hay muchos puertorriqueños colocados en la Edison por conducto de James A. Kelly.

Cuando hemos querido dar un concierto o cualesquier acto de cultura borincana, donde la política no ha tenido directa o indirectamente nada que ver, él nos ha proporcionado un lujoso y cómodo salón en donde él no ha tomado parte en el programa, no ha venido a vender su "sonrisa de política".

Por medio de sus esfuerzos, conseguimos el "National Committeeman" para Puerto Rico. Mr. McCooey murió poco después.

Cuando en el primer distrito electoral los líderes americanos demócratas, temerosos ya de la avalancha de votos boricuas que se inscribían, aunque en su mismo Partido Demócrata, y trataron de obstaculizar su registro, Mr. Kelly, sin pertenecer a ese distrito, los combatió. Fue acusado de falta de disciplina política por defender los derechos de los puertorriqueños.

Mr. Kelly hizo su labor dentro de la clase más pobre de nuestra gente que llegó a estas playas por los suburbios de Brooklyn. Fueron muchos los desahucios a boricuas que prorrogó Mr. Kelly a instancias de nuestros clubes políticos, sin bombas y platillos.

El Betances Democratic Club, Inc. se destacó por su hospitalidad para con los boricuas en desgracia, sin diferencia de razas, credos políticos o religiosos, como en el caso de los llamados Arizonas.

Doña Antonia Denis

A la sombra del Betances Democratic Club, Inc. nació la sociedad, "Hijos de Borinquen, Inc." que desempeñó un importante papel en la vida social y cultural de nuestra comunidad. Aún existe ejerciendo su labor cívica, gracias al esfuerzo titán de doña Antonia Denis.

Creo oportuno aquí adelantar algunos datos biográficos sobre esta incansable y patriótica mujer boricua. Doña Antonia Denis, de color trigueño y mediana estatura, nació en el pueblo de Vega Baja en el año 1888. Cursó hasta séptimo grado en Puerto Rico; tenía que pagar su educación. Participó muy poco en las escuelas bajo la bandera americana.

Llegó a Brooklyn en el año 1919 en el vapor Caracas de la Red D Line.

Principió sus actividades políticas en el Betances Democratic Club, Inc. en el año 1928, aunque en la crisis del 1920 tenía hasta cuarenta boricuas durmiendo unos encima de otros en el segundo piso en su hogar, en el número 183 de Columbia Street. Laboró con la Sociedad de Inquilinos, de la cual fue madrina, y con la Confederación General Puertorriqueña. Fue muy activa con La Liga Olmo y fundó Hijas de Borinquen.

En mayo 5 del año 1957, le otorgó una placa La Federación de Sociedades Hispanas, Inc. de Nueva York, que dice así: "En Reconocimiento A Su Dedicación, Devoción y Lucha Constante en Pro del Mejoramiento Cívico, Cultural y Político de Nuestra Comunidad Hispana".

Doña Antonia Denis tiene cartas del Departamento Guerra por su labor en favor de los noventa y cuatro (94) soldados en Corea.

Betances Democratic Club Inc.

En el Betances también florecieron una pléyade de mentores de la colonia que mantuvieron a Brooklyn en el liderato de la vida cívico-política. Se destacaron además de sus miembros ya mencionados Quirino Reyes Figueroa, Crecencio Gómez más tarde fundador y director del semanario "El Curioso" con la ayuda de Ovidio Martínez, Sixto Danois, Luis López, Ricardo Mulero y Rufino Padilla, estos tres últimos mayormente activos en la Dutch American Benevolent Assn., Inc. un movimiento curazoleño íntimamente ligado en Brooklyn con nuestra colonia.

Exaltaba nuestras actividades la palabra fogosa del viejo luchador obrero boricua Hipólito Galíndez, padre. En el primer distrito empezaron a manifestarse en el ambiente político Francisco Arroyo, Guillermo Peña, Pedro Tejada, Ramón Colón y Miguel Acevedo.

El Betances Democratic Club, Inc. trabajaba en estrecha armonía con el Guaybaná Democratic Club, Inc. del primer distrito que, además del Betances, respaldaba también grandemente Luis Weber. Y entre estos clubes en el año 1934, todos lograron una poderosa y militante confederación de organizaciones que cubría a todo el Condado de Brooklyn, en la unión más perfecta lograda hasta entonces por nuestra colonia. Se llamó Confederación de Organizaciones Democráticas Puertorriqueñas de Brooklyn y respaldaban como líder máximo de Brooklyn al Sr. Luis F. Weber y conducía las asambleas como "Chairman" Joaquín Colón.

Helos aquí con sus delegados ejecutivos al comité central: por el Guaybaná Democratic Club, Inc., Joaquín Colón, Francisco Arroyo, Pedro Tejada y Armando Ramírez. Delegados por Acumulación (At large): Luis F. Weber, Tomás Colón, Francisco Gerena y Fred Medina. Las instituciones puertorriqueñas que no estaban ligadas a esta confederación por su carácter intrínsecamente fraternal o de oposición ideológica nunca fueron organizaciones enemigas declaradas en contra de esta confederación. Sus representantes intercambiaban visitas o discutían principios con nosotros sin caer nunca en el terreno personal de individuo en contra de individuo.

Yo, que combatí con tanta insistencia al Club Cívico de Brooklyn, siempre mantuve relaciones de respeto mutuo con su presidente, así como con los líderes boricuas dentro del Partido Republicano.

Recibimos anónimos que por su naturaleza nunca contestamos. Solamente en dos periódicos nos atacaron de frente: el semanario "Unidad Obrera", publicado en Nueva York, en su edición del sábado, noviembre 16 del año 1935, en una reseña, después de pasadas las elecciones, en la primera página encabezada así: "Líderes Políticos Tammanistas y Alicates Locales contra El Frente Unido Puertorriqueño"; subtítulo: "Una Información de Brooklyn".

Cita: "Abrió el acto el chairman Joaquín Colón, líder puertorriqueño local. Uno de los fervientes organizadores del Frente Único Pro-derechos de los Puertorriqueños en Brooklyn, autor de la moción que postulara a José Ramón Giboyeau, obrero puertorriqueño que merece el respeto y aprecio de sus compatriotas, para la candidatura de "alderman" (consejal) por el Frente Único en las pasadas elecciones. Luego, días antes del 5 de noviembre, encontramos a Colón haciendo política demócrata para los señores G. Hooley, Kelly, Brancato, McCann y otros, contra el Frente Único Puertorriqueño y su candidato José Ramón Giboyeau". Termina la cita, que es parte de una larga crónica, en "contra de los alicates de Tammany".

No voy a contestar ahora esta acusación después de más de un cuarto de siglo en que quién sabe en dónde está el que la escribió, que no se firmó, ni aparece en dicho semanario el nombre de su director o editor. Pero debo decir, por la consideración que merecen los muchos amigos y compañeros que tengo dentro del movimiento obrero político, que esta reseña está plagada de medias verdades maliciosamente compuestas. Que el que escribió esos conceptos no tenía una idea rudimentaria de lo que es un frente único integrado por personas o grupos heterogéneos. Que yo era un líder, un director, un fundador, un mentor, un "chairman", un presidente de las organizaciones demócratas en Brooklyn y todas mis actuaciones políticas eran públicas y conocidas dentro de nuestra colonia. Que era norma nuestra el no atacar a ningún boricua candidato, no importara en el "ticket" que éste corriera; preferíamos permanecer en silencio en cuanto a su persona si no podíamos decir algo bueno de él.

Nunca atacamos directa o indirectamente a nuestro buen amigo Luis Hernández, padre Q.P.D., primer candidato puertorriqueño dentro del movimiento obrero americano, en Brooklyn.

Para mejor prueba de lo descabellado de dicha acusación, el compañero José Ramón Giboyeau y yo seguimos luchando juntos por largos años en el mismo periódico, "El Curioso", en las mismas sociedades fraternales—La Vanguardia Puertorriqueña—y estaba presente en el banquete en mi honor en septiembre 21 del 1946 y organizó él personalmente con doña Antonia Denis una comida para rendirle tributo a "mis actuaciones cívicas". Así reza el programa elaborado por el propio José Ramón Giboyeau.

El otro ataque a nuestras actuaciones políticas fue mucho antes, en contra del Porto Rican Democratic Club, Inc. Dicho ataque apareció en el diario "El Imparcial" con fecha del martes 19 de junio de 1923, y lleva como epígrafe: "Desde El Hudson—Nuestra Protesta a los Puertorriqueños de Nueva York". Este artículo está firmado por el periodista puertorriqueño Antonio González.

Se solidariza con el periódico "Puerto Rico", que nos calificó de "Descamisados de Brooklyn", etc. , etc., y con el diario "La Prensa" de Nueva York. Este vituperio gratuito fue ya debidamente contestado en este escrito.

Desfile de clubs aparentemente políticos

Por estos clubes aparentemente políticos desfilaron y dictaron conferencias los más ilustres intelectuales puertorriqueños que visitaron la ciudad de Nueva York durante su época activa en realidad; después de muertos, eran resucitados esporádicamente.

El licenciado Cayetano Coll y Cuchí habló en el club regular demócrata en la esquina de la Octava y Calle Catorce. El letrado

Alfonso Lastra Charriez pronunció un brillante discurso en el Betances Democratic Club, Inc. El doctor José Coll y Cuchí dictó varias conferencias auspiciadas por el De Hostos Democratic Club, Inc. El jurista Pedro Juvenal Rosa, acabado de regresar de La Sorbona de París, debatió con el intelectual Jesús Colón, en el club De Hostos, sobre el Maltusianismo—el control de la natalidad, con el solo propósito de ilustrar al público en sus pros y sus contras.

En este mismo club De Hostos Democratic Club, Inc. cuando estaba ubicado originalmente en la Calle Nassau cerca de la Calle Pearl—hoy todo esto está cambiado—allí ensayaba Manolo Jiménez "El Canario" sus plenas y demás sones preponderantemente de arraigo boricua, en compañía de José Vilar, Mateo y su acordeón y otros buenos puertorriqueños.

Entre los precursores de nuestra música criolla en Nueva York, Manolo Jiménez "El Canario" tiene una virtud que yo respeto mucho. Fue y sigue siendo un borincano, no obstante el haber habitado alrededor de medio siglo en los Estados Unidos continentales, y de los cambios de fortuna y de esplendor que en Puerto Rico han marchitado en muchos su puertorriqueñidad.

El Canario y Davilita—he aquí dos humildes hijos de Puerto Rico que han convivido y triunfado, relativamente hablando, en esta gran ciudad, y fueron y siguen siendo dos boricuas netos a pesar de todos los pesares. Cuando topé con ellos la última vez sonreían felizmente; seguían amando en voz alta a su patria.

Artistas de todos los ramos—declamadores, futuras estrellas del teatro y del cine, atletas famosos, campeones mundiales—todos eran acogidos con entusiasmo y hospitalidad en estos clubes políticos, en donde únicamente se le cerraban las puertas a los "buscones sonoros" y a los "vende-patrias", aunque estos fuesen diariamente ensalzados por el diario "La Prensa", el enemigo número uno de nuestra naciente colonia en Nueva York.

Estos clubes políticos no eran puros, sencillamente porque la moral, el ambiente, los pensamientos rectores no eran puros en aquella era entre la posguerra y la preguerra.

La moral universal estaba viciada, simulando virtudes cívicas y democráticas que ya no existían sino en las ceremonias de los días patrióticamente festivos y en las arengas dominicales. Estábamos en los umbrales del totalitarismo.

Los verdaderos políticos

En el Condado de Manhattan, los "Miembros Ejecutivos" de los clubes por lo general eran profesionales puertorriqueños con ambiciones políticas o líderes americanos regulares del distrito. El primer club político de esta clase durante esta época fue The Caribe Democratic Club, Inc., situado en el número 1662 de Madison Avenue, División Este del Distrito 17. Fue su presidente Bienvenido Durán y "Miembros Ejecutivos" el Hon. Nathan Burkan y el Dr. José Negrón Cesteros.

En la parte Oeste del bajo Harlem existía el Potomac Democratic Club, Inc. ubicado en el número 235 W 113 Street; eran sus "Miembros Ejecutivos" James J. Hines (Jimmy Hines), enviado a prisión, y Ernestine F. Stewart.

Existían para estos tiempos muchos más clubes, más o menos similares, tales como el Narraganset Democratic Club, en el 1739 de Madison Avenue, el Puerto Rico Democratic Club en el número 42 W 116 Street, y el Cacimar Democratic Club Inc., en el número 83 E 110 Street. Se trató de consolidar a todos estos clubes demócratas, al igual que en Brooklyn, bajo el nombre de Allied Puerto Rican Democratic Clubs of Greater New York Inc., incluyendo los clubes ya confederados en Brooklyn. Después de varias asambleas quedó nombrado "chairman" el Sr. Miguel Angel Fusa, residente en Brooklyn. Las oficinas de esta alianza estaban en el número 24 de la Calle Stone.

Pero en Manhattan, dentro de estos clubes demócratas había demasiados "panteras" juntos y se les cruzaban las navajas. También ya Nueva York, estaba dividido y subdividido en clubes "sociales y regionales" de pueblos aislados que infestaban aquel condado con toda clase de prejuicios y antagonismos.

A medida que perdían popularidad sus "miembros ejecutivos", también perdían popularidad estos clubes. Tenían que caer tarde o temprano porque su base era falsa e impregnada de reacción. Vivían de ostentaciones pomposas, reputaciones artificiales y de una "cultura" con sordina que no podía manifestarse como se hubiesen deseado en estos alcázares de la vulgaridad. Nunca fueron demócratas como rezaban sus nombres. Tan pronto desaparecieron sus "miembros ejecutivos", desaparecían estas sociedades, lo que demuestra claramente que nunca estuvieron fuertemente arraigadas en el pueblo, que es la génesis de toda democracia. Hago excepción del primer club fundado, El Porto Rican Democratic Club Inc., en sus comienzos.

Hoy de estas organizaciones no existe nada más que su pasado sonoro. Su esqueleto es recompuesto durante la campaña electoral por la testarudez y el busconismo político que agoniza aún dentro de nuestra colonia.

A este esqueleto lo sientan muy compuesto en la "sección hispana" del Cuartel General de Elecciones del Partido Demócrata Nacional y desde allí moviendo sus mandíbulas mecánicamente, simula el darle ordenes a la colonia. "Oye, chiquito, toma para el carro. . . y vete al Cuartel General, sección hispana y dile que tú eres el delegado tal o cual y que representas tal o cual organización. . . di allí que yo te mando. . . tu nombre aparecerá en letras de imprenta en el membrete que circulará por toda la ciudad y por todos los Estados Unidos, incluyendo a Puerto Rico." Pero. . . pero. . . pero . . . "Nada de peros. Diga usted allí que YO lo mando". Así hablaba el cacique chiquito del barrio que vivía aún en el pasado, con toda su fe todavía puesta en los grandes caciques puertorriqueños e hispanos de la ciudad, que como a los músicos viejos ya no les queda nada más que el compás.

Su sepultura hace ya rato fue cavada por nuestra colonia, hoy mejor compenetrada de la política del país y mas adiestrada en las tácticas eleccionarias. Está sepultura quedó completamente abierta en el año 1938 durante la última contienda electoral entre James J. Lanzetta y Vito Marcantonio, cuando toda la reacción en esta ciudad, reforzada por toda la reacción importada de Puerto Rico, no pudo quebrantar la voluntad acerada de las masas puertorriqueñas residentes en Harlem. Los más demagógicos de Puerto Rico vinieron a Nueva York a tratar de dormir a nuestra colonia, pero ésta no sólo se mantuvo despierta, sino que arrojó a estos "mercaderes del templo".

Hoy en Harlem, el nacionalista puertorriqueño está más en contacto con el luchador obrero en las batallas liberadas en contra de la reacción.

Siguiendo una costumbre histórica, el dolor, la miseria, la vida agitada en todas sus manifestaciones han unido toda aquella barriada en el bloque más progresista de toda esta metrópoli. Los agentes de la reacción tratan de tergiversar las causas y los efectos de este progreso político. Tratan de amedrentar y de dividir a las multitudes boricuas anatematizándolas, injuriándolas haciendo resaltar nada más que lo malo allí existente. Todo porque ha sido el único distrito congresional en toda la unión americana que ha mandado a Washington a un hombre que ha votado solo, más de una vez, en contra de todas las medidas tramadas por la reacción monopolista para violar la paz, la verdadera democracia y los derechos civiles del pueblo americano.

Ésta ha sido, en verdad, la primera contribución de la colonia puertorriqueña en Nueva York al civismo nacional de los Estados Unidos.

El progreso cívico y la integridad moral de las comunidades se mide también por el progreso cívico y la integridad moral de sus representantes electos. La miseria, el dolor y la humildad no entran necesariamente en este análisis, como no sea para darle mayor realce a esa comunidad que ha sabido levantarse por encima de todas sus adversidades y mantener en alto e inmaculado el civismo, a despecho de las amenazas y de las maquinaciones de las clases reaccionarias.

El pueblo americano a su debido tiempo sabrá reconocer esta contribución boricua al civismo continental. Y cuando digo el pueblo americano, me refiero principalmente a ese pueblo cuyos derechos civiles y constitucionales son hoy violados diariamente, sin ser consultados, por una oligarquía entronizada que se refugia en la "emergencia", en la "seguridad nacional" y el "chauvinismo" para disimular su miedo y desconfianza en la verdadera democracia, o sea en el pueblo.

¿Por qué esta burocracia no usa el "referendum", o sea el plebiscito, para decidir estos cambios radicales en toda la vida de este pueblo? Sencillamente porque no es un gobierno del pueblo, por el pueblo y para el pueblo, como pregonan diariamente por todos los ámbitos. Es un gobierno del pueblo en teoría nada más. El capital organizado controla la opinión de la gran mayoría de estos llamados representantes del pueblo, usando sus maquinarias políticas siempre bien engrasadas, y múltiples instituciones benéficas. . . Por esta razón, cuando los puertorriqueños en Harlem demostraron su integridad cívica, su independencia de criterio, mandando a Washington representantes en contra de los grandes monopolios y a favor de la paz y de los verdaderos principios democráticos que engendraron a esta gran república, los agentes de estas fuerzas reaccionarias trataron de menospreciar nuestra inteligencia y nuestra moral. Entonces nuestras mujeres son unas prostitutas. Entonces nosotros somos unos infelices, unos malagradecidos. Es universalmente sabido que el puertorriqueño no es nada de esto. Pero en lo que a mí como boricua concierne, yo prefiero ser cualquiera de estas cosas antes que se me diga que soy un eunuco. Un hombre que por "comía" haya renunciado a mi naturaleza de hombre, que comprende también el tener civismo.

Nunca me sentí tan orgulloso de ser puertorriqueño que cuando supe que la colonia puertorriqueña de Harlem—así pobre como es; así miserable y corrompida por fuerzas mayores que ella misma— así y con todo, fue sometida a una prueba de civismo en lucha desigual en contra de la reacción y salió victoriosa, fiel a la potestad política que le legaron sus mejores compatriotas.

Empleados puertorriqueños

Permitidme que haga alusión ligeramente sobre dos a tres de las sociedades que hacen ruido hoy, de cuando en vez. Deseo hacer mención de algunas de las debilidades que posee una de las organizaciones puertorriqueñas más fuertes en el momento actual. Me refiero a la sociedad de Empleados Puertorriqueños. El defecto peor que tiene esta organización consiste en que escoge al elemento puertorriqueño con los mejores salarios y trabajos más estables, que son los empleados del gobierno, y deja en el abandono al resto de la colonia que no ha sido tan afortunada. Es decir, deja solos a los que más necesitan. Segrega a la colonias. Excluye como miembros al elemento económicamente inseguro; sin embargo, a este mismo elemento le saca sus centavos en sus grandes bailes, elaborados por ellos, como es natural, con mucha pomposidad. Hurrah for me! Hell with you! ¡Viva yo! ¡Al infierno contigo!

También fomenta de este modo cierta diferencia de clases dentro de una misma clase, ciertos pruritos perjudiciales. Además, por su carácter mismo, no pueden participar militantemente en las demandas políticas de nuestra colonia, pero se benefician de ellas una vez que éstas son conquistadas. Mientras tanto, ella se limita a unas actividades deslumbrantes, semiaristocratizadas. Neutraliza en nuestras luchas de emancipación a un gran número de boricuas inteligentes y económicamente aliviados. No es un instrumento de unificación puertorriqueña y puede muy fácilmente caer en un americanismo erróneo y peligroso . . . fanatizado . . . intolerante. . . .

Ya creo que sabemos a qué se debe la falta de unificación puertorriqueña en Nueva York. Conocemos las cláusulas no escritas en todas estas intentonas de sociedades, de sociedades "patrióticas" y "fraternales", las reservas mentales, los motivos ulteriores latentes en los cuerpos dirigentes de estas sociedades. Las vanidades, la ignorancia, el oportunismo, el pancismo, la poca vergüenza. Todo esto vestido de "evening gowns" y "tuxedos" a plazos en sociedades "exclusivas" que no tienen ninguna clase de ideal, no creen en nada, como no sea la "cojioca" de unos cuantos; sociedades sin alma que no van hacia ninguna parte, ni les importa un bledo que el mundo se venga abajo. Practican el prejuicio de razas por negocio más que por convicción.

Una o dos familias se rodean de sus más allegados—la esposa, las hijas, los hermanos, los tíos, las suegras, los cuñados, y algún otro hubiera más apegado a la familia. Ya hay quórum que es igual que si no lo hubiera. Quedó constituida una sociedad "patriótica" de "cultura y recreo", con énfasis en el recreo.

Desde luego que lo que acabamos de describir aquí arriba es un ejemplar del millar de sociedades de esta índole que degradan a nuestra colonia. Éstas son el bagazo de todo ese mal de fondo, sacando a la superficie durante veinte años de organización puertorriqueña en Nueva York. Esta escoria de sociedades que se nos presentan hoy como "casinos" y "sociedades" exclusivas, no tienen siquiera, como las primeras sociedades pervertidas que existieron, el valor de sus convicciones. Son unos "bayus" disfrazados de dignidad, donde se dan bailes de puro negocio todos los viernes, los sábados y los domingos, mañana, tarde y noche. Sus directores viven de esto, o aumentan de este modo su entrada semanal para poder vivir echándoselas de personas de alta alcurnia—cosa fácil en este país de las apariencias.

Llevan a efecto uno o más bailes grandes todos los años, por lo general en una fecha patriótica o sentimental. Estos grandes bailes, cuando el negocio ha prosperado, son organizados en gran escala, con toda la pompa que produce el anuncio comercializado moderno. A estos bailes el elemento negro de nuestra colonia no puede asistir sino por invitación "especial"; es decir, sólo cuando el mulato tiene mucho dinero para gastárselo o alguna habilidad excepcional para distraer al público que paga.

Los padres honrados dentro de nuestra colonia, que están criando sus hijas e hijos dentro de la decencia para evitarse malos ratos en el mañana, deben de saber que muchas de estas sociedades están apoyadas mayormente en la chulería y en el "cobismo" rampante y engreído dentro del libertinaje inspirado por una malentendida democracia. Esta pseudodemocracia los tolera, los usa, los explota y después, cuando su juventud está ya ajada, cuando su encanto y su inocente alegría ya no pueden usarse para perpetuar este sistema de felicidad aparente, entonces los meten de cabeza en la cárcel, los hacen responsables a ellos de toda la infelicidad social; así hacen también con nuestros boliteros después que los han explotado y usado hasta su límite. Aparentan de este modo reformar la sociedad, cuando en realidad lo que hacen es reemplazar con sangre nueva y seducida la fuente de corrupción de donde se nutren.

Para cautivar a nuestra mejor juventud, estas sociedades se rodean de glorias ficticias, fingen un profundo respeto por los valores consagrados de nuestra raza, practican el patriotismo emotivo y colman de adulaciones y coronaciones huecas a sus víctimas que llegan florecientes de vida y de romance.

El peor mal de estas sociedades consiste en que embrutecen a nuestra colonia y le restan energías y colaboración al movimiento organizativo de nuestra colonia. Dividen el movimiento organizativo honrado y consiente, lo estancan, lo combaten diariamente sin presentarle batalla, porque simulan una indiferencia astuta. Saben que un movimiento organizativo honrado e inteligente salvaría a toda la colonia, pero hundiría en el desprecio, en la nada, a ese puñado de parásitas encumbrados temporalmente por nuestra desunión.

En sus comienzos, estas sociedades son aumentadas numéricamente; además del grupo familiar antes descrito, entran otros individuos que se han propuesto vivir del negocio de las sociedades, en cualquier forma, sin importarles un ápice el emblema ni la ideología que estas representen o aparenten representar. Para ellos es asunto de "cuánto me va a tocar el fin de cada semana". Mientras ellos entren en el dividendo de los bailecitos de fin de semana, son los propagandistas más fervientes de estas nuevas sociedades, venden boletos para sus fiestas y en todos los sitios públicos del barrio son sus portavoces. Cualquiera que no los conociese diría que por fin se ha organizado en el barrio la sociedad que salvaría a toda la colonia. Son los primeros en las reuniones, pero no por puntualidad sino para defender su "frita".

Entre estos individuos encuentra usted al músico malo del barrio que no se conforma con llenar en una orquesta sino que quiere ser el director de músicos mejores que él, pero más tímidos, y él ambiciona administrarlos. Él entra a tomar parte en la directiva de la nueva sociedad ofreciendo tocar "gratis" algunas veces. Los otros, viendo esta oportunidad, lo hacen "pana" (*partner* o socio) del naciente "racket". Se encuentran obligados a darle las tocatas a él por consideración. Pero el músico malo, una vez dentro y con cierto control, en las tocatas quiere cobrar como músico y como "manager" o director de orquesta, y empieza a eliminar a los músicos mejorcitos y a buscar músicos más baratos para aumentar su dividendo semanal— que unión ni unión.

Cuando la sociedad ha crecido y subido de rango, el público pide música mejor y la sociedad para llenar un salón grande necesita orquestas de unión y de reputación. Así es que tenemos de nuevo en el barrio un buscapié sin empleo, un "patriota", un "político", un "hermano", un "cívico", un "redentor obrero", un . . . lo que usted quiera . . . lo importante es . . . cuánto me va a tocar al fin de semana" en esta nueva sociedad.

Y así como el músico malo está también el tipógrafo malo y disparatero y, como es natural, sin unión. También es miembro de las primeras directivas de estas sociedades de puro negocio, que no van ni quieren ir para ninguna parte. Este tipógrafo malo siempre está proponiendo aniversarios, reinados y ceremonias pomposas que, además de los bailes de rutina, aumenten sus entradas en la imprenta. Huelga decir que hace de los miembros sus clientes para tarjetas, calendarios, etc. Están en contra del mucho progreso y de la gente que venga con nuevas ideas, porque saben que el progreso verdadero es su ruina.

El grupo de la familia que empezó la sociedad los usa en lo que se levanta y combate las fuerzas verdaderamente progresistas en la barriada; después los desecha. En estas maniobras tienen toda la cooperación de los intereses creados en la comunidad que viven a la sombra de la reacción.

Si usted les dice que dejen esa vida inútil y destructora para ellos y para la comunidad, les dirán que tienen que vivir de algún modo. No, compañeros, ustedes no tienen que vivir de este modo, como tampoco tienen que romper huelgas para vivir un rompehuelgas, como tampoco tiene que cruzar un piquete ningún trabajador para "beneficiarse" temporalmente de algún "baratillo" en donde se quiere perpetuar en la explotación a padres de familia como ustedes.

Como trabajadores no tienen otra alternativa que la de unirse conscientemente, sinceramente a los millones de trabajadores oprimidos, explotados y arrojados a las filas del desempleo, para todos juntos asegurarse una fenecida colectiva, que garantice también la felicidad de vuestros hijos en el futuro. Dejen ustedes de estar viviendo de ilusiones, persiguiendo horizontes intangibles, tratando de dejar de ser lo que son y lo que serán: trabajadores más o menos holgados, pero trabajadores. Ya sean artistas, profesionales o pequeños comerciantes e industriales, todos siempre estarán sujetos a la ley del trabajo, de modo que es vuestro deber sagrado el dignificar el trabajo y todos sus legítimos exponentes si ustedes quieren ser en realidad felices. ¿Para qué vivir una vida de felicidad aparente, continuamente al borde del abismo? Estas sociedades que ustedes, en la creencia de que se buscan el peso para sus familiares, ayudan a levantar, no sólo tarde o temprano los desecharán completamente sino que desecharán toda forma honesta de emancipar a la colonia, es decir, de emanciparlos a ustedes mismos.

El periódico "La Prensa"

Pero en la labor de encumbrar a estas sociedades y de perpetuarlas, como cómplices pasivos de la reacción que se alimenta de la desunión y del embrutecimiento de nuestro conglomerado, nadie ha sido tan eficaz, tan cruel y despiadado en esta metrópoli como el diario "La Prensa". El periódico "La Prensa", como muy bien se ha dicho antes que ahora, ha sido y es el enemigo número uno de los puertorriqueños en la ciudad de Nueva York. "La Prensa" diariamente socava la estructura de la unificación puertorriqueña, aunque aparenta maquiavélicamente lo contrario. Su reacción para con nosotros es igual que aquélla de la prensa amarilla y reaccionaria en los Estados Unidos, con la diferencia de que "La Prensa" une a la reacción, la hipocresía, el subterfugio, la cobardía. "La Prensa" nunca recogió el guante en defensa de nuestra colonia, cuando hemos estado confrontados con un problema vital o controvertible, en que estuviesen envueltos intereses creados. Siempre miró a los puertorriqueños y a nuestra colonia despectivamente, tratando de usarla de correveidile. Halagó con frecuencia en sus páginas a los espíritus más débiles para corromperlos y, por medio de ellos, corromper a nuestra colonia, con el fin de aumentar su influencia mercenaria y chantajista. Fomentó una convención de sociedades puertorriqueñas el día 19 del mes de agosto del año 1923 para su uso personal. Esta convención fue hecha a mano por un grupo de nacidos en Puerto Rico, alcahuetes de "La Prensa". Allí trataron de imponerse por todos los medios. Pusieron de "chairman" al Sr. Luis G. Muñoz, un periodista puertorriqueño que trabajaba para "La Prensa" por aquel entonces.

Pero fue derrotada esta tentativa de engaño a nuestra colonia por la delegación de El Porto Rican Democratic Club Inc., de Brooklyn, el cual presentó allí un plan de confederación y pidió que se le diera una oportunidad para leerlo o estudiarlo o se enmendara por un comité. A esta delegación se le dio mallete pero, como eran puertorriqueños de buen temple, siguieron combatiendo desde la asamblea y luego en su periódico "El Caribe" hasta destruir aquel fraude que pretendían perpetrar en contra de la colonia.

En esta asamblea estaba presente el Sr. Campurí, gran mogol de "La Prensa", así de importante era este guiso para este diario.

"La Prensa", se lamentaba editorialmente de esta derrota en su edición del martes después de aquella convención del domingo 19 de agosto del año 1923.

A continuación el texto completo del editorial de "El Caribe", semanario publicado en Brooklyn, con fecha del sábado 8 de septiembre del año 1923, contestando a "La Prensa".

Alrededor de una convención

Nada tan imprudente como la verdad. La verdad entera, sin traje de maya, más que imprudente es fatalista. Ser verídico es ser suicida. Al menos ésta es la impresión que recibimos al codearnos con nuestra encaramada sociedad, o sea, con esa multitud riente y preocupada hecha de emociones buenas y malas. Apenas "El Caribe" ha visto la luz pública y ya pueden clasificarse entre los suicidas porque la veracidad es en él una obsesión inherente que le servirá de norte en todas sus actuaciones.

Si fuésemos a comentar la convención celebrada por todas las sociedades portorriqueñas en Nueva York dentro de la rutina de nuestro siglo decadente diríamos, fue grandiosa, fue sublime, fue trascendental, fue superpatriótica. Pero no, queríamos romper los moldes viejos en que se vienen modelando por muchos siglos generaciones inútiles infladas hábilmente con mentiras abrillantadas. La convención de las sociedades portorriqueñas celebrada en Nueva York el domingo 19 de agosto no fue otra cosa que un fracaso sonoro. .. uno de tantos fracasos de los que a diario absorbe insensiblemente, confiadamente, nuestra sociedad impresionista. Aquella intentona de fraternidad portorriqueña fue un fracaso porque allí ni se pensó todo lo que se dijo ni se dijo todo lo que se pensó.

¡Cuántas reservas mentales se adivinaban al calor de aquella FIEBRE DE NOTORIEDAD que animaba los espíritus! Allí faltó la fraternidad que fue el objetivo de la convención y por ende fue un fracaso la convención.

"Yo acuso" de enemigo de la fraternidad portorriqueña al presidente de dicha convención cuando insiste en limar a una de las sociedades "los portorriqueños de Brooklyn", conociendo perfectamente el nombre de dicha organización y no ignorando que ni el nombre de dicha sociedad ni sus principios establecen estos localismo intestinos que alimentaron la discordia entre espartanos y atenienses y aceleró la caída de la gran Grecia.

Yo acuso de enemigos de la fraternidad portorriqueña a los delegados que después de aprobar una moción que autorizaba a cualquier delegado a presentar un programa de unión, se negaron a tomar en consideración, a estudiar, a discutir un programa presentado por uno de los representantes, sin conocer ese programa, sin dar una oportunidad a dicho representante para convencer o ser convencido, violando de este modo todos los atributos de la fraternidad.

Yo acuso de enemigo de la fraternidad portorriqueña al periódico "La Prensa" cuando en su editorial del martes después de la convención piensa con uno de los oradores en uno de sus párrafos en que parece ver caudillos en agrupaciones portorriqueñas que siempre han expulsado gallardamente de su seno a los inveterados caudillos y a sus modernos cachorritos . . .

Yo acuso de enemigo de la fraternidad portorriqueña a los delegados que gratuitamente calumniaron allí a otras sociedades hermanas, sin una sola evidencia siquiera circunstancial que pudiera justificar sus aseveraciones injustas que sólo pueden ser producto de una mente enferma, de una mente empañada . . . Y allí, donde portorriqueños empezaban por dudar de la sinceridad de otros portorriqueños, ¿dónde estaba la fraternidad? En aquel ostracismo de la fraternidad, ¿dónde estaba el patriotismo? Allí donde los trabajadores lanzaban su baba al rostro de otros trabajadores porque no estaban de acuerdo en cuestiones de principio, ¿dónde estaban los defensores del pueblo, los amigos del trabajador, los amantes de la verdadera fraternidad? Que sigan matizando de éxito aquel fracaso sonoro los que no tienen el valor para oponerse a esta época de asfixiante simulación. "El Caribe" en el último peldaño del supremo sacrificio, pensando en madame Roland, aquella heroína de la revolución francesa que supo morir y con su muerte hacer sonrojar el cadalso, dirá: ¡OH FRATERNIDAD, FRATERNIDAD, CUÁNTOS CRÍMENES SE COMETEN EN TU NOMBRE!

"La Prensa" trató de sorprender de nuevo a la colonia con otra intentona de unificación puertorriqueña. Esta vez usaron el atractivo nombre de "Congreso de Sociedades Puertorriqueñas". Otra vez sus primeras reuniones fueron hechas a mano, con la "representación" de sociedades en su mayoría fósiles; sacaron de debajo de las camas todos los "chapters", o certificados de incorporación de sociedades que fueron, y las resucitaron. Cuando ya estaba tomando forma este congreso de momias, se reunieron en las oficinas de "La Prensa" en la sacristía. . . con muy pocas excepciones, diríase que aquello era más bien una asamblea de monaguillos, servían al altar de "La Prensa" con un fervor diariamente en sus columnas, glorificándolos. . .

¡Qué de lamentos, qué angustia, qué de lágrimas, cuando la colonia le derramó su "agua bendita"! Su columna "De Nuestros Lectores" fue mejor diríamos la "quinta columna" en su movimiento subversivo en contra de nuestra colonia. Elementos que siempre han sido espíritus de contradicción en todo movimiento de verdadera confraternidad boricua, cuando estos movimientos emanaron del corazón del pueblo humilde, se sobresaltaban emocionados porque nuestra "mal agradecida" colonia se negaba a recibir esta bendición repentina de "La Prensa".

Pero, no tardó mucho la colonia en convencerse de que no se había equivocado cuando repudió este mal llamado "Congreso de Sociedades Puertorriqueñas". Pronto se cercioró de que este "congreso" ya tenía, desde hacía tiempo, su presidente escogido, que estaban nombrados los cargos de más "cojioca", los puestos claves, que ya estaba dictada su política y su programa de la Casa de Puerto Rico, en Nueva York, la clínica de habla en español, etc. etc. Es decir, había que agrandar de algún modo el radio de "acción", había que comprar la opinión pública de nuestra colonia, había que detener la impetuosidad de nuestra gente hacia su propia emancipación, había que derrotar en las próximas elecciones a Vito Marcantonio. En una sola frase, había que restaurar el dominio de la reacción en Harlem. Para eso José Vivaldi fue puesto, no electo, Presidente de este Congreso de Sociedades Puertorriqueñas en medio de las protestas enconadas de una asamblea en estado belicoso. Por esta razón, este congreso que se creó, según ellos, para defender el prestigio, el honor y los intereses de Puerto Rico y de nuestra colonia, permaneció taciturno cuando a raíz de su formación, el entonces gobernador de Puerto Rico, Blanton Windship, nombró al ex-congresista James J. Lanzetta para el puesto de "lobbyist", o sea, cabildero en Washington, con un sueldo de diez mil dólares (10,000.00) y cinco mil dólares (5,000.00) adicionales para gastos de oficina—todo sufragado por el tesoro de Puerto Rico, que siempre se está quejando de que hacen falta fondos para escuelas de niños pobres en la isla.

Este ha sido el abuso cívico más insultante y dictatorial en contra de nuestra personalidad, lanzado por un funcionario de esta categoría durante nuestra historia colonial bajo los Estados Unidos. Nombra a otro continental para que represente en Washington a los grandes intereses yanquis que él, como Gobernador nombrado, también representa en Puerto Rico, y todos estos servicios en contra de nuestros propios intereses son sufragados por nuestra pequeña isla. A este cargo en Washington, D.C., el Gobernador de Puerto Rico le llamó demagógicamente "Legislative Adviser", o sea, Consejero Legislativo. Y el Gobernador de Puerto Rico, añadiéndole el insulto a la ofensa, no encontró en todos los Estados Unidos a ningún otro hombre sino al único que la colonia puertorriqueña de Nueva York había repudiado de una manera abrumadora en las urnas electorales recientemente: a James J. Lanzetta. Para Windship, la voluntad de esta colonia no mereció ni la más leve cortesía. Su actitud intencional al nombrar a Lanzetta para esta misión fue bien un salivazo al rostro de nuestra colonia.

En cuanto a Puerto Rico, fue este nombramiento la usurpación de sus derechos representativos en el Congreso Nacional.

Si nuestro Comisionado Residente en Washington, electo por "el pueblo", no era lo suficientemente capacitado para representar y defender allí en toda su extensión a nuestros intereses, debió renunciar antes de dejar sentar este mal precedente, de delegar sus deberes representativos, delegados en él por el pueblo de Puerto Rico, en una persona nombrada al capricho de un gobernador que tampoco se debió a la voluntad del pueblo de Puerto Rico.

Esto es sin duda lo que hubiese hecho Don Ramón Power, Don Ramón Baldorioty de Castro, Don Federico Degetau González y Don Luis Muñoz Rivera. Estos paladines puertorriqueños supieron protestar siempre gallardamente en las salas legislativas de las metrópolis cuando se atentaba cualquier incursión en contra de nuestros derechos ciudadanos; debieron "voltearse" en sus tumbas ante tanta ruindad.

El Congreso de Sociedades Puertorriqueñas permaneció taciturno, como también permaneció taciturno nuestro Comisionado Mr. Santiago Iglesias Pantín. Pero Mr. Iglesias vino desde Washington a consagrar el Congreso de Sociedades Puertorriqueñas y a bautizar como su primer presidente a su "procónsul" en esta ciudad, el Señor José M. Vivaldi.

Y el periódico "La Prensa", que condimentó el congreso en sus oficinas, también permanece editorialmente taciturno ante estas violaciones del derecho, abuso del tesoro de Puerto Rico y escarnio gratuito en contra de la personalidad puertorriqueña.

Distintas veces cuando el puertorriqueño colectivamente ha tenido que protestar en contra de su discriminación en los trabajos, en las viviendas y en contra de sus hijos en los campos de verano, "La Prensa" ha tomado una actitud "imparcial".

Cuando los boricuas fueron discriminados en la sección de Washington Heights hasta el punto de provocar una excitación dentro de nuestra colonia, en el año 1942, el diario "demócrata", que viene sirviéndole a la colonia por muchos años, tomó una posición de "al país que fuere haz lo que vieras", tomó una posición de "laissez faire" cómplice.

James J. Lanzetta y Vito Marcantonio

Pero si queréis ver con vuestros propios ojos la política encubierta que practica este diario en su periodismo de fariseos, tomad su edición del jueves 19 de septiembre del año 1940. En la primera página, en tipo sobresaliente, encontrará usted un encabezamiento de una reseña reportando el resultado de las últimas elecciones primarias en el Distrito Congressional número 20 de Harlem. Dice así este encabezamiento: "J.J. Lanzetta derrotó a V. Marcantonio en las primarias demócratas en Harlem". Y después en el sub-título de esta misma crónica dice "líderes de los grupos que apoyan a ambos, confiados en el triunfo en noviembre próximo". Después en el corazón de esta larga reseña, en menos de tres líneas, refiriéndose a Marcantonio, dice "Este último es candidato del American Labor Party y del Partido Republicano". ¿Se da cuenta el amado lector de este fraude informativo, aparentemente inofensivo? Primero le da la impresión al lector que no está adiestrado en política de que Lanzetta derrotó a Marcantonio. Después, si el lector sabe algo de primarias, le hace ver que las elecciones generales serán apretadas para Marcantonio. Cuando los hechos fidedignos comprueban todo lo contrario. Marcantonio es el candidato sin oposición dentro del American Labor Party y dentro del Partido Republicano. Corrió en estas primarias en el partido de Lanzetta, el Partido Demócrata, y en su mismo partido. Siendo Lanzetta el candidato regular de la maquinaria de Tammany Hall, resultó electo Lanzetta por ciento noventa y cuatro votos, que están bajo protesta de Marcantonio. Marcantonio no es hoy en Harlem el único candidato sin oposición en ninguno de los partidos políticos de aquella barriada. Esto no hemos mencionado: el apoyo a Marcantonio dentro de las filas del Partido Comunista que es muy fuerte en esta sección de la ciudad.

Pero "La Prensa", violando toda ética periodista, mutila la información, oculta, omite los detalles más importantes.

Así como trasmitió estas noticias, así también transmitió toda su información durante la revolución en España, tratando siempre de menospreciar la causa del gobierno leal. Hoy simulando siempre una imparcialidad que nunca ha sentido, enaltece los progresos de España bajo el régimen de Franco. ¿Acaso no vieron ustedes como esta serpiente periodística trató y trata aún la contienda política en Méjico de Almazán contra Ávila Camacho? ¿Acaso no conocen ustedes su posición con respecto al pleito del petróleo en la república azteca?

Con esta cobra que envenena diariamente la conciencia de nuestra colonia y la envilece por medio de la adulación en sus páginas, ha tenido que luchar también nuestra colonia en su vida organizativa.

La colonia en el transcurso de estos veinte años, a partir del

1917, ha publicado semanarios de integridad y dignos de mejor suerte, como "La Nación Puertorriqueña", "Vida Alegre", "Alma Boricua", "Verdad", "Gráfico", "El Caribe" y otros con los cuales nuestro público no ha sabido corresponder, precisamente porque vive bajo la influencia de todas estas verdades amargas que acabo de apuntar a ustedes.

De estos semanarios los que más larga vida tuvieron fueron "Vida Alegre" y "El Curioso".

Se han publicado algunos que otros boletines de sociedades, por cierto algunos muy buenos, como por ejemplo el "Boletín de La Liga Puertorriqueña e Hispana" y "Sociedad Cervantes". Otros han sido boletines comerciales, y por ende temían el ofender a los anunciantes.

Uno de estos periodicuchos de más colorido y de más combatividad, de una profunda vena satírica y humorística, se llamó, "El Curioso". Publicado en Brooklyn, se distinguió por su campaña sin cuartel en contra de la Unión Cívica Puertorriqueña, organización aludida anteriormente por sus actividades bastardas y antipatrióticas.

La comunidad boricua de Brooklyn, le debe a "El Curioso" el no dejar entronizarse el prejuicio de razas y la desunión entre los puertorriqueños residentes en este condado. "El Curioso" fue fundado el día 7 del mes de abril del año 1934 por Crescencio Gómez y Ovidio Martínez.

El otro semanario de larga vida y de una labor patriótica moral y cultural en la ciudad de Nueva York fue "Vida Alegre", revista joco-seria, satírica y literaria. Fue fundada, dirigida y administrada por Conrado Rosario, uno de los puertorriqueños más nobles que puso sus pies en este continente.

Conrado Rosario ("Piliche") nació en San Juan, Puerto Rico. Había sido maestro y cartero allá en la isla. Dominaba el idioma inglés y el español gramaticalmente. Era un buen tipógrafo y de aquí que la lectura en "Vida Alegre" era una cátedra en el buen decir aunque su estilo era sencillo, a la altura de la gente humilde que eran sus más asiduos lectores.

Para tener una idea del alto nivel cultural y moral de este puertorriqueño ejemplar, veamos este rasgo característico: Conrado Rosario fue un republicano de la vieja guardia en "Puerto Arturo", o sea, San Juan de Puerto Rico. Aquí en Nueva York, era uno de los pocos jóvenes de mesa boricuas con que contaba el Partido Republicano Nacional, en los primeros años de nuestra colonia. Fue comandante del Puesto Segarra de la Legión Americana en Nueva York. Sin embargo, contaba entre sus mejores amigos personas que eran activamente independentistas. En su revista "Vida Alegre" daba cabida a escritos de alta crítica a los Estados Unidos. Y él personalmente en la página editorial fustigaba con crudeza las cosas malas y los prejuicios existentes en esta nación.

Pero para mejor descripción de su personalidad, leamos a continuación un acróstico a Conrado Rosario, escrito por Jesús Colón. En el número nueve de "Vida Alegre", año dos, del día siete del mes de febrero del año 1931, dice así:

Acrósticos
Conrado Rosario
Como idealista al fin, como soldado,
Olvidando emboscadas del camino,
Nada le da pavor, guerrero osado,
Rugiendo contra todo lo asinino
Alma fuerte y sincera, gusto fino,
Decir puro, ideal grande; un hombre honrado;
Orquestación de helénico destino
Rítmicamente personificado.
Oh, pueblo, pueblo, masa ignara y ciega,
Siempre la esclava de la diaria brega,
Alza la frente y admira al defensor!
Ríe pues llegó ya tu Don Quijote,
Iracundo y viril, de genial dote,
Ondeando el pensamiento salvador.

"La Información" y "La Voz"

El movimiento obrero ha dado a la luz pública muy buenas publicaciones, pero éstas han tenido siempre la tendencia de caer en el folletismo, quiero decir, en la tendencia de escribir artículos muy largos, más propios para folletos que para periódicos y revistas. El folleto es un gran instrumento de propaganda, especialmente cuando se hace indispensable el dar a conocer el detalle, pero esta tendencia en el periódico, los hace latosos y en la vida apresurada en que vivimos hoy, pierden su misión como periódicos de información concisa e interesante.

Nuestros periódicos obreros escriben más bien para la redacción que para el público. El periódico debe tener algo de cátedra, pero no debe ser la cátedra misma. También nuestros periódicos obreros creen que el humorismo está en conflicto con la literatura proletaria y son por lo general muy seriotes, demasiado secos, para el público frívolo y sin desarrollo sindical o gremial.

Debido a estas observaciones pierden mucho en su circulación, que es la fuente de la existencia de las publicaciones obreras, ya que el anuncio comercializado está en pugna con ellos.

Se hace cada día más imperante la existencia de un periódico genuinamente representativo de los problemas que abruman a nuestras colonias.

El diario "La Información", registrado en el Departamento de Correo el 29 de diciembre del año 1932, no hubiese tampoco, a mi juicio, llenado este hueco. El fin principal de este diario fue el de desplazar a "La Prensa" y después servirle a los mismos intereses que ésta. "La Información" explotaba el populismo entre nuestras masas. Del mismo modo que el diario "La Voz", incorporado de la línea fascistoide e impopular de "La Prensa", quiso explotar el campo progresista entre las muchedumbres, que naturalmente favorecían a los leales en España y a la independencia de Puerto Rico.

Pero cuando cesó temporalmente la revolución en España y había que definirse en la política nacional de todos los pueblos, su presidente el Sr. C. Barbazan resultó ser lo que él había sido antes, un excelente comerciante de melones. "La Voz", creyó que, como Sociedades Hispanas Confederadas, se podían seguir comercializando eternamente con la tragedia de la península ibérica. Creyó que como Sociedades Hispanas Confederadas, tenían aún muchos miles de dólares de los que habían recogidos entre las multitudes para ayudar a los héroes españoles y latinos en la América, quienes seguirían fascinadas por su cantaleta de un nacionalismo exagerado, saturado de un obrerismo teórico.

Las masas españolas e hispanoamericanas en Nueva York abandonaron "La Voz", como ya habían abandonado a Sociedades Hispanas Confederadas, que seguía cacareando por la radio y en pomposos festivales inflados de publicidad, con los miles de dólares que tenía en su poder, mientras los héroes españoles se morían de hambre y por falta de medicinas y de ropa en los campos de concentración en Europa.

Las multitudes españolas e hispanoamericanas conocían ya ese bla, bla, bla, patriótico con visos de democracia "avanzada" y de redentorismo obrero. El pueblo trabajador a estas alturas sabe muy bien que en esta cabalgadura subieron al poder el nazismo en Alemania y el fascismo en Italia. Ese es el estribillo del fascismo en embrión. Exíjale a esta gente democracia de verdad y legislación obrera auténtica y verá usted qué de rodeos y qué de peros y otras yerbas. "La Voz" abandonó el pueblo trabajador y el pueblo trabajador abandonó a "La Voz". Tanto en "La Voz" como en Sociedades Hispanas Confederadas la colonia puertorriqueña jugó un papel de vital importancia, tanto en lo económico como en lo intelectual.

La colonia puertorriqueña en Nueva York tiene todo su porvenir en las masas honradas que la integran, aunque éstas hayan sido y son aún engañadas.

Nuestro conglomerado tiene muchas personas buenas, inteligentes, honestas y progresistas. Hay muchas personas abnegadas que han dado todo su tiempo, su dinero y están prestos a dar sus vidas por la emancipación de nuestra colonia.

La maldad y el engaño nunca han sido más fuertes y contundentes que la bondad y la verdad. La maldad y el engaño con guapos por ignorancia, su "victoria" es siempre efímera. La bondad y la verdad son valientes por convicción por inspiración.

Músicos honrados, tipógrafos sinceros, profesionales, artistas, comerciantes y aventureros boricuas los hay que han sabido servir gratuitamente, patrióticamente, conscientemente a la causa emancipadora de nuestra colonia, como también hay hoy organizaciones basadas sobre estos principios altruistas.

No intento enumerar a todas estas palancas de nuestro progreso socio-político porque temo el pasar por alto a alguien o algo. Estos hombres y estas organizaciones sabrán siempre mantenerse a la altura de las circunstancias.

La colonia más o menos conoce a estas entidades, o con muy poco esfuerzo pueden ponerse en contacto con ellas en sus respectivas barriadas.

Lcdo. Oscar Rivera García y la Asamblea de Albany

Nuestro compatriota el Lcdo. Oscar Rivera García fue el primer boricua electo a la Asamblea de Albany, debido al gesto cívico de la gente buena y abnegada que tiene nuestra colonia. Esta supo levantarse por encima de las líneas de partidos y por encima de la reacción para elegir a un candidato del pueblo.

El señor Oscar Rivera García, para seguir triunfando, deberá tener siempre presente que se deba a ese pueblo. Si por una contrariedad de su suerte se deja marcar por la adulación del pesetero profesional, o por las ofertas "honorables" que siempre tiene la reacción para sobornar a sus más fieles servidores, cometerá la misma equivocación que ya han cometido otros. Perderá el respaldo del verdadero pueblo que lo defenderá siempre sin adularlo, y una vez sin el respaldo de las masas, su valor para la reacción habrá perdido su lustre y consecuentemente se encontrará abandonado por las masas y por la reacción.

Nuestro Oscar Rivera, en plena juventud, en el umbral de su futuro político lleno de felicidad para él y para toda la colectividad, deberá estar siempre ojo avizor contra las mil y una tentaciones y contra los cantos de sirena que están constantemente emboscados en la ruta de todo porvenir político.

A propósito del Lcdo. Oscar Rivera García, sabemos que el Partido Republicano le dio la primera oportunidad política a nuestro compatriota. Sabemos que el Partido Republicano de los Estados Unidos ha tenido dentro de nuestra colonia exponentes muy consecuentes con sus principios, como lo han sido el señor Tomás Gares en Manhattan y el señor Salvador Pares en el condado de Brooklyn, elementos que gozan de dos buenas colocaciones federales en esta ciudad, así como también de muy buenas amistades. Sabemos que el Partido Republicano siempre ha sido más "generoso" con las pequeñas minorías en Nueva York que el Partido Demócrata. De esta "generosidad" se han sabido aprovechar anteriormente nuestros políticos más astutos sin importarles las aspiraciones colectivas de nuestra raza.

De modo que nuestros paisanos deberán estar siempre alertas sobre el carácter y la integridad de las personas encumbradas por este partido siempre minoritario en la ciudad de Nueva York, y de sus motivaciones "generosas" al usar sus grandes riquezas y el patronaje federal en esta ciudad.

La Asociación de Escritores y Periodistas Puertorriqueños

La Asociación de Escritores y Periodistas Puertorriqueños todavía no sabemos exactamente para a dónde va—16 de enero del

1940. Alrededor de ella hay nombres de puertorriqueños que merecen todo mi respeto y consideración. No obstante, considero de lugar el dejar sentadas aquí ciertas observaciones que creo pertinentes. El periodismo atraviesa hoy por la misma crisis que pasan los grandes intereses que la soportan. El pueblo cada día pierde más su confianza en este "cuarto poder del estado", en donde antes buscaban su orientación.

Las agencias de información más serias son sorprendidas a diario mintiendo descaradamente, con el fin de servir mejor a los intereses que ellas representan. Hoy afirman una cosa y después, cuando la mentira ya ha surtido su efecto en la imaginación del vulgo, se contradicen ellas mismas. El ochenta por ciento de la prensa americana ha sido acusada de haberse vendido por $25,000,000.00 a las grandes corporaciones y éstas no han refutado esta acusación.

Es fácil explicar el por qué cuando más de seis mil delegados, procedentes de todas las secciones de los Estados Unidos y representantes la mayoría de los ciudadanos de este pueblo, se constituyeron en asamblea en el Chicago Stadium en nombre de la paz, éstos fueron ignorados por esta prensa subvencionada. Mientras más de cuarenta mil personas llenaban el Chicago Stadium en esta ocasión y cientos de miles de ciudadanos americanos marchaban en las distintas ciudades en Labor Day, en pro de la paz, la prensa de Nueva York nos informaba con profusión de detalles de las actividades de los mosquitos allá en Bermuda, donde molestaban al duque y a la duquesa de Windsor . . . los pobrecitos . . .

Los escritores y periodistas puertorriqueños en Nueva York, si siguen la tradición gloriosa que ha tenido la pluma boricua a través de la historia, pueden sin duda, prestarle un valioso servicio a la colonia y a toda la humanidad.

Es mi humilde opinión que su alianza con el periodismo de hoy en nuestra isla no es motivo para enorgullecerse. El periodismo de hoy en Puerto Rico no es como el de otros tiempos en que nuestras plumas en su mayoría eran reconocidas en el extranjero tanto por su genialidad como por su civismo.

Los estatutos de la Asociación de Escritores y Periodistas Puertorriqueños tienen una cláusula en lo que respecta a los socios, "que está obscura y huele a queso". Esta cláusula, Título dos, sección (e), dice así: "Son socios protectores los que donan a la institución para sus fines generales una suma no menos de doscientos cincuenta dólares ($250.00) o bienes por valor de dicha cantidad, o que satisfagan anualmente, en concepto de cuotas una cantidad no menor de cincuenta dólares ($50.00).

Ahora, yo me pregunto: ¿Qué pito tocan dentro de esta sociedad estos "filántropos" que bondadosamente donan la friolera de $250.00 dólares o pagan $50.00 dólares de cuota al año? ¿Serán socios protectores o socios protegidos? ¡Ojalá que esto no sea una forma de comprar cierto grado de inmunidad periodística! Esperemos . . .

El Puerto Rico Democratic Social Union Inc. y el Orocovis Democratic Club

El Puerto Rico Democratic Social Union Inc. y el Orocovis Democratic Club son meramente dos imitaciones malas de los clubes políticos de maquinaria, de nuestros primeros años aquí. Son el punto final de un período que pasó. Son más el ruido que las nueces. ¿Y nuestros puestos de veteranos? He aquí un tema que demanda un libro aparte, porque está íntimamente ligado con infinidad de problemas que requieren un analista muy detallado para evitar malas interpretaciones que puedan ser usadas como argumentos negativos en este momento de histeria bélica. Por esta razón prefiero el no abordarlas aquí.

El Club Caborrojeño

Las agrupaciones por pueblos de la isla de Puerto Rico fueron aumentando y llenaban el hueco de muchos de los clubes ya descritos, con más o menos análogos fines organizativos. El más fuerte y prestigioso de estas sociedades fue el Club Caborrojeño, bajo la presidencia del abnegado boricua Don Ramón Pabón Alves.

Los partidos socialistas

Cuando los puertorriqueños comenzaron a llegar en grandes proporciones a esta ciudad a fines de la segunda década de este siglo y a principios de la tercera década, en está época el movimiento obrero en los Estados Unidos atravesaba un período de reajuste ideológico.

Falleció Eugenio Debb, su muerte precipitada por su encarcelamiento al protestar enérgicamente en contra del servicio militar obligatorio y en contra de la entrada de este país en la Primera Guerra Mundial. Estaban sumidos en las prisiones los luchadores de la izquierda dentro del Partido Socialista Americano, llevados a las cárceles por ofensas fabricadas como en el caso de Tom Mooney. El Partido Socialista Americano se dividió en dos facciones: una la de izquierda quedó bajo la dirección de Charle E. Ruthemberg, que; fue el primer secretario general del Partido Comunista en los Estados Unidos. Y la otra parte, la derecha del partido, quedó bajo la dirección de Hilquit, y más tarde de Norman Thomas. Este siguió explotando por varios años la tradición revolucionaria socialista, al igual que Santiago Iglesias Pantin en Puerto Rico, mientras servían con lealtad, hacía rato, a los monopolios locales e internacionales.

Los puertorriqueños socialistas que llegaron a estas playas en aquella época se encontraron envueltos en este remolino de su ideología política. Los que fueron a la escuela Rand, de la calle 13 en Manhattan en busca de orientación, no la hallaron porque este plantel de "enseñanza socialista" ya había caído bajo la influencia intelectualista y liberalista de la Socialdemocracia. Faltas de autenticidad y de sinceridad, sus enseñanzas obreras estaban envueltas en complejidades académicas que dejaban al estudiante sin argumentos sólidos para exponer y propagar el verdadero socialismo. Profesores de esta escuela como el doctor Scott Nearing, con su mentalidad atestada de teorías y estadistas ofrecían el cuadro patético de un lujoso trasatlántico sin timón en medio del océano.

Confundidos, muchos de aquellos socialistas puertorriqueños, entraron en el desierto de la indiferencia. La gran mayoría siguió todavía a don Santiago Iglesias Pantín. Otros socialistas de esta época, presentían—algunos de ellos ya estaban enterrados—que había nuevas corrientes, nuevas pautas para continuar la lucha de las clases trabajadores. Pero ignoraban aún que estas nuevas corrientes traían también consigo nuevas tácticas de combate.

Estos futuros propagadores de las ideas de Lenin, se encerraron herméticamente dentro de su castidad ideológica. Extasiados en su nueva luz . . . con un temor pánico de mancillarla, rehuyeron el contacto con las masas heterogéneas que integraban la naciente colonia puertorriqueña, que aún estaba sin conciencia política estable en esta metrópoli. Perdieron el contacto con las masas puertorriqueñas en esta ciudad y aún no han recuperado ese contacto, porque insisten en que las masas puertorriqueñas se adapten a ellos en lugar de ellos adaptarse a las masas puertorriqueñas.

Hablarles a ellos, en aquella época de un frente popular era horrorizarlos. Muchos de ellos, asumían una aristocracia intelectual que colindaba con la pedantería. Se quedaron solos malgastando talento y energías . . . lejos de las hojas de plátano . . . y de los "sandwiches" o emparedados . . . La Visión política era desdeñada . . .

Páginas y momentos que caracterizan el período inicial de nuestra colonia

Nemesio R. Canales

El fallecimiento de Nemesio R. Canales llenó de aflicción a nuestra naciente colonia. En la edición de la revista "El Caribe", correspondiente al sábado veintidós del mes de septiembre del año 1923, apareció una nota luctuosa informando que los restos del inmortal puertorriqueño serían trasladados a Puerto Rico, en el vapor San Lorenzo, después de haber permanecido en capilla ardiente por varios días en la casa situada en la esquina de Amsterdam Avenue y la calle 107, en donde fue visitado por un gran número de amigos y admiradores.

Yo me personé en dicho lugar y en esta misma edición de "El Caribe", hacen más de cuarenta años, escribí la página que sigue a continuación:

Diariamente, cuando ante nosotros pasa uno que otro féretro en dirección a la ciudad triste . . . levantemos la vista, más curiosos que apesadumbrados y de aquel incidente cotidiano en esta ciudad múltiple . . . no percibimos ni el adiós sombrío y significativo que nos da al alejarse en su rodar acompasado aquel carro fúnebre. No sucede lo mismo cuando el hombre que se aleja para siempre del planeta fue una entidad fuera de este montón de seres homogéneos que pueblan el universo como partículas unicelulares. Un hombre que durante su corta vida entre nosotros fue un representante de la LUZ en la tierra. Un hombre astro. Tal fue Nemesio R. Canales. Un hombre raro, raro como todos los genios que nutren sus espíritus con savia de luz infinita.

Yo nunca pude gozar del contacto amigo de este ilustre portorriqueño. Le contemplé siempre de lejos como se contempla al sol, a la luna y a las estrellas. Vi al jurista, al periodista incansable defender la verdad y el derecho. Aquí fundaba un periódico, allá una revista, acullá lanzaba un folleto, pero todo esfuerzo suyo en bien de la humanidad resultaba extemporáneo ante esta sociedad petrificada a la cual su pluma una vez anatematizaba de "hombres panteones". Canales no fue el pensador portorriqueño que se circunscribe a brillar solamente allí, en aquel callejón del pensamiento universal. Como conferencista fue acogido con gran estimación entre las mentalidades extranjeras. Nemesio R. Canales era uno de los pocos embajadores que representan a Puerto Rico ante la intelectualidad de los otros pueblos del mundo. Murió en la lid, cuando los portorriqueños tornaban sus semblantes desesperanzados hacia él. Su muerte no será seguida del tañer de campanas, ni de ceremonias y pompas legisladas, que es como compensan las instituciones los servicios de sus más fieles . . . hombres públicos. No marcharán marcialmente detrás de su féretro ejércitos disciplinados, ni pendones multicolores envolverán su ataúd. Solamente le seguirá en su marcha, espontáneo y sincero, el pensamiento de un pueblo que muy sentido ve partir de su seno a uno de sus más precarios hijos, a uno de sus más nobles, a uno de sus más sencillamente buenos.

"El Caribe" llora hoy con el pueblo de Puerto Rico y con los deudos de nuestro ilustre hombre esta desgracia irremediable.

He aquí una reseña escrita por mí en el semanario "El Caribe", correspondiente al sábado ocho de septiembre del año 1923. Apareció firmada por "Momo", uno de los muchos seudónimos que yo usaba para esta época y, como sabemos, fue el seudónimo hecho famoso por nuestro insigne poeta y guerrillero en las maniguas de Cuba: José Mercados.

Esta crónica refleja las preocupaciones socioeconómicas que ya se agitaban en el seno de nuestro conglomerado en el mismo génesis de su formación como colonia puertorriqueña.

Labor Day y los portorriqueños en Nueva York

Allá en la niñez, cuando la agradable inconsciencia de la vida cubre como un velo piadoso todo lo triste, todo lo gris que encierra el universo; cuando los dolores y sufrimientos humanos eran para mí como horizontes perennes sin sentido, sin significación alguna, entonces Labor Day no era para mí otra cosa que un día sin escuela, un día de ocio infantil en que amolaba la púa de mi trompo y . . . al atrio de la iglesia de mi pueblo detrás de nuevas conquistas. Más tarde Labor Day fue para mí un día de fiesta en que los trabajadores orgullosamente, con música, con carrozas artísticas y manifestaciones cívicas celebraban su categoría como trabajadores. Hoy después de haber corrido el velo de la inconsciencia, después de haber sufrido y haber apurado el ánfora del dolor más de una vez, he tenido la oportunidad de comprender todo el espíritu, todo lo que significa El Día del Trabajo para el hombre.

LA ALIANZA OBRERA PORTORRIQUEÑA, una de las sociedades de esta ciudad que lucha por mejorar la situación del campesino portorriqueño, nos proporcionó una gran oportunidad para poder discernir las distintas fases en que se nos presenta el problema del trabajador en Puerto Rico y en el mundo, invitándonos a meditar sobre estos asuntos vitales para la felicidad del mundo, consagrando en esta forma Labor Day al fin que indudablemente fue predestinado. Con un programa tan selecto en el que los Srs. Luis Muñoz Marín, Prudencio Rivera Martínez, Pedro Esteve, Torres Mazzorana y Santos Bermúdez disertarían sobre unos temas muy atractivos, huelga decir que el Harlem Terre Hall, 212 E. 104 St. resultó pequeño para dar cabida a los cerca de mil trabajadores que llenaban el salón de asambleas. Numerosas damas asistieron al acto. También estaban representados allí todas las revistas y diarios hispanos publicados en esta localidad y varios voceros de Puerto Rico. Presidió la asamblea el Sr. Lupercio Arroyo, vice-presidente de la Alianza Obrera Portorriqueña; le acompañaban en la mesa el secretario Sr. Jesús Colón, la tesorera señorita Emilia Hernández y el viejo luchador obrero Eduvigis Cabán, quien abrió el acto con breves pero ardientes frases. Luego, muchas ideas buenas y malas.

Habló primero la juventud llena de fórmulas, de escuelas, de vigor, de sinceridad, pero falta de esa experiencia y penetración que se adquiere después de haber tratado de aplicar varias veces esos ímpetus jóvenes del espíritu a la vida práctica, a esta vida prosaica y alcahueta pero muy nuestra.

Habló después la experiencia y contó los triunfos y los fracasos de las doctrinas aplicadas en distintos sitios y distintas épocas. Terminó el acto hablando la juventud y la experiencia sintetizadas en un solo hombre. Todos los oradores fueron calurosamente aplaudidos, lo que prueba la fatal división que existe en la conciencia del trabajador, hoy que el capital organizado se unifica inteligentemente.

Con respeto a Puerto Rico, varios oradores confundieron lo colectivo con lo individual; esta confusión degeneró en una polémica personalista a la que los Sres. Lupercio Arroyo y Eduvigis Cabán con mucha maestría cortaron el vuelo.

La Alianza Portorriqueña puede jactarse de haber celebrado un acto trascendental, cuyos frutos no fueron recogidos allí, pero que seguramente estarán germinando hoy, por aquel impulso de ideas en la mente de todos los que tuvimos el privilegio de asistir a dicha reunión.

Allá por el año 1928, nuestra colonia había salido de su etapa amorfa. Había dejado sus reuniones en los hogares, en las barberías, en los chinchales de tabaco y en las oficinas. Contaba con numerosos salones pagados por las contribuciones de sus miembros o facilitados por nuestras relaciones políticas, fraternales o religiosas. Teníamos fondos y suficiente prestigio para fijar fechas y hacer reservaciones en los más suntuosos salones para actos públicos y en los hoteles más lujosos de la ciudad. También ya se habían destacado prominentes personas dentro de nuestra colonia, así como éramos visitados por ilustres boricuas que merecían ser homenajeados por su contribución sobresaliente a nuestra puertorriqueñidad.

Someteré los programas e invitaciones para algunos de aquellos homenajes, ya que estos hablan por sí mismos y denotan el progreso cívico a que había llegado nuestra colonia.

He aquí un Banquete-Concierto en honor a los hermanos Figueroa, organizado por la Liga Puertorriqueña e Hispana Inc. en el Westminster Hall, localizado en el número 73 de Lenox Avenue en Manhattan (antes Cubanacan).

A este festival artístico asistió el entonces Comisionado Residente de Puerto Rico en Washington, el Hon. Don José L. Pesquera.

Programa

Banquete–Concierto
En Homenaje a los
Hermanos Figueroa
Por sus triunfos obtenidos en la última temporada musical

LIGA PUERTORRIQUEÑA E HISPANA, INC.
36 West 115th Street, New York
Telephone University 4-9531

Lcdo. Luis V. Rivera, Presidente	Vocales:
Dr. E. García Lascot, 1er. Vicepres.	Celestino Mora
Abelardo R. Hernández,	
2ª. Vicepres.	Ramón García Sánchez
Antonio T. Rivera, Secretario	Ramón Pabón Alves
Isabel O'Neill, Tesorera	Valentín Borges
Benigno De Jesús, Auditor	Manuel Alfaro
Fred Medina, Subtesorero	Juan Villanueva
R. Alicea Rodríguez, Subsecretario	

Distinguido Sr.

La colonia puertorriqueña e hispana en Nueva York agasajará a los artistas puertorriqueños hermanos Figueroa en un suntuoso banquete organizado por la Liga Puertorriqueña e Hispana Inc.

Sin duda éste será el acontecimiento de más alta significación artística y cultural para honra de Puerto Rico en esta metrópoli.

Comenzará el acto con el Himno a Puerto Rico, letra de Don Eugenio María de Hostos, música del compositor borincano Sr. Rafael Hernández, cantado por el tenor puertorriqueño Virgilio Rabainne. Seguirá el himno, la bellísima composición musical "Las Dos Guitarras", melodía rusa adaptada por Harry Horlick y tocada por los sublimes guitarristas Rafael Hernández y Yayito Maldonado.

Han sido contratados aptas manos del arte culinario criollo para preparar los más variados platos. Saboreará Ud., pues, como hechos en su propio hogar, caldo gallego, ensalada, arroz con pollo, un postre típico boricua y su buena taza de café caracolillo. Creo que no tendrá Ud. más que desear si le añadimos un tabaco puro de las vegas de Puerto Rico. Y el comité organizador no se ha olvidado de este tabaco.

Mientras los comensales estén dando buena cuenta de tan ricos manjares, Rafael Hernández y su modificado Grupo Borinquen interpretarán como ellos solos saben "Lamento Borincano", "Capullito de Alelí", "Recordando a Borinquen" y otras muchos piezas de su novísimo repertorio. Los brindis serán cortos.

Se tomarán fotografías para "Puerto Rico Ilustrado", y otras revistas. Oiremos "La Borinqueña" cantada por la gentil soprano mayagüezana, Srta. María L. Dodonoff de la WOR y WOV, acompañada al piano por Rafael Hernández.

Y hay más. Mucho más. Como si todo lo antes mencionado fuera poco, los hermanos Figueroa obsequiarán a la concurrencia con el siguiente concierto:

JOSÉ	NARCISO	KACHIRO
Violín	Piano	Violín

FIGUEROA

VALSE BLUETTE...Drigo-Aver
LA GITANA...Kreisler

KACHIRO FIGUEROA

DANZA ESPAÑOLA...Granados
DANZA RITUAL DEL FUEGO ....De Falla

NARCISO FIGUEROA

LIEBESFREUD...............(Alegrías del Amor)...............Kreisler
ZAPATERO..Sarasate

JOSÉ FIGUEROA

JOTA NAVARRA...Sarasate
ALMA SUBLIME............(Danza Puertorriqueña).........Campos
(Arreglo de los hermanos Figueroa)

Durante la pasada temporada los hermanos Figueroa han sido aplaudidos por la aristocracia americana en el nuevo Waldorf Astoria, como solista con la Manhattan Symphony Orchestra, en el Carnegie Hall, en el Barbizon Plaza, y como Solistas con los Dessoff Choirs en el Town Hall.

Ya habían sido aplaudidos y consagrados en Europa. En el Palacio Real por los ex-monarcas de España. Con la Orquesta Sinfónica de París, y en Ginebra tocando con Glazunoff y Arbos.

Ahora nos corresponde a nosotros aplaudirlos fraternalmente en la intimidad de nuestro seno, en el Westminster Hall, 73 Lenox Avenue, New York City, viernes 29 de abril de 1932, a las 8:30 PM.

Solamente DOSCIENTOS individuos de entre nuestra numerosa colonia podrán ser acomodados en este banquete de homenaje. Usted es una de las QUINIENTAS personas que el comité organizador ha tenido a bien invitar por medio de esta carta preliminar.

Las primeras doscientas personas que acepten esta invitación serán las únicas que disfrutarán de este privilegio.

Para el orden y armonía de este acto se le hace indispensable al comité el tener en su poder el número exacto de comensales dos semanas antes de la fecha señalada para el banquete.

Adjunto hallará Ud. una tarjeta postal para su conveniencia.
Caballeros, traje negro. Subscripción: $2.50
Esperamos esté entre nosotros para esa noche.
Atentamente,

COMITÉ ORGANIZADOR
JOAQUÍN COLÓN, Presidente   OVIDIO MARTÍNEZ. Secretario
ISABEL O'NEILL, Tesorera

VOCALES:

Mercedes R. Apellaniz	Tomasa Rivera	C. Mora
Juan Rovira	Ana Inés González	Benigno de Jesús
Ramón García Sánchez	Emilia Colón	Antonio T. Rivera
Georgina Santana	Manuel Alfaro	Ramón Pabón Alves
Rafaela Rodríguez		

P.D. Toda entrada una vez extendida llevará el nombre de la persona invitada y será intransferible sin el consentimiento del comité.

NO HABRÁN ENTRADAS DE VENTA EN TAQUILLA

". . .como el recuerdo de un amor profundo;
bello jardín, de América el ornato,
siendo el jardín América del mundo"

En el mes de marzo del año 1933, escribía Rafael Hernández sobre "Música Boricua" en el diario "La Información". Con tal motivo le envié a dicho periódico el escrito que sigue a continuación:

Sr. Director de La Información:
En su última edición dominical apareció un trabajo sobre música boricua del compositor puertorriqueño Rafael Hernández, que me mueve a anticipar estas líneas que tenía en mente, para darle publicidad más tarde. Ruego las inserte en la sección "Voz del Pueblo" si no hay inconveniente alguno:

Sobre Rafael Hernández:
Si me preguntasen cuál es el puertorriqueño que más ha contribuido a darle relieve y personalidad a Puerto Rico durante los últi-

mos quince años en esta gran urbe, yo contestaría sin vacilar un instante Rafael Hernández. Ha habido otros esfuerzos nobles en nuestra colonia, pero han sido ineficaces, contraproducentes, nunca tan perseverantes.

Si nuestra colonia, que tiene la debilidad de imitar todo lo malo de las demás razas, no ha sido aún absorbida por el "Jazz" o rumba cubana, se debe exclusivamente a Rafael Hernández. Él tiene el privilegio de componer música que satisface a nuestra briosa juventud en su loca carrera en busca de sensaciones nuevas, sin que esa música deje de ser predominantemente boricua. Sus canciones muestran la sal de nuestro humorismo netamente puertorriqueño. Cantan al amor como le cantaban nuestros abuelos. Pintan nuestras campiñas con su vida pura y candorosa.

"Adiós Maruca" y "Juana Peña Me Llora" son sátiras mordaces, látigos, filos que hieren, crítica constructiva. En "Capullito de Azucena" y "Capullito de Alelí", la música exótica que pretende invadir nuestras almas se detiene llena de reverencia, muchas veces de vergüenza. "Lamento Borincano" no es una canción; es un himno, una plegaria que yo no puedo ni quiero comentar aquí; de eso se encargará la posteridad.

Sus composiciones están saturadas de un puertorriqueñismo categórico que se impone. Son como un efluvio de nuestra idiosincrasia.

Mientras conservemos inmaculadas nuestras características de pueblo, la dominación extraña será meramente una forma, un estado de cosas. Recordad siempre que Roma conquistó a Grecia con sus poderosos ejércitos, pero como su alma permaneció intacta, luego la civilización griega conquistó a Roma. Mas, si perdemos nuestra música y nuestro idioma, nuestras almas habrán perdido su esencia. Los paisajes interiores que se revelan en los espíritus elevados de nuestra raza en sus horas de divina inspiración no hallarán marcos donde pueden lucir su originalidad singular. Seremos como un gran disco de cera donde quedarán impresas fácilmente todas las manifestaciones de otras razas. Flor seca que marca la página en un libro de recuerdos gratos cerrado para siempre. Conservar nuestra música y presentarla cada día más sublime a sus hermanos y a las demás razas, esa es la misión de Hernández. La labor de Rafael es como la del maestro; como la de aquel gran maestro puertorriqueño que también se llamó Rafael. Labor abnegada, intensa, patriótica. Pero pasa desapercibida porque carece del favor político, de la adulación social del tropel patriotero. Porque la plebe vestida de seda y deslumbrante no puede participar de su gloria. La mediocridad levanta el genio sobre sus hombros solamente después de muerto. Cuando el genio vive y centellea, detesta la mediocridad y la fustiga.

El gesto de "La Información" al ofrecer sus páginas a Rafael Hernández para exponer su causa, su ideal, es digno de aplauso. Y Rafael, que además de ser un artista es también un soldado, ha sabido esgrimir su pluma patrióticamente.

En el terreno político todavía no ha surgido entre nosotros un puertorriqueño que haya podido unir a todos los hijos de Borinquen bajo un solo estandarte. Ni siquiera en un mismo partido.

Tú los tienes a todos unidos con tu inspiración. Sigue viejo amigo, sigue cantándole a Borinquen tú también.

He aquí el programa de un banquete-baile organizado por la Vanguardia Puertorriqueña de Brooklyn, en sus salones, en honor al ya consagrado compositor, poeta y soldado Rafael Hernández.

La cubierta de este programa fue una alegoría original del ponceño Félix Cuestas en que aparece Rafael Hernández sentado sobre una roca a la orilla del mar, bajo la sombra de un árbol viejo que en cada hoja tiene el nombre de una de sus composiciones musicales.

He aquí el resto del programa:

Para los puertorriqueños sensibles y nostálgicos que aún conservan vivo el recuerdo de la terruca, Rafael Hernández es la prolongación del alma de Gautier, y el alma de Gautier fue la encarnación del alma sencilla, noble y paradisíaca de Borinquen. Por eso Rafael, con la imagen de su patria incrustada en su alma, peregrina por el mundo cantándole a su belleza, cantándole a su miseria, cantándole a su dolor . . .

Para la estirpe hispano-americana Rafael Hernández, el compositor lírico, es algo así como los Andes, como Chocano, como el Salto del Tequendama; es uno de los distintivos de un Nuevo Continente de una Nueva Raza en sus distintos matices.

Rafael Hernández en sus composiciones musicales es fecundo como la zona tropical; su ritmo es variado y poliarmónico como nuestra flora, como la onomatopeya de nuestros bosques y espesuras. Por eso Rafael interpreta el son, la rumba, el bolero, el joropo, el pasillo, el afro-americanismo, la canción amorosa y plañidera, la plena, las danzas y todo el folklore de nuestra raza con la misma intensidad del sabor y colorido de las distintas provincias y nacionalidades que integran la América Hispánica.

Sus composiciones musicales se han hecho populares en todo el mundo; su armonía es conocida en todas las capitales. Nuestra colonia en general lo admira y lo idolatra, y los puertorriqueños en particular sentimos un orgullo secreto por ser sus compatriotas. Lo menos que podemos hacer todos para compensar en parte las muchas horas gratas y felices que él nos ha proporcionado por tantos años, es rendirle este humilde homenaje, abrirle nuestros corazones para que siga nutriéndose su inspiración . . . Los dioses también necesitan para refrescar sus jardines interiores del rocío del amor.

Banquete—Baile
Menú

Entremés...................Buche y Pluma Namá
Consomé....................Juana Peña Me llora
Pollo Frito................Un Hueso Namá Tenía Mi Novia
Mantecado..................Campanitas de Cristal
Café.......................Mi Islita
Pan........................Lamento Borincano

Estarán presentes en este banquete-baile entre otras personalidades distinguidas: El congresista Vito Marcantonio, el Asambleísta Oscar García Rivera y Señora, el Lcdo. Gilberto Concepción de Gracia y Señora, Pedro Montañez y Sixto Escobar.

ORQUESTA CASINO DE BORINQUEN
sábado 23 de septiembre de 1939, 8:30 PM
en la
Vanguardia Puertorriqueña Inc.

Logia 4797, I.W.O.   42 Smith St., Brooklyn, NY.
TRAJE DE CONFIANZA   CONTRIBUCIÓN......$1.50

Véase el Banquete-Baile en Honor a Luis Rodríguez Olmo, cuando él estaba en todo su apogeo con los Dodgers de Brooklyn. Este festival se verificó en el Regina Mansion, situado en el número 601 de Willoughby Avenue, en Brooklyn, después de la celebración de "Olmo Day" en Ebbets Field.

En este homenaje estuvo presente Mirta Silva; acaba de regresar de Méjico y dijo "les voy a cantar la última composición de mi 'hermano' Rafael Hernández" y procedió a cantar por primera vez en la ciudad de Nueva York la bella y patriótica melodía "Preciosa".

Juan Antonio Corretjer, también allí, habló del origen del juego de pelota en Borinquen, en el batey o plazoletas por los aborígenes taínos.

En ese día, El Día de Olmo, entre los dos juegos que se jugaron, fue llamado Luis Rodríguez Olmo al plato del "home" y obsequiado con un reloj con su brazalete, en presencia de los jugadores de ambas novenas.

La señora Emilia Colón, hizo la entrega de esta muestra de afecto después de unas palabras de introducción pronunciadas en un perfecto inglés.

Durante los dos partidos, la dama que tocaba el armonio en Ebbets Field para amenizar los juegos ejecutó aires latinos principalmente boricuas. Esta música le fue suministrada a esta señora por el comité organizador de dicho homenaje.

Pero para más detalles veamos el programa circular distribuido con dicho fin.

Comité Puertorriqueño
PRO-OLMO
64 Tompkins Avenue
Brooklyn, NY.
septiembre 1944

Compatriota:

Luis Rodríguez Olmo es hoy el embajador de la personalidad puertorriqueña ante la conciencia pública norteamericana.

Cerca de diez mil a cuarenta mil personas contemplan diariamente a nuestro Luis Rodríguez Olmo en los "stadiums" de la grandes ligas. Millones oyen pronunciar su nombre diariamente por la radio. Su nombre aparece todos los días en toda la prensa nacional. Es pues, natural, es patriótico o motivo de curiosidad en nosotros, los boricuas y sus simpatizadores, el conocer más de cerca a este compatriota que tan en alto pone nuestro nombre, con sus proezas atléticas, con su carácter incorruptible y con su puertorriqueñidad.

Con este fin, hemos organizado un BANQUETE—BAILE en homenaje a LUIS RODRÍGUEZ OLMO en los preciosos salones del REGINA MANSION, 601 de Willoughby Ave., Brooklyn, New

York, cerca de Tompkins Ave., el domingo 24 de septiembre del año 1944, a las ocho en punto de la noche. Este BANQUETE BAILE será la culminación de un día festivo dedicado a LUIS RODRÍGUEZ OLMO. Durante la tarde de este domingo habrá un "double header", o sea, dos juegos de pelota entre los "Brooklyn Dodgers" y los "Chicago". La empresa beisbolera de los Brooklyn, se comprometió con este Comité en llamarle oficialmente a este domingo "Olmo Day". Se tocará música "latina" en honor a Olmo en Ebbets Field y se llevará a efecto una ceremonia en el "Home Plate" en honor a Olmo, durante el intermedio de los dos juegos. Serán reservadas las secciones 7, 8 y 9 para los puertorriqueños y demás simpatizadores de Olmo. Éstas son las mejores secciones del "Grand Stand", detrás de la primera base. Es muy importante que nos concentremos en estas secciones, para demostrar nuestra fuerza numérica, para bien de Olmo y para nuestra colonia. Pida Sección 7, 8 y 9. Haga constar su cooperación cívica.

Comité

Chairman Joaquín Colón   Secretaria Guillermina Mathew
Co Chairman Emilia Colón   Tesorero Ramón Guiboyeaux

Nuestras nuevas organizaciones cívicas y fraternales ya eran centros culturales que ponían de manifiesto la verdadera personalidad puertorriqueña en su carácter de espíritu refinado, culto y creativo. Éstas fueron visitadas con más frecuencia por personalidades borinqueñas destacadas en todos los ramos del arte y del saber. Catedráticos como Clemente Pereda de paso para Venezuela, hasta el doctor Domingo Collazo dictaban conferencias muy educativas en nuestros salones y actos públicos. Siempre recordaré con cariño al malogrado intelectual boricua Gilberto Concepción de Gracia en sus arengas llenas de patriotismo.

La etapa incierta para los puertorriqueños, frívola, la de los políticos oportunistas y de los buscones sonoros languidecía con el poder omnímodo de Tammany que ya se desintegraba.

Por el contrario, ya se habían identificado con nuestra colonia un gran número de puertorriqueños honrados que demostraban sus inquietudes por nuestro conglomerado en todo momento de crisis o de superación. Estos ocuparon muchos puestos de confianza y de vitales ejecutorias en varios de los movimientos cívicos, políticos y benéficos. Así como en el comercio y la finanzas.

Recuerdo de momento a Isabel O'Neill, Benigno de Jesús, Erasmo Vando y señora, Mercedes Arroyo, Frank Torres, Antonio Mark, Fiol Ramos, Juan Figueroa, Lorenzo R. Piñero, José Santiago, Rafael Marota, Esteban Quiñones y su esposa María, Concha Colón, Juan A. Alamo, Amparo López y su hermana Concepción, Guillermina Chevalier, Esteban Rodríguez, Fausta Delgado, Lorenzo Rivera (Lolo), Mario González, Rafael Morales, Valentín Borges, Eleuterio Becerril, Cecilia Becerril, H. Mercado, J. Torres, C. Santiago, Juan Matos, Manuel Argüeso, Julio Naman, R. Quiñones Cepeda, Manuel Medina, Angel Vázquez, José Masset y Ramón González, Q.P.D. Reymond González, como también fue conocido, fundó la Puerto Rican Merchants Association Inc. y quedó como presidente de Luchadores del Porvenir Puertorriqueño Inc. después de mi salida para Puerto Rico, y fue uno de los precursores del festival en honor a los pioneros puertorriqueños en Brooklyn. No tengo la menor duda de que he pasado por alto algunos de los más activos miembros entre nuestra colonia que tampoco han sido mencionados en relación con las anteriores actividades narradas. Lo lamento de todo corazón.

Guillermina Chevalier

Me place infinitamente el publicar de nuevo el poema que sigue a continuación, y que copio de la edición de "El Curioso" que correspondió al 25 de agosto del año 1934.

Guillermina Chevalier representó perfectamente el prototipo de mujer puertorriqueña, sacrificada hasta el máximo por su prójimo. Esposa, madre y amiga abnegada, perteneció a esas heroínas conque contó siempre nuestra raza en sus horas de ansiedad y que nunca reconoció debidamente hasta después de caer extenuadas.

Le dio todo y nunca pidió nada para ella.

Yo tuve el privilegio de conocerla desde que era apenas una niña y siempre admiré su sencillez samaritana.

¡Elegía!

A la memoria de Guillermina Chevalier
Pasaste a otra vida, amiga fiel,

Sin obtener merecidos honores.
El pueblo nunca olvida tus favores
¡Oh, bondadosa y sin igual mujer!
Al verse amenazada tu salud,
Creímos que muy pronto te curabas,
Ninguno tu partido la esperaba,
Estando en tu plena juventud.

Fuiste noble y constante luchadora
Buscando de nosotros el bienestar,
Mas, antes que pudieras terminar,
¡Dispuso Dios, y se llegó tu hora!

Aquellos que te hayan conocido
Y han podido observar tus buenas obras
Oran por ti, hoy y a todas horas.

Quiera Dios que la hija que dejaste
Encierre en sí los sentimientos tuyos.
Sería para todos gran orgullo
Que en tus obras tratara de imitarte.

Vendrán Petras, Juanas y Georginas
A terminar tu empezada tarea.
Estoy seguro, como que Dios crea
Que nunca llegará otra Guillermina.

Llegados al final de tu partida
En el pecho oprimido el corazón
Haré por todos una noble petición
Ante los restos de tu noble vida.

Pedimos que tu alma reste en paz
Obtenga del Señor buena acogida.
¡Ya que al llevarte nos dejó la herida
Que ni el tiempo cerrará jamás!

José Casalán

El Día de las Madres en Brooklyn

El Día de las Madres era el acontecimiento más elaborado entre las organizaciones fraternales de Brooklyn.

Por ejemplo La Vanguardia Puertorriqueña Inc., la organización de más iniciativas cívicas y culturales durante la década del treinta al cuarenta, hizo del festival del Día de las Madres una fecha tradicional.

En el grandioso baile del sábado víspera de Día de las Madres se escogían los mejores salones para baile en el condado de Kings; las más famosas orquestas de la temporada eran contratadas de antemano. Hermosos claveles blanco y rojos, para ser lucidos el domingo como insignia tradicional del Día de las Madres eran prendidos en los pechos de los asistentes a este magno festival.

Una gran rifa que incluía siempre pasajes de ida y vuelta a Puerto Rico se finalizaba en esta fastuosa noche.

Recuerdo en uno de estos regios bailes en el Brooklyn Central Palace en el 16–18 Manhattan Avenue, con el Conjunto del Ritmo que administraba Federico Pagani, nuestro huésped de honor fue la ya joven gloria boricua llamada Bobby Capó. En este baile se firmó la primera película tomada de un festival de esta índole.

El domingo Día de las Madres, todos los años se llenaba a capacidad el amplio salón de actos de la Escuela Número Cinco, en la calle Tillary, sección de Borough Hall. Se repartían completamente gratis a las madres infinidad de valiosos regalos donados por las casas comerciales y por miembros y amigos de La Vanguardia.

Para llevar a feliz éxito este acontecimiento de reconocido valor cívico y cultural en el desenvolvimiento de nuestra colonia, contaba La Vanguardia Puertorriqueña Inc. con un comité de damas de mucha personalidad y dedicación al prestigio de todo lo puertorriqueño. Presidía este comité la señora Emilia Colón, en nada relacionada conmigo—Colón y Colón como no fueran lazos de amistad y de vida cívica.

Numerosos conjuntos musicales e inspirados poetas y declamadores rendían tributo a las madres en este día. Nando Feliciano, cariñosamente conocido como "Nando Palito", no faltaba, año tras año, acompañado de su inseparable guitarra o con su Sexteto Aguadillano.

Los más insignes artistas puertorriqueños y los más nobles paladines defensores de nuestra causa que ya convivían con nosotros o estaban de paso en la ciudad desfilaban por este paraninfo a rendirle sus respetos a la autora de nuestra existencia.

Luchadores del Porvenir Puertorriqueños Inc. y los bailes antiguos

Luchadores del Porvenir Puertorriqueños Inc., otra fraternidad hermana de La Vanguardia Puertorriqueña Inc., ubicada en el sector de Williamsburg en Brooklyn, entre sus actividades organizaba todos los años un "baile antiguo".

El propósito de dicho baile era el de eliminar la crápula que invadía los bailes públicos en nuestra colonia y desataba en ellos toda la vulgaridad, toda la mala crianza, la fantochería y falta de roce. Disfrazados de personas decentes se colaban en todas partes y terminaban por desprestigiar a los puertorriqueños, lo que les colmaba de profunda satisfacción.

Eran como una o dos docenas, pero no faltaban en todos los bailes a salpicar con fango nuestra creciente colonia. Léase la columna "Pan . . . Pan . . . Vino . . . Vino . . ." más adelante en este mismo libro.

Los programas e invitaciones con su carné y pequeño lápiz para anotar los compromisos con quienes bailar las distintas piezas, que publico a continuación, les mostrarán como los combatimos.

Nótese los números bailables escogidos que aunque eran divertidos, no daban cabida a las exageraciones en el danzar.

Esos "gauchos" perennes que en todas las piezas sin distinción alguna tiran y halan sus parejas se aburrían con el bailar correcto.

Una nota interesante en estos bailes era la orquesta Los Tropicales dirigida anualmente por José Budet. Todos los músicos eran de unión y por lo tanto bien vestidos y respetuosos. En nuestros bailes llegaban trajeados de negro. Pero lo interesante era que nosotros le exigíamos que las danzas fueran tocadas con un verdadero bombardino por el medio ambiente. Y la proscripción progresiva del bombardino activo entre nuestras orquestas siempre estuviera empeñado y su amo "Peñita", que trabajaba en el correo como oficio regular, lo sacaba todos los años para tocar nuestro "baile antiguo". Y en verdad que se lucía desde la plataforma de la orquesta, repicándolo como lo hubiese hecho el mismo gran Cocolia, y nosotros orgullosos con nuestras parejas, enajenadas porque parecía que habíamos sido transportados por un instante a Borinquen.

INVITACIÓN PARA ESTOS BAILES
LUCHADORES DEL PORVENIR PUERTORRIQUEÑO
Logia 4840 de la I.W.O.
64 Tompkins Ave,
Brooklyn, NY.

Hermano o Hermana:

Nos dirigimos a usted especialmente por medio de esta carta, porque creemos que usted como nosotros está interesado directa o indirectamente en su contenido.

Es innegable que la felicidad en nuestros hogares esta íntimamente relacionada con el nivel cultural y recreativo de la comunidad donde vivimos.

Los malos casamientos de nuestros hijos, los divorcios infundados, las riñas callejeras en las cuales muchas veces seres queridos van a parar a una prisión, al hospital o al cementerio, todos los grandes y pequeños infortunios que de cuando en cuando visitan el santuario de la familia, pueden trazarse fácilmente a la falta de roce social, a la falta de cultivo del respeto mutuo, al olvido de las buenas costumbres que nos enseñaron nuestros padres y abuelos allá en el suelo natal, donde las personas valían por el grado de respeto que sus virtudes inspiraban.

En una ciudad colosal como ésta, no podemos convertirnos en misántropos, o sea, en ermitaños, porque todo lo malo así como todo lo bueno que emana de nuestra colonia se reflejará en nosotros, queramos nosotros o no. Lo malo encontrará su camino hasta nosotros en las formas que menos nos imaginamos, sino a través de nosotros mismos, a través de aquellos más débiles cerca de nosotros.

Insistir en evadir nuestra responsabilidad dentro de un conglomerado del que formamos parte integrante por razones profundamente históricas sería insistir en escupir a la luna. Tarde o temprano seríamos salpicados por nuestra propia saliva, como somos salpicados hoy, de cuando en cuando, por el fango que fermenta en nuestra comunidad, acumulado ante nuestra indiferencia.

Reflexionando de este modo, nos proponemos revivir parte de la vida social que vivieron nuestros padres y abuelos allá para darle un ejemplo a nuestros hijos acá.

Empezaremos con un "baile antiguo", donde el baile no se confunda con la maroma. Donde en lugar de saltos acrobáticos, el baile sea un contacto social, delicadeza en las maneras, expresión rítmica y graciosa del cariño, del amor y de la amistad. La gimnasia en el arte de bailar es muy bella, pero pertenece más bien al tablado que a la sala social. El baile no es un espectáculo teatral, mucho menos un pugilato de rencores, celos y agresiones físicas. El baile es un aspecto del hombre en sus momentos de solaz, de diversión o sociabilidad. Después de un baile todo debe ser gratos recuerdos.

Para garantizar un baile de esta índole es imperante el sentar ciertas reglas organizativas que nos servirán de pauta y que esperamos inspiren vuestra aprobación y cooperación.

Un salón elegante para baile, con el Regina Mansion.

Una orquesta apropiada que interprete nuestra música como es.

No habrá taquilla la noche del baile.

Todos los concurrentes tendrán que presentar sus invitaciones a la entrada.

Después de las doce de la noche toda invitación será nula en la puerta.

Las invitaciones tendrán el nombre de las personas invitadas y el de la persona que las recomienda. No serán transferibles.

Todas las damas se comprometerán a asistir en traje de baile y los caballeros en traje negro o azul marino; no tiene que ser tuxedo, pero si corbata negra de lazo y camisa blanca.

Todos los refrescos y comestibles, incluso la cerveza, mantecados, emparedados etc., serán gratis, o sea, incluidos en el boleto de entrada.

Habrá un carné para que las parejas sigan el orden del baile.

Ni habrá prejuicios de razas, de clases, de credos políticos ni religiosos, pero si del carácter desordenado de los individuos.

Insistiremos en que cada uno venga acompañado de su propia esposa, comprometida, hija o familiar conocido por la persona que lo recomienda.

EL COMITÉ DE FESTEJOS se reserva el derecho de devolver el importe de todo boleto a cualesquier persona que, a juicio de dicho comité, haya violado estas reglas.

Todo boleto será extendido personalmente por el ejecutivo de nuestra organización, el que tomará en cuenta la recomendación hecha por algún miembro de nuestra institución. Toda persona que levante la mano agresivamente contra otra dentro de nuestro "templo social", con razón o sin ella, se le dará bola negra para todas nuestras logias hermanas para que tomen acción similar.

El decoro de ningún individuo está por encima del decoro de toda nuestra colonia.

La contribución para este acontecimiento social, incluso todos los refrescos, comestibles y toda la cerveza será: caballeros $2.50 y damas $1.00.

El número de boletos es limitado.

Para más informes, visite nuestro local.

Abierto todos los viernes.

Fraternalmente,

LUCHADORES DEL PORVENIR PUERTORRIQUEÑOS
Logia 4840 de la I.W.O.
Orden de Baile
en el
Acontecimiento Social
efectuado el
sábado 5 de septiembre de 1942
en el
Regina Mansion
601 Willoughby Avenue
Brooklyn, NY.

Oficialidad

Presidente	Joaquín Colón
Vice-Presidente	Elías Acevedo
Secretaria Financiera	María Carbono
Secretaria Corresp. y Actas	María Díaz
Tesorero	Ignacio Cruz
Directora de Miembros	María A. Colín
Director Educacional	Luis Hernández
Directora Juvenil	Alicia Meléndez
Director de Beneficencia	Antonio Carbono
Auditor	Juan H. Hernández

Vocales

Pelayo Jiménez	Eustaquia Cruz
Carmelo Cruz	Clemente Vargas

Orden del Baile
ORQUESTA LOS TROPICALES
Director: José Budet

PRIMERA PARTE	SEGUNDA PARTE
Vals. "Miscelánea"	Danza "Recuerdos de Borinquen"
Danza "Mis Amores"	Danzón "Salvaje"
Bolero "Bésame"	Bolero "Déjame Explicar"
Paso "Doble Novillero"	Paso Doble
Danzón "Almendra"	Vals Poupourri
Danza "Laura y Georgina"	Danzón "Horchata"
Polka "Anónimo"	Danza "Reminiscencia"
Bolero "Olvídame"	Bolero
Mazurca	Paso "Doble Morena"
Danzón "Cadete Constitucional"	Danzón "El Botellero"
Bolero "Always in My Heart"	Bolero
Joropo	Seis Criollo

LUCHADORES DEL PORVENIR PUERTORRIQUEÑO
1050 Broadway
Brooklyn, N. Y.

Hermano o Hermana:

Pronto habrá transcurrido un año en que nuestra sociedad organizó su primer "baile antiguo". Aún su recuerdo halaga nuestros sentidos como la recordación del primer beso nupcial. . . Diríase que la sutil nave de la felicidad al tocar nuestro puerto, en aquella noche, dejará una estela indeleble de gratas emociones.

Más aquel festival, en toda su majestad romántica, también tenía su misión ético-social que llenar y fue colmada a entera satisfacción.

Aquel festival revivió el interés en nuestros bailes típicos, haciendo tornar a la sala de baile el encanto del vals, la cadencia, el ritmo y la alegría de nuestras danzas, boleros, danzones y joropos, sin renunciar a la galantería, a la delicadeza y al respeto mutuo, virtudes y honra de nuestra raza.

Dejó para el tablado los bailes acrobáticos, la gimnasia, las piruetas de payasos saltimbanquis y las interpretaciones de bailes exóticos por terpsícores posesionados ante fetiches ilusorios.

Fue también un mentís contra la discriminación de razas que tratan de fomentar en esta metrópoli una plebe mercenaria que pretende parasitar entre nosotros explotando estas ideas bastardas, antipuertorriqueñas y antihispánicas.

Fue un himno a la UNIDAD, en esta etapa de la historia en que la más perfecta unidad es la única garantía de nuestra liberación como clase, como pueblo y como raza.

Este año, para hacerlo más simbólico, hemos retardado la fecha de modo que nuestro segundo "baile antiguo" sea a manera de una celebración del glorioso "Día de la Raza".

Se llevará a efecto en la noche del sábado 16 de octubre del año 1943.

A las ocho y media. En los elegantes salones del Regina Mansión, número 601 Willoughby Avenue, Brooklyn, NY., cerca de Tompkins Avenue.

Amenizará el acto la orquesta "Los Tropicales", que dirige el Prof. José Budet. Esta orquesta traerá una instrumentación adaptada para tocar nuestra música como es, no como parece ser; es decir, la danza puertorriqueña será tocada con bombardino y güiro; no con "saxophone" y maracas, etc.

Será un baile de etiqueta: las damas deberán asistir en traje para baile y los caballeros en traje negro o azul marino, camisa blanca y corbata negra de lazo, o con "tuxedo".

No habrá taquilla en la puerta en la noche del baile. No se permitirá la entrada a nadie sin una invitación extendida por el Comité de Festejos. Después de las doce de la noche no se permitirá la entrada a nadie aunque presente una invitación.

No habrá diferencia de ninguna especie, pero el Comité de Festejos se reserva el derecho de devolver el importe de la entrada a cualquier persona que a su juicio no esté en armonía con el acto.

El número de entradas estará limitado. He aquí la razón por la cual notificamos oportunamente. El Comité deberá saber el número exacto de invitados, diez días antes de la fecha del festival, para planear mejor la comunidad y el deleite de los asistentes.

No obstante el aumento en el costo de todo, el Comité acordó la misma contribución que el año pasado, con leves alteraciones en los refrescos y comestibles. Toda la cerveza, la soda y los emparedados serán gratis, o sea, incluidos en el precio de entrada. Las mesas y cualesquiera otras atracciones presentadas también serán gratis.

Usted recibirá un carné u orden de baile con cada invitación. Solamente pagará extra el guardarropía que está fuera de nuestro control.

Será una noche en que lo más auténticamente representativo dentro de nuestra colonia estará allí presente.

Contribución: Damas $1.00   Caballeros $2.50

Para más informe contacte a

Joaquín Colón	64 Tompkins Ave,. Apt. 2A
María Carbono	906 Myrtle Ave., Apt. 17
J.R. Masset	188 So. 1st Street.
Jesús Colón	238 Pearl Street
Sinforoso Vergara	260 So. 1st Street

Teléfono Main 4-6566

Fraternalmente,
LUCHADORES DEL PORVENIR PUERTORRIQUEÑO

Orden del Baile

Jose Budet	sábado
y su Orquesta	16 de octubre
Los Tropicales	1943

ACONTECIMIENTO SOCIAL
en el
Regina Madison
601 Willoughby Avenue
Brooklyn, NY.

NUESTRO SALUDO

Un saludo por más expresivo que sea será hueco, ineficaz, inútil, si carece de dos conceptos básicos. Primero se debe de estar consciente del mensaje que se propone transmitir al saludar. Y segundo debe existir conjuntamente con el gesto de saludar de lealtad suficiente para respaldarlo hasta con el sacrificio si fuese necesario.

Un "baile antiguo", en conmemoración del glorioso "Día de la Raza", en este período trágico de la humanidad, debe evocar nuestras más finas e inspiradas manifestaciones tradicionales, y en su recorrido retrospectivo por las grandes epopeyas de nuestra raza milenaria, pensar con gallardía cuál debe ser nuestra aportación para acrecentar los arcanos de la libertad, la cultura y la felicidad legados a nosotros por nuestros antepasados.

La más pequeña contribución que debemos ofrecer nosotros en

este momento, para alentar y darle sostén a áquellos que en los campos de batalla ofrendan sus vidas en holocausto de nuestras tradiciones y nuestra felicidad, es comprar bonos de guerra y prestar nuestra ayuda incondicional hasta lograr una VICTORIA COMPLETA DE LAS NACIONES UNIDAS. Con nuestra mente y nuestro corazón puestos fervorosamente en esta causa les saludamos.

De nuestro parnaso en el destierro

Nuestra patria tan fecunda en poetas no podía rezagar por largo tiempo la poesía en esta vorágine de perennes motivaciones tanto materiales como psíquicas, crisol de diversas razas y emociones polifásicas.

La primera poesía de inspiración genuinamente puertorriqueña, que fue laureada con el primer premio en un certamen literario o que apareció en la primera página del diario "La Prensa" fue "La Sementera" del entonces joven vate boricua Luis Muñoz Marín, allá por el año 1919 o el 1920.

Primero, el único periódico hispano publicado en la ciudad de Nueva York, "La Prensa", se publicaba mitad en español y mitad en portugués. Pero pronto aparecieron numerosas revistas gráficas y literarias, aunque muchas de ellas de muy corta duración. El mayor número de ellas eran de un gusto exquisito tanto en su formato como en su contenido.

Pero la historia periodística puertorriqueña e hispana en Nueva York, para ser fiel a ella, requiere en sí un respetable volumen de por demás interesante porque reflejaría más de medio siglo de nuestra vida inquieta y creativa desde Martí y Hostos en Nueva York hasta nuestros días.

Yo me limitaré a tocar a vuela de pluma ciertos rasgos característicos en aquella vida literaria que estuvo más cerca de mí y de nuestras luchas por la existencia . . . esa prosa tan necesaria para vivir primero materialmente para poder luego comulgar con los dioses . . .

En nuestras fiestas propiamente boricuas, se recitaban mucho las poesías de Gautier Benítez, José de Diego, Llorens Torres y otros. Generalmente se declamaban "La Jeringa de Minga" de Virgilio Dávila y el "Jíbaro Arrepentío" de Carlos Cabrera, así como los originados dentro de nuestra colonia por poetas genuinamente boricuas.

Copiaré aquí algunas de las composiciones inspiradas por puertorriqueños dentro de nuestro medio ambiente, conocidas por nuestra colonia, ya que fueron publicadas en nuestros periódicos y revistas u oídas en nuestros actos públicos o reuniones amistosas.

Veamos algunos de estos.

En la revista "El Nuevo Mundo" con fecha de octubre 12 del año 1929, página 3, "Regreso a la montaña" a Luis Muñoz Marín por Juan Antonio Corretjer.

Emoción peregrina al hombre,
caminos,
cuerdas para la canción universal.
Tendré el corazón blando
para mi Puerto Rico,
pobre bajo las gariopas
del ciclón y San Washington.

Tristura jíbara de viandas a secas . . .
Ella al poso y la quebrada
y la canasta de café uva
sobre sendero resbaladizo . . .

Pena que sea el cielo azul . . .
que sea verde la montaña
y el arco iris reglamenta
los colores
de la futura república . . .

Pena de toda esa coquetería
de virgen bella . . .

El campo se nos va de las manos
entre el aplauso burgués de los yanquis,
cuerpos de sapo y caballera,
guajana de nuestra caña.

El jíbaro de alma asiática
tallada en ausubo americano—

lo ve alejarse silencioso
en el sacrificio del crepúsculo.

(Acaso piense
con la esperanza puesta
en el surco entreabierto
que un día llegarán unos
hombres con la palabra nueva.)

Humo de tabaco,
ingeniero arquitecto
de tantas obras de Wall St.,
venda en nuestras almas
prendidas al son del tiple
y a la tristeza rusa de la copia,
partitura la mejor
al dolor y al sacrificio.

Hay que hacer el corazón blando
para mi pobre Puerto Rico.

Que se quiten las espuelas
para no herir su geografía tierna . . .

¡Parémonos sobre el Yunque,
Hagamos un lazo del horizonte
atarrayemos el viento!

Y regresemos a la montaña,
urna de nobles promesas,
factoría de espíritus fuertes.
Donde se hace la patria
con viandas y leche de vaca.

En la misma página "Mis Lágrimas" de Ernesto Flores Pina, 1929.

En las fuentes cristalinas,
en las fuentes cristalinas de mi Patria,
do zabuyen como anfibios,
enturbiando sus corrientes,

los logreros y los zátrapas,
he tomado muchas gotas,
muchas gotas, muy amargas . . .

En mis noches juveniles,
en mis noches juveniles, yo soñaba,
yo soñaba que mi Pueblo se había erguido,
con rugidos de león en las montañas,
y, rompiendo con sus fuerzas musculares
las cadenas que lo ataban,
se había proclamado libre
tan libre como el águila
que vuela de un confín a otro confín,
cual ave soberana. . .
Y aquel mi único sueño, disipóse
al despertar el alba. . .
Ni mi Pueblo se había erguido
con rugidos de león en las montañas,
ni había roto con sus fuerzas musculares
las cadenas que lo ataban. . .
Que por venta o por cesión ignominiosa,
mi patria pasaba
de unas manos a otras manos,
como una vil esclava
que no pudo rugir,
como ruge el león en las montañas,
ni que tuvo valor para lanzarse
al campo de batalla,
a conquistar con el esfuerzo propio
la libertad ansiada. . .
Y aquel dolor intenso,
aquel dolor intenso de mi alma,
convirtióse en fuentes cristalinas,
convirtióse en lágrimas
do zabuyen como anfibios,
enturbiando sus corrientes,
los logreros y los zátrapas. . .,
en tanto que los hijos de mi Pueblo,
sin pan ni lumbre,

sin fe y sin esperanzas,
emigran a otros sitios;
emigran a otras playas,
legiones de familias borinqueñas,
que ya. . . no tienen patria. . .

En el periódico "El Curioso", con fecha de octubre 20 del año
1934, de Carlos Cabrera "El Jíbaro Arrepentío".

Yo cometí un gran errol
del cual toi arrepentío
de bel dejao mi boío
y benilme a nuebayol.

Jase tiempo que yegué
a esta maldita suidá
y entoabía no entiendí ná
dése contrayao inglé.

Aquí to ejarrebesao
al Puente lo ñaman briche
al pan con jamón sanguiche
y colfis al bacalao.

Me meto en un restaurán
y pido casne guisá
y el moso me dise guá
si no andestén guachuguán.
Y si le pido un bisté
el muy maldito sajón
me dice ¿guá yu comfron
que ai no andestén guachusé?

A una Leidy el amol le jise
me tomó asina con la mano
me dijo mi no capise.

Y yo le dije oye tú
esto que te digo a ti

que yu se casa con mí
y mí se casa con yu.

Me quedó escorasonao
cuando me miró de frente
y me dijo la insolente
¿guara yu toquinabao?

Y ná, que este idioma es brujo
y no camina colmigo
y por eso ya amaldigo
jasta el balco que me trujo.

En "El Curioso", con fecha diciembre 22 del año 1934, de Jesús Colón, "Poesía a 'Santa Claus'".

Viejo chivudo de botas negras,
De tez rosada como un nené,
Dime qué hiciste con los tres reyes,
Los reyes magos de mi niñez. . .

Viejo chivudo de sonrisita
—De sonrisita de "salesman"—
Dime qué hiciste del Melchor,
Del Rey Gaspar y Baltasar.

Viejo vestido de colorado
Cual mascarita de carnaval:
¿Es que comprendes la alegoría
De estar Melchor con los demás?

Dime qué hiciste con los camellos
Que caminaban hacia Belén;
Del agua fresca bajo mi cama,
Donde abrevaban siempre su sed.

Y con la hierba verde y lozana
Que yo cortaba con mano fiel
Cerca del río, cómplices, amigo,
Donde bañaba mi desnudez.

¿Y las canciones, las has oído,
Viejo chivudo de cinco y diez?

Canción de niños, de reyes magos
como cantábamos en el ayer:

"Llegan de noche, con gran cautela
Cuándo ninguno sus pasos veía,
Y al dormitorio del niño van,
Y al dormitorio del niño van"...

¿Sabes lo inmenso de esas palabras;
Sabes lo hondo de ese cantar?
Tu sólo tocas las campanitas
Guilín, guilín, galán, galán.

De Rafael Mandés, el poema más recitado por este malogrado
poeta, en nuestras fiestas nostálgicas. "Invernal", para mi amigo
Lolo Banks.

¡Qué triste me siento tan lejos de casa!
Salí como loco sediento de hazañas.
Sin otro recurso me di a cruzar aguas,
que algunos anhelos y alguna esperanza.
Como todos vine repleto de ansias,
Pero ya se han muerto de asfixia o de asma
Y solo me restan suspiros y lágrimas
Y el tieso recuerdo de ayeres marchitos cual rosas heladas.

¡Dios mío, qué solo, qué enfermo! mi ánima,
se muere de pena con esta nostalgia
que tras las neblinas de invierno tan pálidas,
tan mudas y densas, tan crueles y agrias.

De noche el recuerdo de casa me asalta,
sin ningún cariño que alivie mi alma,
sin ningún amigo leal de la infancia
sin mi hermana negra sabia de mi sabia,
sin tener siquiera un paño de lágrimas,
que me prodigara miel hecha palabra,

sin nadie que endulce mis noches amargas,
y sin resplendores en mis lontananzas.
¡Qué triste me siento tan lejos de casa!
¡Oh quién fuera ave! ¡Oh quién fuera águila!
¡Oh quién fuera niño, Sra. Santana!
Quisiera ser niño que en nada pensara
sino en musarañas y sueños de grana,
y nunca en el torvo y obscura mañana.

¡Señor ya soy viejo! auguro mis canas.
Esa nieve suave, sedante de plata,
Que dejan los años y los desengaños
Y traen el ensueño de serena calma.
¡Qué triste me siento tan lejos de casa!
Lejos de mis barrios, de mi novia plácida
Que leía mis versos con su voz de flauta
Y decía al leerlos tantas cosas gratas;
Lejos de mis ríos y campos de caña,
Sumamente verdes como una esmeralda,
de mis flamboyanes rojos como llamas,
Y de mis febriles noches estrelladas.
¡Oh Guayama india! Tierra tropicana
poblada por hijos de España y de África.
¡No hay por qué negarlo! Tu raza es de ambas,
mitad española, la otra africana.

¡Salve España Madre! Salve Madre Hidalga:
¡Y tú, continente, sueño de Cleopatra!

Sueño con mi pueblo en las noches largas
Y con su vecina población simpática;
¡Oh Arroyo, solano nido de mi infancia,
Con tu mar oscilado repleto de garzas
y peces ariscos y espumas de nácar;
pueblo de palmeras esbeltas y altas,
donde hay alegría y el pecho se ensancha
y se sueña en verso las noches lunadas.
¡Qué triste me siento tan lejos de casa!

Por Rafael Eduardo Mandés, publicada en la revista "Alma Boricua", con fecha de mayo 8 del año 1934, el poema "La Bomba".

Es el baile ejemplar singular de la raza.
Es el baile de donde se inspiraron las danzas
De todos los países que han bebido en el Nilo;
De todas las naciones, sin la excepción de Francia.
Es el baile gracioso: su música es rancia.
Es el baile más viejo de tanta aristocracia;
El baile de los príncipes de Ébano del Congo,
De la antigua nobleza oriunda de África.

Tras el laboratorio de la vida, sus trazas.
También se manifiestan en distintas prosapias,
Que artimañosamente lo cultivan, lo bailan;
Haciendo aparentar con la técnica escala,
que la música es nueva. ¡Ah melódica farsa!
Pero, siempre se siente ese ritmo aborigen,
De los príncipes de ébano del Congo,
De la antigua nobleza oriunda de África.
¡Abumbá! ¡Cutumba! los pellejos de cabra,
En su música sorda primitiva, acompasan,
Y, los negros y negras dan comienzo a la danza.
Hay muchos bien trajeados. Reina la nota blanca.
Cuajan níveos marfiles sonrisas de bonanza.
Huele a licor de caña, a melao, a cachaza.
Los cigarros despegan espirales convulsos y estirados de plata,
Mientras riman los cueros la tristeza del negro,
Añorando el ayer de la época esclava
Y el amor y la selva y los príncipes de ébano del congo,
De la antigua nobleza oriunda de África.
¡Abumbá! ¡Cutumba! los negros no descansan.
Hay negras muy bonitas.
Noches de primavera yo pudiera llamarlas,
Hay negros corpulentos con perfiles de estatua.
Hay de todas las negras, lindas, feas y flacas.

Y algunas que cualesquiera tomaría por blancas
Pero son el producto del amo enamorado,
O quizás un misterio, o tal vez una gracia;
Mas todas bailan juntas alegres y graciosas el baile de la raza,
El baile de los príncipes de ébano del Congo,
De la antigua nobleza oriunda de África.
Y los tres timbaleros, ¡Abumbá! ¡Cutumba! ya parece que sangran,
Las manos entumidas de tanto resbalarlas
Sobre los roncos cueros de las timbas amargas,
Y tocan y retocan esa música sorda,
Esa música grave que se filtra en el alma.
Y hace que resuciten en las razas extrañas
Otra música nueva, otra música virgen
Popular en Jazzmania,
Que la bailan los blancos en todos los confines
Y todo el mundo aplaude en teatros y salas,
Y es la misma del Nilo disfrazada con maña
Pulsada por violines, pero el tema resalta,
Como un eco lejano que viniera del fin resbalando,
Evocando la historia tan remota y lejana
De los príncipes de ébano del Congo,
De la antigua nobleza oriunda de África.

De otro de nuestros verdaderos poetas, que murió en pleno desarrollo de su creación, Francisco Negroni Mattei, "La canción de la nieve".

La bruma invade el cielo y el espíritu;
y de la opacidad de las alturas,
la nieve, toda llena de temblores,
desgrana su rosario de blancuras.

Es un lento caer de rosas blancas
que vienen a morir en las arenas
como una suave floración de sueños.
¡Oh, nieve intacta, silenciosa y fría!

¡Oh, albura de la nieve inmaculada!
La frialdad de tus pétalos me trae
el recuerdo lejano supremo de la nieve,
idealidad de sueño que se esfuma,
trémulo llanto de invisibles novias,
albor de lirios, y ebriedad de espuma . . . !

¡Oh, tristeza cruel de la nevada!
¡Oh, el frío de las almas que han sentido
agonizar sus últimos ensueños
en las nieves eternas del Olvido . . . !

¡Oh, novias idealistas que vivieron
soñando la ilusión de una quimera
y como flores de un rosal murieron
una mañana azul de Primavera . . . !

¡Oh, Poetas; oh, hermanos soñadores
que vais dejando luminosos rastros . . . !
¡Sombras que pasan silenciosamente
con rumbo fijo hacia lejanos astros . . . !

Y en tanto que mi alma se diluye
por los cielos brumosos y desiertos
siento el frío sutil y silenciario
de unos amores para siempre muertos . . . !

La nieve toda llena de blancuras
insinúa el candor de sus blasones,
y va cayendo silenciosa y trémula
como un deshojamiento de ilusiones . . .

Del libro de poesías por el joven poeta César G. Torres; "Abanico de Fuego", publicado en Nueva York en el año 1943.

Con destellos de sol puertorriqueño
fabriqué un abanico.
Mi corazón con sus latidos trémulos
lo hace dar vertiginosos giros . . .

Que se aparten de él los inocentes,
no es humo de volcán; es fuego vivo;
para el cobarde que vendió la patria
regalando una flor al enemigo.

En "Alma Boricua", 1 de septiembre de 1934 por José Espada Rodríguez.

El Hada de las Piedras Preciosas: Las Perlas

Fue en un paisaje de límbico esplendor. Me guiaron por él los gnomos y los silfos y junto a la gruta aislada mis pupilas sorprendidas vieron la mujer sacra.

Era todo una acuarela fantástica, trazada a rasgos ilusorios sobre lienzos vaporosos y casi impalpables.

El hada estaba allí . . . Era blanca, blanca y traslúcida como los pétalos de las flores del loto, blanca como el alma de las perlas que vertían sus manos cinco pétalos.

La reina novia de las piedras preciosas . . . las perlas reales, que brillaban al sol con los ojos de sus facetas múltiples y caprichosas, parecían bocas de desposadas, pálidas y sensibles riendo al amor desconocido, al éxtasis iniciador, al primer beso de sublime dolor. Bocas de novias despintadas y pálidas . . . perlas . . . perlas . . . Bocas nerviosas que dejó el amor sobre el puñado de nardos deshojados.

Perlas, perlas, perlas claras, claras y blancas, hechas de alba y de sol, de linfas de encantados lagos de ensueño, de lágrimas tal vez sus ojos sufridos y dolientes . . . que también hay dolor en el alma de las perlas. En el silencio; el chorro de rielos caía luminoso y sonoro y fingía ante mis ojos ávidos la imagen viva de un surtidor reflejado a la inversa en la diáfana luna de un espejo.

Era una cascada de iris, un rosario de fulgores que caían de las manos haladas del hada; y los rayos del sol, los intrusos luminosos, celosos tal vez de la clara transparencia de las perlas, herían sus facetas que, coruscantes, a cada golpe del puñal del sol, se rompían en fulgores y llenaban el paisaje de iris y de rielos.

Y las perlas dialogaban entre sí . . .

—¿Habrá algo más blanco—decía una—que nuestro corazón? ¿Habrá algo más puro que el alma de una Perla?

Y el hada que escuchaba el diálogo de sus hijas, las perlas, contestó

con una voz muy suave: —Sí. Hay algo más blanco y más puro. . .
    Atónitos, las perlas suspendidas en el aire preguntaron
—¿Cómo? ¿Qué puede superarnos en blancura y pureza?
    —El beso de una madre—contestó el hada.
    Y, en el silencio del paisaje fue su voz musical luz y poesía . . .

La despedida

Adiós, la nave zarpa,
pones en medio
de nuestro amor
las olas del mar inmenso.
¿Dónde hallaré mañana,
cuando yo busque
para endulzar mi vida
tus ojos negros?

Estarán ya remotos. Acaso errantes
golondrinas de sombra, cansado el vuelo,
posarán un momento sobre otros ojos,
sentirás vértigo . . .
y olvidarás, divina, cuando ponías
tu cabecita tibia sobre mi pecho.

Olvidarás cuánto eras y cuándo amabas,
mi nombre, mis caricias, mi pensamiento,
las amorosas frases que nos dijimos,
y hasta el rumor tranquilo de nuestros besos.

Adiós, adiós, divina, al onda ligera
arrastrará la nave lejos, muy lejos,
y volubles las ondas, no tienen alma;
y tú sobre las ondas no oirás el eco,
de la canción doliente del que dejaste
abrazado al cadáver de tu recuerdo.

Mañana el mar, el cielo, la aurora enciende
su abanico de espumas de oros y rieles,
y tus ojos mirando siempre adelante,

mientras sigue la nave su rumbo incierto
alejándose ingrata del suave abrigo,
que le ofreció el remanso tibio del puerto.

"Retribución" con motivo de un discurso pronunciado por Mrs.
F.D. Roosevelt en Nueva York para Antonio Mark Tomás R. Gares.

Señora Presidenta: Yo soy Borincano
Que siento de su Patria, la angustia y mal estar;
Causados en mi tierra, por vuestra acción injusta
sin razones que puedan, su mal justificar.

Habéis dicho que somos, un peligro inminente
En esta Babilonia, que es vuestra gran ciudad;
Por causa que tenemos, un grande porcentaje
De enfermos que propagan su gran calamidad.

Según los rotativos, que dieron la noticia
Destrozados estamos por bacilos de Cock;
No sólo los que somos, sino los que no han sido
Hoy sufren el estigma, de aquella acusación.

¿Qué culpa tiene un pueblo, pregunto yo, Señora,
Carente de alimentos, faltos de nutrición?
¿Si a sus playas un día, llegaron unos Cuervos
Protegidos sus garras por balas de cañón?

Y todo lo han cogido . . . Señora Presidente
Nuestras tierras y haciendas, y hasta nuestro sudor:
Y han hecho de aquel pueblo, una gema de ciervos
Cuyo yugo les roba la tierra y el honor.

Y un día surgió Marte, con todo su armamento
Y vióse envuelta en guerra, vuestra amada nación;
Y vuestro Parlamento, vistió de ciudadanos
A nuestros pobres parias, para su protección.

Entonces fueron buenos, para ofrendar sus vidas
En Francia defendiendo, con tesura y valor;

Las ideas de Wilson, la gran patria de Jefferson,
De Hoover y de Coolidge, de Roosevelt y de Ford.

Y mientras los Boricuas ofrendaban sus vidas
Los Cuervos se nutrieron con un ardor rapaz;
Saquearon los bohíos, y a fuerza de hipotecas
Con todo se quedaron, con siembras y solar.

En Panamá la fiebre, diezmó las filas nuestras
Y hoy duermen olvidados, en extranjero lar;
El jíbaro Boricua, que bueno fuera entonces
Con todos sus defectos, para su vida dar.

Más tarde el Armisticio, desparramó legiones
Que contemplaron mudos, en su suelo natal . . .
Las bandadas de Cuervos, que de todo son dueños
Y extranjeros se vieron, en su Patria y su hogar.

¿Qué culpa tiene entonces, Señora Presidenta,
Un Jíbaro que emigra, y viene a Nueva York?
¿No es él un ciudadano que honradamente viene
Buscando un aliciente para su situación?

¿No es mucho más correcto, venir como el Boricua
Ofreciendo sus brazos, en cualesquier labor?
¿Qué venir como el Cuervo, con sus garras al viento
Y sólo dar con ellas, amargura y dolor?

¡Pensad, Señora, entonces si el Boricua está enfermo
Que es el deber del alma, y noble obligación;
Ya que la carne pudo, saborear a su antojo
Que roa el hueso duro, como una gran lección!

Puerto Rico

Bajo la comba azul de un cielo genuino
Abrazada a los indicios mares de Colón;
Yace una bella isla cuyo triste destino
Es ser la ignominiada, que aún pide redención.

Entre soberbios muros los católicos reyes
Encerraron la Antilla de Castilla y León.
Y todavía esclava, con libertad y con leyes,
Resiste la cadena que impuso la Invasión.

Cuatro siglos esclava, con libertad y con leyes,
Borinquen ha cumplido sentencia traicionera . . .

Desde el descubrimiento, has estado en espera
De Redentor que rompa tu servil eslabón
Y te entregue libérrima, como la vez primera
Que a tus playas llegara Don Cristóbal Colón.

Frank Torres
11 de febrero de 1939

Otro jíbaro castizo, que sigue siendo boricua neto después de varias décadas en Nueva York, Rosendo Acosta, improvisador de décimas y de poemas, "Tenor".

Yo vivo anhelando a mi propia vida
Porque vivo temiendo a lo inerte
Porque sé que es horrible la partida
De este mundo al mentiroso de la muerte;

Y si es verdad que existe un algo
Un algo espiritual más que esta vida,
Cuando muera, mi espíritu impulsado
Hablará de los misterios de allá arriba.

Y si es verdad que la existencia
Se exhala en reacción a lo más cierto,
Los muertos no tienen conciencia,
Porque de todos ninguno ha vuelto.

La vida es la eterna realidad,
De goces y placenteros momentos
La muerte es la eterna obscuridad,
La prisión abandonada de los muertos.

Dolor, amargura, tristeza, soledad;
Es el camino hacia la tumba fría,
¿Por qué si todo es mentira y falsedad
Nos ha de engañar la religiosa fantasía?

Oh, perdóname Señor omnipotente,
Si te he ofendido con el verbo mío,
Es que el campo de la vida es caliente
Y el campo de la muerte es frío.

A continuación un programa de uno de nuestro festivales típicos de Borinquen. En este concurso de décimas estuvo presente la distinguida poetiza puertorriqueña hoy fenecida Julia de Burgos.

Luchadores del Porvenir Puertorriqueño
Logia 4840 de la I.W.O.
Presenta el acto más típicamente boricua de la temporada
Pintoresco Certamen de Cantadores de
Décimas originales y baile con
Música Brava y Orquesta Criolla
Tomarán parte en el concurso el joven poeta
Matías M. Vázquez
Conocido por el pseudónimo "El Jíbaro de Carioca", campeón de
Guayama, Puerto Rico
y el popular compositor de romanzas
Rosendo Acosta
campeón de Cabo Rojo, jíbaro y puertorriqueño neto.
Temas
1. La Guerra Mundial No. II
2. Borinquen y los Boricuas
3. Un Tema Libre.

Primer Premio: Un diploma de Honor y una Suma en Efectivo.
Segundo Premio: Una Suma en Efectivo.
Un jurado competente, conocedor de la música puertorriqueña y de nuestras costumbres tradicionales adjudicará los premios.

Domingo 30 de mayo de 1943
Víspera de Decoration Day
A las 7:30 PM

1050 Broadway , Esquina A Hart St. Brooklyn, NY.

Contribución: Damas: 25 votos Caballeros: 50 votos

NOTA IMPORTANTE: Este festival tiene el fin preponderante de mantener la idiosincrasia puertorriqueña en el corazón de nuestra colonia. Reinará la alegría y el entusiasmo, pero esperamos que estén entre nosotros solamente aquellas personas que siguen amando y respetando, como sus abuelos, las cosas viejas de Borinquen. Demandamos animación y reverencia para con los concursantes y en el público en general.

BAILE ANTES, DURANTE Y DESPUÉS DEL CONCURSO

La danza puertorriqueña en el exilio y su compañero de viaje, el bombardino

Desde un principio toda la música en nuestras fiestas privadas y públicas fue preponderantemente boricua y después le seguían en importancia el danzón y el bolero, el paso doble bailado como "one-step", el vals y los pasillos; muy poca o ninguna música americana.

Nunca faltaba en nuestro repertorio la danza puertorriqueña, las que bailábamos con maestría y orgullo, haciéndole siempre en el compás y las figuras justicia y reconocimiento al bombardino y al güiro que guiaban nuestra cadencia, que es lo sublime en el baile por el baile mismo.

Nunca bailábamos la danza "La Borinqueña"; lo considerábamos—muchas veces sin saber el porque—irrespetuoso hacia algo abstracto, pero que estaba allí en las fibras más sensitivas de nuestra ánima.

Cuando bailábamos una danza, tratábamos de imitar respetuosamente a nuestros padres y abuelos en sus momentos más dichosos de sus horas románticas, efluvios de nuestra procreación.

Y el bombardino en la danza unas veces gemía quedo; otras veces era un lamento conmovedor, una imprecación o un despecho. Un coloquio cosquilleante, acaso una dulce confesión amorosa. O una loa al suelo natal, a sus bellas mujeres, ardor patriótico.

Todo esto dice el bombarino en su lenguaje enigmático para todo el mundo; menos para los puertorriqueños. El bombardino era algo así como un lazarillo que nos guiaba espiritualmente, en nuestros éxtasis, por las sendas rosadas, verdes, áureas, del ensueño . . .

A principio de siglo, cuando nuestras emociones aún estaban completamente influenciadas por la Iberia de guitarras magistralmente rasgueadas y punteadas, y se nos presentaba un guitarrista a deleitarnos con su maestría en la ejecución, nosotros los profanos en música, para convencernos si era en realidad un gran guitarrista, le instábamos a que tocara "La Entrada a Bilbao", con su repique de redoblantes toques de cornetas y el retumbar de los cañones. De acuerdo como él imitara en la guitarra toda esa música marcial, juzgábamos si era o no un buen guitarrista.

Y para saber quién era en verdad un buen bombardino, le pedimos que tocara la danza "Sarah" de Angel Mislan. Seguíamos atentamente su naturalidad al tocar el solo de bombardino cuando todo el resto de la orquesta se tornaba en acompañante y el bombardino que fue también el instrumento preferido del príncipe de la danza puertorriqueña, Juan Morel Campos, prevalecía y fue proclamado rey . . .

En la primera década de nuestro siglo, las sociedades del pueblo de Cayey, en los clubes Luz y Trabajo, La Aurora, El Centro de Primera, amenizaban sus grandes bailes de San Isidro y de la matrona del pueblo La Asunción contratando las mejores orquestas en la isla para esa época. Entre ellas, Los Angelitos de Caguas y la Orquesta Cocolia de Ponce. Estas orquestas se hospedaban en el hotel de mis padres, El Hotel Colón, a la entrada de Cayey por Caguas o Guayama.

Mi madre siempre les pedía que tocaran un par de piezas en la sala del hotel, a lo que ellos accedían cortésmente a manera de afinar sus instrumentos. De este modo tuve yo el placer de oír a Domingo Cruz, "Cocolia", el bombardino que fue también de la Orquesta Juan Morel Campos, ejecutar la "Sarah", a muy corta distancia del él. ¡Momento inolvidable!

Más tarde cuando Sr. Acevedo, el primer bombardino de la banda del regimiento tocaba la danza "Impromptu" de Luis R. Miranda o la "Sarah", en que el bombardino se impone, todas las miradas y los oídos se tornaban hacia él.

Siempre tendré fresca en mi memoria una noche en que en un baile formal de artesanos, organizado por Benito Alonso y Vicente Cruz, tocaban en la orquesta en forma de dúo de bombardinos el manatieño el Sr. Costoso, primer bombardino de la Banda Municipal de San Juan, capital de la isla y nada menos que el director de dicha banda Manolo Tizol.

Aquel cortinaje de albos encajes, aquel piso nítido, al bailar de la danza aristocráticamente era un marco perfecto para las notas melodiosas que arrancaban aquellos dos maestros a los bombardinos. Diríase que aquélla era una música celestial . . .

Por estas remembranzas y aguijoneado por la nostalgia, cuando supimos en la ciudad de Nueva York que había salido al mercado un disco de larga duración de danzas puertorriqueñas interpretadas al piano por nuestro prominente pianista boricua Jesús María Sanroma, el más alto exponente de nuestra cultura musical en los Estados Unidos, lanzamos un suspiro de satisfacción. Nuestra música genuinamente boricua sería conocida y tocada en las más altas esferas de la apreciación musical en esta gran nación, Meca de los más notables musicólogos.

No hay boricua que no sienta orgullo de ser coterráneo de este virtuoso del piano y de sus triunfos con la Sinfónica de Boston y Les Concerts Symphoniques de Montreal, la principal orquesta de Canadá, así como sus recitales por Europa. Su maestría en la interpretación al piano de los clásicos ha puesto bien en alto el nombre de Puerto Rico en el exterior.

Vaya mi más sincero agradecimiento y respeto a este privilegiado exponente de la cultura musical que tan abnegadamente la otorga en el Ateneo de Puerto Rico, en el Instituto de Cultura, por la radio y la televisión del pueblo de Puerto Rico, en el Festival Casals y en nuestro Conservatorio de Música.

Más debo confesar que al colocar sus danzas en mi ortofónica y reclinarme muellemente a su entero deleite, el panorama mental criollo que yo anticipaba no se subjetivizó. Salones de baile en épocas lejanas con liras de lágrimas como luceros. Cortinaje de encajes blancos en puertas y ventanas. Un salón con el suelo espermado. Damas encorseladas y en trajes de cola, con sus carnés en manos enguantadas, sonriendo cortésmente a las galanterías de hombres caballerosamente ataviados en sus cuellos y puños de pasta— que yo gustaba encender luego de ser estos desechados.

Grandes azafates llenos de copas de cerveza espumosa repartida entre los varones. Cornucopias o estuches de cartón en colores, pendientes de cintas y a su vez conteniendo almendras cubiertas, finos bombones y galleticas de ciento en boca para las damas y la niñez.

El paseo de las danzas, cómplice del coqueteo en el abanico.

El bombardino y el güiro hacían lo demás si usted estaba en armonía con aquel ambiente gratamente subyugador que prevalecía en el espíritu divertido de nuestros antepasados.

Así nació, vivió y fue tradición la danza puertorriqueña.

Así la sintieron y nos la brindaron nuestros más insignes compositores.

No fue como la experimenté al salir del teclado, ejecutadas por nuestro más prominente pianista, el caballeroso Jesús María Sanroma.

El paisaje psíquico que invadió todo mi espíritu fue más bien el de un recinto claustral: claros de luna en luengas galerías solitarias que eran reflejadas por rayos de luz, a través de ojivas medievales. Música nocturnal . . . chopinesca . . .

Más nuestro agradecimiento al señor Jesús María Sanroma por propagar nuestra personalidad musical boricua, en tan alto nivel, fue un agradecimiento sincero, patriótico, ya que en un alto nivel estaba colocada su propia personalidad artística dentro y fuera de la nación.

Pero una noche, ya de regreso a mi suelo natal, anunciaron un Concierto-Conferencia sobre la danza puertorriqueña. El treinta del mes de julio del año 1950, a las ocho y treinta de la noche, para ser exacto.

En el programa aparecían de Angel Mislan, "Tú y Yo" y de Luis R. Miranda, "Alma Pura". Me extrañó que en aquel extenso programa sobre la danza puertorriqueña no figuraran la "Sarah" de Mislan, ni la danza "Impromptu" de Miranda.

Fui al ateneo a oír este Concierto-Conferencia. Había una nutrida concurrencia aquella noche en el ateneo que llenaba hasta todo el balcón y los pasillos, lo que demostraba elocuentemente que no había muerto el interés en la danza puertorriqueña como se trata veladamente de imbuirle a la conciencia pública del pueblo de Puerto Rico, evadiéndola o adulterándola, o desfiguradamente convirtiéndola prematuramente en reliquia.

El programa leía "pianista Jesús María Sanroma—conferencista Augusto Rodríguez".

Aquel Concierto-Conferencia fue una demostración técnica del dominio del teclado por el señor Sanroma y una elocución inteligente de la historia de la danza puertorriqueña.

Pero se ofendió el origen tradicional de nuestra danza y de las costumbres sanas de divertirse nuestros padres y abuelos.

Se hizo resaltar que la danza no debió ser como fue, que el bombardino fue un estorbo, para evitar que las melodías, la música de la danza, fuera de un refinamiento más elevado, de más creación musical.

Este acometimiento cruel en contra del bombardino y de sus más fieles intérpretes puertorriqueños llegó a su clímax cuando en un aparte en que el señor Sanroma se ponía de pie para abundar sobre las manifestaciones del señor Augusto Rodríguez, dijo: "Yo odio el bombardino en la danza".

Yo miré ligeramente a los semblantes más prominentes allí presentes.

Allí estaba el hoy ilustre fenecido Don Ernesto Ramos Antonini, el más fecundo compositor de nuestra música folclórica Don Rafael Hernández y muchas personalidades de reconocida cultura. Nadie dijo nada allí como correspondía en aquel momento a un público culto.

Pero tampoco oí después ningún comentario sobre este particular, ni allí ni en nuestra prensa.

Eso sí, noté algunas personas que se sintieron incómodas en sus asientos y se miraron sorprendidas una a las otras y hasta como si hubiesen querido murmurar algo.

El único que hizo una mueca de disgusto visiblemente, que no sé exactamente si fue una coincidencia, fue el doctor Gilberto Concepción de Gracia, que estaba sentado en el escenario.

En cuanto a mí, anoté inmediatamente la frase en el mismo programa del acto, que aún conservo: "Yo odio el bombardino en la danza". Y reconociéndome un profano en música y consciente de la caballerosidad de Jesús María Sanroma, como ciudadano, y de su virtuosidad en música, me dije: "Estas observaciones las comentaré con mis amigos y las haré públicas en mi primera oportunidad", y helas aquí.

Desde que oí su disco de larga duración sobre las danzas puertorriqueñas en la ciudad de Nueva York, no sé por qué razón conjeturé que el bombardino era proscrito en la interpretación de las danzas por el señor Sanroma, a lo que él tiene el perfectísimo derecho como ciudadano.

De aquí que noté inmediatamente la ausencia de las danzas "Sarah" e "Impromptu", en el programa aquella noche en el Ateneo de Puerto Rico.

Al fin, para pesar mío, se confirmó la conjetura, sin dejar lugar a dudas: "Yo odio el bombardino en la danza".

Para mí, para este burrico, a quien no le suena la flauta ni por casualidad una danza sin bombardino, es igual que una flor sin fragancia; es como una noche primaveral sin luna y sin estrellas; olas gigantescas sin espumas arcoirizadas, ni rugido al chocar contra el acantilado de la costa o susurros al besar la arena áurea.

Si el saxófono y el trombón reemplazan al bombardino por sus usos más variados para las orquestas modernas y sus adaptaciones más apropiadas a nuestra era comercializadas de "mass production"—fabricación en serie para los Cinco a Diez regimentados por toda la nación—y en pugna con el tresillo sincopado y genuinamente criollo de nuestra danza puramente boricua, esa no es culpa del bombardino que lactó y le dio idiosincrasia a nuestra danza, que contribuyó a darle una personalidad única, inadulterable a nuestra propiedad como raza y como nacionalidad.

El cubano tiene su danzón clásico y lo respeta, con sus atabales o timbales, dándole su ritmo incomparable. Cuando el cubano quiere algo nuevo, crea el danzonete o cualquier otra rumba, bolero o son. Pero respeta su danzón clásico como si éste fuera una herencia nacional.

Tal es Venezuela con su joropo y Argentina con su tango.

El vaquero en el oeste, en las noches silenciarias, al calor de las hogueras entona reverentemente su música bucólica y romántica de la época pionera.

Si por razones de adaptación a los nuevos tiempos o por el peso de las costumbres de una nueva y rica metrópoli hemos de tolerar la usurpación de nuestras tradiciones sanas, artísticas y alegres—sí, alegres porque el bolero y otros aires bailables son más lentos que nuestra danza y prevalecen aún—dejemos la danza y el bombardino como fueron concebidos por Julián Andino y Juan Morel Campos.

Cuando queramos recordarla o comercializarla de nuevo como se hace a menudo reviviendo el pasado, retoquémosla, avivémosla como se ha retocado y revivido todo . . . en el nuevo marco en que existimos. Pero que no se adultere, que no pierda la danza su esencia, su tresillo sincopado.

Dejad el bombardino quieto. Fue un hijo adoptivo nuestro, muy querido por nuestros padres y abuelos, como lo fue también adoptiva "La Borinqueña", incrustada en nuestra vida cívica como nuestro himno nacional.

"Ad perpetuam rei memoriam". (Para perpetuar el recuerdo de la cosa.)

Más política

Allá en Puerto Rico, en nuestra patria se hace política todo el año. Pasan las elecciones pero continúa el ajetreo político los trescientos sesenta y cinco días del año. En las barberías y cafetines, en las plazas públicas, en los campos y talleres, la política es la "industria" más próspera y popular de Puerto Rico. Todo el mundo es patriota a su manera. El patriotismo no tiene reglas específicas de ética en Puerto Rico. Un defensor del dominio extranjero en nuestra isla, así sea el dominio monopolista o el exterminio de nuestra potestad como raza y como pueblo, vive y muere insistiendo que él es un patriota . . . todo por el bien de la patria. El chauvinismo en nuestro pueblo además de ser una corrupción del patriotismo es una mala maña del oportunismo político.

Pero el amor exagerado por la patria es un arma de dos filos, ambos nocivos. Este amor pervertido puede ser usado conscientemente como un arma embaucadora de engaño cívico. O puede ser esgrimido de buena fe por individuos confundidos toda su vida en los conceptos patrióticos, vistos sólo superficialmente. Estos últimos serán siempre las víctimas sinceras de la demagogia, sus soldados más fieles y, por su naturaleza ingenua, los más peligrosos.

En Puerto Rico, en todas las épocas ha habido patriotas sinceros. El patriotismo genuino es innato en todas las nacionalidades.

Pero los primeros puertorriqueños que vinimos en gran número a Nueva York importamos en gran número también a los patriotas oportunistas, chauvinistas embaucadores de la gente sencilla que abundaba entre nosotros. De aquí que dependían de esta patriotería sentimental para imponérnoslo. Evadían y evitaban el análisis de problemas político-sociales intrincados. A todo le daban la vuelta hasta darle una interpretación patriotera y el que osara ponérsele de frente le ponían el anatema de antipuertorriqueño.

El caso más notorio alrededor de esta exposición de política rutinaria se debatió largamente antes de la nominación de Mr. Robert Hayes Gore para gobernador de Puerto Rico en el año 1933.

Era costumbre de personajes con título y alguna reputación política en Puerto Rico venir a Nueva York en busca del endoso de las organizaciones puertorriqueñas ya cimentadas en esta metrópoli, para sus aspiraciones como comisionados o gobernador allá en nuestra isla, cuando todos estos cargos estaban en manos del presidente de los Estados Unidos, y por lo tanto de su partido político.

Uno de los más unidos políticamente en el estado de Nueva York, al conglomerado residente en Brooklyn se le había metido en la cabeza que como el próximo gobernador de Puerto Rico, nombrado por el primer ejecutivo en los Estados Unidos, sería sin lugar a la menor duda un continental, posiblemente del Sur, o cualesquiera con una deuda política nacional, nosotros preferimos a uno conocido ya por muchos años por nosotros, y respaldamos con todos los medios a nuestro alcance a James F. Kelly.

Ya conocen ustedes someramente a Mr. Kelly y su labor entre los puertorriqueños, incluso en el caso Julio Santiago.

Yo fui nombrado "chairman" (presidente del comité) entre los hispanos para su campaña.

Escribí y fueron impresas en letras góticas, en rojo y en negro, las resoluciones que adjunto, una para el National Committeeman (miembro del comité nacional del Partido Demócrata) James McCooey, y otra para el Presidente Franklin Delano Roosevelt.

Resoluciones

Por cuanto:

Las adjuntas resoluciones fueron endosadas por todas las organizaciones políticas puertorriqueñas del Condado de Kings y sometidas a Su Excelencia Franklin D. Roosevelt y al Presidente del Comité Demócrata Nacional James A. Farley, para ser consideradas por éstos, y

Por cuanto:

La unanimidad y el entusiasmo otorgados a estas resoluciones en el Condado de Kings le ganó el sólido respaldo y endoso de muchas organizaciones políticas puertorriqueñas de Manhattan y del Bronx, y

Por cuanto:

Este sentimiento de gratitud y de reconocimiento manifestado en toda la gran ciudad de Nueva York, entre los puertorriqueños hacia el honorable James A. Kelly, se ha extendido hasta la isla de Puerto Rico, en donde él es bien conocido como un sincero amigo de aquella isla, y

Por cuanto:

Hoy, no hay otro candidato americano, nativo o continental,

como el Hon. James A. Kelly, quien pueda inspirar tantas organiza-
ciones políticas puertorriqueñas en esta metrópoli para espontánea-
mente y concienzudamente demandar su nombramiento, y
Por cuanto:
Nosotros tenemos la promesa del miembro del Comité Nacional
Demócrata John H. McCooey, al efecto de que él hará todo lo que
esté a su alcance para darle a Puerto Rico, una forma de gobierno
más progresista, y
Por cuanto:
Nosotros creemos que para ejecutar dicha promesa el endoso del
Hon. James A. Kelly, por el miembro del Comité Nacional
Demócrata John H. McCooey, deberá ser el primer paso lógico en
esa dirección; ahora, por tanto,
Resuélvase unánimemente: que esta convención, representando
todas las organizaciones políticas puertorriqueñas del Condado de
Kings sometan al miembro del Comité Demócrata Nacional John H.
McCooey, y respetuosamente urgir de él su endoso para gobernador
de Puerto Rico, el Honorable James A. Kelly, del Condado de Kings.

HONORABLE JAMES A. KELLY
of Kings County For the

Para el	Betances Democratic Club Inc.
Carlos Tapia	Miguel A. Fussa
Liborio Ventura	Quirino R. Figueroa
Para el	Guaybaná Democratic Club Inc.
Joaquín Colón	Pedro Tejada
Francisco Arroyo	Armando Ramírez
Para el	De Hostos Democratic Club Inc.
Miguel Acevedo	José Peña
Carlos Cabreras	Carlos Marcano
Para el	Baldorioty Democratic Club Inc.
Ramón Colón	Ramón Belardo
Juan Lastra Morales	Aurelio Belardo
Para el	Baldorioty Democratic Club Inc. (Bay Ridge Section)

| Santiago Ruiz | Rafael Torres |
| Ramón Ruiz | Esteban Mena |

Para el	Cervantes Democratic Club Inc.
Ramón Ortiz	Cristóbal Bautista
José Saldinia	M. Galarza

Para el	Hijos de Borinquen Social Club Inc.
Sixto Danois	Crescencio Gómez
Antonia Denis	Arturo Cintrón

Delegates at Large

| Luis F. Weber | Tomás Colón |
| Francisco Gerena | Fred Medina |

Por cuanto:

El Presidente de los Estados Unidos está revestido con el poder de nombrar, con la sanción del Congreso, al Gobernador de Puerto Rico, y

Por cuanto:

Nosotros, residentes de Condado de Kings, estamos de todo corazón interesados en el bienestar e interés de nuestros compueblanos tanto en Puerto Rico como en el continente, y

Por cuanto:

En innumerables ocasiones, en un período de muchos años siempre que nuestros paisanos han sido sometidos a injusticias e insinuaciones, él ha defendido nuestra causa; ha manejado hábilmente y muy bien nuestros problemas y ha tenido éxito en colocar a nuestra gente en la estima y respeto de toda la comunidad, sin ningún motivo ulterior de su parte fuera de ver que se trate de buena fe a nuestros paisanos, y

Por cuanto:

Su popularidad, beneficencia, bondad, discernimiento y liderato le han ganado para sí el cariño y el respeto de todos sus semejantes,

Por cuanto:

Él ha sido el individuo totalmente responsable de la unidad de las organizaciones puertorriqueñas en Nueva York, como un bloque sólido dentro del Partido Demócrata, y

Por cuanto:

Un Gobernador poseyendo sus cualidades es esencial para el bienestar de Puerto Rico, y de un mayor desarrollo de su mercado y comercio de modo que sean estabilizadas y mejoradas sus condiciones económicas, ahora por tanto, **Resuélvase unánimamente** Que esta convención, con la representación del Betances Democratic Club Inc.; Guaybaná Democratic Club Inc.; De Hostos Democratic Club Inc.; Baldorioty Democratic Club Inc.; Baldorioty Democratic Club Inc. (Bay Ridge Section); Cervantes Democratic Club Inc.; Hijos de Borinquen Social Club Inc., someta a Su Excelencia Franklin D. Roosevelt y respetuosamente urgir de él la selección para Gobernador de Puerto Rico, al Honorable James A. Kelly, de Brooklyn, NY.

Yo fui a ver al presidente nacional del Partido Demócrata James A. Farley en compañía de un comité conjunto de representantes de uniones obreras y de legionarios, todos continentales que respaldaban a James F. Kelly.

No era un caso de un boricua en contra de un americano, como fue pregonado por los amigos del señor Martín Travieso y por el diario "La Prensa", en su "Voz del Lector", en la cual mujeres y hombres confundidos se asombraban de que nosotros preferíamos un Yankee en lugar de un boricua neto, Martín Travieso. No señor, era un caso definido entre dos continentales, uno conocido y el otro desconocido totalmente.

Pero oportunistas puertorriqueños, que nunca antes ni después fueron verdaderos independentistas puertorriqueños, maliciosamente, astutamente hicieron que el "issue" (punto en cuestión) llegara a la colonia como una disyuntiva política que únicamente estaban envueltos un boricua neto contra un Yankee.

Los subsiguientes acontecimientos nos reivindicaron a nosotros.

Fue nombrado para gobernador de Puerto Rico el sureño Mr. Robert Hayes Gore, en pago de una deuda política nacional, para desgracia y estigma de nuestro pueblo.

Aún recuerdo nuestra protesta en contra de la famosa "emigración en masa" a la Florida, una de las siniestras iniciativas de M. Gore.

Mr. Kelly nos había prometido respaldar un gobierno propio para la isla. Recordamos que estos incidentes se efectuaron en el año 1933. Las circunstancias cambian los casos.

Como amigos íntimos de probada puertorriqueñidad y merecedores de toda mi consideración también fueron confundidos, yo me vi obligado a lanzar el manifiesto que copio a conclusión ya que el diario "La Prensa" se negó a publicarlo en su muy parcial sección, "Voz del Lector".

JAMES A. KELLY y los Puertorriqueños
Lea y juzgue el Tribunal de la Conciencia Pública

A mis amigos:

Muchos de mis amigos que tienen conocimiento de que presido un comité que endosa a un candidato para gobernador de Puerto Rico y habiendo notado que mi nombre lo han aludido varias veces con ese respeto en los diarios de esta ciudad, extrañan mi silencio.

Creo un deber de amistad informarles que las líneas que aparecen en esta hoja fueron enviadas a un periódico local para su publicación hace varias semanas. Dicho periódico no ha tenido a bien el publicarlas.

Debí pulirlas ya que ellas se debieron a incidentes ahora muertos. Mas, para ser leal a mis amigos, se las presento tal cual fue mi primera intención.

La selección para gobernador de Puerto Rico del Honorable James A. Kelly por algunas organizaciones puertorriqueñas de esta metrópoli es consecuencia natural del desarrollo político y la emancipación de la conciencia pública de nuestra raza, después de doce años de política continental.

Era lógico que el boricua se adaptase al medio ambiente, no so pena de ser aniquilados en esta vida fría, prosaica, vida que sin piedad lo empuja diariamente a la lucha por su existencia.

Tenía que cambiar su ideología política. Porque era necesario enfrentar sus enemigos en terreno desconocido y combatirlos con sus propias armas.

Fue imperante el desprenderse del lastre, de la carga inútil que había traído consigo a estas playas.

Y entre esa carga inútil nada había tan embarazoso para el desenvolvimiento de la colonia como el demagogo profesional. Ese patriota oportunista que siempre está al acecho del momento propicio para apoderarse de su presa.

Momias políticas, que para conservar su figura, hacen su aparición una vez al año, como el Corpus Cristi, exhibiendo sus heridas ensangrentadas, implorando la Fe. "Ground Hogs" puertorriqueños que solamente se nos presentan en los momentos psicológicos para gozar de las primeras resolanas de la gloria. ¿Dónde están ellos los otros trescientos sesenta y cuatro días del año, cuando la colonia desorientada padece, llora, lucha, forcejea? El endoso de Mr. James A. Kelly es la bofetada que da en el rostro la colonia a esos personajes inaccesibles que aún creen que el prestigio de sus apellidos es lo bastante para que se le rinda homenaje. En unos casos el prestigio de sus apellidos empezó con sus padres y terminó en ellos como dijera Voltaire. En otros ese prestigio no resiste un examen imparcial hecho a la luz de la honradez cívica. Endosamos a Mr. James A. Kelly porque muchos años antes de estar vacante la plaza de gobernador para Puerto Rico él padeció, lloró, luchó y forcejeó con nosotros durante trescientos sesenta y cinco días, año tras año.

Permitirme que toque a la ligera la labor de Mr. James A. Kelly entre los puertorriqueños.

Mr. James A. Kelly persiguió y encarceló una organización de "white slavery" que se dedicaba a engañar a niñas inocentes de Puerto Rico con promesas falsas de colocaciones en este país. Fue un factor importante en destruir en Brooklyn el "racket" de los vendedores de fe de bautismo puertorriqueños a otros "hermanos" de habla española. Él educó a los altos funcionarios gubernamentales de manera que se diesen cuenta de que todos los criminales que hablan español no son puertorriqueños.

Él consiguió el que no se abusara en las cortes del puertorriqueño al que no podía defenderse o no entendía el inglés.

Cuando el "Bureau of Charities" acusó a la colonia puertorriqueña de ser la carga más grande de la caridad pública, Mr. James A. Kelly hizo que ese departamento echase atrás su dicho públicamente en la prensa americana; infinidad de veces los boricuas han recibido la caridad en distintas formas en el propio Club de Mr. Kelly. Hay muchos puertorriqueños colocados en la Edison por conducto de James A. Kelly. Cuando hemos querido dar un concierto o cualesquier acto de cultura borincana donde la política no ha tenido ni directa o indirectamente nada que ver, él nos ha proporcionado un lujoso y cómodo salón donde él no ha tomado parte en el programa, ni ha venido a vender su "sonrisa de político". Por medio de sus esfuerzos hemos conseguido que el National Committeeman John H. McCooey nos visite y nos prometiera un sistema de gobierno propio para Puerto Rico.

(Yo dudo que la influencia de Mr. McCooey sirva para algo ante la eximia influencia de los excelsos e ilustres patricios borincanos que tenemos aquí.) Cuando en el primer distrito electoral los *leaders* americanos demócratas temieron la avalancha de votos puertorriqueños y trataron de obstaculizar su registro, Mr. Kelly sin pertenecer a ese distrito los combatió y puso en riesgo su propia posición política. Fue acusado de falta de disciplina política por defender los derechos de los puertorriqueños.

Estas son algunas de las cosas que ha hecho este hombre que yo quiero adular. Y lo adulo porque si es que he dejado de ser boricua a través del tiempo y la distancia, aún siento en mi alma un hálito de gratitud, gratitud que fue engendrada en Puerto Rico, quieran o no quieran los patrioteros charlatanes de cafetín.

Mr. James A. Kelly hizo y hace su labor dentro de la clase más pobre de los puertorriqueños que llegan a estas playas, por los suburbios de Brooklyn.

¿Dónde estaban los caudillos de la patria mientras él conseguía resultados prácticos de su labor incesante?

¡Oh ya sé! Estaban embotellándose poemas épicos y párrafos almibarados para embaucar la conciencia pública puertorriqueña. Pero, afortunadamente, los tiempos han cambiado.

Excursiones o giras

GRAN PARADA
Y
MASS—MITIN
BAJO LOS AUSPICIOS DEL
DRAFT KELLY CAMPAIGN COMMITTEE
DOMINGO 19 DE FEBRERO - A LAS 3:30 PM EN PUNTO
EN EL AUDITORIUM DE LA
WADLEIGH HIGH SCHOOL
calle 114, entre las Avenidas 7ª y 8ª
NEW YORK CITY

Nuestras primeras excursiones o giras campestres, y a las playas, en las que participaban grupos de familias u organizaciones ya prósperas, fueron en los camiones usados para las mudanzas, con bancos rústicos.

Cualquiera que esté familiarizado con estos "trucks" para mudanzas sabe que sus sopandas no son favorables a nuestros riñones al viajar en ellos. Pero las personas más viejas las sentábamos en la delantera con el chofer o iban en autos privados. Para la adolescencia los tumbos desequilibrados que daba el vehículo era motivo de diversión adicional. Aunque mi buen amigo Félix Cuestas nos hizo reír cuando en uno de los brincos del "truck" dijo "Ahora es que yo me doy exacta cuenta de lo mucho que sufren los muebles en las mudanzas".

A medida que nuestras organizaciones progresaban, usábamos autobuses más modernos y finalmente barcos excursionistas a los que llevábamos nuestras propias orquestas y dirigíamos todas las concesiones dentro del barco, como cantinas y demás suministros.

Nuestros principales pasadías fueron a "Hook Mountain State Park", "Tibetts State Park", "Heckscher Park", "Indian Point" y "Bear Mountain" (La Montaña del Oso por su forma como un oso gigantesco).

Las primeras excursiones en los barcos las organizó La Vanguardia Puertorriqueña Inc.

Para dar una idea de la forma ordenada en que estuvieron constituidas estas primeras excursiones, veamos los datos que siguen:

Semanas antes de cada excursión sacábamos un permiso en el Departamento de Parques del estado para ocupar cierto espacio privadamente. Los guardias rurales se encargaban de hacer respetar dicho permiso, por lo cual pagábamos al Departamento de Parques previamente la cantidad de diez dólares. Luego nadie nos molestaba.

Una vez instalados en las "picnic tables" (mesas para jiras) y debajo de los árboles, organizábamos partidos de "*softball*" (pelota blanda), los casados contra los solteros; carreras de papas; de sacos; de huevos; de amarrados en pares por las rodillas; y tirando de la soga, entre otros.

Los premios eran plumas de fuente, cartones de cigarrillos, cajas de dulce etc.

Durante el viaje, cuando no bailábamos río arriba y río abajo con una orquesta que dirigía generalmente Paco Tizol, cantábamos canciones por todos conocidos. Ya el comité organizador se había encargado desde un principio de repartir entre todos los excursionistas copias mimeografiadas con las canciones más favoritas.

También con las instrucciones a seguir para hacer de este even-

226

to un pasadía inolvidablemente feliz.

Nunca hubo un solo incidente que lamentar. Más tarde, al correr de los años, me enteraba con mucho disgusto de los escándalos y hasta tragedias ocurridas en estos barcos arrendados con un fin meramente mercenario, divorciado de todo espíritu de cultura y dignidad patria.

Nuestros excursionistas eran mayormente miembros de La Vanguardia Puertorriqueña Inc., y de sus logias hermanas, así como miembros de logias particulares y sociedades de entera reputación.

Mucho antes de la fecha señalada para la jira ya no había boletos para venta.

Primero usamos barcos de seiscientos (600) pasajeros y más tarde los que pasaban de mil. El primer barco que usamos se llamaba el Mayfair. Copio a continuación el material que aparecía en las hojas mimeografiadas antedichas.

VANGUARDIA PUERTORRIQUEÑA INC.

Branch 4797 I.W.O.

42 Smith St., Brooklyn, N.Y.

Recuerdo del pasadía en el barco Mayfair

8 de agosto de 1937

"Sin distinción de sexo, nacionalidad, color, credo político o religioso"

Recomendaciones e instrucciones para los que van al pasadía en este barco hasta Hook Mountain State Park

1. El punto de partida es el muelle "A" en Battery Park, detrás del aquarium.
2. LA HORA DE SALIR es a las 8:30 de la mañana en Punto. El valor de su asiento no será devuelto, si usted no está en el sitio de partida a la hora indicada.
3. No haremos parada para recoger pasajeros en ninguna otra parte.
4. No traiga niños sin boletos de entrada al barco. Todos los niños tienen que pagar no importa su edad. Como los boletos de niños todos se han vendido, sugerimos que se compre uno de los pocos tickets que quedan de adultos, para quien se piense traer.
5. Ir al muelle sin ticket es ir a ver si se tiene la suerte de que alguien tenga un boleto que no haya vendido para poder entrar en el barco.

Opinamos que debe comprar su ticket AHORA, ANTES DEL DÍA DE LA GIRA. Aún quedan varios sin vender. El primero que llegue se los lleva. Puede ir por ellos a casa de la Srta. Margarita Santaella, 185 Adams St., Apt. 10, Brooklyn. Si llega tarde, le sugerimos vaya al muelle a ver si—quizás—encuentre un ticket. ESTO NO SERÁ TAN SEGURO COMO SI LO COMPRARA AHORA.

6. Vístase con un traje usado. Vaya cómodo. No lleve prendas. Si piensa bañarse, le recomendamos lleve puesto el traje de baño bajo su ropa de playa.
7. Saldremos de regreso a las 5:30 de la tarde. Esto quiere decir QUE USTED DEBE COMENZAR A PREPARARSE PARA LA VUELTA A LAS CINCO MENOS CUARTO, de modo que le dé tiempo para estar dentro del barco antes de que éste salga de regreso.
8. Le rogamos no "invente" un largo paseo por el parque algunos minutos antes de salir; pues retardaría Ud. el viaje de regreso a más de SEISCIENTAS personas.
9. Si trae maletines o sacos, amárreles una tarjetita con su nombre.
10. Si toca algún instrumento, tráigalo y diviértase usted animando a los demás. Traiga también, si tiene, victrola portable con records, juegos de damas, barajas españolas y americanas, bates y bolas blandas de jugar "indoor baseball", guantes, etc.
11. Si sabe algún juego adecuado para una gira no vacile en sugerirlo al COMITÉ. Recuerde que Ud. viene a pasar un día alegre y a ayudar a que los demás lo pasen también; pues no podemos estar verdaderamente a gusto entre muchas personas cuando no se siente el buen humor general.
12. Si jugando, nadando o en cualesquier otra actividad sufre usted algún rasguño, pequeña herida, etc., diríjase inmediatamente donde la hermana Lily Bonano quien tiene el material adecuado y la habilidad técnica para atenderle.
13. Si lleva niños ESTÉ SIEMPRE AL CUIDADO DE SABER DÓNDE ESTÁN, CON QUIÉN ANDAN Y LO QUE HACEN EN TODO MOMENTO. Aquéllos que no lleven niños deberán también velar por la seguridad de éstos, especialmente en el río. Es un deber humano ayudar a aquéllos que, por ser menores de edad, no tienen una idea clara del peligro que corren en muchos instantes.
14. Haga todo lo posible y lo que esté de su parte porque no se eche a perder, con una palabra fuera de tono o con una acción

reprochable, el espíritu de alegría, compañerismo y camaradería que debe reinar durante todo el paseo.

EL COMITÉ

Por una unidad de la colonia hispana en una grande y fuerte institución

El deporte y los puertorriqueños en Nueva York

Boxeadores

Siguiendo la máxima de Juvenal, "men sana in corpore sana" (mente sana en cuerpo sano) ya nuestras tradiciones amantes del deporte, desde el principio de nuestra llegada al continente y tan pronto nos relacionábamos un grupo de puertorriqueños, nos dedicábamos a los deportes y a seguir de cerca a nuestros ídolos, a los que llevaban con orgullo el sello de la patria ausente.

Los primeros puertorriqueños que llegamos a Nueva York en grande cantidad, pronto nos cercioramos de que el primer boxeador boricua de fama que había plantado bandera en Nueva York, y que aún vivía y peleaba en el Harlem Casino, respondía al apelativo de "Nero Chen".

Yo fui presentado al "Nero Chen" por mi amigo Enrique Echevarría, quién a su vez tenía una gruesa muñeca y una recia pegada. Enrique Echevarría pesaba alrededor de doscientas libras, bien distribuidas en su estatura regularmente alta.

Pero aunque yo fui testigo ocular de su corazón valiente, él no nació para el boxeo. Tampoco él nunca fue abusador ni gustaba de hacer alarde de sus destrezas naturales como peleador. Era de un carácter bonachón aunque muy respetado por los guapos que le conocían.

Echevarría era capataz en "las calderas", lugar en donde se limpiaban las calderas de los barcos por la sección de Erie Basin, en Brooklyn. Allí fue en donde lo encontró mi hermano Jesús y cuando le contó en donde nosotros vivíamos, en el 101 de Atlantic Avenue, y los sinsabores que estábamos pasando allí. Nos ofreció una habitación con dos camas desocupadas que él tenía en donde vivía. Nos mudamos inmediatamente.

Él vivía en Washington Court, un edificio moderno de apartamentos en Harlem, con ascensor, teléfono, parquet floor (piso de taraceas de madera), calefacción y agua fría y caliente.

La compañera de Enrique, María Flores, resultó ser de Cayey, y conoció a nuestros padres perfectamente, de modo que vivimos allí muy felices.

Un domingo Enrique Echevarría se puso su "full back" (estilo de chaqueta muy a la moda entre los negros mejor vestidos los domingos en Harlem para esa época) y su fino sombrero de paño de alta copa, y me dijo "Cámbiate de ropa y vamos a dar una vuelta para que conozcas el barrio". Entramos en una de las cervecerías y me presentó varios caracteres, que me dijo "era bueno conocer por si forte". "Mira, éste es 'El loba' y éste es el 'Nero Chen'", un hombre de color que parecía más bien americano, pero estaba orgulloso de ser puertorriqueño. La presentación fue muy caballerosa. Enrique Echevarría era muy querido y respetado entre aquellos caracteres.

Más Tarde en Brooklyn, conocí innumerables apodos que si usted los buscaba por sus nombres propios, perdía su tiempo; no los encontraría nunca.

A uno porque se llamaba Pío, lo conocían por el "Papa". A otro porque parecía un caballito enfrenado, le decían "Yerbita". A otro "Don Note" por "no te rías"—era un hombre muy seriote, al parecer. Otros: "El Hombre Goma", "Tu Bistec", "El Gato", "El Chino", "El Cabo Carola", "El Cabo Chiclana", etc., etc., etc.

Pero sigamos con la historia del atletismo dentro de nuestra naciente colonia.

Para conocer más en detalle la personalidad de este primer puertorriqueño boxeador en la ciudad de Nueva York, veamos lo que me dijo sobre el "Nero Chen" un verdadero primer campeón de boxeo boricua por estas latitudes, Gregorio Vargas Rosa, conocido en numerosos combates tanto en Puerto Rico como en el exterior como "Battling Rosa", un caballero dentro y fuera del cuadrilátero, un ciudadano ejemplar, mejor boricua y un amigo fiel.

Sr. Joaquín Colón López
980 Hypolais St.
Campo Rico, Río Piedras
Puerto Rico

Estimado Joaquín:
Le doy mis mas expresivas gracias por su atenta carta, la cual recibí esta semana. Sabía que Ud. me iba a escribir porque ya su her-

mana me lo había dicho por teléfono. Espero que cuando ésta llegue a sus manos, los encuentre a Ud. y a sus seres queridos en buen estado de salud. Nosotros bien, a Dios gracias. Así es, que "vamos al grano" de lo que Ud. me indica en su carta relacionado con el boxeo de ayer y sus figuras de ese tiempo pasado pero que jamás se olvidan. Para hablarle del "Negro Chen", tengo que remontarme casi a 45 años atrás. No lo conocí personalmente, pero conozco mucho de su vida como pugilista. Fue el primer boxeador puertorriqueño habido y por haber. Inauguró El Palace Casino, un teatro convertido en estudio de boxeo ubicado en la calle 136 y Lenox Ave. Su contrincante de esa noche fue ("Panama") Joe Gans. Perdió Chen esa primera pelea, pero pudo vencer a su contrario en la revancha y, dicho sea de paso, ("Panama") Joe Cans en ese tiempo, o sea, para el mediado de 1917, estaba como coquito, y los mejores boxeadores del peso mediano de esa época le sacaban el cuerpo, por eso vemos que enfrentó al Negro Chen en cuatro ocasiones. Pesando solamente 170, fue contratado Chen para presentarse en la Habana, Cuba, contra el peso completo cubano, Espagaguerra. Fue vencido, pero luchó con hombría y corazón.

Su manager, que era italiano, para "suavizar" el mote feo de "negro", lo cambió por el apodo un poco más "democrático" de "Nero Chen". Un par de años después de Chen, surgió otro puertorriqueño en los Rings New Yorkinos—época era como para 1920—se llamaba José Carmona y peleaba bajo el nombre de "Jack Mercedes".

Llegó a pelear con Maxie Rosenbloom, cuando éste empezaba su carrera pugilística.

El Harlem Casino, no lo recuerdo, pero me recuerdo del Star Casino, y creo que allí fue donde su compueblano Pedro Montañez hizo su debut en los Estados Unidos contra Steve Haliako. Puedes enumerar en tus memorias que Puerto Rico ha producido tres boxeadores profesionales de peso completo: dos del pasado, que responden al nombre de Juan Casanova, quien peleó en unas de las peleas que encabezaban Luis Ángel Firpo y Harry Wills "La Pantera Negra": esto fue en Jersey City, año 1927.

El otro fue Heriberto Arce, mejor conocido por Jack Livingston, quien le servía de *sparring partner* a Primo Carnera cuando era campeón mundial. Y el presente es Wilfredo Avilez, un muchachote fuerte y valiente, pero que tiene mucho que aprender.

De mi humilde persona te diré que este apodo de "Battling" me lo pusieron mis compañeros de guantes de la Marina de Guerra de los Estados Unidos, porque me fajaba de campaña a campaña, y lo hacía de día y noche. Tanto así que ya para el 1920, había ganado el campeonato peso gallo de la Flota del Atlántico abordo del acorazado Rochester. El que discutió conmigo ese campeonato lo fue Sailor Batista. Tomé parte como en 40 peleas en la Marina, y 30 profesionales. Una de las peleas que creo más importante en los Estados Unidos fue la que tuve contra Jimmy Sacco en Philadelphia. Él era un ídolo en esa localidad y me tuvo en malas condiciones en los primeros asaltos, pero reaccioné y le gané la decisión.

En Puerto Rico, creo que la más importante fue la pelea contra Terry O'Day, apodado por los boricuas "El Rayo Irlandés". Yo le di una clase de boxeo en esa pelea.

Mi primera pelea profesional fue en Brooklyn, donde he vivido casi toda mi vida, y fue en un programa que encabezaban Hans Muller de Alemania y Lope Tenorio de Filipinas. Mi contrincante lo fue Charlie Caserta, cuyo hijo es hoy el coach del team de los Golden Gloves del *Daily News* de New York. Esto fue en el viejo Coliseo Ridgewood Grove de la Calle Palmetto, fecha 1925.

Por coincidencias de la vida, mi última pelea fue donde empecé como profesional, el mismo Ridgewood Grove. Esta vez mi contrincante lo fue Bobby Herman, y la fecha fue 1931. Tenía ya cuatro hijos, estaba un poco cansado del ajetreo del ring, y desde esa fecha empecé a trabajar en el Brooklyn Navy Yard y me retiré pensionado en el 1958.

Hasta aquí me parece haberlo complacido en lo que usted quiere. Sin más nada por ahora, quedo de Ud. a sus órdenes.

Un amigo que lo aprecia,
Battling Rosa

Deseo añadir a estas generosas notas deportivas de este buen aguadillano que yo estuve presente en la pelea de Juan Casanova contra Bill Tate en Jersey City, y es de muy triste recordación. Fue un combate completamente desigual. El mismo Bill Tate, un gigante, condujo a Casanova en brazos como a un niño a su esquina después de un "knock out" (terminarlo derivándolo de un sólo golpe) al estómago en la primera salida.

Este programa boxístico en el que también pelearon Harry Wills,

"The Black Panther" (la Pantera Negra) contra Luis Angel Firpo (el Toro de las Pampas), perdedor, se escenificó en Boyle's 30 Acres Arena, construido específicamente en Jersey City, Nueva Jersey, para efectuar la pelea entre Jack Dempsey y el francés Jorge Carpentier.

También es verdad que fue en el Star Casino en donde mi compueblano Pedro Montañez hizo su debut en los Estados Unidos en contra de Steve Haliako.

Antes de proseguir debo informar también que el boxeador puertorriqueño "Nero Chen" quien murió tuberculoso y abandonado en el Este de Nueva York en el año 1924, fue el instructor de boxeo en el campamento Las Casas en el año 1918.

Pero hablemos más de "Battling Rosa", quién además de haber sido uno de los más fajones y estilistas en el boxeo boricua, ayudó en el desarrollo de dicho deporte en la isla de Puerto Rico, en su etapa inicial antes del año 1927 en que fue legalizado el boxeo en Puerto Rico.

El nombre de Gregorio Vargas Rosa está ligado íntimamente con la fundación del moderno club de boxeo, en aquella época, el Jack Dempsey Sporting Club, ubicado en el viejo campamento Las Casas.

Aún recopila muchos interesantes datos sobre la historia del boxeo entre los boricuas.

Es un verdadero crédito para el deporte este "Battling Rosa"; también siempre ha cooperado en la vida cívica de nuestra colonia. Su vida ejemplar ha cooperado en la vida cívica de nuestra colonia. Su vida ejemplar es digna de encomio.

Además de los boxeadores borinqueños ya mencionados, le rendimos honores a los pugilistas Escolástico Sotero Fortier, mejor conocido por "Kolí Kolo"; Sindulfo Díaz ("Yufito"); "Yambó"; Angel Fajardo, o sea, "Clivillé"; Heriberto Arce; Atilio Sabatino; Víctor Valle; Francisco Román; Agustín González y José Lago ("Fogonero").

En mis crónicas deportivas en la revista "El Caribe" yo me firmaba "Nicasio Olmo", en honor al prematuramente muerto corredor boricua de larga distancia y de fama internacional que respondía a dicho nombre.

Baseball y los peloteros

La mayor parte de nuestros mejores peloteros que vinieron al continente por una razón u otra no engrosaron las grandes ligas. Nosotros acá en el continente recibíamos numerosos rumores de boricuas con posibilidades, que ya estaban por ingresar en las grandes ligas pero que no se materializaban: William Guzmán; Debiú; Almendro; Coimbre; Garantini, etc.

Cuando llegó el primero, Hiram Bithorn, su nombre no sonaba a uno de los nuestros, y como jugó con el Chicago, por poco pasa completamente ignorado por la colonia neoyorquina.

Yo llegué a conocer a Hiram Bithorn personalmente cuando trabajé junto a él en el correo de San Juan. Ya se había retirado de la pelota. Tenía una personalidad muy agradable y una sencillez atrayente.

Con Luis Rodríguez Olmo yo tuve la oportunidad única de visitarlo en su propio "dressing room" de Ebbets Field, donde se cambiaban de ropa los jugadores. ¿Cómo? Al jefe de todos los guardianes y acomodadores en Ebbets Field, yo lo relevaba por las mañanas en el correo de Brooklyn. Él tenía el turno de medianoche permanentemente; es decir, tenía dos trabajos.

El guardián, en Ebbets Field tenía más uniformes que un general dominicano. Se llamaba Frank Hess y no faltó al Banquete Baile que le dimos a Luis Rodríguez Olmo.

Mientras tanto, mucho antes de Bithorn y Olmo, vimos jugar con nuestras novenas a buenos peloteros como el sordo Yumet, Guiluche, "El Gacho Torres", Augusto Cohen, Larán, Beitia y Coimbre con los conjuntos de color americanos en el Dexter Park, en el Dickman Oval y más tarde en el Yankee Stadium, cuando los Yankee viajaban.

El primer equipo debidamente organizado y disciplinado lo formó Pedro Blanco, alias "Japón". Se llamaban Los Porto Rican Stars.

He aquí una crónica deportiva que apareció en El Caribe, con fecha de agosto 31 del año 1923.

Los Porto Rican Stars

Hoy en cada esquina nos encontramos con un patriota portorriqueño. Debo advertir que no hay portorriqueños más patriotas que los que integran la novena denominada Porto Rican Stars. Estos buenos muchachos todos los domingos en un sitio distinto de esta inmensa ciudad honran el nombre de Puerto Rico.

Por lo menos hay una ciudad en Puerto Rico que es conocida

hoy en todos los distritos de Brooklyn. Esa ciudad es Carolina. Así se llama la segunda base de dicho equipo, quien por su carácter retozón interesa durante el juego a los fanáticos continentales.

El famoso Beitia de Ponce, que de paso por esta ciudad ha desempeñado el "center field", le ha arrancado varios aplausos a la concurrencia.

También está entre ellos el veterano Larán, que tanto nos divirtió como primera de "El Plata", "El Sabarona" y "El Colectiva". "El Waja" en la tercera no es una estrella; es un meteoro. El brazo de Bochan el "right field" lo respetan los atrevidos robadores de base como si fuera un Bob Meusel. Baró es una especie de Jimmy Johnston de los Brooklyn, pues juega todas las bases, aunque no hace tantos errores como aquél.

El manager Sr. Pedro Blanco me dará un detalle semanal acerca de su "team" que publicaremos oportunamente.

El Porto Rican Stars vencido por el
Milford Red Sox por 6 a 3
Los puertorriqueños son vícť as de injustas decisiones del
"umpire" americano

Ante una numerosa concurrencia, se llevó a cabo el domingo pasado el anunciado encuentro beisbolero entre los equipos Porto Rican Stars y Milford Red Sox.

Antes de comenzar el partido, el Manager Sr. Blanco anunció a la concurrencia lo mucho que sentían la pérdida para Puerto Rico del famoso atleta y veterano jugador de pelota Cosme Beitia quien venía desde hace algún tiempo ocupando el "center field" con el equipo puertorriqueño. Pero también nos dijo el Sr. Blanco que había adquirido los servicios de Víctor Castillo, la famosa tercera del Porto Rico Sports y de Rafael Soler, que fue por muchos años el "catcher" más terrible en Puerto Rico.

El Partido comenzó a las tres y media de la tarde. Le tocó lanzar por la novena puertorriqueña al conocido lanzador Félix Flores, quien hasta la fecha había estado jugando con el equipo americano Yonkers B.B.C. Detrás del bate se encontraba Soler, la primera la desempeñaba Baró, mientras la segunda y tercera eran veladas por Carolina y el Cuaja respectivamente. Jones estaba en el "short stop" y el campo de afuera lo defendían Castillo, Beauchamp y Larán.

Fusco, el terrible "pitcher" de los americanos, fue el lanzador que se opuso a los borinqueños.

El juego empezó de lo más interesante, anotando los muchachos una carrera en el primer "inning" y dos en el segundo.

Los americanos no pudieron hacer nada hasta el cuarto "inning", en el cual se anotaron tres carreras y empataron el juego.

Estas tres carreras fueron hechas debido a un error de Jones y un "home run" de Carter con uno en base.

Del cuarto "inning" en adelante no se hicieron más carreras hasta el sexto "inning", en el cual los americanos se anotaron una, así como también una en el séptimo y octavo respectivamente.

Después de la tres primeras carreras hechas por los paisanos, les fue imposible hacer algo más, terminando el juego con un *score* de 6 a 3 a favor de los americanos.

El *score* fue el siguiente:
Porto Rican Stars 1 2 0 0 0 0 0
Milford Red Sox 0 0 0 3 0 1 1 1

En realidad, los muchachos no debían de haber perdido ese juego, pues no solamente jugaron mejor en el campo sino que también batearon más. Los puertorriqueños nunca habían sufrido tanto de un injusto "umpire" como con el del domingo, pues sus decisiones eran tan injustas que no solamente llevaban las protestas de los latinos presentes sino de los americanos también.

El héroe del juego fue el lanzador Félix, que laboró como no lo esperábamos.

Soler estuvo superior y Castillo incomparable, Cuaja, Carolina y Jones magníficos, Beauchamp y Laran como era de esperarse.

Y no dejamos sin mencionar al terrible Baró, que jugó una primera brillante arrancando muchos aplausos de la numerosa concurrencia.

En el último "inning", Japón fue de "pinch-hitter" y dio un bonito "hit" por segunda, el cual no hizo daño debido a que Carolina fue sacado de "out" en tercera, tratando de llevarse la tercera, con un "sacrifice-fly" de Félix.

Para el próximo domingo, el Sr. Blanco nos ruega invitemos por medio de ésta a todos los latinos residentes en N.Y. a presenciar el próximo encuentro de su novena con la no menos famosa Suydam B.B.C. Esta especial invitación se debe a que se jugarán dos juegos o sea uno a las dos y el otro a las cuatro, y además por ser este campo uno de los mejores de Brooklyn, así como también estar situado en un sitio que todos pueden ir sin temor de perderse.

Este partido se llevará a cabo en el Suydam Oval y el campo está situado en Cypress Avenue y Hart Street de Brooklyn.

Se toma el DeKalb Avenue car (carro de la calle) y se apea en Cypress Avenue. Desde allí verán la liga. No deje de asistir.

Más tarde la sección primera de La Liga Puertorriqueña e Hispana Inc. en Brooklyn organizó, con sus uniformes, un equipo integrado como sigue: Luis Sánchez, capitán; Antonio Román (El Negro), manager; Bernardo Mercado (Toto), Fernando Ruíz (Nando), Alejo Carrillo, Julio Nelson, Tomás Crespo (Bulova), Antonio Mercado, Jaime Clayton, Carmelo Velardo (Chino), Fred Monge y Carlos Monge.

Esta novena puertorriqueña, bien organizada jugaba a principios del año 1935.

También existió antes de esta agrupación de peloteros, en el sector de Columbia Street y Redhood, el Team Galón, que lo primero que echaban por delante los domingos cuando jugaban, en lugar de guantes, trochas, pelotas y bates, era un galón de pitorro.

Dejo a la imaginación del lector las bufanadas que se contemplaban en estos desafíos . . . de pelota, sin contar las escaramuzas.

Ya eran numerosos los juegos improvisados que se formaban por nuestros aficionados del deporte, tanto en los terrenos, con ese fin destinados, tanto en el Prospect Park de Brooklyn, como en el Central Park de Manhattan y en muchos otros parques más pequeños por toda la ciudad.

En el Central Park de Nueva York, el mayagüezano Felo N. Mansanto, sobresalía jugando pelota con los equipos americanos, como el Columbia Cubs que dirigía Joseph P. Burke en el año 1924. Defendía admirablemente el "short stop" y el "out field". Le llamaban "Cuban".

Dos entierros

Hubo dos entierros de compatriotas que aún viven frescos en mi mente, por las circunstancias algo fuera de la rutina que los rodearon.

Denotaron dos épocas distintas en el desarrollo de nuestra colonia.

Un día llegó mi viejo amigo de siempre, Julio Osorio, a mi casa para comunicarme que habían encontrado muerto a su hermano, en su habitación en una posada sin calefacción, en la Calle Adams, frente a la antigua corte municipal de Brooklyn.

Había usado un radiador que calentaba con gas fluido su cuarto mientras él dormía. Se congeló el gas en el radiador y se le fue la flama mientras el conciliaba el sueño y cuando volvió el fluido y no halló la flama, continuó fluyendo contaminando todo el aire de su aposento con gas carbónico que le produjo una asfixia.

Era la época en que aún no se habían generalizado los seguros de vida entre los puertorriqueños. Mirábamos con recelo a los agentes de seguro, como si hubiesen sido timadores en busca de su presa.

El hermano de Julio no estaba asegurado y se llevó a efecto el entierro con la comitiva formada por Julio y yo. No existían aún agencias de pompas fúnebres de propiedad boricua, ni cómodos automóviles como ahora, para uso en los entierros. Los coches fúnebres eran una especie de calesas estilo de victorias cubiertas, con el cochero sentado en el pescante al descubierto. Estos vehículos tirados por dos caballos eran viejos o nuevos, con orlas y crespones negros o lilas estambrados o sin ellos, según la categoría del finado.

Nuestro difunto fue un hombre honrado y trabajador pero de medios humildes.

El vehículo era viejo y viejos eran también los rocinantes que trotaban acompasadamente más por instinto que por bríos, y viejo era el cochero impasible a la intemperie, relleno de ropa vieja bajo una levita verde por transmutación al rigor de los años y no por su color natural. Una chistera abollada hacía más lúgubre su pose casi completamente inmóvil. Cubierto con una frisa hasta la cintura, manejaba las bridas a través de una abertura en la manta. Esta hendidura tenía una lengüeta de suela.

Su rostro estaba atomatado más de lo natural por el frío intenso. Con un pelo melenudo que medio tapaba un par de orejeras, le hacía un frente impasible al cortante viento que lo azotaba. Su bigote semi-canoso en forma de brocha, había cuajado unas pequeñas velas de hielo que parecían estalactitas en miniatura.

Aquel ciento por ciento americano sin duda pertenecía a la clase paupérrima de los Estados Unidos, en donde también abunda no sólo en el semifeudal Sur y entre los peones migratorios, sino que también entre los pobres en el Norte, en las grandes ciudades.

No sé porque aquella figura frígida me hacía parangonarla en mi mente con nuestros campesinos allá en Borinquen, tostados por el sol canicular, doblados sobre el surco de sol a sol. Tal vez su común destino . . . o su angustia indiferente . . .

Pues este sujeto aparentaba más cómodo que nosotros. Fuera de su rostro expuesto al cortante viento y de su escarchado mostacho, lucía abrigado el resto de su cuerpo.

El ataúd había sido colocado entre Julio y yo.

Ya dije que la calesa era vieja. Sus rendijas colaban el viento invernal por todos lados. Por entre las tablas del piso del carruaje, sin alfombra, se veía la nieve endurecida que cubría el pavimento.

Nosotros estábamos menos protegidos que el cochero que estaba trapientamente vestido para la ocasión. Teníamos que mantener los pies en continuo movimiento para evitar que se nos congelaran, siempre con todo el respeto al fenecido que estaba colocado entre los dos.

Cuando llegamos al cementerio de Saint John, sonó una campana anunciando la entrada de otro cadáver más. Nunca en mi vida el tañido de una campana se había sonado tan triste, tan profundamente reflexivo. Julio y yo contemplamos en silencio como la fosa que fue cubierta totalmente con fango y con nieve.

El cochero y los dos sepultureros se movían como autómatas en sus labores . . . también en silencio. Nunca tanto silencio le habló tan elocuentemente a todos mis sentimientos que se inflaban con ansias de vivir, en desafió impetuoso a todas las adversidades.

Aquel entierro sin ostentación, sin ruido, todo soledad, quedó grabado en mi memoria para siempre.

El otro entierro fue todo lo contrario.

Los banqueros de la bolita puertorriqueños e hispanos estaban en todo su apogeo económico. Todo les sonreía . . .

El "Negro Regino", como era conocido generalmente, era un puertorriqueño querido por todos: por los buenos y por los malos boricuas por razones distintas. Aparentemente él era un mensajero leal y arriesgado de los banqueros de bolita. El Negro Regino siempre estuvo presto a jugarse la vida por defender a la mujer puertorriqueña, a nuestros niños y ancianos.

Yo nunca supe exactamente de que vivía ni dónde habitaba el Negro Regino, pero éste siempre usaba corbata, gabán y sombrero, y no dejaba de saludarnos respetuosamente cuando me encontraba. Todo esto a mí me bastaba para yo también tenerle cariño como boricua. Pero resultó que Regino era guapo de verdad, hasta el punto de creerse inmortal. Un día en un juego de "topos", o sea de dados, en plena calle, el cometió una bravura, y el más ofendido le dijo que lo esperara allí que iba por su pistola. Regino lo esperó desarmado, y aquél vino y le llenó el estómago de plomo.

Este incidente sucedió en el corazón de la Avenida, como le llamaban a la encrucijada entre la avenida Myrtle y Flatbush Extention, y a sus calles limítrofes. Éste era el barrio más nutrido por puertorriqueños e hispanos para esta época.

Los primeros negocios boricuas—la fonda de Yayo, las barberías del maestro Armando, de pepe Candelario y la de Felipe Medina, cafetines, salones de billar, posadas, tienduchas, clubes sociales y políticos etc.,—estaban allí.

Allí estaban también los "headquarters" u oficinas centrales de los boliteros, que manipulaban casi públicamente su negocio clandestino, protegidos por la misma policía que confraternizaba con ellos allí mismo en el barrio, y cobraban semanalmente como si hubiesen sido empleados de los boliteros.

La barbería del "Cubano Loco", en Flatbush Extention, hacía todas estas operaciones abiertamente. En pleno día se veían llegar allí sargentos, tenientes y altos oficiales de la policía en actitud amigable.

Por una de esas histerias inexplicables en el populacho, o tal vez para demostrar notoriamente su auge en la comunidad, los banqueros de bolita decidieron glorificar al Negro Regino. Y lo hicieron imitando a los pomposos funerales de los más prominentes ganguistas del bajo mundo. Una enorme herradura de flores precedía el séquito fúnebre. Esta herradura de flores era más alta que sus portadores, el Cabo Carola y el Cabo Chiclana, dos boricuas de estatura regular que hacían de guardaespaldas y de "bouncers", o sea, de aquietar a los guapos en los salones de diversión. La policía con su presencia contribuía al orden y a la solemnidad del acompañamiento. El cadáver ocupaba una hermosa caja de bronce, seguida por numerosas ofrendas florales y suntuosos limousines.

Llegamos a una gran iglesia católica, una frecuentada por feligreses en su mayoría de extracción alemana, ubicada en la calle

Duffield, cerca del barrio de la Avenida.

En aquel recinto nórdico, frente al altar mayor fue colocado el sarcófago del Negro Regino. Allí fue acogido con todo la liturgia de la Santa Iglesia Católica Apostólica y Romana. Antífona, letanía, incienso, el hisopo regaba su agua bendita a intervalos y recibió la invocación de la bendición divina.

En el campo santo, yo fui llamado a despedir el duelo, como presidente que era entonces del De Hostos Democratic Club Inc., la institución representativa del primer distrito electoral, en donde estaba localizado el barrio. Salí del paso recordando a Guillermo Shakespeare, en su "Julio César": "Lo malo que hace el hombre le sobrevive; lo bueno que él hace es enterrado con su osamenta". Ya con este tema hablé sobre sus riesgos en defensa de todo lo boricua y no tuve que mentir, como son de reputación muchas de las arengas funerales.

Pero me causó alguna curiosidad, el por qué, el calor de aquella neurosis populachera, no le dedicaron también una plena a la trágica muerte del Negro Regino.

El ciclón de San Ciprián

El Ciclón de San Ciprián, acaecido en Puerto Rico los días 26 y 27 del mes de septiembre del año 1932, puso a prueba nuestro inquebrantable amor por el suelo natal, así como también la capacidad organizativa de la colonia puertorriqueña para en casos de emergencia de esta índole.

Rápidamente fueron fundados numerosos grupos de ayuda a los más damnificados por esta calamidad en la isla. Se abolieron todas las diferencias políticas, de clases y demás. Se centralizaron las colectas en dos numerosos comités. Uno en Manhattan y el otro en Brooklyn.

En el condado de Manhattan quedó constituido un comité central bajo la presidencia del señor Luis Toro. Actuaba como vicepresidente del Puerto Rico Hurricane Relief Committee el licenciado Frank Antonsanti y como secretario el señor Juan I. Matos.

En Brooklyn, finalmente quedó constituido el Puerto Rico Hurricane Welfare Committee, actuando como presidente Joaquín Colón, como secretaria la señora Emilia Colón y como tesorero el señor Quirino Reyes Figueroa. Fueron nombrados miembros ejecutivos los señores Carlos Tapia y Luis F. Weber y al Comité de Publicidad el licenciado Guillermo Silva y el señor Jesús Colón.

En Brooklyn, el comité actuó rápidamente, organizó un gran baile en la noche del 8 de octubre, con actos de variedades y boxeo, en el amplio salón de Saint Peters Hall, cedido gratuitamente por los padres de esta orden.

En menos de dos semanas enviamos quinientos dólares ($500.00) al gobernador James R. Beverly, quién acusó recibo y mostró su agradecimiento a nombre del pueblo de Puerto Rico.

Por primera vez se imprimieron "sellos" para vender públicamente por los boricuas para un fin benéfico. Este sello fue diseñado por el señor Félix Cuesta, a la sazón compañero mío de trabajo en el correo de Brooklyn.

El Clisé, o grabado en metal de dicho sello, está aún en mi poder, así como varias de las páginas de los sellos usados para colectar fondos.

Una nota simpática en relación con esta campaña se llevó a efecto catorce años más tarde, cuando en un banquete de despedida en mi honor, yo le entregué un cheque por la cantidad de ($87.00) ochenta y siete dólares a la señora María Quiñones, para ayudar a los niños pobres de Puerto Rico. Esta cantidad fue el balance de una cuenta corriente a nombre del Puerto Rican Hurricane Welfare Committee, residuo recogido después de nuestra aportación durante la campaña.

Estaban presentes en este banquete, después de más de catorce años, la secretaria Emilia Colón y el tesorero Quirino Reyes Figueroa, quienes firmaron junto a mí dicho cheque.

La radio y los puertorriqueños en Nueva York

La primera estación radiofónica abierta a los puertorriqueños fue la W.A.R.D., situada en los altos de las casas que formaba un ángulo agudo en la intersección de las Calles Fulton, Willoughby y Adams, frente al Hall of Records, o sea, al Registro de la Propiedad, y a Court Square.

La primera entidad boricua que actuaba allí diariamente fue el Sexteto Aguadillano que dirigía Nando Feliciano, mejor conocido por "Nando Palito". Era su primer animador el "Jíbaro Arrepentío", Carlos Cabrera Canales. Alternaba con Carlos Cabrera Canales la señora Emilia Colón, que fue la primera dama puertorriqueña en estos menesteres en la ciudad de Nueva York.

Luego estos puertorriqueños también tomaban parte en la

242 Joaquín Colón López

estación de radio, en los altos del Teatro Loew's, en la Segunda Avenida, en Manhattan.

Uno de los primeros comentaristas puertorriqueños fue Santiago Greví, el locutor boricua del programa de "Sociedades Hispanas Confederadas" que se difundía entonces desde los altos del Teatro Fox en Flatbush Extension, Brooklyn.

Reflexiones alrededor de un congreso negro

Una de las misiones que yo considero de una gran importancia fue la que me asignó la Vanguardia Puertorriqueña Inc., para que representara a dicha institución en un Congreso Negro que se llevaría a efecto en la ciudad capital, en Washington D.C.

Fue de una gran importancia para mí desde el punto de vista individual, ya que aprendí a conocer más de cerca al negro americano, en un plano más elevado, más intelectual yo debería decir, ya que aprendí mucho allí en cuanto al problema de razas en los Estados Unidos y cómo enfocarlo.

También quedé asombrado de la perfecta organización en dicho congreso, que duró tres días y no hubo un solo detalle que no fuese tenido en cuenta.

Colectivamente hablando, fue una cátedra amplia, envolvente de todo este vital problema que tan de cerca nos toca a todos blancos y negros.

Confieso que yo fui a este congreso en la creencia de que sería otro de tantos congresos o convenciones en donde se presentan múltiples resoluciones ennoblecidas, después de mensajes y discursos elocuentes, para luego ser engavetados distraídamente. O una de esas convenciones en las que los delegados se convierten en turistas embrollados y son, más bien, una excusa para cometer pequeñas indiscreciones lejos del propio vecindario. En fin, yo tenía forjada la idea de que sería un congreso de "Uncle Toms Negros" (negros serviles).

Pero no fue así. Yo nunca había asistido a una asamblea tan ordenada, tan hábilmente dirigida, en donde tanta luz se lanzaba a un problema tan intrincado como es el problema de razas en los Estados Unidos. Jamás había visto tanta integridad, tanta sinceridad, tanta conciencia del deber y del derecho como la manifestada allí a cada instante.

No noté ni un ápice de odio o de rencor, pero toda manifestación iba derecho al grano, al propósito en la mente de todos allí: el propósito de conquistar los derechos civiles del negro en los Estados Unidos y en todo el mundo, y con esto su dignidad de hombre. Allí me di cuenta del por qué el negro estadounidense cada día progresa más cívica y económicamente que el negro puertorriqueño. Cada año hay más millonarios negros en los Estados Unidos. Tienen sus propia compañías de seguro y altos puestos de ejecutivos tanto privados como oficiales.

El negro americano pone las cartas sobre la mesa sin soslayar el problema. Por el contrario lo expone científicamente, jurídicamente. Él está consciente de lo que es, negro, ... "So-What?" (¿y qué?) Él vive orgulloso de su historia, de su origen. Él sabe de lo que es capaz y conoce la naturaleza de sus trabas. Reclama lo que le pertenece como negro, no como un colas dentro de otra raza, que escoge la ruta de la mendicidad, del mendrugo.

Por esta razón usted encuentra en los Estados Unidos a muchos negros "blancos", "rubios" que prefieren exigir lo que les pertenece como hombres negros. Por sobre la mesa como todos los demás hombres, no por debajo de la mesa o por la izquierda a manera de misericordia, como un soborno por su pasividad claudicante, por su propia desnaturalización.

El negro americano logró que eliminaran de las pantallas cine-matográficas o, con menos frecuencia, a los personajes negros con los labios pintarrajeados exageradamente grandes, e invariablemente con una gran navaja y un par de dados. En los primeros años del cine y hasta hace muy poco, abundaban en las películas los negros siem-pre azorados, miedosos, con los ojos brotados para fuera, y se tor-naban blancos cuando un gato se movía debajo de una sábana, o algo por el estilo. Rara vez aparecía un actor en un papel dignificante o serio. Constantemente era el tipo Rochester o Stepping Fechit, haciendo reír al público a costa del ridículo de su propia raza.

Toda esta pantomima inofensiva al parecer, que presentaba al americano blanco como a un hombre superior, siempre ganaba, y nunca el villano era un hombre rubio; invariablemente el hombre malo y sin conciencia era de color obscuro, un híbrido o un mestizo. Había negros buenos en las películas, cuando éstos representaban los papeles de criados corteses y leales.

Todo esto era perverso, mal intencionado y pertenece a lo que

"El viento se llevó" ("Gone With the Wind"), que todavía lo lamentan solamente las almas piadosamente encopetadas.

Pero sigamos con el informe sobre el Congreso Negro rendido por mí a la Vanguardia Puertorriqueña Inc., a mi regreso a Brooklyn para que se tenga una idea de cómo se afronta este problema negro en los Estados Unidos a diferencia de la actitud inocente de los puertorriqueños tanto allá en la isla como aquí en el continente:

El Tercer Congreso Negro Nacional, llevado a efecto en Washington D.C. durante los días 26, 27, 28 del mes de abril del año 1940, fue una verdadera inspiración para toda la raza de color en nuestro hemisferio. Este congreso le dio una orientación clara y agresiva a la lucha por la entera emancipación y la igualdad de derecho para la raza negra.

Le estrechó la mano al American Youth Congress y a todas aquellas organizaciones progresistas cuyo programa tienen mucho en común con las aspiraciones de la raza de color.

Dejó de ser una convención de "Uncle Toms Negros", o sea, de negros sumisos, y con una dignidad propia de hombres y mujeres amantes de la libertad y de la igualdad; se declaró sin ambages en favor de todo aquello que tienda a garantizar su felicidad.

Se manifestó unánimemente en contra de las guerras imperialistas. Pasó resoluciones respaldando el "Anti-Lynching Bill" y el "Geyer Pal Tax Bill".

Demandó trabajo para solucionar el problema de desempleo. Condenó la discriminación y la condición degradante en que viven los "share-croppers" (apareceros o peones migratorios).

Atacó las persecuciones y las violaciones de los derechos civiles. Pidió la libertad inmediata de los cinco muchachos del caso "Scottsboro" que restan aún prisioneros y se manifestó en contra del terror de los Ku Klux Klan y de la apatía de la FBI en investigar este terrorismo.

Se vio el despertar de la clase media y su deseo de identificarse con las uniones obreras y con las masas heterogéneas que componen el pueblo. Profesionales, reverendos, altos funcionarios públicos y educativos se confundían con los más humildes delegados de sectores y ocupaciones más oprimidas.

La democracia fue la divisa de esta convención. Había delegados de veintiocho estados de la unión—de catorce estados del Sur y de catorce estados del Norte—además de la representación de Washington D.C. También estaban representados Cuba, Chile y Canadá. La única representación puertorriqueña fue enviada por la Vanguardia Puertorriqueña Inc., radicada entonces en el número 42 de la Calle Smith, Brooklyn, N.Y. El pueblo de México mandó un mensaje de solidaridad y también un saludo cordial del gran Congreso Indio Inter-Americano, llevado a cabo en México, en donde estaban representados más de treinta millones de indios de este hemisferio.

De los 1,264 delegados que asistimos a este congreso, 888 eran de la raza de color, 370 eran de la raza blanca y 6 no clasificados.

He aquí cómo estaban representadas las agrupaciones de acuerdo con sus credenciales: organizaciones cívicas o de comunidad 248, fraternales 61, políticas 41, educacionales 77, religiosas 71, femeninas 33, profesionales 38, negocios 8, misceláneas 64. De dos a tres mil espectadores asistían a diario a las secciones generales de este congreso.

Fue electo presidente por unanimidad el Doctor Max Yergan, director del comité Internacional de Asuntos Africanos y hasta entonces vicepresidente de este congreso.

Yo he hecho resaltar la magnitud y la importancia de este congreso aquí, por tres razones que creo de mayor interés: primero, porque la prensa monopolista ignoró este hermoso movimiento consumado en el corazón de la capital nacional; segundo, porque todos los puertorriqueños blancos y negros deben conocer mejor las nuevas orientaciones que están tomando hoy todas las minorías en unión con las fuerzas obreras y los elementos progresistas aquí en el continente, como única solución contra las fuerzas reaccionarias; y tercero, porque en este congreso le rindieron merecidos honores a miembros de la raza negra, como al científico Washington Carver, y se le rindió culto a la memoria de luchadores de la raza del calibre de Frederick Douglas, en medio de nutridos aplausos. Sin embargo, en ninguna de las conferencias allí dictadas, en ninguno de los labios de los delegados, ni por casualidad, se mencionó el nombre de Booker T. Washington. Esto, amado lector, no es malagradeciminiento; ésta es la venganza que tienen reservada en la posteridad todos aquellos héroes por circunstancias negativas.

Booker T. Washington

Booker T. Washington fue un gran educador, pero fue el más

perfecto exponente, no de las aspiraciones dignas de su raza, sino de las aspiraciones bastardas de los más crueles enemigos de su raza, de esa manada de explotaciones hipócritas que someten y degradan a las multitudes para su lucro personal y pretenden que el mundo crea que todo lo que ellos hacen es en nombre de las más nobles virtudes de la humanidad.

Solamente logran su propósito temporalmente usando etiquetas como Booker T. Washington, un hombre con un pasado que se puede explotar sentimentalmente. "De Esclavo a Catedrático". . . qué inspirador . . .

Así terminó mi informe a la Vanguardia Puertorriqueña Inc., sobre el Tercer Congreso Negro Nacional llevado a efecto en Washington D.C. en el año 1940.

Reflexiones sobre el puertorriqueño y el problema de razas

Nada más natural, que esta nueva experiencia me impulsara a reflexionar con más seriedad sobre nuestra posición como puertorriqueños, ante el problema de razas, que no es otra cosa que una forma fragmentaria de la lucha por la emancipación colectiva de todos los hombres y de todos los pueblos de la tierra.

El puertorriqueño, ya se considere negro o blanco, pertenece aquí en Nueva York, y en toda la nación, a otra de tantas minorías oprimidas, que divididas entre sí por necedades distintas, fabricadas taimadamente por el enemigo común, facilita que sean sometidas todas, una a una por separado. Unidas todas estas minorías oprimidas, llevarían la voz cantante en todas las esferas de la cosa pública.

El hecho de que el puertorriqueño haya vivido en un clima social diferente al del negro y del blanco pobre en el Sur de los Estados Unidos, y por ende tenga distintos complejos y costumbres, no implica que deba dividirse en la lucha por la emancipación colectiva o hacer esta lucha menos efectiva, so pena de que la opresión a otros tarde o temprano nos hiera a nosotros también directamente.

Los puertorriqueños tenemos que respetarnos a nosotros mismos si queremos hacernos merecedores al respeto de las otras razas. Respeto a nosotros mismos quiere decir también afrontar nuestra responsabilidad con las demás minorías oprimidas en la defensa de la emancipación colectiva, sin evasivas o excusas ilusorias.

Colectivamente hablando, el negro puertorriqueño no ha despertado aún a la conciencia de su propia raza. Vive completamente confundido en un mundo de patrañas y de ilusiones imbuidas en él a través de los años.

Ya nos hemos acostumbrado a que se nos diga en nuestra propia cara: "Es negro, pero es un muchacho bueno . . ."

Esta frase la oímos a menudo hasta de labios amigos, de personas que sinceramente tratan de ensalzar a uno. Pero implica que el negro es esencialmente malo, que es una casualidad el que haya algunos buenos. Esto dicho sin el menor entendimiento del calvario recorrido por la raza negra, cautiva, esclavizada, humillada, privada de la educación y de su avance social y económico, obstaculizada en las oportunidades para superarse, linchada etc., etc. ¿Qué otra raza en similares circunstancias hubiera sobrevivido mejor la indignidad humana después de tantos siglos? No obstante, el negro ha sobresalido en todas las ramas del saber, del civismo y de todas las competencias inventadas por el hombre civilizado.

Es lamentable que todavía tengamos negros puertorriqueños que se dedican a hacer reír a la gente, ridiculizando a su propia raza. Falta de conciencia de los valores humanos. No se dan cuenta que estas bromas se hacen costumbre y se reflejan en la búsqueda de posiciones de responsabilidad y decoro para el negro. Fomentan una actitud ridícula hacia una clase de hombres que tienen también el derecho a vivir respetuosamente, democráticamente.

Creo de verdadera pertinencia el cerrar estas reflexiones sobre el problema negro, con sus innegables repercusiones en los puertorriqueños aquí en la isla, con una carta mía publicada en la edición de "El Mundo", correspondiente al domingo 23 del mes de julio, del año 1950, por el ilustre catedrático Ciro Alegría, en una serie de artículos acerca del prejuicio racial en Puerto Rico.

Falta de liderato

El señor Joaquín Colón de San Juan me escribe una carta de siete páginas cuajada de apreciaciones interesantes. Después de ponerse a mi lado con palabras que agradezco y afirmar que no hay fronteras para el pensamiento, dice:

—En Puerto Rico, hoy la raza negra carece de liderato, porque el negro intelectual puertorriqueño, o el económicamente desahogado, con raras excepciones, no quiere ser lo que es. Cree que es un negro diferente al que trabaja en los muelles o cortando caña en las costas de nuestra isla. Vive embriagado y complacido con los mimos y adulaciones individualmente que a él se le otorgan y hasta le repugna que se ventile públicamente el problema de humillación que sufre diariamente su propia raza.

—Es digno de estudio el que mientras el racismo se acentúa en Puerto Rico, en los Estados Unidos continentales, especialmente en las grandes ciudades del norte, el negro se emancipa rápidamente. Y es porque en el continente la raza negra tiene un liderato intelectual y socio-económico que conoce en detalle la historia de su propia raza y sus grandes aportaciones a la cultura y a la civilización universal y vive sinceramente orgullosa de su propia estirpe.

—Es justo el hacer constar que en un Congreso Negro Norteamericano, siempre hay presentes un gran número de blancos intelectuales y de todas las categorías económicas, hombro con hombro luchando por la completa eliminación de este estigma nacional.

El Caso Dubois . . .

—La timidez y el disgusto que muestran negros sobresalientes por plantear en público este mal social es uno de los muchos precios que pagan por el mimo y la adulación personal que reciben. Y es a la sombra de esa timidez, de esa negación de sí mismos, que crece y se extiende el racismo en Puerto Rico. Cavan su propia sepultura cívica y la de sus hijos, mientras disfrutan de su ilusión placentera.

—El doctor Dubois, por ejemplo, que podría pasar por blanco en muchos círculos latinoamericanos, se jacta de ser negro en los Estados Unidos y es uno de los más altos portavoces de la cultura negra y de los más asiduos defensores de sus derechos civiles.

—Es esta constante militancia en defensa de su dignidad ciudadana la que está haciendo desaparecer en el norte la psicología de "Uncle Tom Negro", que prevalecía anteriormente.

Como se ve, el señor Joaquín Colón piensa que es necesario plantear abiertamente el problema negro y que los líderes negros afronten la responsabilidad que les toca a este respeto, para que pueda resolverse en Puerto Rico. En tal sentido, difiere del gran sector que piensa que lo conveniente es silenciar el problema negro. El señor Colón da muy buenas razones comparativas e indudablemente tiene conocimiento de lo que habla.

En otros párrafos de su carta, el señor Colón se refiere a un señalado foco de discrimen racial en Puerto Rico . . . Los informes que yo tengo contradicen los suyos, al menos en cuanto tal práctica ha sido corregida allí, según se me ha dicho, considero justo no abordar el caso hasta que se produzcan hechos verificables.

Sobre el discrimen de carácter económico, el señor Colón se pronuncia de esta manera:

Referencia Oportuna

—¿Por qué no encuentra usted al negro puertorriqueño—y no me refiero al mulato lavado ni al grifo—en las grandes oficinas, bancos y lujosas tiendas de Puerto Rico, como no sea limpiando, etc., mientras todos estos negocios reciben con agrado el dinero de los negros que también los patrocinan?

—En la ciudad de Nueva York y otras comunidades norteamericanas, la raza negra, con la cooperación de infinidad de blancos que practican la justicia social, han conseguido pasar leyes y ponerlas en vigor, tales como la Fair Employment Act, o sea, el trato justo en los empleos. Esta ley obliga a toda empresa comercial con un número determinado de empleados a que coloque un especificado por ciento de negros, descartando por ley las evasivas de que se valen los hipócritas dentro del racismo.

—El Presidente Harry S. Truman se ha propuesto hacer de ésta una ley nacional y probablemente será uno de los *issues* más importantes en las campañas futuras.

La referencia a la Fair Employment Act me parece oportuna y, además de eso, constructiva. Lo que faltaría precisar es hasta qué punto llega la discriminación racial en las empresas comerciales que operan en Puerto Rico, asunto que está fuera del alcance de los meros observadores.

Comentando las dificultades que ofrece la discusión del problema negro en Puerto Rico, dice el señor Colón certeramente:

—En Puerto Rico, el tema negro es una cuestión delicada, para discutirse (si se discute) a sotto voce. El negro puertorriqueño, con raras excepciones, nunca pierde la esperanza de pasar por blanco, por indio, por quemado del sol, por *Spanish,* o por cualesquier otra cosa que no huela a África, la cuna de la civilización.

—Aunque resulte paradójico, éste es un rasgo de completa ignorancia de la historia antropológica-social entre la intelectualidad negra de Puerto Rico, intensificada esta ignorancia, como es natural, por el ángulo económico que es la piedra angular de todos los prejuicios de razas.

Negro sí, bruto no.

—A mi juicio, el negro puertorriqueño que mejor conoció la historia antropológica-social de su raza fue Tomás Carrión Maduro. Por esta razón Tomás Carrión Maduro solía decir enérgicamente: "Llamadme siempre negro pero que nunca se os ocurra llamarme bruto".

—Siga, distinguido visitante, su verdaderamente humana misión. Le saldrá, como ya le ha salido al paso, la ingratitud disfrazada de benevolencia, de exagerado patriotismo. Su verdad innegable intraquilizará a unos cuantos, pero redundará en beneficio de una gran mayoría de ciudadanos boricuas vejados diariamente . . . gratuitamente . . . cariñosamente . . . por sus propios compueblanos.

La carta del señor Colón es, indudablemente, la más explícita de cuantas he recibido y también la más franca. Sus palabras requieren escaso comentario, como no sea el de que da la nota típica de un espíritu que afronta con resolución el conflicto. No obstante, en los párrafos finales asoma el acento común de dolor que es frecuente, y lógico, encontrar en las palabras de quienes sufren la injusticia.

"Entre bostezos" por Farallón

A medida que crecía nuestra colonia, aumentaban también las luchas ideológicas, que mayormente eran el oportunismo disfrazado de patriotismo o de alguna otra virtud cívica, tratando de dominar a la opinión pública entre los puertorriqueños, usando cuanto ardid se les ocurría.

Hubo verdaderos maestros en el uso y explotación del sentimentalismo y de las debilidades boricuas.

Era una lucha sin cuartel porque estos falsos apóstoles de los boricuas usaban tácticas deslumbrantes y pomposas, muchas veces en complicidad con las fuerzas corruptoras de otras razas ya entronizadas aquí.

Afortunadamente los periódicos y revistas puertorriqueños de más larga duración en esta ciudad, los más leídos por nuestra colonia boricua, prefirieron siempre abrirles sus páginas a la gente sencilla y favorecían la unión de los puertorriqueños por encima de toda otra contingencia.

Veamos algunas páginas que yo escribía en estos periódicos y revistas.

Todas las semanas en la revista "Vida Alegre" yo escribía una sección intitulada "Entre Bostezos", que yo firmaba con el seudónimo "Farallón", el nombre de un barrio del pueblo de Cayey, en donde nació mi padre, Mauricio Colón. Eran unos "tópicos breves" y algunos leían así:

Se ha puesto tan en moda la costumbre de llevar a enterrar los familiares y amigos a Puerto Rico que con el tiempo los barcos vendrán estibados de vivos y regresarán estibados de muertos. Y no faltará quien ponga el nombre de El Buque Fantasma al Coamo o al Borinquen.

⁂

No diré que Puerto Rico esté completamente americanizado hasta que no nos digan que en la plaza de Armas de San Juan vieron una fila de hambrientos esperando su turno para coger un sándwich y un poco de café estilo Bowery o Broadway.

⁂

Hay paisanos nuestros en esta ciudad que toman en serio la ignorancia yankee cuando éstos les dicen que están quemados por el sol tropical, y por esta razón se ven negros. Gastan gran parte de sus mezquinos *salaries* dándose masajes para quitarse el sol. . . y sólo logran tornarse grises. ¿Por qué no decir como Tomás Carrión Maduro, "Llamadme siempre negro pero que nunca se me llame bruto"?

⁂

Los independentistas en Puerto Rico puede que tengan éxito en realizar su sueño dorado. Lo único que tienen que evitar es que se descubra allí una mina de oro, o un manantial de petróleo.

⁂

El congreso de los Estados Unidos nombró una comisión para ir a Puerto Rico, a investigar de qué color era el caballo blanco de Napoleón.

⁂

Una mujer se divorció de su esposo porque éste no sabía bailar añangotao.

❦ ❦ ❦

El mal de algunos puertorriqueños consiste en que se sienten patriotas únicamente cuando sienten el hambre y la tierra.

❦ ❦ ❦

Seabury se sorprende de que Miró haya acumulado un millón y medio durante los quince años que tiene en Nueva York. Si supiera él lo que acumularon Mr. Colton y Mr. Yager durante el tiempo que administraron a Puerto Rico, se quedaría bobo para todo el resto de su vida.

❦ ❦ ❦

Doña Lola R. de Tió dijo: "Hay pueblos grandes que parecen chicos, y hay pueblos chicos que parecen grandes". Después de ver cómo actúan muchos de nuestros compatriotas aquí en Nueva York, yo diría: "Hay madres que no tienen hijos, e hijos que no tienen madre".

❦ ❦ ❦

Los tiempos "cambean". Antes de la prohibición cuando un borracho lograba entrar a un baile, tenía que estarse solo y quieto en una esquina. Hoy en los bailes, cuando uno no está borracho tiene que quedarse solo y quieto en una esquina.

❦ ❦ ❦

La diferencia entre un patriota puertorriqueño moderno y uno viejo consiste en que los patriotas puertorriqueños viejos se sacrificaban por la patria y los modernos hacen que la patria se sacrifique por ellos.

❦ ❦ ❦

Afortunadamente, por más satisfacción que experimente el

diario "La Prensa" en publicar los crímenes puertorriqueños en la primera página nosotros tenemos la doble satisfacción de saber que si el criminal más grande de Puerto Rico viene aquí a Nueva York, lo ponen en "Kindergarten".

⚜ ⚜ ⚜

Ya es tiempo de que empecemos a rendir homenaje a nuestros grandes hombres en esta metrópoli. Debemos erigir un monumento al primer puertorriqueño que haya vivido diez años en un mismo apartamento, y otro al primero que haya vivido diez años en esta ciudad sin coger nada a plazo.

⚜ ⚜ ⚜

Hay latinos en esta ciudad que cuando el Obispo los confirmó y les administró la galleta de reglamento, parece que también les impuso la obligación de recoger todas las galletas que se pierden por sus alrededores.

⚜ ⚜ ⚜

Habrá pocos peleadores portorriqueños que se sostengan diez asaltos en el "ring". Pero hay centenares de puertorriqueños que se mantienen más de diez horas parados en una misma esquina. Lo único que necesitan es una corbata nueva.

⚜ ⚜ ⚜

Cada vez que un trasatlántico rompe un récord de velocidad, le hace gran daño a varios miembros de nuestra raza. ¿Por qué? Porque si la sentencia es un poco larga, cuando salen de la cárcel no podrán decir: "Estaba navegando".

⚜ ⚜ ⚜

Los que triunfan: El joven Joseph Flowers (José María Flores) nació en las montañas de Puerto Rico. Sus primeras visitas a la ciudad fueron como vendedor de huevos y de legumbres. Pero pronto se hizo limpiabotas y cuidador de vehículos. Una vez en la ciudad consiguió trasladarse a Nueva York. Como no tenía mucha instrucción ni educación, creyó disimularlo mejor americanizándose hasta el nombre. En este país de la democracia, del cinco y diez, y de la nobleza a plazos módicos, siendo de complexión pálida solamente necesitó un traje de casimir para frecuentar los distintos centros ibéricos o hispánicos organizados en esta ciudad. Como es natural, hoy no quiere saber de nada puertorriqueño ni de Puerto Rico donde, como decía el payaso, "No deja de ser basura lo que en el suelo se barre", y aunque suba a lo alto, basura será en el aire, y por no querer saber del terruño no quiere llamarse José María Flores, sino Joseph Mary Flowers.—Caray.

❦ ❦ ❦

Los que triunfan. El joven Alexander Bridge (Alejandro Puentes) después de trabajar en este país laboriosamente, ha realizado su sueño dorado. Ha logrado ponerse toda la dentadura de oro macizo, después de haber pasado por el heroísmo de extraerse sus dientes naturales. Orgulloso de su apellido, no solamente le encontró traducción al inglés sino que también ha coronado su triunfo inmortalizándolo con dos puentes de oro. Para el gusto se hicieron los colores.

❦ ❦ ❦

Hay quién cree que El Soldado Desconocido (The Unknown Soldier) es el nombre de una película de fantasmas, y el "Cabo Hatteras" un soldado desconocido.

❦ ❦ ❦

Un sofá cama es un mueble que cuando usted tiene sofá no tiene cama, y cuando tiene cama no tiene sofá.

❦ ❦ ❦

El diario "La Prensa" publicó una nota sobre Pepito Figueroa en la página deportiva. Como este periódico copia de la prensa americana, vio "Pepito Figueroa played last night", y lo confundieron con un jugador de pelota o algo por el estilo.

Columnas en "El Curioso"

También escribía semanalmente una columna en "El Curioso",

que llevaba como título: "Pan Pan . . . Vino Vino . . ." y me firmaba Tello Casiano.

Tello Casiano fue el nombre de un compueblano que hacía de payaso en los circos de la localidad.

He aquí algunos de estos artículos:

Patriotas infelices

Infelices de aquéllos que han dejado de amar con fervor y patriotismo a su patria porque ésta es pequeña y hoy está reducida a la pobreza. Desdichados de aquéllos que se entregan a la adoración de las otras patrias y de los otros hombres con una pasión de hermafrodita. Ésos han perdido ya, para siempre, su virilidad de ciudadanos, la virtud de sonrojarse ante el ultraje a su raza o a su pueblo; han perdido para siempre la facultad de poder amar con lealtad, amar heroicamente, amar en la única forma que vale la pena amar a una patria o una raza. Esos seres son la vanguardia de la traición, los gusanos que corroen las raíces del tronco del estado y de la raza y evitan que ese tronco se manifieste frondoso y fructífero.

La colonia puertorriqueña aquí en esta ciudad está infestada de estos especímenes. Por esta razón nuestro conglomerado carece de virilidad cívica. Estamos perennemente traicionados, vendidos a las demás razas por algunos de nuestros mismos "hermanos" que padecen de la "enfermedad" de adorar a las otras razas con una pasión de hermafrodita. Gastan todas sus energías, todo su tiempo, todo su dinero peleando contra ellos mismos, riñendo contra el puertorriqueñismo que bulle en sus propias entrañas y forcejea por manifestarse prepotente. Ellos no quieren ser puertorriqueños; viven enamorados de las otras razas. En secreto se arrodillan enfurecidos a implorar la grandeza deslumbrante de los otros pueblos.

Su amor por los otros pueblos y las otras razas es clandestino, porque cuando tienen hambre, cuando son atropellados, cuando son insultados, cuando son despreciados por los demás razas, vuelven como la mujer adúltera a coquetearle a sus paisanos. Luego que conquistan de nuevo nuestro afecto con sus "coqueterías" (nos hablan del bohío, de la hamaca, del tiple, etc.) empiezan de nuevo a traicionarnos. Cuando se les hace físicamente imposible el poder pasar por yanqui de catorce quilates, porque "por más que se tapen se les ve", entonces les da por ser gauchos, aztecas, vueltabajeros, cualquier cosa menos boricuas. Pero siempre haciendo coqueterías de puertorriqueño. Siempre escondidos detrás de la bandera de Puerto Rico por "si forti". Y con la bandera de Puerto Rico al frente tratan de crear aquí en esta metrópoli, un fenómeno . . . una criatura sin ninguna de las características puertorriqueñas. Sin la nobleza, sin la hidalguía, sin el decoro, sin la dignidad gloriosa de nuestro pueblo. Una entidad completamente anti-puertorriqueña en esencia y en presencia, como lo son ciertas entidades llamadas cívicas puertorriqueñas dentro de nuestro conglomerado.

Eliminada del alma de estos nacidos en Puerto Rico la facultad de amar con lealtad a su pueblo, a su raza, a su gente, ¿qué puede esperarse de ellos sino TRAICIÓN, TRAICIÓN y más TRAICIÓN? No habiendo ya virilidad ciudadana en esos insectos, sus cuerpos y sus almas pertenecen al mejor postor. El puertorriqueñismo que queda ya en ellos es solamente un antifaz que usan hábilmente para engañar y vender a sus propios hermanos, a los más cándidos e ingenuos miembros de nuestra raza.

¡Infelices de aquéllos entre nuestros hermanos y hermanas que caigan en las garras de ésos que han dejado de amar con fervor y patriotismo a su patria porque ésta es pequeña y hoy está reducida a la pobreza! ¡Desdichados de aquellos entre nuestros hermanos y hermanas que caigan en las garras de ésos que se entregan a la adoración de las otras patrias y de los otros hombres con una pasión de hermafrodita! Esos pobres infelices serán coronados reyes y reinas, serán adulados en su inocente vanidad para luego ser vendidos y sacrificados en holocausto a las más repugnantes ambiciones humanas, ambiciones de renegados que han dejado ya de amar con fervor y patriotismo su raza y persisten en alimentarse de esa raza que abominan como unos asquerosos parásitos. ¡Qué náuseas siento, hermanos míos! ¡Qué náuseas!

Hasta la vista.

Puertorriqueño a medias

No se puede ser puertorriqueño a medias. O se es puertorriqueño ciento por ciento o declararse francamente cualquier otra cosa. Dejémonos de paños tibios y de medias aguas, "ser o no ser, esa es la alternativa". El puertorriqueño en esta ciudad está lleno de parásitos que se cobijan bajo su sombra, que se nutren de sus entrañas y cuando el puertorriqueñismo necesita de ellos para manifestarse, para modelarse, en el vientre de esta urbe, crecer y desarrollarse y adquirir una personalidad genuinamente puertorriqueña se encuentra impotente, huérfano, abandonado, TRAICIONADO. Se encuentra que todos aquellos espectros que había amamantado en su seno, que había reconocido como hijos suyos y les había dado su apellido,— que dígase de paso fue también el apellido de los Hostos, de los Betances y de los Baldorioty—se encuentra que esas sombras cívicas se deben primero a otras creencias, a otras pasiones, a otros caprichos, a otras conveniencias, a otras vanidades, a otras razas, a otros pueblos, a otros hombres, a cualesquier otro evento de las circunstancias. El puertorriqueñismo es en ellos solamente un pasaporte. Cuando los arrinconan entonces presentan el pasaporte . . . después es uno de tantos papeles sucios que se tienen olvidados en el fondo de un bolsillo o de un baúl viejo.

Nuestra colonia aquí en Nueva York es el paraíso de los vividores. Llámense estos vividores políticos, religiosos o cívicos, todos acuden aquí dentro de la colonia boricua, como si fuera una feria, a poner su picada . . . ¡Cómo pica nuestra gente, caballero! Especialmente si el que pone la picada es un extranjero o un puertorriqueño disfrazado de extranjero. Entre los puertorriqueños de esta ciudad usted puede vender "detentes", "palomas del Señor", maracas, ungüento de pulga, enjundia de lagartijo, panderetas, gaitas, todo, menos aquello que sea netamente puertorriqueño. El tabaco de Puerto Rico se vende aquí como habano, y nuestra música se vende como cubana o latina, pero rara vez como boricua. El arte fino puertorriqueño y nuestra música delicada y armoniosa no la patrocinan nuestros patriotas de cháchara. Todo lo boricua tiene que ser comercializado aquí por un "manager" extranjero que lo presenta muchas veces adulterado. Nuestra volubilidad patriótica es explotada a su antojo por todos los hombres de todas las razas. Nuestros patriotas mercenarios no tienen ninguna clase de escrúpulos. Abiertamente transan con los enemigos de nuestra personalidad en esta metrópoli. Públicamente sirven de instrumento a nuestros tiranos y muestran las pesetas o mendrugos que recibieron como pago de su traición. Y sobre el "pedestal" de la degradación cívica son los ídolos de los renacuajos que insisten en llamarse puertorriqueños cuando escasamente son unos peleles que ponen en ridículo el nombre de nuestra patria.

¡Cuánto favor nos harían dejando de ser por completo puertorriqueños! No debieron decirle a nadie que nacieron en Borinquen, donde desde Guaybaná hasta Muñoz fueron rebeldes a toda clase de sumisión, a todo ultraje contra nuestra integridad. Debieran alejarse de nosotros para siempre, irse lejos . . . bien lejos, y allá, donde no podemos verle nunca, entregarse al relajo de sus pasiones enervantes. Si tenéis un complejo de inferioridad, si sois unos morfinómanos del exotismo, si habéis perdido ya la fe en la grandeza y la potencialidad de vuestra raza y de vuestro pueblo, ¿por qué no entregáis el hábito y os entregáis por completo a la adoración de vuestros nuevos dioses? Vete solo . . . con los tuyos . . . No incites nuestra desesperación. No provoques una lucha fratricida. Húndete en tu exotismo neurótico . . . adiós.

Amigo lector . . . hasta la vista.

Las iglesias

Martín Lutero, Loyola, Calvino y otros innovadores de la religión, revolucionaron la iglesia en la época de la reforma allá por la Edad Media. Pero al lado de algunos latinos residentes en esta ciudad, aquellos señores resultan ser unos simples monaguillos. Nuestra gente en Nueva York no solamente ha revolucionado la iglesia, sino que se ha quedado con ella. Cuando un latino aquí se "enchisma" con el ministro, monta otra iglesia por su cuenta al lado de la del ministro, y le hace competencia.

Hace varias semanas me encontré con un sujeto que dejó de colectar "bolita" porque ya nadie le "apuntaba". Ya ni su misma abuelita le jugaba un numerito porque "banqueaba" para él, y cada vez que salía un número premiado, se presentaba con un "lloriqueo" y una novela imaginaria de detective, que ni Connan Doyle tenía tanta fantasía en sus narraciones. Los "banqueros" de "bolita" le tenían más miedo a él como colector que a la misma "jara", o sea, a la policía.

Acosado por todos lados, ya había hecho de todo . . . Como le vi bien trajeado y con un semblante "místico" le pregunté, "¿Bueno, chico, qué haces, de qué vives ahora?" "Monté ahí una iglesita y estoy saliendo bien". "¿Pero, cómo montaste una iglesita?" . . .

¿Tú crees que eso es igual que montar un friquitín, una barbería, o una bodega? "Pues sí hermano mío, (Tumba eso de "hermano", que me puede costar una "cuara", me le tapé entre broma y serio) pues sí hijo mío (menos mal), monté una iglesita en mi propio apartamento, y como tú sabes que las iglesias aquí están exentas de contribución, yo estoy tratando de no pagar renta. ¡Qué "agusao"! me dije para mi capote.

"Oiga, Don Tello, usted que está bien relacionado por ahí", me preguntó bajando un poquito la voz, "¿Es verdad que ahora van a pagar con cheques el 'relief'?" "Sí", le dije, "ahora algunos de nuestra gente no tendrán que cambiar la mantequilla por 'pintas' de 'cañita', las podrán comprar en efectivo. Pero dime, ¿Qué clase de sermones tú dices en tu iglesita para atraer 'adeptos'?" "Pues . . . Queridos hermanos: Recuerdo cuando yo era un canalla, un borrachón, un ladrón, un perdido. Miradme ahora lo que soy . . . Todo se lo debo a mi iglesita. Y mientras más canalla, más borrachón y más ladrón haya sido más ¡Aleluya! recibo. Más me admiran. Y cuando se me quieren agotar las palabras para presentarme como un gran sinvergüenza, entonces llevo muchos testigos para probarlo; imagínese eso es lo más fácil". ¡Que sí es fácil!

Pensando en el porvenir de nuestra colonia. su conversación empezó a darme náuseas y me alejé ocultando un deseo "SANTO" de darle cuatro batazos a aquel "representante" de Dios en la tierra.

Hasta la vista.

Tipos "caja" los rompebailes

Entre la mucha sabandija que nuestra colonia tiene que cargar en su vía crucis de redención en esta metrópoli, una de las más dañinas, de las que más afrentan a nuestra cultura son los tipos "caja", los "rompebaile". Esa crápula vestida de casimir de a un peso "down" y el otro cuando los encuentre el judío, que cree que vestirse de casimir y de seda cuando es vestirse de persona decente. Pero que una vez coladas dentro de las personas decentes actúan como lo que han sido toda su vida: pura crápula. Por lo general, es un elemento cobarde, inofensivo, pero busca bulla como una ristra de triquitraque. Bocón, charlatán, "propasado". Tiene la manía de pasar por "guapo" y luce su fantochería como una prenda preciosa en los bailes, en medio de las mujeres. El no pelea en el "ring" porque teme matar con un golpe mal dado de su muñeca a Jack Dempsey. No conoce nada de Sandino y otros héroes contemporáneos que se baten en las barricadas. Más, pregúntele usted por las hazañas de "Andrés Garata", de "Pedro la Changa" y "Juan el Sapo" y atención, señores y señoras, tiene la palabra el tipo "caja", el "rompebaile".

Aquí en Nueva York son unos tipitos que roncan como hombres pero se emborrachan hasta con sal de fruta. Cuando beben "cañita" los sábados por la noche, se vuelven locos y . . . a romper bailes, a destruir reputaciones de sociedades puertorriqueñas, a poner en ridículo a nuestra colonia ante las demás razas y ante las autoridades. Hay tipitos de estos "rompebaile" que uno se los puede meter dentro de un bolsillo. Y si uno no lo hace, muchas veces es por temor a que les dejen a uno el bolsillo pelado.

"Yo pago mi dinero aquí", dicen a boca llena en los bailes. Como si con los cincuenta centavos, o un peso que pagan como contribución hubiesen comprado a todos los músicos, el "Hall" y toda la dignidad de nuestra colonia para escupirla y tirarla por el suelo cuando le venga en gana. No alcanzan a ver estos imbéciles que todo escándalo o incidente feo producido en cualesquier acto boricua niega nuestra cultura y nos representa ante este pueblo como no somos en verdad todos los puertorriqueños.

¿Pero, qué puede esperarse de aquellos que han brincado desde el callejón y el zaguán y por encima de los bejucos y de la noche a la mañana vestidos de casimir y de seda en un salón de baile sin haber pasado primero por los trapiches del roce social y la educación?

Cuando la caballerosidad andaba por el mundo, una injuria al amor propio se lavaba con sangre en el campo del honor. Entonces los buscabulla no tenían la oportunidad de ser separados o en medio de la "soruca" volverse sal y agua. Tenían que jugársela como "machito". Los hombres eran hombres; no habían tantos "bochinqueros". Un hombre pensaba dos veces antes de ofender. Era asunto de espadín a espadín en la bajada del cementerio después de las doce de la noche sin que ningún intruso viniera a divertirse. No era "vacilón".

Nuestros antiguos jíbaros decían: "Repetéimonos pa que nos conséivemos". ¿Qué hacer ahora aquí en Nueva York con nuestros guapos de cota y biberón?

Hasta la vista.

Buscón político

Ya se acerca la zafra de los "jóngolo-jóngolos". "Jóngolo-jóngolo" está velando y "jínguili-jínguili" está colgando; si "jíngilli-jínguili" se cayera, "jóngolo-jóngolo" lo cogiera. Para aquéllos que no

entienden mi lenguaje, muchas veces demasiado criollo, les expli-
caré que la zafra de los "jóngolo-jóngolos" es el período electoral.
Un "jóngolo-jóngolo" es un buscón político, uno de esos que siempre están velando que se caiga algo, un "yapesito", un par de zapatos
y hasta una "cuara". Hay "jóngolo-jóngolo", con bombo, y los hay
en alpargatas, o sea, modernísticamente . . . en "champión".
La cosecha de "jóngolo-jóngolos" este año será abundante tanto
aquí en Nueva York como en la isla de Puerto Rico. En el distrito
diecisiete de Harlem la cosecha de "jóngolo-jóngolos" puertorriqueños en esta temporada romperá el "record" que han plantado
en esta ciudad los "jóngolo-jóngolos" irlandeses, y esto es mucho
decir. Cada raza en esta enorme ciudad tiene su "racket" por excelencia, y el "racket" irlandés por excelencia en esta urbe es busconeo
político. Hasta hace poco otras razas también se han adiestrado en el
arte de la política y tenemos un italiano de alcalde y muchos hebreos en importantes cargos públicos. Pero los irlandeses, como las
otras razas en esta metrópoli, han producido políticos de alta talla
moral e intelectual, y no es mi deseo que estos hombres se confun-
dan con los "jóngolo-jóngolos".
El "jóngolo-jóngolo" es un tipo sin ideal de ninguna especie.
¿Cuánto me va a tocar?—he aquí su plataforma. De mandadero pasa
a formar coro en los cafetines y barberías porque está bien enterado,
habiendo parado siempre el oído aquí donde hace mandos entre la
gente de influencia política. Un día acaba de perder la vergüenza y
se levanta a hablar en un club político y desde entonces se cree
orador. Si llega a "manejar" en cierto modo, o de cualesquier modo,
pronto se rodea de un puñado de "lambeojos" y he aquí un "leader"
en embrión, o sea, un aspirante a "leader", en realidad meramente un
"jóngolo-jóngolo". En este país el ambiente es magnífico para el
político vulgar, o sea, para el "jóngolo-jóngolo". En los pueblos
intensamente cultos y de alta honradez política, los "jóngolo-jóngolos" seguirán siendo siempre mandaderos, y si ejercen la franquicia
del voto con dignidad de hombre decente que no se vende, entonces
tendrá el título de elector en el elevado sentido de la palabra. Cuando se purifica un tanto el campo político y el pueblo, cansado del
soborno y la corrupción, demanda sinceridad y preparación de los
funcionarios públicos, los "jóngolo-jóngolos" son relegados y vuelven a su misión de velar a "jínguili-jínguili".
El político de espíritu elevado, íntegro, leal, amigo sincero del

pueblo siempre será solamente por ese pueblo, y si el pueblo no lo aclama, ese pueblo sufrirá las consecuencias, y el apóstol auténtico será aclamado por la posteridad. La gloria la encontrará donde no lo encontraran los hombres.

¡Salve, oh, las épocas pasadas que produjeron en Puerto Rico políticos de alta talla moral e intelectual, que llenaron de gloria nuestra historia!

Maldito sea este momento triste en nuestra historia política en que la mayoría de nuestros políticos tienen alma de "jóngolo-jóngolo"!

En una desgracia insufrible el que la colonia boricua en esta gran urbe esté tan dividida. Es penosa, es lamentable, es suicida, pero si ha de caer nuestra colonia en manos de esa cosecha de "jóngolo-jóngolos" sin conciencia que tienen en su sangre el virus de la inutilidad y la cobardía que ha sumido a nuestra bella isla en la indigencia, que continúe dividida políticamente nuestra colonia. ¡Que continúe dividida políticamente nuestra colonia antes de ser sacrificada en holocausto de esas tintoreras políticas hambrientas de inmundicia! Que continúe dividida en la política hasta que surja de nuestro conglomerado un puertorriqueño de clara visión, de carácter íntegro, ídolo genuino del pueblo no fabricado por un puñado de adulones peseteros. Un boricua que con su figura apostólica inspire, unifique y guie toda nuestra colonia, no por el lóbrego callejón del "bofe" y el "mangó bajito", que es la política del "jóngolo-jóngolo", sino por la ancha avenida del honor y el verdadero heroísmo digno e hidalgo de nuestra raza, que fue la política de los Hostos, los Ruiz Belvis, los Betances, los Baldorioty.

En todos los pueblos, en todas las épocas críticas ha surgido ese hombre. ¿Por qué no esperar que surja entre nosotros?

Hasta la vista.

El político ambicioso

En el terreno político en esta ciudad los puertorriqueños e hispanos no tenemos otro curso a seguir que el de la Acción Conjunta.

Es axiomático, o sea, no necesita probarse el hecho de que divididos, seguimos siendo en este campo político una entidad débil, impotente, sometida, humillada, no temida. Por más noble que sea el ideal que tienda a dividirnos en nuestra actividades políticas, si nos divide y por ende nos deja indefensos, sujetos solamente a la imploración, ese ideal con toda su nobleza ha matado la criatura hija de sus propias entrañas. Ha matado una criatura que debidamente lactada, fortalecida, en su pleno desarrollo podría ver, con más madurez, con más sensatez, la nobleza en los conceptos. Mas, muerta la criatura, o inválida, o raquítica por la división, ¿quién levantará entonces varonilmente el estandarte de toda nuestra nobleza?

En nuestro caso aquí en Nueva York, yo creo que se cumple la misión noblemente, si se labora porque no haya corrupción cívica dentro de nuestro conglomerado. Reinando la sinceridad y la buena fe siempre entre todo los elementos activos en nuestra colonia, todo puede ser posible; se pueden materializar los sueños más halagüeños, las ideas más reivindicadoras. Un hombre equivocado con sinceridad será amigo mío hasta que él quiera. Yo viviré toda mi vida respetando su sincera equivocación. Si es suficientemente mi amigo y me brinda la oportunidad, yo discutiré con él su punto de vista, hasta que él quiera, pero nunca le guardaré rencor.

Dentro de nuestro ambiente político son muchos los caracteres que nos obstaculizan. Pero hay dos tipos que sobresalen porque su daño es perenne y sin piedad. Uno es el político puramente ambicioso y el otro es el político sin sinceridad. Muy a menudo nos encontramos entre nosotros con políticos que poseen estas dos corrupciones del espíritu, y entonces yo prefiero que el diablo me lleve por la mano hasta su guarida, yo prefiero arreglármelas con el diablo. Al diablo yo lo conozco por los chifles y por el rabo. Pero este tipo de político ambicioso y falto de sinceridad es nacido como yo también en Puerto Rico. Habla mi idioma, conoce mi música y mis debilidades. Muchas veces cuando lo he reconocido, ya ha sido muy tarde. Ya ha tenido casi estrangulada a su pobre colonia puertorriqueña.

Mas, ya tengo ciertas fórmulas que me sirven para descubrirlo pronto por más diestro que sea. Siempre quiere ser el presidente de todo movimiento, y si no lo es, se aparta poco a poco de cualesquier movimiento ya iniciado y forma otro grupo donde él sea el presidente. No le agrada que en su sociedad haya muchos que sepan más que él, o si saben más que él, que no se dejen controlar a su capricho.

Si la gran mayoría de los puertorriqueños e hispanos están emprendidos en una lucha y el adversario de nuestra raza le ofrece un mendrugo, busca una razón "patriótica" para irse con el enemigo de nuestra raza. Es el tipo oportunista que siempre aparece jugando en la carta que está en la puerta para ganar. En salvándose él, ya se salvó para él la patria. Y como tiene dos o tres "bordantes", cuatro compadres, dos cuñados y cinco primos hermanos para formar un club nuevo, con cualesquier nombre más o menos patriótico, sigue mentando clubes y vendiéndolos a cualesquier precio, y como tiene el diario "La Prensa" que se los anuncia con bombos y platillos en crónicas inventadas, sin importarle un comino, ¿qué mejor oportunidad para vivir engañando a su raza de una manera "honorable"?

Nuestra colonia debe aprender lo más pronto a conocer a estos farsantes que insisten en manifestarse individualmente, independientemente, fuera de la acción conjunta de nuestro conglomerado. Buscan el aislamiento para cometer el fraude impunemente.

Cuando hay sinceridad, las batallas se liberan dentro de la colectividad, si es que se respeta aún la colectividad. Y cuando haya que dar un cambio radical en nuestra política, ese cambio lo debe dar toda nuestra colectividad en fraternal acuerdo.

Políticamente el individuo no es NADA, la colectividad es TODO.

Hasta la vista.

Se hace patria . . . Hoy mismo

Hay tanto que decir sobre el político oportunista, sobre el político ególatra, sobre el político arrivista y sin ideal definido, que en estos días en que los espíritus puertorriqueños e hispanos se sienten influenciados directamente por la fiebre política, es de lugar seguir machucando sobre este mismo tema. Primero debo francamente hacer constar aquí que como puertorriqueño, accidentalmente ciudadano americano, solamente estoy interesado en aquella política que afecta constantemente, íntimamente, actualmente a Puerto Rico y a todos los puertorriqueños residentes tanto en la isla como aquí en el continente. Toda otra ideología política de tendencia universal, por más humanitaria o revolucionaria o noble que sea, tiene para mí todas las aspiraciones buenas de la especie humana a la cual yo pertenezco. Pero nunca colocaré ese encanto antes de la necesidad inmediata que tiene mi pueblo y mi gente de vivir humanamente. Yo no creo que mi pueblo y mi gente deben esperar hasta el "Día del Juicio Final" para disfrutar de las comodidades, de los alimentos, de las oportunidades, de la quietud mental y física de que disfrutan HOY la mayor parte de los ciudadanos de esta república, cuya bandera nosotros hoy estamos obligados a defender. Y antes de tomar muy en serio ninguna otra política nacional o universal, creo mi deber luchar porque se resuelva HOY MISMO, dentro de este mismo sistema de gobierno en que vivimos la injusticia, la desigualdad y la humillación a que estamos hoy sometidos los puertorriqueños. En esta dirección, he concentrado todas mis energías y todas mis ambiciones políticas. Yo tengo la convicción de que si todos los boricuas nos unimos con sinceridad, podemos demandar enérgicamente HOY MISMO dentro de este orden de cosas nuestros derechos como ciudadanos de este pueblo, o pedir también con suficiente energía el que se nos deje en paz dirigir nuestros destinos como una soberanía en el concierto de los pueblos libres. Yo creo sinceramente que peca de no ser patriota todo aquel puertorriqueño que pospone la solución de este problema inmediato para entregarse a otros problemas que no pueden resolver HOY MISMO nuestra condición de pueblo y colonia avasallada.

Naturalmente que nuestra lucha política dentro del presente orden de cosas requiere políticos íntegros, abnegados, patriotas como aquellos antepasados nuestros que llenaron de gloria nuestra historia política cuando España estaba en pleno apogeo. Según Baldorioty de Castro heroicamente se levantó en las cortes de Cádiz y expuso ante el gobierno de España las injusticias que se cometían en Puerto Rico y se atrevió a amenazar aquella España de entonces con el suicidio de su pequeño pueblo en defensa de su dignidad ciudadana, ¿por qué no practicar aquel mismo civismo hoy aquí, donde podemos llegar también a ser representantes? Si no se puede cultivar aquí aquel civismo, si es que no hay en nosotros patriotismo suficiente para defender esta condición primordial de todo ciudadano, ¿a qué perder el tiempo ensayando o pretendiendo que estamos preparados para emprender cruzadas que requieren una más profunda compenetración cívica?

El campo para ensayar o probar amor por nuestro pueblo y por nuestra gente no hay que ir a buscarlo a otro sitio. Está aquí al frente de nosotros HOY MISMO. Manos a la obra. Lo primero que tenemos que hacer es destruir a todos los políticos mercenarios, oportunistas, ególatras, arribistas, a todos los políticos sin ideal definido y por ende sin sinceridad política pro-causa puertorriqueña. Tenemos que eliminar a todo aquél que cree que el ser "buscón" debe ser una condición indispensable en todo político; ése ya ha perdido toda su fe y su respeto a las cosas, que no hay razón porque no puedan ser nobles y patrióticos, si son movidas por un impulso noble y patriótico. Debemos cuanto antes establecer la diferencia entre el político que viene aquí y se adapta a la política americana para "salir bien" él solo, usando a sus paisanos de instrumento, y el otro político que viene aquí y se adapta a la política americana para defender los derechos de su pueblo y de su gente con la misma dignidad que lo hicieron nuestros políticos de antaño. Si usted pertenece a esta última clase de políticos, no se deje corromper nunca por voces que parezcan amigas, huya de toda tentación vulgar y mezquina y espere siempre alerta el momento predestinado que siempre llega para los espíritus de convicción noble, momento en que se ha de cumplir su misión, y su misión sea hecha. La historia de Puerto Rico lo reconocerá a usted tarde o temprano.

Hasta la vista.

Manuel Ríos Ocaña y su censura

La carta abierta que mi viejo amigo el Sr. Manuel Ríos Ocaña publicara en la última edición de "El Curioso", fue la revelación de un gesto ingenuamente patriótico. Ese patriotismo ingenuo siempre caracterizó a este joven periodista puertorriqueño cuando hizo su entrada triunfal en la palestra literaria del pueblo de Puerto Rico cuando apenas era un niño. Yo confieso que me sentí feliz al notar que Ríos Ocaña desenganchara la pluma para combatir de nuevo, para orientar a nuestra colonia, para enderezar entuertos. Plumas de talento natural como la de Ríos Ocaña nunca deben permanecer ociosas. Es un privilegio para nuestra colonia aquí en Nueva York tener entre nosotros periodistas sensatos y netamente puertorriqueños como Ríos Ocaña. Si no hay ambiente para estos hombres es un deber de nuestra colonia crear ese ambiente. La filípica hecha por el Sr. Ríos Ocaña en el último número de "El Curioso" presenta de cuerpo entero la afrenta más bochornosa que se ha registrado en la historia del desarrollo de nuestra colonia en este continente.

Después que los propios americanos continentales se han adaptado a nuestras costumbres y maneras de ser, después que los yanquis rompiendo sus propias tradiciones han empezado a respetar nuestra estructura social, ahora nuestros mismos hermanos, los que necesitan de nosotros diariamente porque son los más pobres y los más ignorantes, tratan de dividirnos racialmente en el terreno cívico. Precisamente en estos días el Hotel Biltmore, uno de los hoteles más aristócratas de esta ciudad, abrió sus puertas a todos los puertorriqueños sin distinción de razas. Allí quedó constituido un comité genuinamente puertorriqueño, allí acudieron y fueron recibidos cortésmente todos los boricuas que tuvieron a bien visitar aquel local sin distinción de razas. No obstante se organiza un llamado Club Cívico Puertorriqueño en Brooklyn, en un hotel donde los marinos perpetuamente borrachos hacen sus citas amorosas, un hotel poco más o menos como Las Baleares de San Juan, y estos representantes del "civismo" puertorriqueño en Brooklyn prohíben la entrada a Las Baleares a los puertorriqueños negros, es decir a los puertorriqueños que no pueden pasar por blancos o no quieren martirizarse con la peinilla eléctrica o a fuerza de masajes. Naturalmente que hay muchos puertorriqueños blancos y negros en Brooklyn que tienen constituidos sus hogares, tal vez humildes pero honrados y que nunca llevarían a sus esposas, madres y hermanas a bailar a Las Baleares. Pero hay en nuestro conglomerado mucho elemento que no conoce y ha venido a esta enorme ciudad en busca de sensaciones; para ellos todo lo que reluce es oro; éstas son las víctimas de los mercaderes del sensacionalismo. Ese elemento sano puertorriqueño debe ser informado debidamente de los sitios que frecuenta. Debe ser informado que los nombres rimbombantes, en este país especialmente, no cuentan. Estos hermanos nuestros deben saber cuál es la diferencia entre un club cívico y uno social. Se debe proteger a nuestra gente contra los impostores. Debemos conservar a todo trance el respeto de los conceptos si es que queremos conservar nuestra integridad de pueblo y nuestra integridad de raza. Y debemos hacer saber o hacer recordar en todo momento que la igualdad de razas en el terreno CÍVICO costó demasiado mucha sangre y demasiado mucho jugo cerebral a la flor y nata de esta humanidad para que una partida de mulatos, grifos y peones blancos prostituidos intenten violar estos derechos sagrados de ciudadano.

Puertorriqueños ingratos: ¡Dejad a Don Ramón Emeterio Betances dormir en paz en su tumba!

Hasta la vista.

Tomás Carrión Maduro

Decía el insigne Tomás Carrión Maduro filosóficamente "Llamadme negro siempre pero que nunca, nunca, se me llame Bruto".

Para Tomás Carrión Maduro la calamidad más penosa, el insulto más penoso, el insulto más humillante que podía caer sobre un hombre era el ser bruto. Huelga decir que él siempre se sintió orgulloso de ser negro y lo demostró elocuentemente cuando fue a Londres como representante de la raza negra de todo el mundo en una convención de todas las razas que habitan el orbe. Esta frase de Carrión, allá en mi niñez puertorriqueña no tenía para mí ningún significado, como no tenían para mí ni para la mayoría de mis paisanos ningún significado las muchas frases filosóficas pronunciadas por este grande hombre boricua diariamente en su vida bohemia.

La filosofía no es comida para niños. Y son muchos, muchos los hombres que mueren viejos, muy viejos, siendo aún puramente niños. Cuando yo hago alusión en estos borrones a la filosofía, no me refiero a los altos conceptos metafísicos de Platón, Aristóteles, Séneca, Locks, Kant, Hégel y otros pensadores establecidos universalmente; yo me refiero a esa filosofía que vivimos diariamente y que se puede entender con un poco de sentido común nada más, pero que el noventa por ciento no queremos entenderla. Preferimos vivir una felicidad aparente, dejándonos dominar totalmente por nuestra propia vanidad. Por esa vanidad a la que mi querido amigo Rafael Mandés le cantara en una "plena", también filosófica, que pasa desapercibida. Dice así en su coro mi buen amigo Mandés: "Tanta vanidad, tanta hipocresía, si el cuerpo después de muerto va a parar a la tumba fría".

He aquí lo que para el noventa por ciento es meramente una "plena", alegría, baile, jolgorio, pero que para muy pocos significa meditación, o sea, refinamiento del espíritu. Cuando se medita, el alma vuela por regiones no conocidas, y se ensancha el espíritu en el piélago infinito de las imágenes mentales.

Pero en esta ciudad de los "cinco y diez" y de los "hot dogs", triunfó lo prosaico. Aquí solamente tienen tiempo para meditar aquellas personas que, como Tomás Carrión Maduro, no sienten un bochorno importarles un bledo el ser negros, rojos o amarillos. Desgraciadamente para nuestra colonia, para Puerto Rico y para nuestros hijos, un gran número de nuestros paisanos aquí, sienten orgullo en decir contrario a Carrión: "Llamadme Bruto siempre, pero que nunca, nunca se me llame negro". Y fieles a sus testarudos principios se americanizan, deslumbrados por el oropel yanqui, entran en el embrutecimiento con los ojos cerrados como el náufrago que en su último delirio cree abarcar la salvación y realmente sólo abarca el vacío, las tinieblas, la muerte. Si usted trata de decirle a estos infelices que se están apartando de todo lo grande que encierra nuestra inmortal tradición latina, de lo único que en ellos tiene valor para las otras razas, le dirá a usted el más imbécil de ellos, con una arrogancia puramente yanqui, "Es que nos tienen envidia"... ¡Pobre animal! Y son felices y cabeciduros en su estupidez. Me recuerdan aquel campesino del cuento que no se ponía los zapatos nuevos por temor de estropearlos. Y mientras caminaba descalzo, satisfecho de que conservaba sus zapatos siempre nuevos, tropezó con una piedra y se "desmondilló" el dedo grande. En lugar de sonrojarse, exclamó rebosante de alegría, ¡Qué suerte que no tenía los zapatos nuevos puestos; se me hubiesen "desmondillado"!... ¡Pobre animal! Y son felices y cabeciduros en su estupidez.

Yo a ellos los perdono. Pero seguiré maldiciendo toda mi vida a ese grupito poco más inteligente que ellos, que explota y trata de vivir de esa estupidez. Y todo en nombre del CIVISMO PUERTORRIQUEÑO. ¿Qué diferencia existe entre estos hombres y los que comercializan con las bellezas de una mujer?

Hasta la vista.

Clubs cívicos puertorriqueños

Yo quisiera saber qué es lo que entienden por patriotismo el noventa por ciento de los puertorriqueños en esta ciudad, especialmente aquéllos que organizan clubes cívicos puertorriqueños que se organizan hoy dentro de nuestra colonia. Son una especie de semicabarets con una viva tendencia política y se hacen pasar por centros sociales, representativos de la cultura, de la moral y de todo lo fino y noble que fue legado por nuestros hidalgos abuelos. Esta es una forma de montar un "dancing hall" o un medio cabaret sin tener que pagar las contribuciones que impone la ley a estos NEGOCIOS.

Además, no hay que pagar artistas o "entertainers", porque patrióticamente nuestras buenas mujeres son inducidas a que acudan allí a divertir a la clientela. Mientras tanto la cantina, el "checking room", la cocina, etc., son manejados por personas privadas que mantienen sus familiares del producto de ese negocio establecido a nombre del civismo puertorriqueño, a nombre de la patria. De tiempo en tiempo se llevan a efecto diversas pantomimas "patrióticas" donde se enarbolan el escudo, la bandera de la patria y patrióticamente nuestras buenas mujeres son inducidas a recitar composiciones de Don José de Diego y Gautier.

Después de las elecciones de una "nueva directiva", se publicará en el diario "La Prensa", o sea, en el alcahuete de todo lo antipuertorriqueño, el nuevo patriótico programa que piensa llevar a la práctica esa progresista institución "puertorriqueña" para mayor felicidad de la colonia y de la isla de Puerto Rico. Pero cualquiera que conozca la vida interna de esos llamados clubs cívicos puertorriqueños sabe que el único programa que tiene en mente la nueva directiva es el de ¿a quién le toca la cantina, a quién el *checking room?* ¿quién va a ser el encargado de los sandwiches, los pasteles y la cena? No debemos de perder de vista el que en estos clubs cívicos de la patria, la persona encargada de cada uno de estos departamentos le paga una cantidad a los fondos del club y las ganancias son para su uso personal en pago de sus inmensos "sacrificios" por la colonia.

La bandera de la patria solamente le ha servido de parapeto para que cívicamente no tengan que pagar contribuciones en estas perennes verbenas. Solamente tienen que buscar un motivo patriótico para todas las noches, porque no se pueden cerrar las tiendas ni los días de fiesta—negocio.

No me extrañará que para una de estas noches se anuncie en "La Prensa" un gran festival para conmemorar la memoria de Roberto Cofresí. Nadie mejor que un pirata para ser honrado en estos centros donde se asalta la dignidad y el civismo de un pueblo para explotarlo miserablemente. Nadie mejor que un filibustero para ser homenajeado en esos antros a donde son inducidas nuestras buenas mujeres para comercializar con sus corazones, con su encantos, con su ternura. Sin embargo, ese festival sería una deshonra para Roberto Cofresí. Aquel corsario caborrojeño nunca vendió la dignidad de su patria ni a sus hermanos para vivir de ellos. Nunca traicionó su gente para alimentarse de las migajas arrojadas por los enemigos de su raza. Así como Aníbal el africano, desde la cumbre de los Alpes, con su ejército, juró odio eterno a los romanos, así también Roberto Cofresí, el aguerrido pirata puertorriqueño, desde su frágil embarcación de pescador, echada a pique por un buque inglés, supo valientemente jurar odio eterno a los ingleses. Y se hizo famoso en la historia por aquella "ira santa". Perdóname, bravo pirata de mi tierra, si mencioné tu nombre al hablar de aquellos que hoy besan los pies e imitan las costumbres de los hijos de aquéllos que tú odiaste con una

ira santa. En ti yo confiaría ciegamente la defensa del decoro y la integridad de nuestra raza . . . en ellos NO.
Hasta la vista.

El suicidio del civismo puertorriqueño en Nueva York

El conglomerado puertorriqueño radicado en esta ciudad contempla el suicidio de su civismo en indiferente éxtasis, como Nerón contemplando el incendio de Roma. Nuestra colonia se subdivide, se desintegra, se anula por su propia iniciativa. Se esfuerza en perder todas sus características de pueblo hidalgo y magnánimo, en un vulgar afán de parecerse a todas las demás razas, menos a sí misma.

Una vez llegados a Nueva York, nuestros hermanos, como si padeciese de anestesia, se olvidan por completo del suelo que les vio nacer y de las buenas costumbres y enseñanzas que allá en la humildad ennoblecían sus espíritus. Insensibles ya a las cosas bellas de su propia patria, se entregan a la adoración de las otras patrias y de los otros hombres con una ambición de lacayo. Ser puertorriqueño neto es estar pasado de moda en este anhelo insaciable de Puerto Rico. Un acto patriótico boricua surte el efecto efímero de una alegre pantomima representada para divertir almas frívolas, que han renunciado por completo al sacerdocio viril del civismo para buscar la salvación de sus almas en la adulación de la grandeza . . .

Nos olvidamos que el respeto que un pueblo o una colonia inspira a otros pueblos o a otras colonias es medido por el grado de sacrificio que aquel pueblo o aquella colonia esté presto a ofrendar en todo momento en defensa de su integridad como pueblo o como raza.

Ocho millones de belgas inspiran más respeto a las demás potencias del mundo que doscientos millones de "coolies". Cuatro millones de hebreos hoy en los Estados Unidos inspiran más respeto y tienen mayor representación que doce millones de negros norteamericanos. Ciento cincuenta mil puertorriqueños residentes en los distritos de Harlem están sometidos al capricho y la explotación de una docena de políticos judíos, italianos e irlandeses. Y más de ciento ochenta mil borinqueños habitantes de esta metrópoli reciben en forma de limosna, la justicia y el derecho que les corresponde como ciudadanos de una misma democracia.

Vivimos confiados y felices, cultivando la ciudadanía de la mendicidad, en un estado de coma cívica.

Muerto el civismo en el alma de un pueblo, el servilismo se apodera de esa alma para prostituirla en un festín de traidores, de adulones y de idiotas.

Seguiremos mendigando la justicia y el derecho mientras no hagamos conciencia boricua. Hasta que, no aprendamos a sonrojarnos ante la más leve insinuación indigna hecha contra cualquier cosa puertorriqueña. Hasta que, como todos los pueblos y todas las razas respetadas, nos dispongamos a defender con todas las fuerzas de nuestros músculos y todas las energías de nuestros espíritus la integridad de nuestro pueblo, de nuestra propia raza.

"Alma Boricua" se engendró al calor de estas convicciones. Hoy, al ver por primera vez la luz pública, en medio de esta indiferencia suicida, en medio del fango putrefacto que la crápula envilecida bate y rebate, yergue el pabellón de la integridad puertorriqueña y se propone defenderlo y mantenerlo en alto sin que sea salpicado ni envilecido.

Sabemos que el terreno está minado, lleno de emboscadas cubiertas de alamedas fascinantes, donde también pájaros parleros cuelgan sus nidos . . . como colgados vigías. Pero tampoco ignoramos que a través de la historia, ante el acero fulmíneo de la verdad austera y heroica, uno a uno se han desplomado todos los férreos imperios, enterrando en sus añicos a todos los bufones y a todas las mentiras encumbradas por la mente enfebrecida del hombre.

El lector nunca hallará en nuestras páginas crónicas arrodilladas, ni lamentos pusilánimes, tampoco el "borboteo" hueco y empalagoso. Buscad en esta revista nuevos bríos, tenacidad, carácter íntegro, puertorriqueñismo.

Viviremos siempre al margen de las últimas innovaciones y reformas políticas, económicas y sociales. Desde aquí enviamos nuestro más sincero saludo a nuestro colegas, tanto locales como allende los mares.

Nuestro carnaval político

Nuestros hermanos, los puertorriqueños del distrito decimoséptima de Harlem están en plena efervescencia política. La política es una especie de deporte nacional para los boricuas. Cuando se acerca el período electoral nuestra colonia se enajena, brinca, salta, vocifera,

como niños en víspera de reyes. Ninguna entidad como la puertorriqueña para hacer una fiesta de carnaval de una campaña política.

Lo doloroso es que, como en las fiestas de carnaval, en la elecciones nuestra gente hace que también predomine el antifaz y lo ridículamente falso. Son pintorescas las múltiples comparsas que resucitan
en estos días, cada una con su "leader", o sea, con su vejigante, luciendo disfraces de colores atractivos . . . fascinantes. En ese carnaval político los borinqueños tienen la habilidad o mejor dicho la fatalidad de
tomar en serio las cosas chistosas y tomar a chiste las cosas serias.

¿Quiere usted cosa más chistosa que un vejigante de comparsa
elevado a la categoría de "leader" en hombros de peseteros irresponsables, que dicen representar toda la sensatez de la colonia puertorriqueña? Esto resultaría perfectamente jocoso si toda la humillación y la miseria de Puerto Rico y de nuestra colonia aquí en
Nueva York no pasará diariamente ante nuestros ojos como una cinta
cinematográfica exponiendo vivamente nuestra tragedia.

Nada tan humorístico como las "autorizadas" y "documentadas"
y "cuatroiborladas" opiniones sobre la política hispana, emitida por
varios vejigantes en el diario "La Prensa". Yo que acostumbro leer
entre líneas las opiniones de nuestros "perínclitos redentores", solamente logré leer en la gran mayoría de esas opiniones lo siguiente:
Vejigante a la olla. "Pan y cebolla"; Vejigante que está "pintao" . . . de
verde, amarillo y "colorao"; a la máscara cachimba . . . cachimba . . .
Inmediatamente reconocí el mismo "tun, tun, tun tuneco" de todos los
años. Y tengo que reír al ver la maestría con que nuestros paisanos se
disfrazan de patriotas, de apóstoles, de pilotos de las multitudes. Dis-
fraza su alma todo aquél que predica lo que no práctica.

¿Dónde estaban esos patriotas, esos apóstoles, esos consejeros
vehementes de la colonia cuando la Sra. Eleanor Roosevelt en su
papel de samaritana yanqui gratuitamente hizo aseveraciones profundamente perjudiciales para nuestra colonia, falseando las estadísticas
del departamento de sanidad de esta ciudad, ignorando por completo
las autoridades existentes sobre asuntos de tuberculosis y conociendo
la tendencia acentuada que tiene ésta, su pueblo, hacia todo prejuicio?
¿Dónde estaban esos caudillos abnegados, pletóricos del buen pensar
y del buen sentir, cuando la Gould Foundation de una manera ruin
ultrajo a toda la niñez puertorriqueña, a esa niñez que es la espina
dorsal de nuestro pueblo, la prolongación de nuestra raza y de nuestra cultura? ¡Ah! éstas son las cosas serias que nuestra colonia en su

eterno carnaval político toma a chiste. Parece que donde no hay por ciento el asunto no es serio para nuestros "mártires".

Cuando un pueblo o una colonia recibe, como si fuese una broma, el insulto y el atropello infringido contra él deliberadamente, maliciosamente, ese pueblo, o sea, colonia, se ha sumergido ya por completo en la degeneración cívica. Entonces, "nulla est redenptio" (no hay redención). Arrodillaos, pues, en el templo de la simulación y adorad las deidades espléndidas y místicamente ataviadas por la corrupción. Seguid oyendo el bla, bla, bla de los sacerdotes del engaño, justificando su sometimiento y ensalzando su ignominia.

Los mercaderes de la elocuencia y los intelectuales sin carácter son vuestros mentores, vuestros ídolos. El humo de su incienso fragante ha tendido un tupido velo entre la realidad y vuestros ojos. El aroma de su incienso ha atrofiado vuestros sentidos; ya os es imposible distinguir quién es Cristo o quién es Judas en vuestro templo erigido al Dios MOMO.

¿Qué concepto sagrado de nuestra patria no ha sido reducido a la burla por nuestros polichinelas? NINGUNO. Ved cómo tratan de explotar hoy nuestros sentimiento de nacionalidad. Oíd su voz afectada: "Debemos todos votar como un solo hombre por un puertorriqueño . . . por cualquier puertorriqueño". Como si en Puerto Rico no hubiesen imbéciles, como si en Puerto Rico no hubiesen traidores. En nombre del sentimiento patrio se nos pide el que elijamos como el primer representante de nuestra integridad como pueblo y como raza, aquí donde ya estamos señalados a cualesquier espantapájaros que por fortuna o por desgracia haya nacido en Puerto Rico. Basta con que media docena de vejigantes se hayan reunidos en "caucus" en una taberna y hayan dicho "Ecce Homo" (He aquí el hombre).

Pero no, todavía hay en el distrito diecisiete muchos puertorriqueños humildes pero de carácter íntegro, que el día de las elecciones como en las primarias recientes les dirán a esos señores vejigantes: "Nulla pactione effici potest ut dolus praestetur". (No se permitirá el fraude aunque éste parezca de antemano autorizado por expreso acuerdo.)

El distrito decimoséptimo de Harlem debe hacer menos política y más conciencia boricua. No puede haber caudillos heroicos y genuinos defensores de nuestros derechos allí donde han olvidado por completo los más rutinarios elementos del civismo puertorriqueño.

"El Curioso" cumple un año de vida

Con este número EL CURIOSO cumple un año de vida. Ante la eternidad un año de vida no representa nada, es como hablar de uno de los innumerables átomos que integran toda la materia de los mundos. Un año de vida es únicamente una vuelta más de nuestro planeta en su incesante bailar por el vacío. Pero aquí en Nueva York, un año de vida para un semanario netamente puertorriqueño, representa cincuenta y dos semanas de un sacrificio supremo. Sacrificio divinamente patriótico que se pierde sarcásticamente en la nada como la esencia pura y sutil de las flores.

Imaginaos un periódico puertorriqueño hasta la médula; pequeño en tamaño; enamorado apasionadamente de dos quimeras, la VERDAD y la JUSTICIA. Caminando por el valle de una apatía asfixiante y de una indiferencia glacial; rodeado de enemigos "sonrientes" y "piadosos" como los judíos del Bowery, como los vendedores de "fekas", como mercaderes gitanos. ¡Más "chansa" de vida tuvo Jesús de Nazaret en medio de los fariseos! Los fariseos fueron rudos, los fariseos fueron viles, los fariseos fueron feroces, pero Jesús sabía que estaba entre fariseos. Solamente hubo un Judas entre todos los apóstoles, ¿dónde están hoy los apóstoles entre todos nuestros Judas que no esté disfrazado de apóstol, de mártir, de sacrificado —"Yo soy un apóstol de la patria," vocifera un reptil puertorriqueño que conduce un "cabaret" o un "dancing hall" sin licencia a base de club patriótico donde se explotan todas las ideas que han sido santas en el alma heroica de los pueblos? Y el diario "La Prensa" desde su caja registradora le hace eco, "es un apóstol de la patria"—"Yo soy un mártir de la colonia", pregona un desempleado profesional que degrada las doctrinas más humanas de nuestro siglo en su vida de vividor santificado y sacerdote bizantino. Y el populacho ignorante que sólo ha cambiado de sacerdocio temporalmente le hace eco, "es un mártir de la colonia". Yo soy un eterno sacrificado por la causa de nuestra patria dice un fenicio boricua que se dedica a vender gato por liebre a la colonia puertorriqueña, asumiendo siempre un papel de eterno sacrificado. Y nuestros hermanos entregados a un patriotismo barato e inconsciente, le hacen eco, "es un eterno sacrificado por la causa de nuestra patria".

En medio de ese océano de injusticia social, política y económica, en medio de ese torbellino arrollador de mentiras, EL CURIOSO por espacio de cincuenta y dos semanas levantó su voz valiente franca, inflexible, contundente. Flagelando a los tiranos. Rompiendo moldes viejos. Haciendo rodar por el suelo hechos añicos los dioses falsos. Desenmascarando seudo apóstoles. Analizando nuestros problemas políticos, económicos y sociales a la luz de la VERDAD y la JUSTICIA, sin esperar que nadie nos oiga, sin esperar que nadie nos atienda. Queríamos demostrar solamente que éramos un peligro para los farsantes y lo demostramos. ¿Cómo? Los anunciantes que más sangran a nuestra colonia nos dejaron solos al notar nuestra independencia de carácter. Los "amigos" de la dignidad y el progreso de nuestra colonia y de nuestra patria nos abandonaron cuando no encontraron en nuestras páginas la adulación y el arrodillamiento de los órganos.

Hemos descansado ya dos semanas, después de un año de continuo trabajo mental, moral y físico. No necesita descanso un periódico chantajista que se acomode a todos los caprichos de la fortuna, ése tiene su vida asegurada en su holganza inofensiva de mero alcahuete. Tampoco necesita descanso un periódico absolutamente comercializado, sin ímpetu. Menos necesitan descansar los parásitos que se alimentan del trabajo ajeno, sin crear nada, sin producir nada, sin inventar nada y sin importarle nada los tormentos que sufre el cuerpo social en cuyas entrañas se nutre día tras día.

Yo no sé exactamente cómo se sienten después de un año de lucha inverosímil mis compañeros de redacción, mas yo en este momento me siento inclinado a reposar, a tomar nuevos bríos para luego proseguir mi interminable ruta por el árido desierto de la VERDAD y la JUSTICIA. Éste no es un adiós, solamente, hasta la vista.

Los puertorriqueños rompen un récord

Que no se diga que los puertorriqueños en esta ciudad no hemos roto ningún récord. Pues somos la raza que más sociedades y clubs tenemos en esta metrópolis. Todas las semanas salen a luz pública nuevas instituciones boricuas, como si fuesen cintas cinematográficas . . . y no dejan de desarrollarse sus películas en muchas de ellas. Películas trágicas, melodramáticas y cómicas. Si continúa copiosa esta producción de centros sociales, políticos, cívicos y religiosos, en no lejano día cada borinqueño será un club ambulante. Y entonces, ya agotados todos los nombres de nuestros pro-hombres y caciques indios, tendrán que llamarse por su propio nombre, Juan Pérez Incorporado, Pedro Rodríguez Incorporado, Martín Peña Inc.,

Juana Matos Inc., etc. etc. ¡Cuánta felicidad! De este modo se habrá satisfecho la ambición de ser presidente, secretario y tesorero de su propia organización y que ésta lleva su propio nombre. Me parece que los veo mandando a sus respectivos pueblos, sus nombres escritos en tipos de imprenta. . . . Pagamos más caro por nuestra vanidad que por todas las demás necesidades de la existencia. . . . Los "charters" o certificados de incorporación los colgaremos en nuestros hogares o "furnish rooms" como si fuesen certificados de matrimonio. Con la diferencia de que habrá muchos hogares donde habrán colgados varios "charters". Uno del esposo, otro de la esposa y uno para cada miembro de la familia. Porque con el "progreso" y las "libertades" yanquis inculcadas en nosotros ya no existe aquello del tronco de la casa, ni el apego y respeto filial de antaño. Hoy cada cabeza es un mundo aparte, cada cabeza será un club incorporado. Pero es que nos "civilizamos" ahora a estilo americano, caballero. . . . Es decir nos preparamos para la vida del "racket". Y esto de tantos clubes o tantas iglesias no deja de ser un "racket". Y el jíbaro boricua que es astuto de nacimiento se gradúa fácilmente con notas sobre-salientes, acosado por la crisis y la necesidad.

Como la política en esta ciudad ha tomado un carácter incierto y ni el republicano ni el demócrata está parado en sitio seguro, nues-tros jíbaros "agusaos" están incorporando ahora no clubs demócratas ni clubes republicanos, sino clubs cívicos, ateneos, centros sociales, ligas de votantes, uniones de ciudadanos. A estos centros invitan oportunamente a aquellos políticos que están colocados en puntos estratégicos y de quienes desean algo ya sean estos republicanos o demócratas, y como son "clubs cívicos no políticos" esto no tiene nada de particular. . . . Nombres para estas películas, "Cuchillos de dos filos". Como quiera que te pongas tienes que llorar". "Mercado de conciencias puertorriqueñas . . . Con estos clubes cívicos por lo menos no se pasa por el bochorno de fundar clubes fusionistas después de haber estado predicando a nuestros paisanos republica-nismo y democracia por tantos años.

Porque también de cuando en cuando se pueden invitar políticos fusionistas a estas sociedades cívicas. De manera que un club cívico moderno es una especie de magia política que permite al político vele-ta estar siempre en la dirección que sople el viento. Halagando mien-tras tanto a las multitudes con música, con poesías sentimentales y con aquello de que "dese cuenta hermano, todo el mundo no puede entrar en nuestra sociedad, es un privilegio, es para gente escogida solamente, es nada menos que un club CÍVICO". Y la vanidad humana fascinada, hipnotizada, CIEGA, se siente atraída como por un imán. Y crece la organización, sin hacer política . . ., sin definirse. Y se invita al político, republicano, demócrata o fusionista, sin hacer política . . . Y se le llena el ojo a ese político con el "crow", debilidad del político. Y el político cae. Y se hace la venta, la transacción. Y sale bien fulanito y sutanito, sin hacer política . . . Y la colonia puertorriqueña ocultando sus manos encallecidas, sus salarios miserables, y su perenne humillación en las pomposas sedas de su halagada vanidad, sigue bailando . . . Bailando . . . Bailando al son de la inutilidad . . .

Una semana santa en mi pueblo

En una Semana Santa en mi pueblo, mientras el padre cura narraba los martirios a que fue sometido Jesús, el hijo de María, un jíbaro de aquellos castizos de "enantes", estaba intranquilo en un rincón de la iglesia. El cura seguía su sermón diciendo, "y pidió agua y le dieron vinagre mezclado con hiel, y le pusieron una corona de espinas, y lo azotaron, y lo crucificaron y le incrustaron una lanza por el costado izquierdo". El jíbaro castizo ya no pudo aguantar más su emoción y desenvainando un machete en plena iglesia gritó, "Pero señores, ¿no había allí entre aquellos sinvergüenzas un hombre de pantalones que saliera en defensa de ese pobre hombre?"

Yo aquí en Brooklyn pensando en aquel jíbaro, me veo obligado a decir "pero señores ¿no habrá aquí en todo Nueva York un hombre íntegro que salga en defensa de la aristocracia blanca puertorriqueña?" De aquella clase social puertorriqueña acomodada y fina, de abolengo hidalgo y altruista, cuyos antepasados fueron educados en Europa y sus hijos aún visitan con frecuencia el viejo continente. Estirpe noble que ha dado a Puerto Rico tan excelsos patricios y poetas. Y mujeres delicadas que hacen llorar el marfil del piano con sus dedos como lirios.

Esta genuina representación de alta sociedad borinqueña la pretenden representar aquí en Nueva York una partida de mulatos prostituidos y de peones y sirvientes blancos sin principios.

Mulatos y "grifos" con facciones puramente etíopes que persisten en seguir siendo esclavos. Sí, esclavos del "cold cream" y de la peinilla eléctrica que los torna color gris y los va dejando calvos paulatinamente. Muchos de estos mulatos degradados por completo, se han afeminado usando colorete y polvos en cantidad excesiva para probarle a la estupidez yanqui que solamente estaban quemados por el sol de los trópicos . . . El peonaje y la servidumbre puertorriqueña de piel blanca, aquí han visto el cielo abierto. Ha cambiado la respetuosidad y la sencillez que le dignificaba allá en Puerto Rico para imitar las maneras de sus viejos amos allá en la islita y resultan ser una grotesca caricatura. ¿Los oye usted silbando las ese? "Porque yos". "¿Tus mes viste ayers tardes?"

Caballero, que los americanos no vayan a creer que ésta es la aristocracia blanca de Puerto Rico. Afortunadamente esta escoria solamente consigue ponerse en contacto con la otra escoria que los demás pueblos han vaciado aquí. Y solamente pueden divertirse en los círculos sociales . . . y hoteles blancos de mala reputación.

Pero no deja de ser una crucifixión la que se comete con la aristocracia blanca puertorriqueña por estos nuevos fariseos. Paseándola por las calles de esta ciudad en un calvario de mulatos y "grifos" prostituidos y peones y sirvientes blancos sin principios.

Hasta la vista . . .

El "Bendito sea Dios"

La colonia puertorriqueña en esta ciudad padece del "Bendito sea Dios". Antes de haber llegado la civilización . . . americana a Puerto Rico este "Bendito sea Dios" no nos perjudicaba. Y no era que como dice el decir que, "entonces los perros se amarraban con longanizas". Era que entonces había más honradez, más sinceridad y más respeto. La familia puertorriqueña vivía fraternalmente antes de la americanización. Podía confiar sanamente en los amigos, los compadres eran considerados como hermanos y para ostentar el calificativo de patriota era requisito indispensable el ser una persona decente. Por esta razón nosotros somos por naturaleza una raza hospitalaria y condescendiente. Perdonamos y olvidamos fácilmente todo. Y en un país como éste, donde el "panterismo" es una religión, aquel "Bendito sea Dios" del antiguo Puerto Rico "no camina". Aquí un ladrón usa bombo y levita y es un señor don, tal vez un juez o un alcalde. Ser un sinvergüenza aquí es una virtud si usted tiene suficiente dinero para comprar la prensa y todos los medios de publicidad donde usted aparecerá como un mero muchacho juguetón o como un ídolo de la niñez yankee. En esta escuela se educa la canalla boricua que siguió a nuestra colonia hasta estas playas. En esa fuente beben todos los puertorriqueños que han venido a estas tierras a "salir bien", sin importarle nada ni nadie. Estos vividores profesionales que se nos presentan ahora como redentores, ya como grandes patriotas y moralistas, explotan nuestro "Bendito sea Dios" boricua. Ellos saben que nosotros los puertorriqueños todo lo perdonamos. Nos engañan, nos roban una y mil veces; nos tocan La Borinqueña, nos hablan de nuestros jíbaros y del mofongo criollo y caemos "reventao" de nuevo.

Carlos Tapia me habló una vez de un remedio que tenía para exterminar con éstos, los peores enemigos de la Colonia, yo que con rareza paso por una iglesia, me persigné, pero no opine del todo en contra de las ideas de mi amigo Tapia. Debe nuestra colonia por lo menos hacer una lista negra de todos los elementos que la traicionan día tras día. Debemos señalarlos con el dedo francamente para que sean conocidos por todos nuestros hermanos. Nada de "Bendito sea Dios". Tenemos muchas veces en nuestro seno al "enemigo querido". Aquél que porque nació en Puerto Rico dice que es puertorriqueño y pretende pasar por hermano nuestro para darnos luego el beso de Judas. Vino a este país a "salir bien". Y salir bien para esas almas degeneradas quiere decir satisfacer todas sus pasiones bastardas en un lodazar de vicio y adulación . . . que repugna a la dignidad de nuestra raza. Es sin duda nuestro más grande enemigo, pero nuestro "Bendito sea Dios" nos obliga a quererlo. Este "enemigo querido" cuando está en la "prángana" está con nosotros, aparentemente sumiso y leal. Pero cuando se "revuelve" búsquelo, se fue a gastar su dinero con las otras razas las cuales adora secretamente en su alma de lacayo. Por agradar a las otras razas vende a su hermano, vende a su mujer, vende a sus hijos, vende a su patria y vende hasta su manera de vivir.

¿Hasta cuándo vamos a permitir que este microbio se nutra de nuestro "Bendito sea Dios"?

Yo imploro la ley del garrote.

Hasta la vista.

La palabra "amen" en las sociedades puertorriqueñas

En casi todos reglamentos de las sociedades puertorriqueñas

organizadas en esta ciudad podremos leer más o menos el siguiente artículo: "con el fin de defender los intereses de Puerto Rico y de todos los puertorriqueños". Debemos poner al fin de todos estos reglamentos, como al fin de todas las oraciones, la palabra AMEN. Irónicamente la palabra amen quiere decir "así sea" y tiene la misión de finalizar las prédicas que por lo general no son lo que dicen ser. "Así sea" que haya paz, "así sea" que se amen los unos a los otros, "así sea" que hayan menos calamidades, etc., etc., y después de más de mil novecientos treinta y tres años (que es mucho esperar) tenemos que las guerras son más sangrientas, que hay más odio entre los unos y los otros y la humanidad está apiñada de calamidades. Es decir que el así sea, cada día, menos es así. Yo creo que cuadra perfectamente la palabra amén al fin de nuestros reglamentos porque ese celo, por Puerto Rico y todo lo puertorriqueño y toda esa bondad boricua que rezan nuestros reglamentos se vuelve todo maraca, entra el año y sale. Yo no tengo conocimiento de ningún pueblo que en la historia de la humanidad se haya redimido bailando solamente.

¿Cuántos clubs, sociedades o centros cívicos y culturales puertorriqueños salieron inmediatamente en defensa de Puerto Rico cuando la señora de nuestro presidente pregonó que estamos tuberculosos? Toda manifestación pública en labios de la primera dama de la república es oída atentamente por todas las esferas sociales políticas y económicas. Y en este pueblo inflado de prejuicios tenían necesariamente que perjudicar a los puertorriqueños sus manifestaciones. Uno de los campos de vacaciones para niños que acostumbraba a recibir niños puertorriqueños durante el verano, se niega este año a recibirlos, ha sido instruido para que no los envíen.

¿Dónde estaban los defensores de los intereses de Puerto Rico, como rezan los reglamentos como motivo principal? Solamente, tengo conocimiento de que la Liga Puertorriqueña Inc., mandó un telegrama de protesta a la Sra. Roosevelt, mientras ella asistía a un banquete poco después de sus manifestaciones.

Al recibir dicho telegrama se sintió molesta y al tratar de contestar públicamente al instante se escapó por la tangente.

Muchos boricuas que se tienen por *leaders* de la colonia estaban presentes y calificaron de estupidez la actitud asumida por la Liga Puertorriqueña. El diario "La Prensa" comentó y publicó parte de las manifestaciones de la Sra. Roosevelt, pero no publicó el motivo de dichas manifestaciones o sea el telegrama. Al otro día del incidente publicó en la primera página un cablegrama de Puerto Rico cuyo encabezamiento decía: "Los Políticos de Puerto Rico censuran la Liga Puertorriqueña por criticar a la Señora Roosevelt". Es decir, sigue "orientando" a la colonia sin cumplir con el deber fundamental de informar al público imparcialmente publicando el motivo, que era el telegrama que mandara la Liga y luego dejar que la opinión pública formase su propio criterio. Los periódicos de carácter íntegro orientan desde su editorial francamente, tienen el valor de sus convicciones.

Dijo la Sra. Roosevelt y afirman muchos puertorriqueños porque lo dijo la señora Roosevelt, "que el mal no se esconde, sino que se le da publicidad para que los encargados se ocupen de curarlo". Suena muy bonito esto. A "prima facie" parece un argumento muy sólido. Se ve que tiene un talento muy bien ejercitado. Yo lamento el no tener más espacio en este número para destruir ese sofisma, o sea falso argumento. Solamente me concretaré a decir que si la Señora Roosevelt menciona por su nombre la raza que más crímenes comete aquí y la que más candidatos sienta en la silla eléctrica todos los años, esa raza, aunque sepa su mal no aplaudiría esa clase de publicidad. Y así con los defectos de todas las demás razas radicadas aquí. Solamente los encargados de los respectivos departamentos deben saberlo y curarlo.

Hasta la vista.

Mis primeras teorías sobre el porvenir de los muertos

Fue en el blando y tibio cojín de las faldas de mis padres y abuelos que escuché las primeras teorías sobre el porvenir de los muertos. Siempre que pasaba un cadáver camino al campo santo mis padres o abuelos me decían que era uno que iba a descansar. Pero yo notaba que sus semblantes se tornaban tristes, se ponían de pie si estaban sentados, se quitaban el sombrero si lo tenían puesto y muchos de ellos, sino todos, se persignaban solemnemente. Más tarde noté que cuando se moría un ser allegado, un ser querido, mis familiares lloraban amargamente, pero siempre insistían en que el que se moría iba a descansar. Pero tanta solemnidad y tanto dolor manifestado por una persona que simplemente iría a descansar llenaba de curiosidad mi mente de niño. Crecí y conmigo creció el ansia de investigar esa región del descanso que tanta grima producía a las personas que estaban cansadas de trabajar y padecer . . . esperando involuntariamente su turno para el descanso . . . Visité todos los templos, toqué a las puertas de la ciencia y la respuesta más sensata que he encontrado es aquella del antiguo filósofo griego, "sólo sé que no sé nada". Los que han pretendido saberlo todo, cuando no han insultado mi sentido común con su petulancia, me han hecho reír con su ridículo humorismo. Humorismo santificado que causa risa cuando no causa náuseas.

Un filósofo de barbería me dijo un día en broma y en serio: "yo no creo que uno después de muerto vaya a descansar con tanta tierra que le echan a uno encima y con los gusanos e insectos pellizcando a uno continuamente en la sepultura". Yo que siempre me deleito mucho con estos filósofos de botica le dije como para incitarlo, "pero usted se refiere a la materia o envoltura, como dirían los espiritistas, ¿Y el alma, no cree usted que descansa? ¿Y eso que llaman la gloria, no cree usted que es un sitio delicioso para el descanso del espíritu?"

El filósofo de barbería que pertenece a la escuela . . . del sentido común, meditó un momento preguntándose . . . ¿Alma? ¿ . . . Gloria? ¿ . . . Espíritu? De pronto me dice: "oiga, Don Tello, le voy a contar un chiste que se aplica al caso". Y me contó el chiste del chino que iban a ejecutar y trajeron al cura para que lo consolase antes de morir. El cura le dijo al chino que no se apurase que su alma iría a la gloria, que el cielo estaba lleno de angelitos que lo recibirían en sus brazos en medio de una melodía de flautas tocadas por arcángeles. El chino oyó al cura atentamente, y cuando éste terminó le dijo al cura, "tú queré cambia". Huelga decir que el padre cura rehusó esta oportunidad de ir a descansar a la gloria o cualesquier rincón del cielo.

Mas, yo que siempre he respetado la tradición y todo lo que me enseñaron mis padres y abuelos, me había resignado a creer que iba a descansar después de muerto, hasta que he sabido que los centros espiritistas puertorriqueños en Nueva York están en competencia. Unos dicen que a sus centros acuden espíritus más adelantados que a los otros centros, y, como si fuesen comerciantes alabando su mejor bacalao, quieren vender a uno hasta después de muerto. Yo no creo que esto sea trabajo de un MEDIUM sino de un MEDIO SINVERGÜENZA.

Hasta la vista.

Los moralistas profesionales

Si me fuera posible odiar a algunas personas, esas personas

serían los moralistas profesionales. Ese regimiento de ociosos asalariados que viven y predican una bondad artificial por un sueldo de veinte, cincuenta, cien y hasta mil pesos semanales. Su bondad es artificial porque se aleja cada día más de la naturaleza del hombre. Porque violando todas leyes de la naturaleza tratan de hacer del hombre un mentecato para ponerlo al servicio de las instituciones que ellos representan. Es muy fácil probar que las instituciones que ellos representan son las fuentes de la inmoralidad. Hasta hace poco el populacho creía que todas las guerras eran para defender el "honor" de la patria. Se le enseñaba al vulgo a creer que todos los multimillonarios habían acumulado sus millones honradamente. Que los gobiernos eran del pueblo, por el pueblo y para el pueblo. Y alrededor de estas y muchas otras mentiras que han hecho del mundo un infierno para los más y un paraíso para los menos, los moralistas profesionales continúan su cháchara, tratando de moralizar a las víctimas de la inmoralidad de arriba. En la inmoralidad de arriba se encuentran los filántropos . . . que han amasado cien millones con la sangre y el sudor de la pobreza y luego le regalan un millón a esa misma pobreza para que recuerden y honren sus nombres de benefactores . . . Ese millón llega a manos de la pobreza (si llega) por conducto de los moralistas profesionales, eterno parásito, encargado de vanagloriar a los amos y echarle la culpa de todas las calamidades de la gente pobre a su propia falta de bondad y fidelidad.

¡No tomad! dicen los moralistas al pueblo trabajador, prohibiendo el licor. Sus amos tranquilamente toman licores finos en el extranjero y en sus cómodas mansiones. ¡No os divorcies! dicen los moralistas a los pobres. Sus amos se divorcian en Reno, en Méjico, donde ellos quieran. ¡El juego es un vicio! dicen los moralistas, y hacen que la policía persiga a los jugadores de centavos; más la bolsa de Wall Street sigue sus especulaciones atrevidas amparadas por la ley y los usureros hacen su "agosto" explotando la miseria. ¡Cuántos ricos arruinados de la noche a la mañana jugando su dinero en Wall Street se tiran desde las azoteas o se pegan par de tiros! Pero lo más doloroso es que las apuestas "cinches" en Wall Street están reservadas para una clase privilegiada en los Estados Unidos, que no pueden perder nunca, porque son los "héroes de la patria". Esto lo probó Pecora en Washington recientemente cuando investigaba las transacciones del banquero internacional Morgan. ¿Pero acaso Morgan y Rockefeller no han fabricado y fabrican en todos los rincones del mundo institu-

ciones para predicar la moral? ¿Acaso no son estos modernos empe-
radores los que directamente pagan los sueldos de todo ese regimiento de moralistas que se dedican a dar opio a las masas ignorantes, que
muchas veces ayudan con sus míseros salarios a mantener los verdu-
gos santificados que matan diariamente su civismo?

Se puede sorprender a un ladrón robando, a un asesino matando,
a un borrachón borracho, a un jugador jugando. ¿Pero cómo sorprender a un moralista profesional cuando está mintiendo, engañando, robando, matando, cuando la hipocresía es la primera asignatura
que tiene que aprobar con notas sobresalientes para adquirir su título y su semblante apostólico es una careta inseparable? ¿Cómo saber
cuál es el "embustero" y cuál es el verídico, si los hay? Solamente
hay una verdad fundamental y es que todos son humanos, de carne
y hueso, sujetos a las mismas tentaciones, a las mismas debilidades.
Poned a estos moralistas profesionales a trabajar fuerte, para que
prediquen la moral después de su trabajo, en su tiempo desocupado,
solamente quedarían predicando la moral los fanáticos; ésta es otra
clase de gente de los que me ocuparé luego.

Terminaré diciendo que para moralizar los pueblos hay que
arrancar de raíz el mal, empezando por moralizar las clases privile-
giadas que pasean su inmoralidad por el mundo y después establecer
un sistema de educación y cultura VERDADERAMENTE sano y
cristiano donde no se enseñe a la niñez a adorar a la inmoralidad.

Hasta la vista.

Una gran organización puertorriqueña

Cuatro amigos del barrio, tres compadres, ocho tíos, primos y
parientes, cinco futuros cuñados y doce bordantes, he aquí una
GRAN organización puertorriqueña con el fin de redimir, educar,
ilustrar, moralizar, liberar, defender, etc., etc., a la colonia puertorriqueña en Nueva York y . . . ¡ah! . . . al pueblo de Puerto Rico. Se
encasquetan un nombre patriótico o rimbombante y a representar por
sus pantalones a Puerto Rico y a todos los puertorriqueños. Estos
grupos de esta índole no solamente mantienen la colonia en perenne
chisme, sino que ya han corrompido los conceptos patria y civismo,
haciendo de la patria y del civismo una válvula de escape para sus
posiciones bastardas y sus egoísmos puramente personales.

Estos grupos de personas allegadas y conocidas, la más alta categoría que pudiera dársele es la de círculo de amigos . . . de amigos puertorriqueños si se quiere. Ya que estos grupos solamente representan las maneras de unos cuantos. Y estos cuantos tienen el derecho de bailar, cantar, comer, fiestear y darse golpes a su manera. Pero abrogarse la representación de la colonia y de la patria una sociedad organizada por y para unos cuantos, y exigir que puertorriqueños honrados y conscientes permanezcan en silencio ante este robo y profanación de lo más sagrado que tiene el hombre, esto es el colmo de la desfachatez.

Solamente podrá llevar la representación de la colonia puertorriqueña en esta ciudad una organización que haya surgido a la vida pública en una pública asamblea donde hayan tenido entrada libre todos los puertorriqueños sin distinción de credos políticos o religiosos y sin distinción de razas. Donde haya tenido la oportunidad de exponer sus puntos de vista cualesquier puertorriqueño. Debe continuar siempre esta organización con su corazón abierto a todo lo puertorriqueño y recibir maternalmente en su seno a todo boricua, especialmente al humilde, al caído. Esto no debe ser mera palabrería sino una devoción.

Grupos que solamente representan el prurito y la parajería de unos pocos individuos deben tener el valor de su prurito y de su parejería. La franqueza y el valor de sus convicciones los dignificaría un tanto. Pero cuando estas sociedades parejeras, pedantes y ridículamente inútiles se refugian en la cobardía y la hipocresía para no ofender directamente a nadie, pero indirectamente a todos, entonces son sociedades de reptiles venenosos que corroen desde la oscuridad, la semilla fecundante del civismo que manos nobles lanzan sobre el surco. Sociedades de fratricidas afeminados que asesinan a sus hermanos mientras éstos duermen confiados en el amor fraternal que ellos predican constantemente, con sus ojos anegados de lágrimas de cocodrilo. Sociedades que insisten en vivir degradando todo lo sagrado y sublime que tienen los pueblos y los hombres.

La colonia en un gesto heroico debe obligar a estos grupitos a que se definan como meros cuerpos sociales. La colonia debe arrancar de raíz esta lepra que aniquila nuestro civismo porque se alimenta de él en la oscuridad y nunca lo fortalece. El espíritu de estas sociedades "para cierta clase de gente" es la desunión. El alma de ellos es la maldad. Su ambición es el odio entre la familia puertorriqueña. Su alegría es la adulación de todas las demás razas. Sus actividades son servir de mono a las demás razas. Su fin es coronar de vanidad y orgullo a un grupo de puertorriqueños tontos que creen que el hábito hace al monje. Esta partida de mentecatos puertorriqueños aspiran aprovechar la estupidez colectiva de este pueblo para escalar pedestales que no les pertenecen, aunque sea lanzando su baba de cuando en cuando sobre el rostro de sus propios hermanos. ¡Huid de estas sociedades de grupo que no tienen el valor de definirse, como se huye de la lepra! ¡Si notamos a una de estas sociedades, "para cierta clase de gente" buscar refugio cobardemente en el civismo puertorriqueño, debemos perseguirla y aniquilarla como se persigue y se aniquila a un perro con rabia! Hacia el civismo puertorriqueño no hay otro sendero sino el de la UNIÓN ABSOLUTA de todos los boricuas.

Hasta la vista.

Comité de Frente Unido contra la discriminación de los niños puertorriqueños

Hay un movimiento en pie actualmente dentro de la colonia puertorriqueña e hispana, que anuncia el despertar de un nuevo día de decencia y de verdadero civismo para nuestra raza en esta metrópoli. Me refiero a las actividades del COMITÉ DE FRENTE UNIDO CONTRA LA DISCRIMINACIÓN DE LOS NIÑOS PUERTORRIQUEÑOS. La causa en sí es tan sagrada, tan profundamente patriótica que sería una pedantería de mi parte tratar de ensalzarla en estos borrones. Mas, la reacción causada por este florecimiento de la dignidad puertorriqueña e hispana en esta ciudad, tiene varios ángulos de interés intenso que creo un deber exponerlos para conocimiento general, para que no se pueda decir luego descaradamente, "yo no lo sabía", sabiéndolo desde antes que ahora. Y para que sepan los traidores que impunemente han venido traicionando a sus hermanos por más de una docena de años, que ya los van acorralando, ya pronto toda nuestra colonia sabrá exactamente dónde es que pastan los lobos de la traición.

EL FRENTE UNIDO está trazando una línea clara y contundente que de manera inequívoca señala el campo donde militan los patriotas de "boquilla" y aquel donde militan los patriotas incorruptos. Señala el campo de las ideas huecas alimentadas de sentimentalismo, en manos de mercaderes sin conciencia adiestrados en el arte . . . del engaño y de la desvergüenza, aves de rapiña que desean el desastre y la miseria de su propia raza para nutrirse en la oscuridad de la sangre de sus propios hermanos muertos de desesperación.

EL FRENTE UNIDO señala el campo donde se arriesgan abnegadamente las huestes del honor y la dignidad de nuestra raza, donde los indómitos cachorros de una estirpe gloriosa se preparan a exigir sus derechos y a exigir el ser respetados tal y como somos, con todas nuestras faltas y virtudes. Con todas nuestras faltas y virtudes fuimos a los campos de Francia honorablemente y con todas nuestras faltas y virtudes estamos dispuestos a defender el honor de las franjas y las estrellas. Y, ¿cuál otra raza aquí, no tiene como nosotros sus faltas y sus virtudes?

. . . Pero después que Judas Iscariote oyó el sonoro sonar de las treinta monedas de oro, se enloqueció, ya no pudo pensar más, su alma codiciosa estaba ya hecha para la traición . . . y la traición fue hecha, para poco después ser coronado por la deshonra. Como Judas, ya nuestros traidores han oído el sonoro sonar de las treinta monedas legendarias, el oro yanqui los deslumbra, ya no pueden pensar, ya no pueden amar nada que no esté metalizado. ¿Cómo justificar su actitud de renegados ante el gesto noble FRENTE UNIDO que los asecha, que los señala con el dedo, que los anatematiza? ¿Cómo seguir mintiendo a la opinión pública cuando la flor y crema de nuestras sociedades, las más viejas, las más sólidas, las más auténticas y fundamentales respaldan ciento por ciento el empuje del FRENTE UNIDO? ¡Ah! Oídlos. EL FRENTE UNIDO está integrado por radicales, por comunistas, por descontentos enemigos de todo.

Hasta una rata acorralada en una cloaca se defiende con más dignidad. Ignorar deliberadamente la historia y la plataforma de las organizaciones y de los hombres que integran el FRENTE UNIDO es la última traición de estos conspiradores. ¿Por qué no decir valientemente que el FRENTE UNIDO es una entidad agresiva que puede poner en peligro las treinta monedas que esperáis de vuestro amo a cambio del beso de Judas? Decid francamente al pueblo que sois demócratas, republicanos o fusionistas antes que puertorriqueños! ¡Decidlo! O, ¿esperáis hasta que llegue el día en que un FRENTE UNIDO cansado de sufrir vuestra deshonra os obligue a decirlo? . . . No tendréis que esperar mucho, os aseguro.

Hasta la vista.

Un consejo

Se me antoja en este número dar un consejo. Sabiendo perfectamente que el dar consejos es perder el tiempo. Pues, son precisamente las personas que más necesitan de consejos las que se ríen estúpidamente de ellos. Parece que los oigo diciendo a mandíbula batiente: "me entra por aquí y me sale por aquí", señalándose uno y otro oído. Mas los que dicen, "me entra por aquí y me sale por aquí", por lo menos oyen parte de lo que se dice. Pero estas personas al parecer muy serias que hablan con usted más de media hora, diciéndole con la cabeza, para arriba y para abajo, "que sí" a todo lo que usted le dice, pero que mientras usted les está hablando de la gloria, su mente está en el infierno, y si usted les habla del infierno su mente está en la gloria, háblele usted mejor a un poste callejero. Por lo menos usted puede reclinarse contra el poste mientras habla y puede estar seguro que al usted marcharse el poste se quedará allí, y no saldrá en dirección opuesta a la suya a meter las cuatro patas.

Al decir que voy a dar un consejo ruégoles que no me tomen por un ministro, ni mucho menos por un moralista. Nunca intentaré ser un piloto de multitudes en el cielo mientras andemos tropezando todos en la tierra.

Mi consejo es a los padres que tienen hijas casaderas y a los jóvenes matrimonios que comienzan llenos de entusiasmo su nueva vida de desposados. Para estas personas yo creo que es de sumo interés las observaciones que trataré de exponer aquí, como también las creo de interés general para toda la colonia.

Hoy se explota con más o menos éxito en esta inmensa ciudad lo que se le ha dado en llamar centros sociales, clubs sociales, se le ha llamado hasta ateneo. Cualesquier nombre atractivo que signifique decencia, refinamiento, buenas costumbres, caballerosidad, alto nivel de cultura y buenos modales. Es natural que las muchachas casaderas, la juventud toda y la gente vieja de buen gusto y espíritus jóvenes se sientan atraídos por estos nombres fascinantes en los momentos de darle expansión a sus almas. ¿Qué encuentran en esos llamados centros sociales y culturales nuestros buenos paisanos? Todo menos sociabilidad y cultura. Estas organizaciones anuncian una mercancía que no tienen ni pueden tener en almacén. Esas muchachas casaderas y esa juventud incauta que se arriesga a visitar estos centros sociales se encontrará allí con una partida de patanes bien trajeados tratando de ocultar temporalmente su falta de sociabilidad y cultura. Probablemente tratando de ocultar temporalmente su récord criminal. Está probado que en estos centros sociales el carácter de sus individuos es de poca importancia. Lo que importa es la apariencia. Y en este país los bandidos más grandes y los timadores más expertos aparentemente todos parecen caballeros. Queda dicho que el tipo bruja y vagabundo profesional frecuenta estos centros sociales siempre y cuando mantenga el filo de su pantalón planchadito y cuide con esmero sus patillas. Dese cuenta, amigo lector, el porvenir que les espera a vuestras hijitas. Dese cuenta, amigo lector, de la clase de amistades que va a conocer su joven esposa o su joven esposo.

Después que una prostituta yanqui sea rubia y bonita entra fácilmente a cualesquiera de estos clubs sociales y desde el presidente de la sociedad hasta el último boricua se vuelven todos cumplidos rindiéndole homenaje a esta basura exótica. Y les presentan con orgullo a su mamá, una viejecita canosa y respetuosa, les presentan a sus hermanas capullos de inocencia. Amado lector, sociedad en Nueva York quiere decir apariencia. Para disfrutar de la verdadera sociedad en esta gran metrópolis es necesario fomentarla por ti mismo en tu propia casa, donde recibirás el contacto de personas conocidas por largo tiempo por ti y tus queridos padres. Estas personas tendrán muchas cosas afines con tu propio espíritu y ansia de sociabilidad en ti será satisfecha con provecho imperecedero.

Todo club intrínsecamente social en esta ciudad es un mito. Aquí es difícil saber quién es quién. Ese club que te brinda una pura sociabilidad te quiere para explotar el encanto de tu personalidad para comerciar con tu dulzura.

Solamente hay cierto grado de sociabilidad en aquellas organizaciones aquí en Nueva York que se dedican a luchar por las grandes causas, en un alto nivel de cultura y verdadera fraternidad. Fomentando la educación colectiva, la beneficencia cooperativa, el amor a nuestras tradiciones, a nuestras costumbres, a nuestra raza. El elemento malo huye de estas sociedades como las sombras de la luz. También parece huir de ellas el elemento bueno, mientras tanto, son muchas las mariposas que impulsadas no sé por qué misterio, insisten en dar vueltas incesantemente alrededor de las flamas deslumbrantes, hasta caer al fin rendidas y muertas, chamuscadas sus alas transparentes.

¡Quién pudiera salvar de esas flamas a tantas y tan delicadas mariposas!
Hasta la vista.

¡Abrid los ojos puertorriqueños!

¡Abrid los ojos puertorriqueños! Estamos en plena efervescencia política. Los lobos de la traición andan sueltos. Los lobos que traicionan la causa puertorriqueña en Nueva York siempre andan sueltos, ocultos a la sombra de los grandes edificios de esta gran urbe que eclipsan con su mentido esplendor la miseria latente entrañada en la gran masa anónima que vive muriendo de todas las necesidades aquí, en medio de tanta abundancia y de tanta opulencia.

Pero es durante el período electoral que los lobos de la traición se revisten de osadía y salen de las sombras donde se refugian, salen de sus cuevas, bajan de las "montañas" y tocan a vuestras puertas disfrazados de patriotas, de redentores, de moralistas.

Hombres que ayer no os saludaban en la calle, hoy os estrecharán la mano e intentarán un abrazo lleno de afecto . . . ¿ . . . Qué dice el hombre, qué dice mi viejo amigo? Y usted sin duda volverá a morder ese anzuelo; es su debilidad, es la debilidad de nosotros los boricuas. Olvidamos pronto. Perdonamos todo. Somos esclavos del "a mí qué". Y de este desprecio y negligencia para con nuestros derechos cívicos y políticos se alimentan nuestras aves de rapiña, que como buitres cobardes y astutos gustan de "atacar" a esta carne inofensiva, carne muerta, carne con ojos, carne de ciudadanos inconscientes que se rinden fácilmente a cualesquiera que adule su vanidad de hombres mediocres. Por esta razón el político oportunista que conoce esta debilidad organiza clubs cívicos donde lo halaga para después venderlo como a un cerdo, y se lo merece. Si se deja vestir de payaso y al son que le tocan baila. Si una vez adulada su vanidad de hombre mediocre está borracho de estupidez y ya no es sino un títere que obedece a un hilito que el político oportunista sabe manejar con maestría.

Todo puertorriqueño en este país debe hacer política, pero debe saber por qué, cuándo y cómo la hace. Todo borinqueño debe ser en esta localidad un ciudadano activo no pasivo. Debe conocer los hombres que lo gobiernan y su política. Debe asistir a las reuniones y asambleas que llevan a cabo sus compueblanos. Pero debe ser para analizar concienzudamente los problemas para compararlos y luego seleccionar de acuerdo con su propio criterio. Es de vital importancia el que todo boricua conozca ÍNTIMAMENTE a todos los llamados líderes dentro de nuestra colonia. Que siga de cerca todas sus actuaciones políticas. Para que sepa a ciencia cierta si la mano que estrecha es una mano amiga. Si la fraternidad de ese hombre es genuina. Si se puede tener confianza en la lealtad de ese hombre como defensor íntegro de todo lo netamente puertorriqueño. Tenemos que aprender a diferenciar el luchador consecuente, desinteresado y sincero de esa ave de paso que sólo aparece en el barrio por estaciones y siempre en busca de algo de lucro personal no colectivo.

En vuestras propias manos está el que nuestra colonia siga a merced de una docena de pelagatos sin ideales, sin principios, sin conciencia, sin amor patrio ni fraternal y sin escrúpulos de ninguna especie.

Hoy permaneces indiferente, te sientes feliz porque tienes un peso en el bolsillo. Para ti la causa de Puerto Rico y de todos los puertorriqueños ya está resuelta . . . "A ti qué", pero mañana al doblar una esquina si recibes en el rostro la bofetada de humillación y la miseria que reciben diariamente en este pueblo muchos hermanos tuyos, resígnate bribón, idiota.

Patere quam ipse fecisti legem.
(Sufre la ley que tú mismo hiciste)
Hasta la vista.

Progresando: Edición del sábado completamente agotada

El conglomerado puertorriqueño radicado en Brooklyn aún no ha caído totalmente en el caos político. Aún no ha sido totalmente arrastrado hacia el abismo de la mezquindad y de la falta de civismo por el torrente de las ambiciones personales. Por esta razón "El curioso" se ha impuesto la misión de salvar a esta parte de la colonia puertorriqueña de la maldición eterna de nuestros hijos, los que juzgarán en un futuro no lejano nuestro proceder como guardianes de los valores cívicos y morales de nuestra raza. Los boricuas residentes en Brooklyn todavía sienten un respeto intenso por sus derechos cívicos y un celo profundo por su dignidad de HOMBRE. Todavía todos los políticos puertorriqueños de este condado no se han entregado por completo a la política de "comía".

"El curioso" ha notado síntomas de la enfermedad, pero sabe

que el mal no es crónico y como un hábil galeno se ha lanzado con el bisturí en la mano a cortar de raíz la úlcera cívica que trata de infestar el cuerpo sano y vigoroso de los puertorriqueños que conviven fraternalmente en Brooklyn.

Esta úlcera cívica que le ha salido a la colonia puertorriqueña radicada en Brooklyn recientemente es muy peculiar, a primera vista parece inofensiva. Se nos presenta como un lunar que pretende adornar la mejilla de una dama que necesita (según dicen) más encanto. Pero visto de cerca ese lunar, bajo el lente de la investigación es una llaga con muchas probabilidades de convertirse en cáncer.

Pero yo tengo fe en los puertorriqueños que viven en Brooklyn. Como que siguen siendo puertorriqueños por más tiempo que los que viven en Manhattan. El reposo parcial existente en Brooklyn y muchos de sus contornos nos hace creer muchas veces que aún estamos en una de las poblaciones de Borinquen. Yo en Brooklyn me siento más de campo, más cerca de mi antiguo "yo" y me siento feliz en Brooklyn ya que me es imposible al presente vivir en mi inolvidable Puerto Rico.

Muchos de nuestros hermanos residentes en Manhattan hablan de Brooklyn despectivamente. Hubo una época y aún existe la creencia entre muchos de nuestros paisanos que habitan en Nueva York, que los puertorriqueños en Brooklyn son todos unos matones y unos jefes de "gangas". También muchos de nuestros "intelectuales" residentes allí acostumbraban venir a Brooklyn a tomarnos de bobo. Mas los años han probado que no somos ni una cosa ni la otra. Es que seguimos siendo puertorriqueños netos por más tiempo que aquéllos que se meten en Lenox y Harlem y se americanizan por dentro y por fuera. Cuando no se americanizan se mejicanizan o se cubanizan, para ellos alejarse lo más posible de su idiosincrasia boricua es progresar, es demostrar de una manera convincente que los "Newyores" le han prestado, que ha hecho de ellos una persona distinta y ese cambio lo exhiben por las calles de esta ciudad con orgullo, como máscaras en perenne carnaval satisfechas de parecerse a cualesquier otro, menos a sí mismo. Cuando un hombre ha perdido el respeto a sí mismo, ¿qué queda de ese hombre? Cuando toda la ternura de sus padres y las costumbres innatas heredadas de sus antepasados le repugnan, ¿quién puede confiar más en ese hombre como puertorriqueño? El peligro consiste, en que tarde o temprano

los boricuas tienen que cargar con esa calamidad que nunca llegará
a ser propiamente ni un yanqui, ni un mejicano, ni un cubano porque
los yanquis, los mejicanos y los cubanos aman con pasión su propia
patria y yo estoy seguro que también detestan todo lo postizo en
cuanto a nacionalidad y de imitación en invitación el día menos pensado como el hijo pródigo se presentan en nuestros hogares a co-
mernos el mofongo y los bacalaos fritos.

Cuando yo tengo que ir a Harlem apenas si puedo creer lo que
ven mis ojos. Muchas de las personas que dicen ser puertorriqueños
y muchas que yo sé que lo son, no lo parecen. Parece que estoy en
un sueño. ¿Será posible, me pregunto, que esta gentuza sin ideal, sin
respeto a nada ni a nadie, sin alma, sin rebeldía sean todas puertorriqueñas? ¿Será posible que estos sean aquellos boricuas que allá en
Borinquen como niños endulzaron mi niñez y como ancianos mo-
delaron mi carácter? ¡No quiero creerlo, la realidad me espanta!

Huyo de allí como quien huye de un monstruo horrible y mi espíritu
no recobra la calma hasta que no llego a Brooklyn donde los puertorriqueños tardan más tiempo en dejar de ser boricuas. Y pensando
todavía en el monstruo horrible de aquella colonia compuesta por
puertorriqueños completamente desfigurados, busco aliento en el
seno de "El curioso" y en un grupo de buenos puertorriqueños, que
aquí en Brooklyn se han impuesto la misión de salvar a esta parte de
la colonia puertorriqueña, de la maldición eterna de nuestros hijos.
De aquel monstruo horrible que ha hecho del civismo puertorriqueño
un lodazal.

Hasta la vista.

Lo que los puertorriqueños deben saber

Es necesario que todos los puertorriqueños sepan claramente
todo lo concerniente a ellos, si es que pretendemos ser una colonia
de ciudadanos conscientes. Sabemos que en todas las comunidades
hay una masa torpe, que como la viruta sirve para cualesquier uso y
no tiene criterio propio. Con esa carne de burro hágase Dios su voluntad. Pero para aquellos que tienen ojos para ver y oídos para oír,
la misión de un periódico íntegro, libre, sano y patriótico es como la
misión de un faro de granito que en medio de una noche tempestuosa
se yergue majestuoso y sereno dilatando su luz en la tenebrosa
oscuridad para servir de guía a los extraviados navegantes que per-

dido su rumbo se han entregado ya a la merced de las aguas procelosas.

Es nuestro deber pues, hacer luz para que vean los que tienen ojos y quieren ver.

Mantengo desde esta columna que un club cívico puertorriqueño necesariamente tiene que ser una organización donde tengan cabida todos los ciudadanos nacidos en Puerto Rico sin distinción de credo político o religioso y SIN DISTINCIÓN DE RAZA.

Mantengo que un club cívico puertorriqueño deja de ser cívico cuando discrimina a ciudadanos nacidos en Puerto Rico porque éstos sean de un color negro más subido al de aquéllos que integren dicha organización.

La selección entre los ciudadanos de un mismo pueblo da el derecho a llamarse club social pero NUNCA a llamarse club cívico.

Cívico quiere decir *civicus*, y *civicus* viene de la palabra latina *civis*, que quiere decir ciudadano. Todo club cívico debe tener esencialmente un fin patriótico. El civismo es potestad secular de todos los ciudadanos que comprenden un pueblo, una raza de origen común y de intereses comunes. Por esta razón el crimen más bochornoso que se puede cometer dentro de una raza, dentro de un pueblo o dentro de una colonia es dividirla socialmente en nombre del civismo.

Cuando cualesquier pueblo quiere defender su integridad nacional, su honor, su bandera, o defenderse contra una epidemia o un cataclismo apela al civismo nacional a todos los ciudadanos, negros y blancos, pobres y ricos, nobles y plebeyos. ¿A qué civismo apelaremos nosotros los puertorriqueños radicados en esta ciudad en un momento crítico, de peligro común, si ese civismo ha sido asesinado por un grupo de politicastros irresponsables, en un vulgar afán de imitar al yanqui y recibir de ellos una limosna?

Si el civismo es una facultad potestativa de todo ciudadano que integra un pueblo o una colonia, entonces es un derecho ineludible, inviolable de todos los ciudadanos. Y llamarle club cívico puertorriqueño a un grupo "hecho a mano" al capricho o antojo de un puñado de ciudadanos es un "misnomen". En puro castellano es un disparate. Y entre políticos del barrio que saben de la pata que cojean todos y cada uno de sus paisanos, es un golpe de panterismo.

Cuando hay sinceridad en el propósito, cuando se es blanco, no de piel, si no de alma, de pensamiento, entonces aquéllas personas que desean estrechar los vínculos de la amistad en un alto nivel cultural exclusivo, organizan un club SOCIAL no un club CÍVICO. En un club social es permitido el exclusivismo, en un club cívico NO. Un club social es inofensivo porque nunca invade los derechos inalienables de ciudadano. Su ambición es limitada, altruista. Sus fines primordiales son el cultivar el refinamiento en la expresión y en los modales en las relaciones íntimas de las personas. De esta clase de clubs están haciendo falta muchos dentro de nuestro conglomerado, pero no son en esta clase de clubs en los que están interesados nuestros "reformistas".

Nuestros "reformistas" son por naturaleza políticos profesionales y han engendrado esta combinación de clubs cívicos sociales para poder usar a todos los ciudadanos cuando les venga en gana o les acomode a sus planes políticos y al mismo tiempo privar a esos ciudadanos de sus privadas deliberaciones, donde entonces constituidos en club social exclusivo, solamente tienen voz y voto los invitados especiales al festín donde se fragua la venta de la conciencia pública puertorriqueña. En esos mítines exclusivos dos o tres proponen, los demás "hechos a mano" por aquellos dos otros acatan todo. El resto de los ciudadanos que fueron usados de instrumento, la viruta, se conforma con aplaudir con entusiasmo cuando toquen "La Borinquen".

¡Qué "racket", caballero, qué racket!

Hasta la vista.

Un ciudadano nacido en Puerto Rico

El domingo próximo pasado un ciudadano nacido en Puerto Rico, cometió dos "imprudencias" . . . Una, la de ser demasiado puertorriqueño y la otra el decir la verdad. Por estas dos "imprudencias" fue mandado a callar y prácticamente expulsado de un club que dice representar el civismo puertorriqueño en Brooklyn. Lo que debieran ser virtudes sagradas para todo boricua, resultan ser imprudencias de muchos de los llamados clubs cívicos puertorriqueños donde se hace alarde continuo palagoso.

El domingo treinta de septiembre, un puertorriqueño neto, creyéndose que verdaderamente estaba en un club cívico puertorriqueño, tuvo la franqueza de decir en voz alta que nosotros lo puertorriqueños somos de origen ibero-indio-africano. Esto lo dijo con el orgullo que siente uno en el alma después de haber bebido en las fuentes de la antropología y de la etnología y saber uno su propio origen y el origen de las demás razas. Lo dijo con la pasión de un visionario que ve en nuestro nuevo tipo ibero-indio-africano, el hombre del porvenir en este hemisferio. Un tipo de hombre completamente nuevo, de perfiles robustos y de una inspiración que emana de las cumbres. Un tipo que en Diego Rivera es pintura revolucionaria, en Amado Nervo, Rubén Darío y Santos Chocano es poesía excelsa y fecunda, en Hostos y Rodó es filosofía, pedagogía, estilo sutil; en Bolívar, San Martín y Martí heroísmo romántico.

Diego Rivera se siente orgulloso de este origen, así lo ha manifestado varias veces en distintas conferencias públicas. Como un producto fiel y consciente de nuestra floreciente raza hispano-americana probó elocuentemente a la raza anglo-sajona que todo el oro de los Rockefellers no puede comprar su inspiración artística.

El crimen artístico perpetrado en el "Radio City" con el mural de Diego Rivera puso en parangón la espiritualidad artística de dos razas, desde entonces se hace más fácil el notar cuál de las dos razas es más divina . . . y cual de las dos es más prosaica.

No hay intelectual genuino en la América Hispana que no se sienta orgulloso de pertenecer a este nuevo tipo de hombre, mezcla de tres razas, dueño de inmensas selvas vírgenes y de ciudades legendarias y soberbias. En estas regiones y en estos hombres están aún latentes, prestas a brotar, todas las potencialidades que indudablemente servirán de norma a la civilización que reemplazará a esta civilización decrépita y decadente que hoy se derrumba rápidamente en una confusión universal.

La historia se repite. Pueblos que fueron dominadores, han sido más tarde pueblos dominados. La Grecia inmortal de Homero, de Platón y de Pericles está representada aquí en Nueva York, por dueños de fondas que han cambiado la túnica airosa de los filósofos atenienses por delantales de cocineros y sirvientes de restauran.

Este boricua, a quien no tengo el honor de conocer personalmente, dijo una verdad histórica a un conglomerado que, ignorando la grandeza de su propia raza, se ha entregado a la adulación del hombre rubio anglo-sajón haciendo de éste un superhombre. Aspiran a ser meramente una imitación de otros hombres que no han podido probar, ni con la ayuda de sus fortunas fabulosas, ninguna superioridad sobre nuestros antepasados. Como no sea la superioridad de hacer dinero más fácil . . . por todos los medios . . .

Cuando en nuestros centros cívicos resalte el verdadero elemento representativo de nuestra raza, el elemento culto, el legítimamente social, el elemento libre y sano, en el sentir y en el pensar, entonces se podrá reflejar más y mejor nuestro alcance como raza para informe de aquellas otras razas que se creen superiores y para bochorno de aquéllos que "entre nosotros" aman en secreto la grandeza artificial de las otras razas. No sucederán tampoco incidentes repugnantes como el que acaeció el domingo pasado aquí en Brooklyn en un club que se jacta de representar el civismo puertorriqueño en este condado. El buen civismo puertorriqueño exige por lo menos hospitalidad y respeto a un visitante en una de nuestras instituciones cívicas.

No crea por un instante el gallardo boricua que fueron sus frases agresivas patrióticas las que produjeron el mal efecto; lo que cayó allí como una bomba fue aquello de llamarle "prietos", aunque en lenguaje fino, a una gente que vive engañándose a sí misma en la creencia que son nórdicos. Esta creencia es un opio, es su ilusión, toda su gloria, su casa de muñecas . . . Usted le rompió la muñeca querida. Hasta la vista.

Frank Torres

La tragedia de Frank Torres es la tragedia de los puertorriqueños residentes en el distrito decimoséptimo y por ende la tragedia de todos los boricuas que habitamos en este continente y en la isla de Puerto Rico. El avance político conquistado por los puertorriqueños residentes en Harlem durante la campaña del 1932, cuando de una manera decidida derrotaron a "La Guardia" por su negligencia para con los boricuas, ha sido eclipsado este año con el más desastroso de los retrocesos. Los puertorriqueños teníamos en Washington un sincero amigo en la persona de James J. Lanzetta, esto lo probó diferentes veces. Dos años después de haber sido electo en medio de un exagerado entusiasmo es derrotado por 257 votos, por aquellos mismos boricuas que lo eligieron, sin ninguna razón justificada.

Solamente que un muchacho nacido en Puerto Rico quiso satisfacer una vanidad puramente personal y dividió la colonia de Manhattan lo suficiente para causar esta tragedia política. Las alondras del patriotismo puertorriqueño dejaron oír sus gorjeos en defensa de Frank Torres. Las plumas mercenarias hicieron su agosto. Hubo clubs "demócratas" que se vendieron como Judas de Izcariote por varias monedas al partido republicano, agachados dentro del humo patriótico diseminado por las alondras de la patria y las plumas mercenarias. Estas mismas alondras y estas mismas plumas nunca cantarán con la misma ternura al patriotismo cuando se trató anteriormente y al presente de candidatos puertorriqueños en papeletas radicales. Pero el oro en la abundancia regado por Marcantonio fue su "inspiración patriótica". Y en nombre de la patria se efectuó la más bochornosa de nuestras tragedias políticas.

Todas las tragedias reflejan vivamente una gran experiencia que puede ser muy útil a todo el observador sensato. Hay un dato muy curioso en el resultado de las elecciones en aquel distrito, que yo deseo traer a la atención de mis hermanos para que mediten sobre él. Frank Torres corrió en el mismo "ticket" republicano en que corrió Vito Marcantonio. Frank Torres salió derrotado y Marcantonio salió electo por 257 votos. Un hermano nuestro le sirvió de instrumento a Marcantonio para derrotar a Lanzetta un amigo probado de los puertorriqueños. Fue usado como una figura decorativa en la papeleta electoral para ser más tarde repudiado en las urnas por su mismo partido. Se ve claramente que muchos de los que votaron por Marcantonio no votaron por Frank Torres en el mismo "ticket". Yo no ignoro que un distrito asambleísta no es igual a un distrito congresista, ni tampoco el hecho de que la fusión no endosara a Frank Torres. Pero éstos son los detalles que tenemos que estudiar si queremos ser políticos diestros.

En resumen la candidatura de Frank Torres fue una tragedia para Puerto Rico y para todos los boricuas. Perdimos la confianza y la confidencia de un buen amigo James J. Lanzetta y la división en el corazón de nuestra colonia se ha ahondado más, ha entrado triunfalmente en Nueva York y ha tomado residencia entre nosotros la política mezquina y de estancamiento que ha envilecido al pueblo de Puerto Rico.

¿La dejaremos vegetar entre nosotros para siempre?

Tiene la palabra la colonia puertorriqueña.

Hasta la vista.

Es más fácil parecer ser que ser

Es más fácil parecer ser que ser en realidad. Los espiritistas débiles y mediocres se conforman con parecer ser aunque no lo sean.

Son felices viviendo una vida de simulación. La apariencia es en ellos un fanatismo más fuerte que ninguna religión. Su calidad de crápula de hombre mediocre les imposibilita palpar la realidad. Como desconocen lo grande, lo sublime, lo suprasensible nunca sienten ansias vehemente de infinito. Son bestias con un raciocinio limitado. Todo lo deslumbrante les atrae como un imán. Sus conceptos de ética y estética se limitan a una imitación de lo que hacen los grandes señores palaciegos.

Causa risa el contemplarlos desde lejos pasando por personas decentes. Sufren privaciones, sudan, se martirizan todo por imitar la caballerosidad. No saben que la caballerosidad es inimitable. Se es un caballero cuando se es culto. Cuanto más esmerada es la cultura más refinado es el caballero. La caballerosidad y la sociabilidad para que sean auténticas tienen que necesariamente ser espontáneas, producto natural de la esmerada cultura. Por estas razones siempre he mantenido que es imposible encontrar un alto grado de sociabilidad y caballerosidad en muchas de las sociedades que se nos presentan como ejemplos de sociabilidad en esta metrópoli.

Pero, como empecé diciendo, es más fácil el parecer ser que ser en realidad. En este país una de las cosas que más se adulteran es la sociedad. Y como es natural éste es el paraíso de los hombres mediocres, de la plebe. Aquí las sociedades no se fundan midiendo la cultura de los individuos, sus cualidades, sus costumbres, su grado de moralidad. A esta falta de sociabilidad le llaman democracia e igualdad. Pero esa democracia y esa igualdad es relativa según los caprichos de los magnates para dominar la plebe. Aquí en la América del Norte se le hace creer a la plebe que son tan caballeros como los mismos caballeros.

Pero si esa plebe pide las prerrogativas que tienen los "caballeros" americanos entonces son apaleados por la policía o la "guardia nacional". La libertad de ser caballero es solamente en cuanto a lo que se refiere a parecer ser. Nos dejan vestirnos de tuxido viados, embrollados o alquilados. Nos dejan usar los hoteles ya desacreditados o que ellos (los magnates) ya no quieren porque los tienen nuevos, mejores y más deslumbrantes. Y nos echan a pelear nutriendo nuestra vanidad y dividiéndonos en castas, en colores, en rangos y en semi-rangos.

Y tenemos, que se contempla a un lavaplatos discutiéndole grado más o menos de rango social a otro lavaplatos. A un limpia botas echándosela de más blanco que otro limpiabotas. A un pobre trabajador de factoría con sus manos erizadas de callos negarse estrecharle la mano a otro compueblano suyo que quizás se lactó con él de un mismo pecho. La raza judía en este país no se conforma con parecerse, sino en ser. Por eso los judíos aquí triunfan, se abren paso. Nuestra raza, la raza puertorriqueña coge la línea de menos resistencia, la de parecer ser. Ésta no requiere estudio intenso, no requiere sacrificios supremos. Nos conformamos con ser unos monos vestidos de seda. Pero un mono vestido de seda no deja de ser un mono. Nos conformamos con aparecer sociales pasando como blancos en este país, en lugar de probar que somos sociales demostrándole a esta gente que tenemos un conocimiento más profundo que ellos de todo lo que significa verdadera cultura y verdadera sociabilidad. Preferimos presentar como ejemplo de nuestra sociabilidad a una crápula empolvada que ha perdido su dignidad de hombre y de raza desde que se brinda a ocultar a sus propios padres y negar a su propia raza. Debemos aprender a sufrir para aprender a ser grandes. Los pueblos y las razas más gloriosos son aquellos cuya historia está llena de dolor, de sufrimiento.

Pero basta, ¿por qué hablar de estas cosas sublimes con esos monos vestidos de seda?

Hasta la vista.

Luis F. Weber

La semana pasada trataron de asesinar a Luis F. Weber. A un puertorriqueño que cometió el delito de tener suerte y triunfar económicamente en este país, usando más o menos los mismos métodos que le son característicos a este pueblo de misioneros cargados de oro y de pecados . . . Luis F. Weber cometió el delito de adaptarse al medio ambiente y hacer dinero sin dejar de ser puertorriqueño, es decir, sin dejar de ser "extranjero" . . . Porque nosotros los boricuas debemos tener en mente siempre, que nosotros somos considerados ciudadanos de los Estados Unidos solamente cuando somos inofensivos y no afectemos en nada los intereses "sagrados" y los privilegios exclusivos de los príncipes de esta "democracia" . . . Sino que lo digan los azucareros de Puerto Rico, hombres generalmente blancos y de dinero. Nosotros seremos considerados buenos ciudadanos americanos siempre que no demandemos nada. Siempre que no exijamos nada. Siempre que nos dediquemos a organizar clubs cívicos puertorriqueños donde llevemos a nuestras esposas y a nuestras hermanitas a divertir la plebe yanqui. Siempre que, como la gran mayoría del negro norteamericano, le sirvamos de payaso presentándonos ante ellos como unos perennes bailadores de rumba y tocadores de maracas.

Tan pronto como nos presentemos ante ellos arrogantes de HOMBRE a HOMBRE, de igual a igual, probando que somos tan inteligentes como ellos, que somos tan diestros, tan astutos, más espirituales, más románticos, entonces somos tildados de negros, de "grease-balls", de "foreigners" y otros "slangs" peculiares a su vida vulgar y burguesa. Solamente seríamos perdonados por ellos en nuestro progreso aquí, si permitimos que ellos sean nuestros *managers* y dejamos que ellos administren nuestros negocios, al noventa por ciento para ellos y el uno por ciento para nosotros. Luis F. Weber ha cometido el delito de ser su propio *manager* y no reconocer en ellos ninguna superioridad. ¿Cómo castigar esta "insolencia" habiendo ya varias veces fracasado la emboscada? Ah . . . , la prensa yanqui hará de él un "racketeer", un "gangster", lo presentará a la opinión pública como un "public enemy". La prensa yanqui hará reflejar muy hábilmente en este caso que es un "foreigner", un producto de otra raza "inferior" . . . Lo rodearán de misterio y de leyenda. ¡Cómo pueden fantasear los periódicos de esta ciudad! ¡Cómo inventan! ¡Cómo magnifican los hechos cuando quieren! ¡Y cómo permanecen ciegos, sordos, mudos en distintas circunstancias!

En este pueblo, los "ciento por ciento" americanos pueden linchar como un deporte, ellos pueden robarle los ahorros a los pobres en fraudulentas transacciones bancarias, ellos pueden jugar al azar y especular impunemente en Wall St. y estafar el dinero de infelices que arruinados optan por suicidarse, ellos pueden correr loterías en las iglesias en nombre de Dios, ellos pueden usar a los marinos, a la flor de la juventud de esta nación para que le colecte sus deudas usureras en los pueblos débiles y confiscados por ellos en nombre de la paz universal y del orden "cristiano" y "sacrosanto" de los pueblos "civilizados", ellos han creado, han alimentado y glorificado en las películas y en la prensa al "racketeer" y al "gangster" para comerciar con su sensacionalismo y para otros fines . . . ¿Acaso no han hecho una feria nacional del enjuiciamiento de un hombre acusado de secuestrar y asesinar a una criatura? ¿Acaso no han comercializado con el sentimiento maternal y han hecho una función divertida del dolor y la tragedia humana? No os extrañe pues, que a falta de un protagonista tomen a un puertorriqueño para vendérselo al ignorante público americano en episodios, ya que Tarzán ha sido explotado demasiado. El periodismo americano es una constante carrera hacia el sensacionalismo. Y en esta carrera arrolladora, ¿qué importa la vida privada de los individuos de que tanto nos habla la constitución? ¿Qué importa el sentimiento de una madre, el honor de una mujer, el porvenir de la niñez? Aún recuerdo el suicidio de la hijita de Vivan Gordon, causado por la publicidad innecesaria de la prensa americana en su hambre insaciable de sensacionalismo. Y temo al suicidio de nuestra colonia aún también niña, niña emocionante y cándida ante la influencia cruel de la publicidad innecesaria de la prensa americana en su hambre insaciable de sensacionalismo. Temo su suicidio porque a la candidez de nuestra colonia, aún niña, se une la cobardía y la envidia que mina aún su organismo, eclipsando el concepto de compañerismo y lealtad a los nuestros como único principio para engendrar el verdadero PUERTORRIQUEÑISMO que nos salvará a todos juntos o nos hundirá a todos en el abismo en esta metrópoli.

Después de lo que pudo haber sido una tragedia, guardémonos de las tramas en la oscuridad, de la cobardía y al envidia. Están en orden solamente los gestos de verdadero civismo.

Hasta la vista.

El conglomerado puertorriqueño en Brooklyn

El conglomerado puertorriqueño residente en el condado de Brooklyn debe hoy sentir un especial orgullo al saber que entre todos los estudiantes puertorriqueños, tanto radicados en el continente como en la isla de Puerto Rico, fue seleccionado uno que convive aquí con nosotros para representar el estudiantado puertorriqueño en el Congreso Mundial de Estudiantes llevado a efecto en Bruselas. Este merecido honor fue otorgado al joven intelectual Filiberto Vázquez López. Yo he tenido el placer de observar a Filiberto Vázquez en su carácter de conferenciante analítico. Yo he tenido el privilegio de cambiar impresiones por largas horas con Filiberto. Yo creo que no hay virtud inherentemente puertorriqueña que no esté reflejada vivamente en su carácter simple y lleno de abnegación. Filiberto es un retrato fiel del boricua en toda su excelencia. La selección de Filiberto Vázquez López para esta distinguida embajada fue un acierto feliz de la Asociación Nacional de Estudiantes Puertorriqueños. Es una honra para el pueblo de Puerto Rico. Y nosotros los puertorriqueños que habitamos aquí en Brooklyn, sin distinción de credos políticos o religiosos, debemos acoger este nombramiento con el sincero entusiasmo con que Brooklyn siempre ha recibido los valores auténticos que dan prestigio a nuestra patria.

El nombramiento de Filiberto Vázquez a este congreso tiene un aspecto vital que no debe pasar ignorado. En primer lugar este congreso internacional no fue organizado por las fuerzas capitalistas e imperialistas que rigen los destinos del mundo donde los delegados son "hechos a mano". Y es solamente una cuestión de forma, un disimulo, escena . . . mucha escena. Filiberto nunca hubiese sido nombrado como delegado a uno de estos congresos que siempre terminan en "status-quo". Los delegados a estos congresos de la burocracia llevan sus órdenes en sus portafolios lacrados. Viajan suntuosamente en los más modernos transatlánticos. Van a representar a su amo. Son mensajeros revestidos del título de delegados. Por su fidelidad a los intereses que sirven, siempre serán tratados holgadamente, nunca pasarán frío o hambre. Al seleccionar esta clase de delegados no se mide . . . su carácter, su integridad, su intelecto. Se mide cuanto es capaz de inclinarse su espina dorsal en actitud servil.

Al congreso al que fue enviado Filiberto se dieron cita los futuros pensadores del mundo. Allí había puro jugo cerebral. Allí no podían haber imitaciones. Allí, como diría yo para que me entienda mi gente: "había que ponerse para estar puesto." Queda dicho, que cuando el pensamiento libre y espontáneo selecciona para que lo represente en uno de estos templos de la VERDAD y la JUSTICIA UNIVERSAL es porque hay en éste, gestos de Nazaret, resplandores de sol. A estos últimos congresos no se viaja en la opulencia. ¿Cuándo viajaron en la opulencia los grandes peregrinos de la historia? ¿Acaso viajaron en la opulencia Betances y de Hostos? Feliberto tampoco pudo viajar en la opulencia. Hoy, después de haber cumplido gallardamente su deber, está en Europa a merced de su destino. Ha sacrificado sus estudios, todo, por su patria, por la humanidad.

El sábado, dos de febrero, en el Tavern Hall, situado en el 308 Fulton Street, Brooklyn, N. Y., la colonia puertorriqueña radicada en

Brooklyn dará un baile con el fin de recaudar fondos para trasladar a Filiberto Vázquez a nuestro seno y al seno de sus queridos familiares residentes en este condado. El prestigioso personal que encabeza el comité organizador de este baile, garantiza su éxito económico y moral. He aquí una ocasión en que el baile y el verdadero patriotismo se unen en un fraternal saludo.

Esperamos que este acto sea otro triunfo del genuino civismo de que tantas veces ha dado prueba el conglomerado puertorriqueño residente en Brooklyn.

Hasta la vista.

Armando Ramírez

Era a principios de la invasión de puertorriqueños a esta ciudad. El maestro Armando Ramírez ya había establecido su barbería en Prince St. cerca de "la Avenida". El Sullivan, o sea, Candelario Andino, con un grupo de boricuas que no se querían para nada, luchaban por abrirse campo y darse a respetar en una barriada que era "pura flama" antes de la prohibición. Carlos Tapia luchaba prácticamente sólo por la sección de Unión St. y Hamilton Ave. En aquella época yo era un niño con pantalones largos. Caminaba por esas famosas aceras de Nueva York embriagado de romanticismo, sepultado en sueños. ¡Me sentía tan grande! Era nada menos que ciudadano de los Estados Unidos de América. Y don Juan Bautista Huyke me había enseñado a amar a este país ciegamente . . . Aún tenía frescos en mi mente los textos de enseñanza en Puerto Rico, donde todo en esta nación "protectora" era santidad, amor, generosidad, dulzura. LIBERTAD, IGUALDAD y FRATERNIDAD. Y yo, en plena juventud con un diploma debajo del brazo estaba aquí, en el corazón de la ciudad imperial de este pueblo, todo un ciudadano americano. Pronto noté que las oportunidades se alejaban de mí, que las puertas se cerraban ante mí, que todo estaba muy cerca de mí, pero tan lejos . . . que mi alma de niño con pantalones largos empezó a sentirse jadeante y cansada como una mariposa que encuentra todas las corolas herméticamente cerradas ocultando de ella su néctar. Yo sentí que se me agotaban también mis pequeños recursos económicos. Y sentí por primera vez en mi vida miedo a la posibilidad de pasar hambre. Pasar hambre donde había venido a encontrar la abundancia. Ante esta necesidad física, que requería toda la atención de todas mis facultades, desperté, dejé de soñar, me di perfecta cuenta de que no estaba en ningún paraíso terrenal; más bien en un infierno donde la lucha por la vida es un perenne problema. Todo se hace cronológicamente, es decir, el tiempo está medido para todo. La gente camina corriendo . . ., muchas veces sin ir para ninguna parte. Todo es matemático, sistemático, no se puede ser humano, no se puede soñar . . .

Pero toda esta historia era para contarte, querido lector, cómo fue que me tropecé en este país con el primer "buscón" de mi patria. Esto es muy interesante para todos porque de aquel "buscón" de ayer . . . puede que hayan evolucionado los "cívicos", los "moralistas", los "tiburones políticos de hoy . . ." Apenas desperté de mi embriaguez romántica, con miedo a la posibilidad de pasar hambre, me encontré con un plato en las manos. Aquel plato estaba sucio y yo lo lavé. A este plato le siguieron muchos platos, cientos de platos, todos sucios. Y todos aquellos platos yo los lavé. Y resolví el problema inmediato del hambre. Recobré la tranquilidad por el momento, y salí a pasear un poco despreocupado. Fue en una de estas salidas que me encontré con un tipo bruja pero muy bien vestido. Era puertorriqueño . . . ¡Qué grato! En aquel entonces era raro encontrarse uno con un puertorriqueño. Y éste era conocido, había sido una persona decente allá en Puerto Rico, hijo de muy buena familia. ¡Hola, Tellito! Muchacho, ¿qué haces tú por aquí? Que si patatín, que si patatán. Me abrazó, me sobó, me adobó . . . Y luego me preguntó, bueno, ¿y de qué vives aquí? Yo le conté la historia de los platos. "¡Cómo, tú lavando platos!" me dijo sorprendido. "Ay, mi madre santísima, si lo llegan a saber en Puerto Rico tus familiares, las amistades tuyas, ¡qué horror! Yo nunca haré esa clase de trabajos aquí". Al despedirse de mí me pidió una "cuara". Me pidió una "cuara". Me pidió una "cuara" de las que yo me había ganado lavando platos. Y se alejó de mí graciosamente, triunfante, henchido de orgullo, de vanidad, llevando consigo como único capital, como única joya una "cuara" de las que yo me había ganado lavando platos. Hoy tenemos en nuestra crecida colonia, "cívicos puertorriqueños", "moralistas" de nuestra raza que por detrás de la escena procuran la influencia, los favores de nuestros banqueros de "bolita", que tratan de explotarle el dinero a los puertorriqueños que arriesgan su vida y su libertad individual en esta lotería y luego en el seno de sus sociedades como encapotados fariseos, tildan a esos puertorriqueños que han tratado de explotar y explotan de "racketeers" para ganarse la confianza de su rebaño.

Si supiera el rebaño quiénes son más feroces, más sanguinarios, más traicioneros si los "racketeers" o los fariseos.

Ya lo sabrán.

Hasta la vista.

Los puertorriqueños se niegan a caer en la red del "home relief"

Es muy grato el notar que los puertorriqueños residentes en Brooklyn se niegan a caer en la red tendida por los prestidigitadores del civismo, del purismo y de todos esos ismos que nos quieren vender nuestros adiestrados patrioteros y moralistas a por ciento. Hoy todos esos ismos son sinónimos de "home relief"; C. C. C.; C. W. A.; P. W. A.; y otras "diferencias de clases" donde al más bonito, sin darse cuenta, se le mete una pala dentro de las manos o muy bien se puede quedar sin comer esperando al investigador. Los boricuas—en Brooklyn por lo menos—se resisten a vivir una vida aparente. Prefieren darse perfecta cuenta de los innumerables problemas económicos que tienen que afrontar diariamente y conocer en toda su desnudez su condición de trabajadores amenazados continuamente por la miseria. Progresan en Brooklyn las sociedades fundadas con programas definidos. Basados en las luchas sinceras y en la protección de los intereses de los puertorriqueños como trabajadores, explotados e indefensos tanto allá en Puerto Rico como aquí en los Estados Unidos. Se nota ya el despertar de la conciencia en nuestro elemento, buscando su nivel, rompiendo los moldes viejos en que se fabricaron todos los prejuicios y vanidades bastardas que hacen de él un mono vestido como un hombre. Cada día se le hace más difícil la vida a las sociedades que aquí en Brooklyn tienen como única misión, hacer de nuestra raza una generación de "gigolos" y de "flappers" con humos de aristocracia.

Desde luego que todavía el mal tardará en curarse. Tenemos entre nosotros aún algunos puertorriqueños que porque no han perdido su "pega" durante esta crisis y no han tenido que empeñar "sus perchas domingueras", se sienten Borbones y Romanoffs. Eso no quiere decir que lo sean. Y si lo son, ¿qué? ¿Cuántos Borbones y Romanoffs no están hoy de criados, amenazados también continuamente por la miseria? Pero, ¿quién puede evitar el que haya ciertos puertorriqueños que estén creyendo todavía en sueños de hadas, en Blanca Nieve y los Doce Enanitos, en La Lámpara de Aladino y en "Cinderella" o sea La Cenicienta? Los hay con bigote y con barba, canosos y calvos, llenos de arrugas por la vejez y con todo y con eso creen que se puede vivir en realidad hoy como "vivió" la Cenicienta. Es decir, esta gente cree que se puede ser fregón o fregona durante todo el día y convertirse en un verdadero príncipe o princesa por la noche. ¿Que si lo creen? Caballero, ¿usted está ciego? Esta gente deja el "laundry" o la "factoría" cansados como unos burros. Gastan más de la mitad de lo que se han ganado en el día en cosméticos, masajes, ondas, prendas "fekas", "evening gowns", "tuxedos", etc., etc. Se montan en un cacharro de segunda mano imaginándose que van en la carroza de Cinderella. Y llegan a su castillo en el aire. Empieza la música y en "evening gown" y "tuxedo", dese cuenta amigo, comienzan a bailar son y más son toda la noche. Al principio, antes de la "cañita" hacen su entrada triunfal . . . hay algunos que pretenden bailar el son imaginándose que imitan un rigodón o un minueto. Es entonces cuando se creen extasiados en su baile, que el hada realizó en ellos el milagro de la Cenicienta. Y usted no puede decir que están "marihuanos" ni cocaínos.

Ya entrada la madrugada, muchas veces no es la varita de la virtud del hada la que, como a Cinderella le tocaba la cabecita para señalarle que era ya hora de regresar a la cocina, sino la maceta de la policía que levanta "guabuchos" en las cabezas para hacer saber que se ha vendido mucha "cañita" y a ellos no les ha tocado nada.

Pero con todos esos "guabuchos" no despiertan . . . no dejan de soñar. Vuelven de nuevo al "laundry" y la "factoría" a trabajar en medio de la humillación. Porque están divididos y no tienen personalidad ni como trabajadores, ni como ciudadanos. Y al anochecer salen cansados como burros pero no pueden dominar las ansias de vivir imaginariamente la vida de Cinderella. Y usted no puede llamarlos ni "marihuanos" ni cocaínos. Buscaremos un nuevo nombre para ellos.

Hasta la vista.

Curiosidad por compueblanos

El primer puertorriqueño que haya acumulado más de un millón de pesos en esta ciudad tiene el derecho a cierta curiosidad de parte de sus compueblanos, no importa cómo haya acumulado esta fortuna. Especialmente cuando la prensa de esta metrópoli se ha cansado de curiosear a su manera la vida de ese puertorriqueño.

Con frecuencia los periódicos neoyorquinos relatan varios detalles de la vida de Enrique Miró, conocido entre sus paisanos más íntimos por "Padrino". Según la prensa local este boricua, en el corto período de ocho años, amontonó más de un millón de dólares aquí en la tierra de William Randolph Hearst. William Randolph Hearst, tal vez el más ferviente apóstol de la frase "Our country may never be wrong, but right or wrong, our country".

Yo no quiero inspirarme en esta doctrina favorita de Mr. Hearst y tratar de justificar a Enrique Miró en todas sus actuaciones por el mero hecho de que nacimos en el mismo suelo patrio. Pero quiero confesar con la franqueza que me caracteriza, que no me caen bien muchos de los comentarios que leo a menudo. Y es sencillamente que difiero de los conceptos de moral de que tanto alardean en este pueblo. Yo no puedo comprender por qué cuando un puertorriqueño acumula un millón de dólares, digamos en un juego de azar ilegal, es considerado como un criminal; pero cuando un yanqui nombrado gobernador de Puerto Rico se roba un millón de dólares del tesoro insular, no es ni siquiera un ladrón.

El ex gobernador Colton salió de Puerto Rico, y llegó a Nueva York todo un caballero, después de haber defraudado el tesoro de Puerto Rico en menos de ocho años. Sin duda, ustedes habrán notado la delicadeza con que se conduce el caso de Andrew Mellon en Washington. Se acusa al ex tesorero de haber defraudado al gobierno la cantidad de tres millones de pesos, evadiendo el "income tax". Muchos de los periódicos de esta ciudad nos narraban la semana pasada lo generoso que era Mr. Andrew Mellon. Los "sacrificios" que tenía pensado hacer por su patria. Pensaba nada menos que comprarles un museo de arte a la ciudad de Washington, y hacer de la ciudad capitolina un centro artístico. Yo me atrevo a asegurar que si a Miró lo hubiesen dejado acumular varios millones de dólares, también hubiese terminado por regalarle varios museos de arte a la isla de Puerto Rico. Pero ahora que hablamos de Andrew Mellon ¿en qué quedaron las investigaciones del gobierno contra Morgan, Mitchell, Wiggin, Kahn, Insull, etc., etc.? En verdad que la manera de practicar la moral y la justicia aquí "no me entra".

La semana pasada la Iglesia dio comienzo a una cruzada contra el crimen. Y como crímenes clasifican la "bolita" la prostitución y los fiadores falsos. Naturalmente que el nombre de Miró fue curioseado de nuevo en la prensa. El nombre de alguien tiene que servir para tapar los verdaderos crímenes. La Iglesia, que ha sido la autora de los crímenes más horrendos a través de la historia, se siente horrorizada ante los crímenes de la "bolita", la prostitución y los fiadores fraudulentos.

El Papa hoy mismo permanece impasible mientras, ante sus narices, los regimientos de Mussolini, armados hasta los dientes, marchan a cometer el último crimen de la historia de Abisinia . . . a sangre fría.

¿Ha oído usted alguna vez que la Iglesia se ha lanzado a una cruzada contra los crímenes perennes de la compañías de gas y luz eléctrica? La Iglesia siempre ha estado aliada con los reyes en el Viejo Mundo, y con los monopolios en el nuevo continente. Su campaña contra el vicio y contra el crimen siempre ha sido aparente, o por lo menos ineficaz, si juzgamos su labor después de diecinueve siglos de "experimento".

Pero mi idea al empezar estos borrones era la de curiosear a Enrique Miró. Si no lo he hecho fue porque después que comencé, pensé que quizás mi gente no está aún preparada para recibir mis ideas personales sobre este asunto, y el tiempo no lo creo propicio. Esperaré mejores tiempos.

Hasta la vista.

El Gabinete de Cuba

El Gabinete de Cuba envió una protesta, que fue más bien una amenaza a la compañía de películas norteamericanas Paramount, por su producción "Rumba", puesta en el mercado recientemente. Ignoro los motivos que en particular movieron al gobierno de la Antilla hermana a protestar de la exhibición de esta cinta cinematográfica. No obstante, sin yo ser cubano, noté en esta película varias escenas y diálogos criticables, que "naturalmente" creí expuestos con "refinada" malicia. Pero yo estoy ya tan acostumbrado a observar estos métodos de propaganda yanqui en sus películas que no me sorprenden. Y teniendo en cuenta unas cosas con otras encontré en "Rumba", una cinta cinematográfica pasable.

Recuerdo que años atrás, cuando era muy usual ver en la pantalla a un norteamericano completamente solo, a puro puño reducir a la obediencia a quince o veinte mejicanos, mientras éstos amedrentados dejaban rodar por el suelo sus afiladas sevillanas. ¡Cómo aplaudían los chiquillos aquel "héroe" que sólo consiguió hacer más grande el ridículo del general Pershing, impotente ante la audacia de Pancho Villa! En las películas "serias" yanquis, siempre el villano tiene la apariencia de un hombre híbrido o sea de un mestizo. Un criminal, un hombre rudo o degenerado irremisiblemente será representado en la pantalla por un tipo de pelo negro, con características de grifo o de mulato. La virtud, la generosidad, el idealismo, todo lo divino es representado por tipos rubios o de facciones puramente caucásicas. En las películas americanas tipos como Rubén Darío, Alejandro Dumas y Diego Rivera representarían al hombre malo, al villano, hombres sin alma y sin principios. Mientras los representantes de la virtud y de todo lo divino serían hombres rubios de perfiles nórdicos como Hauptmann, Chapman, Two Gun Crowley y Baby Face. ¿Quiere usted raza más abusada y explotada en las películas americanas que la raza amarilla?

Ya es hora que estemos convencidos de que existe un fin preponderante en las compañías de películas, como en la prensa, en la radio y en todos las instituciones públicas de este pueblo, para hacer aparecer al yanqui como una raza de súper hombres. Súper hombres a quienes todas las demás razas tenemos que venir a cogerle dinero prestado y luego embrollados con ellos tenemos que oír sus consejos y aplaudir sus películas.

Cualquiera que sea la posición enojosa de los cubanos ante el insulto aparente de una compañía de películas extranjera, su posición no es tan humillante como la de los puertorriqueños después de la producción de una caricatura llamada "Romance Tropical". La humillación se acentúa más en los puertorriqueños porque en nuestro caso no se trata de una compañía de películas extranjera, sino que nada menos que de la primera aventura cinematográfica puertorriqueña. Yo fui a contemplar un "Romance Tropical" con preponderancia boricua y contemplé un "Romance Sajón" con preponderancia de Hollywood. Solamente alegraron mi alma nostálgica las estampas de Borinquen reflejadas en aquel telón blanco que también pudo servir para un sudario, tal vez para el sudario de nuestra idiosincracia. . . . En reflejos vi el lecho, y allí, sobre el lecho sacrosanto de mi patria, sobre aquel lecho, siempre perfumado y transparente, vi también perpetrarse el adulterio de nuestras costumbres y moda-lidades, contemplé la violación de nuestra idiosincracia. La primera producción cinematográfica puertorriqueña fue un triunfo comercial y un fracaso patriótico . . . Puerto Rico seguirá progresando comer-cialmente, mientras seguirá dejando de ser cada día menos puerto-rriqueño. "Romance Tropical" ni habló, ni bailó, ni cantó en boricua. Los argentinos y los mejicanos sienten orgullo en manifestarse en sus películas tales y como son. "Romance Tropical" es un producto indefinido hecho exclusivamente para la venta al por mayor. Pero sin esencia, sin alma, sin ninguna misión que llenar como la primera expresión cinematográfica de un pueblo y de una raza. Llamémosle una NULIDAD para evitar llamarle una TRAICIÓN.

Hasta la vista.

"La Prensa": Enemigo de los puertorriqueños en Nueva York

El enemigo público número uno de los puertorriqueños en Nueva York es el periódico "La Prensa". "La Prensa" no sólo asesina diariamente la personalidad puertorriqueña en esta gran urbe sino que también como un vampiro se alimenta de la sangre de su vícti-ma. El criminal más horrible es el fratricida. "La Prensa" asesina la personalidad puertorriqueña fingiendo la hermandad. De todos los criminales el más peligroso y más despiadado es aquél que se acer-ca a usted acariciándole, dándole palmaditas en la espalda mientras le entierra a usted un puñal traicionero. El diario "La Prensa" prac-tica este método diariamente contra la colonia puertorriqueña. Usan-do como cómplices a los lacayos de nuestra propia isla, que son unas veces intelectuales sin carácter ni civismo, y otras, imbéciles pedantes embriagados de vanidad. "La Prensa" ha organizado a todos los traidores de Puerto Rico muy hábilmente para que estos libren por ella la guerra a muerte, planeada por ella contra todo lo que sea engrandecimiento y predominio boricua en esta metrópoli. Mientras la guerra fratricida toma incremento entre nosotros ella per-manece aparentemente neutral o simula una paternidad de lobo para con las ovejas. Pero día tras día prepara su ejército de traidores. Explota las pasiones de los estúpidos en lugar de orientarlos. Siem-bra la desunión entre los boricuas alentando entre ellos las pasiones

bastardas. Encumbra todo lo antipuertorriqueño. Ignora maliciosamente todo lo que da prestigio a nuestra patria. Siendo el noventa por
ciento de la colonia de habla hispana en esta ciudad puertorriqueño,
no hay una columna en ese diario firmada por un borinqueño íntegro
y responsable. "La Prensa" ya no oculta su odio a los puertorriqueños. Ha llegado al último grado de la degeneración. Cuando un periódico permite que su editorial se entregue al chisme, a la mentira, a la ignorancia estudiada . . . ese vocero ya no merece el respeto ni el apoyo
de la comunidad. En el editorial del lunes próximo pasado titulado
"La Niñez Hispana de Aquí". "La Prensa" se presentó de cuerpo
entero, tal y como es. Sin embargo, tal vez fueron pocos los que
pudieran reconocer en ese cuerpo entero la grotesca figura de un frati-
cida. Ignora en dicho editorial que la Liga Puertorriqueña, Inc., hace
varios años que enseña el español en sus salones a la niñez puertorriqueña e hispana de esta ciudad. No obstante, el haberse invitado
personalmente a su director y a sus reporteros a graduaciones y festivales culturales de esos niños hispanos. La revista "Iberia" que salió
a la luz pública hace poco, comentó extensamente en sus páginas esta
labor altruista y patriótica de la Liga Puertorriqueña, Inc. "La Prensa", maliciosamente, deliberadamente, descaradamente ignoró ese
esfuerzo puertorriqueño llevado a cabo por varios años por una institución genuinamente boricua. En ese mismo editorial maliciosamente, deliberadamente, descaradamente hace mención a las dos únicas sociedades que, según ellos, se dedican a la enseñanza del español
a la niñez puertorriqueña e hispana. ¿Cuáles son esas dos sociedades?
Dos entidades hechas a mano por la misma "Prensa". Entidades que
en realidad solamente existen en la sección de "sociedades hispanas"
y en la mente errática del editorialista del único diario en "papamien-
to" que se edita en esta ciudad. Una de estas sociedades la representa un español peninsular a quién los hombres de la calle de Canal se
esfuerzan en vendérnoslo como un talento prodigioso de la raza. La
colonia puertorriqueña no debe saber que una mujer netamente
boricua, modestamente, año tras año ha venido gratuitamente
enseñando español a la niñez hispana en esta ciudad. Esta noble puertorriqueña es Isabel O'Neill y lo sabe hace mucho tiempo el olvi-
dadizo editorialista del rotativo de la parte "baja" de la ciudad. Pero
ese rayo de gloria, "La Prensa" también se lo robó a una dama puertorriqueña para adornar la frente de un español peninsular que siem-

pre se ha mantenido inaccesible a los niños hispanos que en realidad necesitan la enseñanza gratuita del español. La otra "sociedad" a quien hace alusión "La Prensa" en su ilusorio editorial es un conglomerado representado por varios puertorriqueños y semi puertorriqueños, de esos que se hacen los bobos cuando se ultraja la dignidad de nuestro pueblo, como en la controversia entre la Señora Roosevelt y los puertorriqueños, que dígase de paso "La Prensa" también se nos presentó de cuerpo entero editorialmente.

Ya es tiempo que los puertorriqueños preparemos una ofensiva contra este nuestro enemigo público número uno.

Hasta la vista.

Los puertorriqueños estamos solos

Cuanto más pronto los puertorriqueños en esta ciudad nos demos cuenta de que estamos completamente SOLOS, más pronto nos uniremos y serán resueltos nuestros problemas como raza y como colonia puertorriqueña. Además de estar completamente solos . . . estamos rodeados de enemigos. Enemigos que diariamente fungen ser nuestros "protectores" y nuestros "hermanos". Nuestros "protectores" los yanquis y nuestros "hermanos" los ibéricos. A estos enemigos encapotados unid los traidores de nuestro pueblo, esa manada de mulatos y grifos nacidos en Puerto Rico pero que viven odiándose a sí mismos y renegando en secreto de su propia patria. Viven una especie de "Imitation of life". Hablando siempre de su papá el mallorquín o el catalán, pero nunca hablan de su mamá la mulata boricua que pegada a una tabla de lavar o de aplanchar o vendiendo dulce de coco los hizo gente a ellos y al mallorquín o catalán. Si a este triunvirato fatal para la integridad puertorriqueña se le añade nuestra apatía y nuestro "patriotismo de boquilla" los cuatro jinetes del Apocalipsis en contra de nuestra colonia resultarían ser cuatro inofensivos espantapájaros. "Los Cuatro Jinetes del Apocalipsis" caminan sin careta. Su figura horrible es por todos conocida. Cuando caen sobre la humanidad es porque ésta se ha preparado ya de antemano para recibirlos y anuncia su llegada con toques de clarines y enarbolado de pendones multicolores. Los cuatro enemigos de nuestra cultura y de nuestra personalidad en Nueva York usan caretas. Están disfrazados de benefactores nuestros. Simulan ser nuestros hermanos, nuestros padres, nuestros hijos y hasta nuestro espíritu santo. Conviven con nosotros y hasta nos adulan cuando están en la "prángana" pero tan pronto les sopla una risita, abre el ojo boricua bobón y confiado. Si alzaran vuelo nada más, menos mal. Pero no, esperad tarde o temprano el beso de Judas. Los yanquis cuando nos dan una galleta esperan de nosotros un barril de harina y tarde o temprano tenemos que pagarles por junto. Esta gente son de los que dan cordel para que uno se engría y luego hacer de uno un bocadito muy sabroso, para ellos por supuesto. Nuestros "hermanos" los ibéricos nos hacen el "favor" de dejar que nosotros los llamemos nuestros hermanos—pero no delante de la gente—acá aparte para el negocio y su crecimiento económico. Delante de la gente ellos fueron, son y serán la única representación de la raza hispánica. Delante de la gente, Puerto Rico y los demás pueblos hispanoamericanos son hijos bastardos engendrados por Iberia en sus noches donjuanescas. Al menos esta es la impresión que se desprende del iberismo pedante y paternal asumido por "La Prensa". Los pueblos grandes, ricos y fuertes de Hispanoamérica se hacen respetar aquí en esta ciudad por medio de sus consulados de una manera o de otra. Además sus "colonias" aquí son pequeñas comparativamente y al reunirse los ciudadanos de una misma nacionalidad no les mueve mayormente otro fin que el de la sociabilidad y la hermandad. El papelucho de "La Prensa" los considera inofensivos y de cuando en cuando los adula. ¿Quién sabe si tiene en mente el cogerlos algún día de instrumento para asesinar la personalidad puertorriqueña en esta inmensa urbe?

Cualquiera que sea nuestra suerte ante el futuro, es imperante el que nos demos exacta cuenta de que estamos SOLOS . . . rodeados de enemigos disfrazados. Enemigos que nos halagan con cantos de sirena. Enemigos que inspiran compasión con sus llantos de cocodrilo. "Enemigos queridos" porque nos hablan de la sangre y de la carne sacrosanta de la raza, nos hablan del idioma, de las tradiciones y conocen nuestra música y todas nuestras debilidades. Mas se adivina que para ellos siempre seremos una colonia donde sometieron nuestros indios, donde implantaron la esclavitud y donde fueron dueños de vidas y de haciendas. Después de más de cuatrocientos años de civilización y de heroico civismo todavía no han aprendido a respetarnos como HOMBRES.

Depende de nosotros, y nada más que de nosotros, hacer conciencia boricua aquí, despertar el orgullo regional entre los nuestros, defender nuestra integridad boricua, ser como somos, buenos o malos, así nos adoró Baldorioty, Betances, Hostos, Gautier y Don Manuel Fernández Juncos.

Para cerrar dejadme estrechar la mano de aquellos sinceros hermanos de los puertorriqueños, a "ellos los respetaré y los amaré hasta donde ellos me respeten y me amen como puertorriqueño". Hasta la vista.

La prensa y la lotería irlandesa

La prensa de esta ciudad acaba de regalarle alrededor de medio millón de dólares en anuncios a la lotería irlandesa, conocida popularmente por "sweepstake". Varias páginas de distintas ediciones fueron dedicadas totalmente a la explicación gráfica de todos los pormenores de esta lotería extranjera. Dichas páginas reflejaban la felicidad en las personas agraciadas, el beneplácito de las empresas periodísticas y hasta traslucían la condonación de esta lotería por esta sociedad puritana que todo lo prohíbe . . . y todo lo otorga. La misma prensa que condena editorialmente los juegos al azar y nos habla de los principios cristianos tradicionales de la Nueva Inglaterra, fomenta por medio de una publicidad candorosa el juego de los "sweepstake" irlandeses. Se nota claramente lo fácil que resulta para un periódico editado en inglés o en español, el refugiarse en la tradición o en la historia de un pueblo glorioso o de una raza y desde allí orientar a las generaciones presentes por rutas tortuosas, caprichosas y mercenarias. Son muchos los hijos pervertidos que explotan a su manera el prestigio que fue de sus padres . . .

Antes de proseguir yo quiero hacer constar aquí que dentro de las circunstancias presentes no estoy en contra de las loterías, sólo quiero hacer resaltar, de paso, hasta donde pueda llegar el periodismo en su falacia. Por ejemplo, el diario "La Prensa" nos puede hablar diariamente de un españolismo integral que en su fondo no es sino un puro chantagismo. Es bueno que los puertorriqueños se den cuenta de todos los recursos de que se puede valer el periodismo para embaucar a las multitudes.

Pero sigamos como empezamos hablando de la lotería irlandesa que se llevó de los Estados Unidos cinco millones y pico de dólares y devolvió en premios un millón y pico. Es decir, los parientes de Jimmy Walker se ganaron en la primera lotería de este año, en los

Estados Unidos solamente, la vagatela de cuatro millones de
"águilas". Y lo más bonito es que esta gente aparentemente se han
quedado lo más contentos y entusiasmados. Apenas se tiró el último
sorteo y ya andan vendiendo por todos sitios billetes para la próxima. Qué mejor que ahora, que están frescos en la mente de todos los
premios y toda la publicidad "gratuita" y benévola de la prensa puritana de este país. En verdad que ser irlandés en esta ciudad es un título. Bueno, yo digo como decían mis abuelos: "Al que Dios se lo da,
. . . San Pedro se lo bendiga".

Pero no dejo de pensar en lo fácil que se le hace a Irlanda el ajus-
tar su presupuesto nacional con dinero o "contribuciones" "impues-
tas" a ciudadanos residentes en América. Y no puedo menos que
pensar en mi querida y bella Borinquen. Pienso en que allí también
hay una lotería nacional. Y lo menos que podíamos hacer los
boricuas residentes en esta ciudad es comprar billetes de aquella
lotería en lugar de comprar "sweepstakes". Si no nos sacamos nada
en la lotería de Puerto Rico, como sucede generalmente con los
"sweepstakes", por lo menos sabemos que nuestro dinero va a surtir
algún beneficio allí en nuestra isla natal, aunque sea el mantener en
la ociosidad a nuestros políticos. Así por lo menos evitamos el que
vengan aquí con sus resabios viejos a corromper esta nueva entidad
puertorriqueña que se desarrolla aquí y donde aún hay esperanzas de
alguna redención.

Si es que hemos de comprar algún billete de alguna lotería, com-
premos billetes de la lotería de Puerto Rico. Esta es una de las formas en que nosotros podemos mandar para Puerto Rico parte del
dinero que las compañías absentistas norteamericanas extraen de
Puerto Rico para llenar las cajas de Wall St. y el resto del continente.
Si nosotros conseguimos mandar de este modo aunque sean cuatro
millones de pesos todos los años a Puerto Rico, algo de ello iría
indudablemente a las manos de algún familiar o amigo nuestro hoy
allí quizás en la miseria.

Me sorprendió al ver las listas de los afortunados en los últimos
"sweepstakes" que había muchos sajones. Yo creí que todos serían
latinos. Según esta gente son los latinos a los que les gusta demasiado el juego. ¡Qué sarcasmo! Esta gente demostró que son tan
humanos como nosotros, tal vez más hipócritas en este sentido . . . y
en otro. Porque prohibieron el ron para probar al mundo de que no
eran borrachones o por lo menos tenían fuerza de voluntad . . . Los

últimos millonarios productos directos de la prohibición, hablan elocuentemente por sí solos. No es asunto de leyes, sino de una educación intensa en las masas. No se puede tapar el cielo con las manos de la noche a la mañana. Recuerde la lotería de Puerto Rico. Hasta la vista.

Doña Dolores Chico

Me es infinitamente grato el anunciar desde esta columna, que nuestra apreciada amiga doña Dolores Chico, aunque aún en estado crítico, recobró ya en toda su lucidez la sonrisa llena de cariño y entusiasmo que siempre ofrendó gentilmente a la colonia.

Doña Dolores Chico pertenece a un grupo muy pequeño de mujeres puertorriqueñas, que desde que llegaron a este continente luchan hombro a hombro con los varones de nuestra raza, defendiendo públicamente el nombre y la dignidad de nuestro pueblo ante las demás razas que conviven en esta metrópolis. El dolor de nuestra clase sufrida e infeliz lo hizo suyo desde un principio y se entregó a aliviar ese dolor con una vehemencia maternal. Dando cumplimiento a todas las obligaciones de su hogar, siempre hizo acto de presencia en toda demostración cívica puertorriqueña para exponer los derechos de sus conciudadanos.

Mientras tanto, la gran mayoría de sus hermanas aquí en Nueva York se entregan a un eterno carnaval que les divierte mucho pero que no dignifica nada ni a ellas ni a Puerto Rico. En ese carnaval perenne no está del todo ridículo, el que se disfracen los labios y las mejillas, el que se disfracen el pelo y las cejas, pero cuando en este país nuestras mujeres se disfrazan el alma . . . entonces la causa puertorriqueña las perdió para siempre. Han perdido entonces todas las características que adornaban a nuestras ANTIGUAS madres. Ya no son aquellas graciosas y sensibles esposas, hermanas e hijas puertorriqueñas que inspiraban con su calor el hogar. No, disfrazadas sus almas con el antifaz de la fatuidad americana, viven una vida de comparsa en comparsa. Siguiendo a cualesquier vejigante necio que por civismo boricua solamente pregone un monótono tún-tún-tún tuneco. En su vida artificial ríen la desgracia de sus almas, que se deshoja en las noches deslumbrantes, pétalo a pétalo.

Doña Dolores Chico no puede ser comprendida por estas otras mujeres que se transforman en busca de una hueca vanidad. Dolores

Chico es franca, es como es. Y para concluir recibió el golpe casi fatal ante la tabla de lavar. Altar donde han derramado sus sueños y lágrimas tantas mujeres nobles puertorriqueñas. Donde se han amasado las carreras de tantos profesionales boricuas y los estudios de muchos jóvenes que hoy aquí se dedican al cultivo de la patilla y el tango sin escribir una línea cariñosa a la triste viejecita que aún ve su imagen de niño como una visión en la tabla de lavar. ¡Oh aquella devoción boricua! ¿Dónde estás?

Hasta la vista.

Epílogo

Después de esta odisea con mis compueblanos a los treinta años en esta tierra extraña, puedo mirar con cierto grado de optimismo el futuro de nuestra colonia en esta ciudad del Hudson.

El conglomerado boricua adquiere madurez políticosocial. Domina mejor el ambiente, ya que le añade al suyo el idioma inglés y ha derramado su sangre junto a la de los continentales defendiendo con heroísmo sus propias instituciones en distintos campos de batalla.

Adquiere relativa estabilidad económica dentro de los problemas de desempleo que afectan a toda la nación.

Las organizaciones que existen aquí hoy están más definidas en sus propósitos.

Los campos políticos y cívicos se han deslindado. Cada cual sabe en dónde está parado y el por qué.

Los golpes, las persecuciones, la discriminación, el atropello, el asesinato impune, todas estas experiencias ya bien acentuadas han aclarado la posición allí de la mayor parte de nuestros paisanos.

Y el boricua es más agresivo fuera de su patria que en su lar nativo. Sabrá defender sus derechos tanto en el campo intelectual como en donde lo lleven las circunstancias.

Quedan aún algunas de las primeras instituciones ya mencionadas. Además existen hoy (1947) muchas de mayor clarificación cívica.

Hoy existen personalidades boricuas de cartel nacional intelectual y artístico, además de los deportes.

En Broadway rompió el record en presentaciones consecutivas, como el Iago de Otelo, José Ferrer, quién también obtuvo un Oscar en su "Cirano de Bergerac".

Graciela Rivera triunfó en el Metropolitan Opera House y en el

Carnegie Hall.

En la Columbia University, en la galería de hombres ilustres de América, existe un cuadro al óleo de Eugenio María de Hostos. Esta fue labor meritoria de la Puerto Rican Brotherhood, o sea, de la Hermandad Puertorriqueña, quién lo dio a conocer mejor allí.

Y en la biblioteca pública de la calle 135 en Manhattan está The Schomburg Collection, una de las más documentadas e importantes bibliotecas sobre la raza negra en todo el mundo. Contiene 10,000 libros, 3,000 manuscritos, 2,000 grabados y varios miles de panfletos, todos en relación con la vida del negro y su historia, incluyendo entre los europeos los poemas del ruso Alexander Pushkin y *Latin Thesis* de Jacobus Capitein; las novelas de Dumas y varias ediciones de la autobiografía de Gustavo Vasa.

Arturo Alfonso Schomburg nació en San Juan de Puerto Rico en el año 1874. En el 1926 la Carnegie Corporation le regaló esta colección a The New York Public Library y fue trasladada al corazón de Harlem, en la biblioteca pública de ese distrito, en donde está en exhibición. Schomburg fue su conservador en dicha biblioteca hasta su muerte en junio 10 del año 1938.

También ya hacía rato que Olga San Juan, Diosa Costello y otros boricuas habían visto sus nombres en luces de non por la vía láctea de Broadway.

Yo auguro, en un futuro cercano, un alcalde de origen boricua para beneplácito de todos los ciudadanos de esta gran metrópoli y para honra y prestigio de los pioneros puertorriqueños que tropezando, sudorosos, encallecidos y ensangrentados se abrieron paso hasta llegar a ver una colonia borinqueña en esta ciudad con personalidad cívico-política propia y reconocida para bien o para mal, pero reconocida.

Y así, por estos caminos tortuosos, repletos de emboscadas, minados por prejuicios inhumanos y abismos fascinantes . . . halagüeños . . . llegamos los boricuas en esta compleja ciudad hasta aquí: el año mil novecientos cuarenta y siete (1947).

¡Ojalá que hayamos aprendido algo con nuestras experiencias en estos lustros que tanto amenazaron con desintegrarnos!

Quiera Dios, la Providencia, o quién quiera rija los destinos del cosmos, que esos años de reajuste escabroso, a esta nueva manera de vivir en el continente, hayan aclarado nuestro entendimiento para conocer mejor a nuestros verdaderos amigos como también a nuestros enemigos en la conservación de nuestra personalidad boricua y en la convivencia armónica, inteligente y humana con las demás personalidades oprimidas, sin importarnos en absoluto las diferencias antropológicas o étnicas.

De este modo habremos salvado y fortalecido nuestra cultura hispánica, para que con todas las demás culturas también preservadas y fortalecidas enriquezcan la cultura universal, para bien y designio de la humanidad TODA.

Sobre el autor

Copiemos un fragmento de una carta invitando para un banquete en su honor con motivo de su partida definitivamente para Puerto Rico.

"Veamos en parte el record de su vida cívica": Vice-Presidente del primer club boricua incorporado en el Estado de Nueva York, El Porto Rican Democratic Club Inc., 1922; Presidente del De Hostos y del Guaybana; Vice-Presidente de la Liga Puertorriqueña; miembro fundador y presidente de la Vanguardia Puertorriqueña; miembro fundador de la sección hispana de la Orden Internacional de Trabajadores; presidente del Puerto Rican Hurricane Committee, sección de Brooklyn, 1929; Chairman de la Confederación de Clubes Unidos Demócratas en Brooklyn; Editor del primer periódico hispano publicado en Brooklyn, *El Caribe*, en el 1923; Editor de *Alma Boricua;* colaborador de *Vida Alegre, El Curioso, La Voz* y otros voceros de combate.

Joaquín Colón en Brooklyn representa más de veinticinco años consecutivos de puertorriqueñidad difícilmente igualados por ningún otro "puertorriqueño en el extranjero".

Comité Pro-Banquete:
Ignacio Cruz
Isabel M. González
Cecilio Rivera

...ring the U.S. Hispanic Literature Series include:

Recovering the U.S. Hispanic Literary Heritage

Volume I
Edited, with an Introduction, by Ramón Gutiérrez and Genaro Padilla
ISBN 1-55885-063-5, $34.95
ISBN 1-55885-058-9, $17.95

Volume II
Edited, with an Introduction, by Erlinda Gonzales-Berry and Chuck Tatum
ISBN 1-55885-139-9, $34.95

Volume III
Edited, with an Introduction, by María Herrera-Sobek and Virginia Sánchez Korrol
ISBN 1-55885-251-4, $39.95

The Account: Álvar Núñez Cabeza de Vaca's Relación
Edited and translated by José Fernández and Martin Favata
ISBN 1-55885-060-0, $12.95

Las aventuras de Don Chipote, o, Cuando los pericos mamen
Daniel Venegas; Edited, with an Introduction, by Nicolás Kanellos
ISBN 1-55885-252-2, $12.95

Black Cuban, Black American: A Memoir
Evelio Grillo
With an Introduction by Kenya Dworkin-Mendez
ISBN 1-55885-293-X, $13.95
Contains an eight page photo insert

Cantares: Canticles and Poems of Youth
Fray Angélico Chávez
Edited, with an Introduction, by Nasario García
ISBN 1-55885-311-1, $12.95

The Collected Stories of María Cristina Mena
María Cristina Mena
Edited by Amy Doherty
ISBN 1-55885-211-5, $12.95

Conflicts of Interest: The Letters of María Amparo Ruiz de Burton
María Amparo Ruiz de Burton; Edited, with an Introduction, by Rosaura Sánchez and Beatrice Pita
ISBN 1-55885-328-6, $17.95

El Coyote, the Rebel
Luis Perez
With an Introduction by Lauro Flores
ISBN 1-55885-296-4, $12.95

Jicoténcal
Félix Varela; Edited by Luis Leal and Rodolfo J. Cortina
ISBN 1-55885-132-1, $10.95

El Laúd del Desterrado
Edited by Matías Montes-Huidobro
ISBN 1-55885-082-1, $10.95

Lo que el pueblo dice
Jesús Colón
Edited, with an Introduction, by Edwin Padilla
ISBN 1-55885-330-8, $12.95

Hispanic Periodicals in the United States, Origins to 1960: A Brief History and Comprehensive Bibliography
Nicolás Kanellos with Helvetia Martell
ISBN 1-55885-253-0, $69.95

History and Legends of the Alamo and other Missions in and around San Antonio
Adina de Zavala; Edited by Richard Flores
ISBN 1-55885-181-X, $12.95

The Real Billy the Kid
Miguel Antonio Otero, Jr.
Introduction by John-Michael Rivera
ISBN 1-55885-234-4, $12.95

Selected Poems/Poesía selecta
Luis Palés Matos; Translated from the Spanish, with an Introduction, by Julio Marzán
ISBN 1-55885-303-0, $12.95

The Squatter and the Don
María Amparo Ruiz de Burton
Edited by Rosaura Sánchez and Beatrice Pita
ISBN 1-55885-185-2, $14.00

Tropical Town and Other Poems
Salomón de la Selva
Edited, with an Introduction, by Silvio Sirias
ISBN 1-55885-235-2, $12.95

Versos sencillos/Simple Verses
José Martí; Translated by Manuel A. Tellechea
ISBN 1-55885-204-2, $12.95

The Woman Who Lost Her Soul and Other Stories
Jovita González; Edited, with an Introduction, by Sergio Reyna
ISBN 1-55885-313-8, $12.95

Women's Tales from the New Mexico WPA: La Diabla a Pie
Edited by Tey Diana Rebolledo and María Teresa Márquez
Introduction by Tey Diana Rebolledo
ISBN 1-55885-312-X, $17.95